# 英文法の鬼1000問

### 英文が表す「気持ち」を問う

時吉秀弥 Hideya Tokiyoshi

明日香出版社

まえがきおよび、本書の特徴


　ついに問題集を完成させました。ガッツリ 1000 問あります。『英文法の鬼
100 則』『英熟語の鬼 100 則』で提示した知識は、問題を繰り返し解くこと
で身につきます。私の中で、問題集まで出してはじめて完結、という意識が
ありました。以下に特徴をご説明したいと思います。

### 解説量が豊富で質が高い！
### 『英文法の鬼 100 則』に引けを取らない量と質
　語学力向上には自主学習が欠かせません。問題集を使った自主学習の効率
を上げるための「誰にも質問しなくても十分理解できる豊富で優れた解説」
をご用意しました。『英文法の鬼 100 則』のわかりやすさをこの問題集でも
味わえます！

### 「英語話者の世界の捉え方」を問題・解説にしっかり反映！
　『英文法の鬼 100 則』でもお伝えした「自分がカメラになって世界を見る日
本語話者」と「自分を外から眺めるもう 1 人の自分がいる英語話者」の視点
の違いからうまれる様々な表現や文法を問題と解説に反映させています。

### 「ルールだけではわかりにくい」ところも
### 認知言語学の知見を通して「ネイティブ視点」で理解できる！
　名詞の「数えられる・数えられない」はネイティブには「どう見えている
のか」、冠詞の a や the がどういう「映像」を持っているのか、比較の特殊
な表現たちはどのような「心の映像」を表すのかなどを、認知言語学の知見
を使い解説しています。関係代名詞も基礎からしっかり解説。また、認知言
語学でよく問題になる受動態の「他動性の高さ」を取り上げた問題集はおそ
らく本書が初めてのはずです。


　ぜひ最後まで味わい尽くしてください。
　皆様の英語力向上を心より願って。　　　　　　　　　　　時吉秀弥

## 本書の使い方

### ① まずは実力チェック！

まずは「Q」の問題を解いてみましょう。

### ② 細かすぎる解説で納得！

5問に対して3〜4ページの解説をみっちり図解で行っています。また『英文法の鬼100則』『英熟語の鬼100則』の対応ページも掲載していますので、2冊の解説をいま一度読み返しつつ、理解を深めてください。

※『英文法の鬼100則』に対応するページがない項目もあります

### ③ 復習問題で理解度チェック！

学んだ文法項目や表現をもとに、並べ替え問題に挑戦していただきます。「選択肢だけだとわからない」という方のために、解答の日本語訳を濃い目の紫色に、英文をピンク色にしていますので、市販の赤シートを解答部分に載せることで答えを見えづらくして「日本語訳を参考に問題を解く」こともできます。

お手持ちの赤シートを載せて日本語訳をヒントにする

「英文法の鬼 1000 問」目次

# 第1章 英語で見る世界が英語をつくる

# 第2章 文型は動詞の気持ちです

## 第3章 英語を話し、書くのに便利な構文を使え

## 第4章　どういう気持ちだから受動態を使うのか

## 第5章　時制：英語話者は時間をどう感じているのか

## 第6章 助動詞：事実ではなく、思っているだけ

# 第7章 仮定法：実際のことではないという宣言

# 第8章 名詞：英語話者が見る「モノ」の世界

## 第9章 不定詞と動名詞：やはりニュアンスは違う

# 第10章 分詞の形容詞用法と分詞構文

# 第11章 関係詞：情報を膨らませたり、絞ったり

## ■第12章■ 比較：２つの「同じ形」を意識する

# ■第13章 否定：何を否定し、どこまで否定するのか

カバーデザイン：krran　西垂水 敦・市川 さつき

本文イラスト　：末吉 喜美

英文法の
の
鬼1000問

第1章

英語で見る世界が
英語をつくる

#  Q 001 ~ 005

最も適切な選択肢を選べ。

**001** I'm going to Shinagawa, so I have to change (　　) at Shinjuku.

1. a train
2. the train
3. trains
4. my train

**002** It looks like she wants to (　　) with you.

1. be friend
2. be friends
3. be a friend
4. be the friend

**003** I don't want to wait for him, but (　　) him to come back to me.

1. a part of me want
2. a part of me wants
3. a part of want me
4. I want a part

下線部の中で不自然なものを 1 つ指摘せよ。

**004** Wh ... What <u>happened</u> <u>to me</u>? What's going <u>on</u>? Where is <u>here</u>?
　　　　　　① 　　②　　　　　　　　③　　　　　④

**005** 「動かないで。そこにいて。私がそっちに行くから。」

<u>Don't</u> move. <u>Stay</u> <u>there</u>. I'm <u>going</u>.
① 　　　　　② 　③ 　　　④

# 英語で見る世界を手に入れる その1

## ▶ 外から自分を眺める

英語と日本語は言葉が違うだけではありません。お互いに「世界の見方」が異なり、これが表現に現れます。

英語を日本語にそのまま置き換えて訳した時に感じる違和感には、「英語と日本語の世界の捉え方の違い」が原因になっているものがあります。

日本語は「自分がカメラになって周りを映し出す」特徴がある一方で、英語には「もう1人の自分が、自分を外から見る」という特徴があります。

『英文法の鬼100則』（以下『英文法鬼』）の Must 1 でお話ししているように、日本語の「ここはどこ？」は、自分がカメラになって周りの景色をとらえている表現です。

だから「ここ」「どこ」という「目に見えている場所」のみが言葉（映像）になり、その映像にはカメラである「私自身」は映り込みません。

しかし自然な英語では「ここはどこ」を Where is here? とは言わず、Where am I? と言うのが普通です。

これは地図上に立つ自分自身を外からもう1人の自分が俯瞰して眺める映像を表しています。これが英語の世界の大きな特徴です。

英語の「外から自分を見るやりかた」には、大きく分けて

> **1. 相手だけでなく、自分も見る**（『英文法鬼』 Must 1）
>
> **2. 幽体離脱**（『英文法鬼』 Must 1）
>
> **3. 身の回りに起きることだけでなく、向こうにある原因も見る**
> （『英文法鬼』 Must 33, 97 参照）

の3つがあります。

---

**001** I'm going to Shinagawa, so I have to change (　　　　) at Shinjuku.

（私は品川に行くんだ。だから新宿で電車を乗り換えなきゃいけない。）

1. a train　　　2. the train　　Ⓐ **3. trains**　　　　4. my train

change trains で「電車を乗り換える」です。

　複数形 trains になる理由は、英語の世界では俯瞰的に「乗り換え＝今自分が乗っている電車＋これから乗る電車」と見るからです。

　日本語だと「自分のいる電車」は見えずに「これから乗る電車」しかイメージしないので、change a train としてしまう学習者が見られます。

**002** It looks like she wants to (　　　　) with you.

（どうやら彼女は君と友達になりたがっているようだね。）

1. be friend　　Ⓐ **2. be friends**　　3. be a friend　　4. be the friend

change trains と同パターンです。

**want to be friends with** Ⓐ で「 Ⓐ と友人になりたい」、**make friends**

with Ａ で「Ａと友達になる」です。

日本語の世界だと「友達になる相手」のみが見え、「自分」は視界に映り込まないので a friend としてしまう学習者が多くいます。

外から俯瞰して見ることで、<u>自分と相手の2人ともが視界に映るのが英語</u>で、その結果 friends という複数形になります。

> want to <u>be</u> friends with はコーパス（COCA・アメリカ英語）の使用例が 214 件、want to <u>make</u> friends with は 22 件。want to と共に使う場合は make より be の方が一般的です。

---

**003** I don't want to wait for him, but (    ) him to come back to me.

（彼のことを待っていたくない。けれども心のどこかで彼に戻ってきてほしいと思っている自分がいる。）

  1. a part of me want          Ⓐ▷2. a part of me wants

  3. a part of want me            4. I want a part

---

「**a part of** 人 **＋動詞**」で「心のどこかで～する」。直訳すると「人の（心の）一部が～する」です。動詞には want や feel、think、say、wish といった心理を表す動詞が来ます（say は「心が叫ぶ」ことを表す）。

人の心は決して一枚岩ではなく、心の内にはさまざまな自分がいて、それを外からもう1人の自分が観察している、という捉え方を表す表現です。

なお、part は可算名詞なので文法的には a part というふうに a がつくはずなのですが、慣用化してしまい、a が省略されることもよくあります。主語 a part of me の情報の核は a part という三人称単数の名詞ですので、動詞は wants となります。

**004** Wh ... What <u>happened</u> <u>to</u> <u>me</u>? What's <u>going</u> <u>on</u>? Where <u>is</u> <u>here</u>?
           ①         ②             ③       Ⓐ ④

（な、何が私に起きたの？　どうしたの？　ここはどこ？）

④ is here を am I にします。

　冒頭で述べた通り、日本語の「ここはどこ？」は英語では **Where am I?** です。**What's going on?** は、おかしな状況に遭遇した時に、その状況を眺めながら述べるセリフで、「何が進行中なのだ？」が直訳です。

**005** 「動かないで。そこにいて。私がそっちに行くから。」
   <u>Don't</u> move. <u>Stay</u> <u>there</u>. <u>I'm</u> <u>going</u>.
     ①          ②  ③      Ⓐ ④

④ going を coming にします。

　日本語の「来る」「行く」と同様、英語の **come** は「近づく」、**go** は「離れる」という意味で使われることがよくあります。

> 例文 **Come to me.** 「私のところに来て。」（＝近づく）
> 例文 **I have to go now.** 「もう行かなきゃ。」（＝離れる）

ところが、日本語と英語でずれが生じる時があります。

> 例文 **Don't move! Stay there. I'm coming.**
> 「動かないで！そこにいて。私がそっちに行くから。」

　これは「自分視点の日本語」と「相手視点の英語」というズレによって起きます。日本語では「（自分から見て）私がいるところから離れる」＝「行く」ですが、英語では「（相手から見て）**私が近づく**」＝ **"come"**。これも「相手の目線の位置に立って自分を見る」という、一種の「外から自分を見る」視点だと言えるでしょう。

近づいてくる
come

離れていく
go

# Q 006 ~ 010

選択肢を並べ替えて適切な文をつくれ。余分な選択肢がある場合、それは削除せよ。

**006** She ( twice before, had, trains, a train, changed ) she got off at Shinjuku.

1 選択肢余分

**007** ( with, I, Jeff, a friend, friends, made ) two years ago at the party.

1 選択肢余分

**008** But the logical ( I, of, me, says, part ) should not trust him.

**009** Excuse me, could you ( where, me, am, I, tell )?

**010** I ( and see, will, you, come ) in two days.

**解答** ━━━━━━

**006** She had changed trains twice before she got off at Shinjuku.
（新宿で電車を降りる前に彼女は2度乗り換えていた。）

**007** I made friends with Jeff two years ago at the party.
（私は2年前にそのパーティで Jeff と友達になった。）

**008** But the logical part of me says I should not trust him.
（しかし私の論理的な部分が彼を信頼すべきではないと言っている。）

**009** Excuse me, could you tell me where I am?
（すみません、ここはどこなのか教えてくれませんか？）

**010** I will come and see you in two days.
（2日後、あなたに会いに行きます。）

**解説** ━━━━━━

008. 「他の部分ではなく論理的な部分では」という意味で the がついている。

009. where I am という語順は間接疑問文のため（本書第86項参照）。

010. 「in ＋時間」で「今から～後」。

最も適切な選択肢を選べ。

**011** Please ( ).

    1. have seat

    2. be seating

    3. have seated

    4. be seated

**012** I ( ) warm clothes because it was cold at night.

    1. was dressing

    2. dressed myself

    3. was dressed

    4. was dressed in

**013** Not knowing what to do with the money, Eddie bought ( ) flashy sports car.

    1. myself a

    2. a himself

    3. yourself a

    4. himself a

下線部の中で不自然なものを1つ指摘せよ。

**014** I can't bring me to tell him the truth.
    ①    ②  ③    ④

**015** In my dream I found me walking into a very small room.
    ①    ②    ③  ④

# 英語で見る世界を手に入れる その2

## ▶幽体離脱

　英語話者の世界の捉え方の大きな特徴である「自分を外から見る」のうち、今回は「**幽体離脱**（『英文法鬼』Must 1）」について解説していきます。

　これはアニメの「機動戦士ガンダム」に出て来るモビルスーツみたいなもので、自分の魂がパイロットになって自分の肉体を操縦しているような感覚の表現です。肉体から魂が分離して自身を操るイメージなので、私はこれを「幽体離脱」と呼んでいます。

011 Please (　　　　).

　　（席におつきください。）

　　1. have seat　　2. be seating　　3. have seated　　Ⓐ▸4. be seated

　S seat O で「S が O を席につかせる」です。

　通常「人が席に座る」という言い方をする日本語話者にはピンと来ない表現ですが、「好き勝手させずに、**秩序**を生むために席につかせる」というイメージがあります。

例文 The host of the party carefully seated his guests.

　　「パーティの主人はじゅうぶん気を配って客を座らせた。」（ウィズダム英和辞典）

　問題の正解となる be seated という言い方は、S seat oneself（Sが自身を席につかせる）という「幽体離脱」の表現が受動態になったものと考えられます。

I seated myself .　「私は自分を席につかせた＝私は席についた」

目的語 myself が受動態の主語に

I was seated .

　ちなみに選択肢 1 は have a seat というふうに a をつける必要があります。名詞の seat（座席）は可算名詞です。

012 I (　　　) warm clothes because it was cold at night.
（夜は寒かったので私は暖かい服を身につけた。）
　1. was dressing　2. dressed myself　3. was dressed　④4. was dressed in

　S dress O で「SがOに服を着させる」です。
　seat と同様、dress も「身支度を整えさせる」という、「**秩序**」のイメージを持ちます。語源を見ると特にそれが感じられます。dress は「指示・方向」を表す direction と同じ語源で、「真っ直ぐにさせる」という秩序のイメージを持ちます。

例文 Wait a second. I have to dress my kids.
　「ちょっと待って。子どもたちの身支度をさせないと。」

　上の例文でわかる通り、dress という他動詞がぶつける力は「ほら、あなた、ちゃんとしなさい」という、「人」にぶつける力なのです。ですから、dress の目的語は「服」ではなく「人」です。✕ I dressed a shirt. という言い方はないわけです。
　dress にも S dress oneself という「幽体離脱」の表現があります。ただし、これは「身体能力的に自分できちんと服を着ることができる」ことを表

す表現です。

例文 Jake is old enough to dress himself. 「Jake は 1 人で服が着れる歳だ。」

S is dressed という受動態の場合は「きちんと身支度を整えられた状態にある＝服を着ている」ということです。be dressed の後ろには「in ＋ 服装」がよく来ます。「服の中に身体が包まれている」ということを表しています。選択肢 2 は myself の後に in が必要です。

---

**013** Not knowing what to do with the money, Eddie bought (　　　　) flashy sports car.

（そのお金を何に使えば良いのかわからず、Eddie は派手なスポーツカーを 1 台買った。）

1. myself a　　2. a himself　　3. yourself a　　Ⓐ 4. himself a

---

buy を第 4 文型で使うと、buy の「買う」に第 4 文型の「渡す」という意味が加わって「（人）に〜を買ってあげる」という意味になります（『英文法鬼』 Must 7 または本書第 13 項参照）。

buy oneself 〜で「自分自身に〜を買ってあげる」という意味になりますが、これは「自分にご褒美を出してあげる」という感覚で使われることが多い表現です。日本語では「私は自分に買った」と言うよりは、単に「私は買った」と言う方が普通だということを考えると、buy oneself も外から自分を眺める表現の一種です。

---

**014** I can't bring me to tell him the truth.
　　　①　　　Ⓐ②　　③　　　④

（彼に本当のことを言う気になれない。）

---

② me を myself にします。

can't bring oneself to do 〜で「〜する気になれない」。

「自分自身を〜することに向かって持って来ることができない」が直訳です。否定文で can't や couldn't とともに使うのが普通です。

主語と目的語が同一（人）物の場合、目的語は必ず〜 self にしないといけません。この表現にも自分が自身を外から操る「幽体離脱」の感覚が表れています。

---

**015** In my dream I <u>found me</u> walking into a very small room.
　　　　　　 ①　　 Ⓐ-②　　 ③　　　　　④

（夢の中で私はとても小さな部屋の中へと歩いていった。）

---

② found me を found myself にします。

find という動詞は、「そういう（ことをしている）自分に気づく」という意味でよく使われる、典型的な「外から自分を見る」動詞の１つです（『英文法鬼』**Must** 1）。

**find oneself 〜ing** で「自分自身が〜している最中であることに気づく」です。

例えばこの問題文と同じ状況を描くのに、日本語話者の感覚なら、I walked into a very small room. という英文をつくるでしょう。しかし I walked into…だと、<u>自分の意志で部屋の中に入ることを表します。</u>

find oneself 〜ing は「部屋の中に入っていく自分を外から観察し、発見する」ことなので、「気がつくと〜している自分がいた」という無意識の行動を表します。

選択肢を並べ替えて適切な文をつくれ。

**016** Three old women (at, seated, the, were, table).

**017** (come, dressed, and ,with, get) me.

**018** Here, (some, buy, real food, yourself).

**019** (to eat, couldn't, she, anything, bring, herself).

**020** Nina (thinking about, herself, often finds, David) as more than a friend.

---
解答 ────────

**016** Three old women were seated at the table.
（３人の老婦人がテーブルについていた。）

**017** Get dressed and come with me.
（身支度を整えて、私と一緒に来てちょうだい。）

**018** Here, buy yourself some real food.
（ほら、これで何かちゃんとした食べ物を買いな。）

**019** She couldn't bring herself to eat anything.
（彼女は何も食べる気になれなかった。）

**020** Nina often finds herself thinking about David as more than a friend.
（Nina はよく、David のことを友達以上の人間として考えてしまっている自分に気づく。）

---
解説 ────────

017. be dressed が「身支度をすでにきちんと整えている」という状態を表すのに対し、get dressed は「身支度の整った状態を手に入れる＝身支度を整える」という動作・変化を表す。

# 021 ～ 025

最も適切な選択肢を選べ。

**021** The news was (　　　) to me.

    1. surprise

    2. surprising

    3. surprised

    4. surprises

**022**「そのことに関して、多くの人々が怒り、興奮していた。」

  Many people were angry and (　　　) about it.

    1. excited

    2. excite

    3. exciting

    4. excites

**023** Thank you for your very (　　　) opinion.

    1. interested

    2. interest

    3. interesting

    4. interests

下線部の中で不自然なものを１つ指摘せよ。

**024** The woman was seriously injure and became disabled.
               ①　　　　②　　　　③　　　④

**025** Do you have any idea how embarrassed it is to be treated like that?
       ①　　　　②　　　　　　③　　④

# 英語で見る世界を手に入れる
# その3

## ▶なぜ「驚く」ではなく、「驚かせる」なのか

　例えば surprise は「驚く」ではなく「驚かせる」という意味になるように、英語で感情が起きることを表す動詞は、普通「〜させる」の意味になります。構文は以下のような形をとります。

> 原因　surprise　人　　　「原因が人を驚かせる」

　なぜかと言えば、感情は原因なしには起きないからです。試しに今、驚いてみてください。

　できませんね。原因もないのに驚くことはできません。

　この考えに基づき、英語を含む多くのヨーロッパ語では原因を主役、つまり主語にした感情動詞の構文を用います。

　こうした感情動詞は、〜 ing や過去分詞の形になると形容詞として使われます。「そういう気持ちになる（**変化**）」という動詞とは違い、「そういう気持ちでいる」という「**状態・持続**」を表しています（分詞がなぜ形容詞として使われるのかについては『英文法鬼』 Must 32・33）。

　現在分詞は「する」立場で使われるので、この構文での「する」立場である「感情の原因」が主語になる時、「原因＋ be 動詞＋〜 ing」の形になります。

　過去分詞は「される」立場で使われるものですから、原因によって感情を起こされる立場である「人」が主語になる時、「人＋ be 動詞＋過去分詞」の形になります。

**021** The news was (　　) to me.

（その知らせは私にとって驚きだった。）

  1. surprise　Ⓐ 2. surprising　3. surprised　4. surprises

　ここでは the news は、人に驚きの感情を起こさせる原因なので、現在分詞の surprising を使います。

　この surprising は形容詞なので、「その花はきれいだ。」の「きれいだ」と同様、話し手の the news に対する「評価」を表しています。

　もし surprise を動詞で使い、The news surprised me.（その知らせは私を驚かせた。）とすると、「感情の変化」により重点を置いた表現になります。

　ちなみに、名詞の surprise の場合は可算名詞となり、The news was a surprise to me. というふうに、a が必要です。

**022**「そのことに関して、多くの人々が怒り、興奮していた。」

Many people were angry and (　　) about it.

  Ⓐ 1. excited　2. excite　3. exciting　4. excites

　原因によって「興奮させられている」人々が主語なので、ここは過去分詞の excited を使います。

「人を興奮させる原因」が主語の場合は現在分詞 exciting を使い、例えば The game was very exciting.（その試合は大変盛り上がった。）のようになります。

**023** Thank you for your very (　　) opinion.

（とても興味深い意見をありがとうございます。）

1. interested　　2. interest　　Ⓐ 3. interesting　　4. interests

　名詞（ここでは opinion）の立場に注目しましょう。名詞の立場が「感情を起こさせる原因」なら〜ing を使い、「ある感情にさせられる人」なら過去分詞を使って名詞を修飾します。interest は「原因が人に、興味を起こさせる」という動詞です。opinion は「人に興味を起こさせる原因」ですから、interesting を使います。

　interested の場合は、interested people（あることに関心を持っている人々、興味を覚えている人々）のように「（興味を持たされる）人」を表す名詞を修飾します。

**024** The woman was seriously injure and became disabled.
　　　　　　　　①　　　Ⓐ②　　　　③　　　④

（その女性は深刻な怪我を負い、身体に障がいを負ってしまった。）

　② injure を injured にします。

　injure（傷つける・怪我をさせる）は感情を表す動詞ではありませんが、これも「させる」系の動詞の一種です。怪我は自分でしようと思ってするものではなく、原因が人に負わせるものだからです。

　自分の不注意で怪我を負う場合、つまり自身が原因になって怪我をする場合は、例えば He injured himself.（彼は自分に怪我を負わせた＝彼は怪我をした。）のように表現します。

　問題では「（原因によって怪我を負わされている）女性」が主語なので、過去分詞を使います。④の disabled も「原因によって障がい者にされている」ので過去分詞を使っています。

---

**025** Do you have any idea how embarrassed it is to be treated like that?
　　　　①　　　　　　　Ⓐ×②　　　　　　③　　　④

（そんなふうに扱われることがどれだけ恥ずかしいことか、あなたに少しでもわかる？）

---

　② how embarrassed を how embarrassing にします。

「**原因** embarrass **人**」で「原因が人に気まずい思いをさせる」です。embarrass の語源は em（＝in・中に）＋ bar（棒）から来ていて、「人の目の前にいきなり棒をにゅっと突き入れてきてどぎまぎさせる」です。

　how embarrassing は very embarrassing が強調されて節の先頭に出て来たもので、元の形は it is very embarrassing to be treated like that（そのように扱われることは、とても恥ずかしいことだ）です（「how が very の生まれ変わり」であることに関しては『英文法鬼』 Must 90）。

　仮主語 it の具体的な内容は to be treated like that で、感情を引き起こす原因ですから embarrassing という現在分詞を使います。

選択肢を並べ替えて適切な文をつくれ。ただし、各問に余分な選択肢が1つずつあるのでそれを除くこと。

026 I don't think ( with, will, satisfying, satisfied, he, be ) the answer.

027 ( in, disappointing, disappointed, you, I'm, very ), Tony.

028 We ( to, very, are, pleasing, pleased, you, meet ).

029 My flight ( of, was, delaying, delayed, because ) the weather.

030 I ( his, was, with, impressing, impressed ) performance.

解答 ———————————

026 I don't think he will be satisfied with the answer.
（彼がその返答に満足するだろうとは私には思えない。）

027 I'm very disappointed in you, Tony.
（あなたにはとても失望しているよ、Tony。）

028 We are very pleased to meet you.
（あなたにお会いできて、私たちは大変嬉しく思っています。）

029 My flight was delayed because of the weather.
（私の便は天候のせいで遅れた。）

030 I was impressed with his performance.
（私は彼の出来栄えに感銘を受けた。）

解説 ———————————

026. be satisfied with A で「Aに満足する」。with A は「Aを伴って、Aを抱えて（満足する）」という感覚。

027. be disappointed（がっかりさせられる・失望する）の後ろには with、at、in などさまざまな前置詞がつく。in は「（事実や人の）内容・中身にがっかりさせられる」ことを表す。dis（離す）+ apoint（点へ）→「ポイントが外れる」＝失望

029. delay は「原因が〜を遅らせる」という「させる」系の動詞の一種。これも「自分から遅れようと思って遅れるのではなく、原因が自分を遅れさせるのだ」という発想。

030.「原因 impress 人」で「（原因）が（人）に感銘を与える。」感覚的には「おお！」「へえ！」と思わせる感じ。im（in・中）+ press（圧迫する）→「心の中に刻印を刻む」

## Column 「英語脳」の根っこにあるもの

私は、英語の「英語らしさ」を形作る 2 大特徴というのは、

> ①「外から自分を眺める」視点
> ② 自動詞よりも他動詞が優勢

の 2 つだと思っています。この 2 つが混じり合った世界観が「英語脳」のタネなんじゃないか、と思います。

英語は日本語と比べて「原因に触れたがる」言語です。日本語話者が「嬉しい！」と言う時、「あなたのおかげで嬉しい！」とはいちいち言いません。しかし英語では、文字通り「あなたのおかげで嬉しい！」という言い方をします。

例 **You make me happy!** （直訳：あなたが私を幸せな形にしてくれている。）

「外から自分を眺める」英語は視野が広く、自分の目の前で起きている「結果」だけでなく、その向こう側にある「原因」にまで目が届きやすいのかもしれません。
また、自動詞構文が優勢な日本語と違い、他動詞構文が優勢な英語をはじめとするヨーロッパ語では、原因に触れることが多くなるのです。

例 **The cup broke.** （自動詞文：カップが割れた。）
　→「カップが割れた」という結果のみに注目している
例 **You broke the cup.** （他動詞文：あなたがカップを割った。）
　→「誰が割ったのか」という原因に注目している

他動詞構文をよく使うというのは、必然的に原因を主役（主語）にする言い方が多くなるということです。
**A five-minute walk will take you to the station.**（5 分の徒歩があなたを駅に連れて行くだろう＝「駅まで歩いて 5 分です。」）というような、極端な無生物主語構文が生まれる土壌はここにあります。**surprise** などの感情動詞の感覚も、この土壌から生まれるわけです。
原因を主語にする文は因果関係の説明に向いていて、論理的で説得力のある文章力の土台を作ってくれます。

# 英文法の鬼1000問

第2章

## 文型は動詞の気持ちです

# 031-035

最も適切な選択肢を選べ。

**031** I'm sorry; I can't hear you. Would you mind (　　　)?

    1. rising your voice

    2. raising your voice

    3. to rise your voice

    4. to raise your voice

**032** Consumer prices (　　　) 15 percent last year.

    1. raised

    2. rise

    3. rose

    4. risen

下線部の中で不自然なものを 1 つ指摘せよ。

**033** Lay on your back with your arms by your sides.
    ①　　　　　　②　　　　　　③　　④

**034** He smiled and lied his hand on my shoulder.
    ①　②　　③　　　　④

**035** Last month she was lay off from her job as a medical technologist.
    ①　　　　　　　　②　③　　　　④

# 自動詞と他動詞その１

▶ rise と raise、lie と lay

## ●──ひとりでにそうなるのか、他者に働きかけるのか

　英文の心臓部は動詞です。日本語にも英語にも自動詞と他動詞というのがあります。

　たとえば「風呂が沸く」と「風呂を沸かす」ならどちらが「ひとりでに、そうなる」感じで、どちらが「他者にそうさせる」感じがしますか？

　「風呂が沸く」のように「ひとりでに、そうなる」動きが**自動詞**（自分が自分でそうなる動作）、で「風呂を沸かす」のように「他者にそうする」という動作が**他動詞**（他者に働きかける動作）です。

| 自動詞：自分から出た力が自分に戻って来る | 他動詞：自分から出た力を、他者にぶつける |
| --- | --- |
|  |  |

　英語においては、他動詞は働きかける相手である「目的語」がないと不自然ですが、自動詞は他者に働きかけはしないので、逆に目的語があると不自然です。

　英語学習でよくある、「目的語があるから他動詞、ないから自動詞」という考え方は、主語や目的語がしばしば省略される日本語を母語とする人間にとってはピンと来ないことがよくあります。

　それよりも「自己完結の動きなのか、他者に働きかけるのか」という「動詞が持つ力の方向」を意識するようにしましょう。（『英文法鬼』 Must 5、6）

**031** I'm sorry; I can't hear you. Would you mind (　　　)?

（ごめんなさい、聞こえません。もっと大きな声で言ってもらえますか。）

1. rising your voice 　　　Ⓐ2. raising your voice

3. to rise your voice 　　　4. to raise your voice

ポイントは2つ。

① mind の目的語は to 不定詞ではなく ~ing に。

② rise（上昇する）は自動詞で、raise（引き上げる・上昇させる）は他動詞です。

mind は状況を「想像」しながら、「嫌だ、やりたくない」と思うことです。人間は状況を想像したり、記憶を思い出したりする際には、「動作をやっている最中」を思い浮かべるのが普通で、そのため mind や imagine（想像する）などの動詞の目的語には「これからすることに向かう」ことを意味する不定詞ではなく「動作をしている最中」を意味する ~ing が来ます。(本書第67項および『英文法鬼』 Must 26)。

S ⎡rise⎤は「Sが上がる」という自動詞、

S raise O は「SがOを引き上げる」という他動詞です。ここでは「あなたが声量に対し引き上げるという働きかけを行う」という動作なので他動詞 raise を使います（『英文法鬼』 Must 5, 6)。

**032** Consumer prices (　　　) 15 percent last year.

（消費者物価は去年 15％上昇した。）

1. raised 　　　2. rise 　　　Ⓐ3. rose 　　　4. risen

「SがOを上げる」（他動詞）ではなく「Sが上がる」（自動詞）文なので、rise – rose –risen の過去形 rose を使います。ちなみに他動詞 raise の活用は raise – raised – raised です。

⇧ rise

37

**例文** The government raised sales taxes by 2 %.

「政府は消費税を 2 ％引き上げた。」

　このように、自動詞では「上昇した」という「結果」のみに注目が集まる文になりますが、他動詞では「誰が引き上げたのか」という「原因・責任」に注目が集まる文ができます。

**033** Lay on your back with your arms by your sides.
Ⓐ ①　　　　　②　　　　③　　　④

（両腕を体の横に置いて、仰向けになってください。）

① lay を lie にします。

「寝転ぶ」は他者に力をぶつけない、自分が自分で行うだけの動きなので、自動詞 lie – lay – lain の原形 lie を使って命令文をつくります。

　　※ lie on one's back は「自分の背中の上に寝転ぶ」
　　→「背中を下にして仰向けに寝る」。

lie-lay-lain

**034** He smiled and lied his hand on my shoulder.
①Ⓐ②　　　③　　　　④

（彼は微笑んで、私の肩に自分の手を置いた。）

② lied を laid にします。

　lay – laid – laid という他動詞は「他者を横にして置く」という意味。ここでは He laid his hand というふうに、「彼」が「自分の手」に対して「置く」という力を働かせています。

lay

38

**035** Last month she was lay off from her job as a medical technologist.
　　　　　Ⓐ-①　　　　　　　　　　②　　③　　　　　　④

（先月彼女は医療技術者の仕事を解雇された。）

① was lay を was laid という受動態にします。

「 **会社 lay 従業員** （代名詞） **off**」あるいは「 **会社 lay off 従業員** （普通名詞）」
で「会社が従業員を解雇する」です。

　問題文では lay や off の後に目的語らしき言葉（解雇される従業員）がな
いので、she が「解雇される従業員」であり、この文は受動態になることが
妥当だと考えられます。lay の過去分詞は laid ですね。

　 **S lay O** は「S が O を横にして・寝かせて、置く」ですから、これに
off（その場からぽろりと離れる）が加わることで「会社が従業員をいったん会
社から離して脇へ置く」というのが lay off の直訳になります。

「経営不振による、あくまで一時的な解雇だから、また雇うこともあるか
ら」という響きを持つ言葉ですが、実際には完全解雇にもよく使われます。
日本語の「リストラ」も「再構築」を意味する restructuring から来ていま
すが、実際には解雇を意味します。

　このように、名称というのは現実を覆い隠し美化するために使われること
があります。

# Q 036-040

選択肢を並べ替えて適切な文をつくれ。

**036** Don't ( raise,  voice,  to,  you ever,  your ) my mother, OK?

**037** (taxes,  rise for,  high–income,  willl,  earners ).

**038** ( stomach,  lie,  your,  with,  down on ) your hands behind your head!

**039** She sighed ( on,  and,  her,  laid,  head ) the desk.

**040** The recession caused ( off,  many,  to,  lay,  companies ) workers.

## 解答

**036** Don't you ever raise your voice to my mother, OK?
（私の母さんに二度と声を荒げたりしないで。わかった？）

**037** Taxes will rise for high-income earners.
（高額所得者向けの税金が上がるだろう。）

**038** Lie down on your stomach with your hands behind your head!
（うつ伏せになって手を頭の後ろに回せ！）

**039** She sighed and laid her head on the desk.
（彼女はため息をついて机に突っ伏した。）

**040** The recession caused many companies to lay off workers.
（不景気のせいで多くの会社が従業員を解雇した。）

## 解説

036. don't you ever ＋動詞原形；「絶対に〜しないで」。怒りを滲ませ相手に
強く禁止を促す時の表現。ever は「どの時の一点をとっても」。

037. taxes；人は通常、所得税、消費税など複数の税金を一度に払うので複
数形にするのが普通。earner（所得者）は earn（稼ぐ）からの派生

038. lie on one's stomach は「自分の腹の上に寝転ぶ」
→「腹を下にしてうつ伏せに寝る」。

#  041-045

最も適切な選択肢を選べ。

**041**「僕と結婚してくれますか？」

Will you (　　　　)?

1. marry to me
2. be married to me
3. be married with me
4. marry me

**042** She had (　　　　) Mike for seven years when I first met her.

1. been married
2. been married to
3. been married with
4. married to

**043** We're going to (　　　　) next month.

1. get married
2. get marry
3. marry to
4. get married to

下線部の中で不自然なものを１つ指摘せよ。

**044** Cathy is married to three children.
　　　　　　　　①　　②　　③　④

**045**「Abigail は今では離婚していて、彼女の人生は孫たちの世話に全て捧げられている。」

Abigail now divorced and her life is completely devoted to looking after
　　　　①　　　　　　　　②　　　　　　　　　　　③　　④

her grandchildren.

Must

**05**

英文法
の 05
鬼100則

英熟語
の 06
鬼100則

# 自動詞と他動詞その2

## ▶marry の使い方

　この項では、文法問題でよく問われる marry（結婚する）の使い方を攻略しましょう。

　marry の使い方は、以下の4つを覚えましょう。

---

❶ S marry O　　　　　　　　　　（SがOと結婚する）

❷ S is married to O　　　　　　　（SはOと夫婦である）

❸ S get married to O　　　　　　　（SはOと結婚式を挙げる）

❹ S is married with ＋〜人の子ども　（Sは結婚して〜人の子どもがいる）

---

041 「僕と結婚してくれますか？」

Will you (　　　　)?

1. marry to me　　　　　　2. be married to me

3. be married with me　　　④ 4. marry me

　Will you marry me? はプロポーズの時の決まり文句で❶の仲間。

　❶の他動詞の marry は「S が O と結びつき、未婚から既婚へと『立場が変わる』」ことに意味の焦点があります。

例文 Barack Obama married Michelle Robinson in 1992.

　　「Barack Obama は Michelle Robinson と 1992 年に結婚した。」

ちなみに選択肢2だと、「あなたは（〜年か先の未来においても）私と夫婦でいてくれているだろうか」いう意味になります。

**042** She had (　　　) Mike for seven years when I first met her.

（私が初めて会った時、彼女はマイクと結婚して 7 年目だった。）

1. been married

Ⓐ 2. been married to

3. been married with

4. married to

marry の 4 つの使い方のうちの ❷ の用法です。この married は「すでに結婚した後の状態」（**完了**）を表す marry の過去分詞であり、辞書には形容詞として登録されています。

「完了の過去分詞」が「形容詞」になる仕組みは以下の通りです。

　例えばそれまで青かった木の実が、秋が来て「赤くなります（**動詞**）」。その後「赤い」（**形容詞**）という状態が続くわけです。「動作が終わった後の、完了の状態＝形容詞」は自然界ではよく起きるため、英語では done（してしまった後＝終わっている）や gone（行ってしまって、もういない）など、完了の状態を表す過去分詞が形容詞扱いとなる例がたくさんあります（『英文法鬼』 **Must** 32）。

　be 動詞は「状態にある」が根っこの意味なので、be married で「結婚した後の状態にある」が直訳で「既婚である」ことを意味します。

**例文** I'm sorry. I'm married.　「ごめんなさい。私結婚してるの。」

　前置詞は with（一緒にいる）ではなく to（移動・到達）を使います。これは日本語でも「○○のもとへ嫁に行く」という言い方があるように、結婚とは元々「**移動・到達**」の概念を持つからです。

**043** We're going to (　　　) next month.

（私たちは来月結婚式を挙げます。）

Ⓐ 1. get married　　2. get marry　　　3. marry to　　　　4. get married to

marry の 4 つの用法のうちの ❸ です。

get married は直訳すると「結婚した後の状態 (married) を手に入れる (get)」。他動詞の marry が表す「未婚から既婚へのステイタスの変化」とは異なり、「結

婚式を挙げる」というイベントの意味で使われることもよく見られます。

「get married to 人」で「（人）と結婚式を挙げる」という熟語ですが、今回の問題では、主語が we という「2 人の人間」を意味するので to をつけてはいけません。もし to をつけると、「私たちは、（誰かと）結婚する」という意味になってしまい、不自然です。

**044** Cathy is married to three children.
　　　① 　②Ⓐ③　④

（キャシーは結婚して 3 人の子どもがいる。）

③ to を with にします。

「be married とくれば to だ」と丸暗記している人がひっかかってしまう問題です。意味を理解して熟語を覚えましょう。

これは marry の 4 つの用法のうちの
❹。「be married with ＋〜人の子ども」です。be married で「既婚である」、さらに「子どもと共に暮らしている」ということなので with を使います。to だと「3 人の子どもと結婚している」になってしまいます。

045 「Abigail は今では離婚していて、彼女の人生は孫たちの世話に全て捧げられている。」

Abigail <u>now divorced</u> and <u>her</u> life is completely <u>devoted</u> <u>to</u> looking after
Ⓐ①　　　　　　　　　②　　　　　　　　　　③　　④
her grandchildren.

① is を加えて is now divorced とします。

divorce は marry と使い方が同じで、 S divorce O で「S が O と離婚する」という動作。 S is divorced は「S は離婚する・している」というふうに動作・状態のどちらも表します。

「離婚していて」という「状態」なので、is divorced です。今回の問題でもし「誰と離婚しているのか」を述べるなら、前置詞は from を使います。

例文 She is divorced from Jack.　「彼女はジャックとは離婚している。」
誰から離れて?

from は「離れる」ことを根っこの意味とする前置詞です。日本語でも「ここから」と言えば、「ここ」に近づくのではなく、離れることを表しますね。

devote は「自身の時間や労力などを大事だと思うものに注ぎ込む・捧げる」という意味の動詞で、「 S devote O to A 」で「S が O を A に捧げる」です。
捧げる　　〜に対して

この to は不定詞ではなく前置詞なので、後ろには名詞が来ます。前置詞の後ろに動詞を持って来る時には動名詞にします。したがって looking after としています。

45

選択肢を並べ替えて適切な文をつくれ。

**046** There was a time ( someone, when, had, people married, they ) never seen before.

**047** Mrs. Tanaka ( 30 years, married, to, for, was ) her husband.

**048** She ( she, to, married, a man, got ) had known in high school.

**049** She survived the ( with, married, earthquake, is now, and ) three children.

**050** Kate( was, from, her first husband, divorced ) after a three-year separation.

---

**解答**

**046** There was a time when people married someone they had never seen before.
（それまでに会ったこともない人と結婚する、という時代があった。）

**047** Mrs. Tanaka was married for 30 years to her husband.
（Tanaka 夫人は彼女の夫と 30 年にわたる結婚生活を送っていた。）

**048** She got married to a man she had known in high school.
（彼女は高校時代に知り合いだった男性と結婚した。）

**049** She survived the earthquake and is now married with three children.
（彼女はその地震を生き延び、今では結婚して 3 人の子どもと暮らしている。）

**050** Kate was divorced from her first husband after a three-year separation.
（Kate は 3 年の別居を経て、最初の夫と離婚した。）

---

**解説**

046 there was a time when 〜 ；「かつて〜という時代があった」。someone と they の間には someone (~~whom~~) they had never seen before という省略がある。
048. a man と she の間には a man (~~whom~~) she had known in high school という省略がある。

# Q 051 ~ 055

最も適切な選択肢を選べ。

**051** The earthquake (　　　) while I was sleeping.

    1. happened

    2. got up

    3. caused

    4. raised

**052** The earthquake (　　　) a tsunami on the Pacific coast.

    1. happened

    2. rose

    3. caused

    4. grew

**053** It (　　　) to me that he might be injured.

    1. caused

    2. raised

    3. went

    4. occurred

下線部の中で不自然なものを 1 つ指摘せよ。

**054** I was born in Fukuoka and grown up in Chiba.
    ①                  ②     ③     ④

**055** Where in Canada did you brought up?
       ①  ②  ③        ④

Must

06

英文法 05
の 06
鬼100則

英熟語
の
鬼100則

# 自動詞と他動詞その3

## ▶「起きる」のか「起こす」のか

### ●──動詞を力の作用の向きで理解しよう

　ライティングを添削していると、cause を使うべきところを happen にしてしまう、あるいは happen を使うべきところで cause を使ってしてしまう英語学習者を見かけます。

　感覚的な間違いですので、逆に言えば、正しく使うためには自動詞と他動詞の違いの感覚的な理解が必要です。

　自らが「発生する」のか（**自動詞**）、原因が他者に「発生するよう働きかけて引き起こす」のか（**他動詞**）。動詞を「力の作用の向き」として理解し、その上で動詞単体ではなく、自動詞・他動詞が持つそれぞれの構文を合わせて覚えれば、英語で書いたり話したりすることができるようになります。

---

**051** The earthquake (　　　) while I was sleeping.

（私が寝ている間に地震が起きた。）

Ⓐ 1. happened　　2. got up　　　　3. caused　　　　4. raised

---

　happen と cause の構文と、動詞の力の方向は以下の通りです。

┌─ S happen ⟲　　　　　（S が起きる）

└─ S cause → O .　　　　（S が O を引き起こす）

　問題文から、地震が「起きた」という自動詞の文なのか、地震が「（何か）を引き起こした」という他動詞の文なのかを判断するのが鍵となります。

空欄後方には「私が寝ている間に」という副詞節のみがあり、地震が引き起こす「対象」は書かれていません。よって「Sが起きた」という自動詞である 1. happened を選びます （自動詞と他動詞のイメージの違いは『英文法鬼』 Must 5, 6）。

get up は「体を起こす」という意味での「起きる」なので「発生する」という意味はありません。raise は「ものを上に引き上げる」という他動詞です。

---

**052** The earthquake (　　) a tsunami on the Pacific coast.

（その地震は太平洋岸に津波を引き起こした。）

1. happened　　2. rose　　Ⓐ **3. caused**　　4. grew

---

空欄の後に a tsunami という目的語が来ています。これは地震が働きかけて「引き起こした」ものです。したがって他動詞である 3. caused が正解。

2. rose は「Sが上昇する」ことを意味する自動詞 rise の過去形、4. grew は「Sが育つ」を意味する自動詞 grow の過去形で、どちらも他者に働きかけることはありません。

---

**053** It (　　) to me that he might be injured.

（彼が怪我をしているのかもしれないという考えが、ふと私に浮かんだ。）

1. caused　　2. raised　　3. went　　Ⓐ **4. occurred**

---

it occurs to 人 that S + V ~ で「SがVするという考えが（人）に浮かぶ」。

occur の語源は oc-（～の方へ）+ -cur（走る）で「～の方へ走って来る」（-cur は「車」を意味する car と同源）。ここから①「出来事が走って来る＝出来事が発生する」と②「考えが走って来る＝考えが頭に浮

かぶ・〜ではないかと思う」という意味が出ます。

「出来事が発生する」という意味では occur は happen と同じです。日常会話では happen の方が occur よりもよく使われます。逆に言えば、occur の方が happen に比べて少し改まった印象を与え、ニュースやレポートなどでの報告によく使われます。

例文 The crash occurred(happened) early on Saturday evening.

「その衝突事故は土曜日の夕方早くに起きた。」

「考えが浮かぶ」という意味では「考え occur to 人」という構文をとるのが基本形です。

例文 A brilliant idea occurred to him. （素晴らしい考えが彼の頭に浮かんだ。）

この構文の「力の方向」は occur の語源的意味である「run to 人」と同じイメージです。

例文 I ran to him. 「私は彼の元へ駆け寄った。」

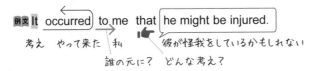

つまり、この occur の構文は「考えが人のもとへ駆け寄って来る」というイメージを持っています。

さて、主語の「考え」の部分が重くて長い情報になると、仮主語 it の出番です。ここでの it は漠然とした「考え」を意味すると思ってください。詳しい「考え」の中身は that 節になって後に回されます。

例文 It occurred to me that he might be injured.
考え　やって来た　私　　　　　彼が怪我をしているかもしれない
　　　　　　誰の元に？　どんな考え？

ちなみに that 節の代わりに to 不定詞を使うこともあります （復習問題参照）。

**054** I was born in Fukuoka and grown up in Chiba.
　　　　① 　　　　　　　 　 　② Ⓐ③ 　 ④

（私は福岡生まれで千葉育ちです。）

③ grown up を grew up に。

「S が大人になる」という自動詞表現 S grow up と、「S が O を育てる」という他動詞表現 S raise O あるいは S bring up O をおさえておきましょう。

grow の活用は grow – grew – grown で、過去分詞 grown だと一見受動態（＝「育てられた」）のように見えるかもしれませんが、grow は自動詞なので受動態にできません（『英文法鬼』 Must 29 参照）。

**055** Where in Canada did you brought up?
　　　　 ① 　　　Ⓐ② ③ 　　　　④

（あなたはカナダのどこで育ったのですか？）

② did を were にします。

動詞が過去形、あるいは過去分詞を表す brought なので、疑問文で did と一緒には使えません。

bring up

S bring up O で「S が O を育てる」という他動詞構文ですから、S is brought up という受動態にすることができます。

raise も bring up も「下から上へ引き上げる」が転じて「上の段階へ持っていく＝育てる」という意味を出します。前問の grow up は自動詞なので、「成長し大人になる自分」に焦点が当たりますが、be raised や be brought up なら他動詞なので、「誰かに育てられた」という育てる側の関与が見え隠れします。

「**where in ＋場所**」で「（場所）のどこで」です。

選択肢を並べ替えて適切な文をつくれ。

**056** ( so many, happened, since, things, have ) you left us.

**057** ( considerable, caused, damage, the hurricane ) in the northeastern Yucatan.

**058** ( to, to, ever occurred, has, you, start, it ) your own bakery?

**059** Many people ( grew, with, of my generation, up ) Star Wars.

**060** ( up, I, brought, not to, was ) put on airs.

---

**解答**

**056** So many things have happened since you left us.
(君が私たちのもとを去ってから、とても多くのことが起きたんだ。)

**057** The hurricane caused considerable damage in the northeastern Yucatan.
(そのハリケーンはユカタン半島北東部にかなりの損害を与えた。
[直訳：損害を引き起こした])

**058** Has it ever occurred to you to start your own bakery?
((独立して) 自分のパン屋を始めようと思ったことはないのかい？)

**059** Many people of my generation grew up with Star Wars.
(私たちの世代の多くは、スターウォーズを見て大きくなった。)

**060** I was brought up not to put on airs.
(私は気取った人間にならないように育てられてきた。)

**解説**

57. considerable「かなりの」。consider「熟慮する」から considerable は「かなり考えないといけない・軽く見ることのできない」。

58.「it occur to 人 + to 不定詞」のパターン。

59. grow up with A；A で育つ・A と共に育つ。

60. put on airs；「気取る」。何層にも空気をまとい、人を近づけない様子。

# 061 ~ 065

最も適切な選択肢を選べ。

**061** He (　　) the bird in the tree but missed.

1. shot at

2. shot

3. shoot at

4. shoot

**062** He said, "I've never had the pleasure of meeting you. I've only (　　) you."

1. hear of

2. hear

3. heard of

4. heard

**063** "Do you know Ms. Miller?" "No, but I (　　) her."

1. have known

2. know

3. am knowing

4. know of

下線部の中で不自然なものを1つ指摘せよ。

**064** Make <u>sure</u> your children <u>know how</u> to <u>reach to you</u> in <u>an</u> emergency.
　　　　①　　　　　　　②　　　　　③　　　④

**065** I <u>reached for</u> my phone <u>on</u> the bedside <u>table</u> <u>to the darkness</u>.
　　　①　　　　　　②　　　　③　　　④

# 自動詞と他動詞その4

## ▶「届く」のか「届かせようとしている」のか

### ●——「他動詞＋前置詞＋目的語＝力が間接的」になる場合

全ての他動詞がそうだというわけではもちろんありませんが、一部の他動詞に前置詞をつけると、意味が「間接的」になる場合があります（『英文法鬼』**Must** 10 参照）。

他動詞というのは「主語から出た他動詞の力を目的語にぶつける」イメージがあります。これが単なるイメージにとどまらず、実際の表現の中で、動詞の力が直接目的語に伝わることを意味する場合があります。

一方、こうした他動詞と目的語の間に前置詞を挟むことで、その動きが目的語に直接には伝わらないことを意味する場合が出て来るのです。

ここでは代表的なものを問題にしてみました。

---

**061** He (　　　) the bird in the tree but missed.

（彼は木の上の鳥めがけて撃ったが、外した。）

Ⓐ 1. shot at　　　2. shot　　　3. shoot at　　　4. shoot

「 S shoot at O 」で、「SがOめがけて銃を撃つ」という意味になります。

前置詞のない他動詞構文の「 S shoot O 」が「SがOを銃で撃つ」、つまり「弾丸が当たる」ことを意味するのに対して、shoot at O ではOめがけて撃っているだけで、Oに弾丸が当たっているとは言っていません。

at がつくことで意味が「間接的」になるわけです。今回は but missed（しかし外した）とあるので、

shoot the bird

shoot at the bird

他動詞の「 S shoot O 」という構文は使えません。
　　　　　　　⟶

　ちなみに、shoot の活用ですが、shoot – shot – shot です。choose – chose – chosen もそうなのですが、英語学習者の多くは「-oo-」の綴りは「英語らしくない」という違和感を感じるようで、shot や chose を原形や現在形として使ってしまう人がよく見られます。

　本問では主語が he という三人称単数なので、仮に問題が現在形の文であっても shoots になっていない選択肢 3 は不可。さらには問題文後半の動詞 missed が過去形なので、時間の整合性から考えて、正解は過去形の 1 です。

---

**062** He said, "I've never had the pleasure of meeting you. I've only (　) you."

（彼は言った。「残念ながら、私はまだ貴方にお会いしたことは一度もありませんよ。私は貴方のことをお噂でしか知りません。」）

　　1. hear of　　　2. hear　　　Ⓐ 3. heard of　　　4. heard

---

　前置詞なしに I hear you. と言えば音が直接耳に届き、「君の言っていることは今ちゃんと聴こえているぞ」ということを意味します。

　しかし、「hear of 人」だと「噂、情報として（人）のことを耳にしている」という「間接的」な意味になります。

a piece  of  cake

　例えば one of them で「それらのうちの 1 つ」となるように、of は「全体から、構成要素である**一部を取り出す**」という意味を持ちますので、「hear of 人」なら「（人）の一部（＝部分的な情報）を耳にしている」という感覚が出て来ます。

　本問では「直接会ったことがない」ので噂でしか知らない、ということになりますから hear of を使います。現在完了の文なので過去分詞を使っている 3 が正解。

**063** "Do you know Ms. Miller?" "No, but I (　　) her."

（「Miller さんとお知り合いなのですか？」「いえ、でも、お噂は存じております。」）

    1. have known    2. know    3. am knowing   Ⓐ 4. know of

---

「人 know 人」は know の力が直接、目的語の「人」にぶつかっているので、「直接の知り合い」を意味します。

しかし「know of 人」は「hear of 人」と同様、「部分的に知っている」、つまり「噂や情報として知っている」ということになります。

---

**064** Make sure your children know how to reach to you in an emergency.
    ①            ②       Ⓐ③    ④

（緊急時にあなたに連絡できる方法をきちんと子ども達に教えておいてください。）

---

③ reach to you の to が不要。

reach は語源的に「手を伸ばしてものに触ることに成功する」ことを意味し、他者に力をぶつける（ここでは手が届く）ことをイメージする他動詞です。

したがって S reach O で S が O に到達する、ここでは「連絡をとる」という意味になります。

**065** I reached for my phone on the bedside table to the darkness.
　　　①　　　　　　　②　　　　　　③　　Ⓐ④

（私は暗闇の中でベッド脇のテーブルにある電話に手を伸ばした。）

　④「暗闇の中で」と考えるのが自然なので、to the darkness ではなくて in the darkness となります。

　ここでのポイントは下線①の reach for O（O に手を伸ばす）です。実は reach O だけでなく、reach for O という言い方もあるのです。reach O なら他動詞 reach の力が O にぶつかっているので「O に手が届いている・たどり着いている」ことを意味しますが、reach for O では、「届かせようとして手を伸ばしている」という意味にとどまります。

　for は「目標」つまり「これから到達しようとするもの＝まだ届いていないもの」です（『英文法鬼』 Must 82）。したがって reach for O は「O に届かせようと手を伸ばしているがまだ届いていない」ことを意味します。

選択肢を並べ替えて適切な文をつくれ。

**066** The suspect ( shot, multiple, the victim, at ) times.

**067** (heard, me, has, he, of ) ,but he hasn't heard my music.

**068** (least, know, three other men, we, of at ) who were killed in the protests.

**069** Congress and the President failed (an agreement, to, the issue, on, reach ).

**070** He jumped off the bed (for, the gun, and, reached ).

---

**解答**

**066** The suspect shot at the victim multiple times.
（容疑者は被害者めがけて複数発、銃を発射した。）

**067** He has heard of me, but he hasn't heard my music.
（彼は私のことは耳にしていたが、私の音楽は聞いたことがなかった。）

**068** We know of at least three other men who were killed in the protests.
（我々は少なくとも他に３人の男性が抗議デモで殺害されたことを知っています。）

**069** Congress and the President failed to reach an agreement on the issue.
（議会と大統領はその問題に関して合意に達することができなかった。）

**070** He jumped off the bed and reached for the gun.
（彼はベッドから跳ね起きて銃に手を伸ばした。）

**解説**

*067.* heard of me は「私の噂を耳にした」ことを意味し、heard my music は「私の音楽を（噂でなく直接）聞いた」ということ。

*069.* on the issue の on は「～について」を意味する（『英文法鬼』 **Must** 80）。

# Q 071 ~ 075

最も適切な選択肢を選べ。

**071** More young people than ever are (　　　　) college.

 1. attending to

 2. attending

 3. attending for

 4. attending of

**072** Doctors must be in good health to (　　　　) the needs of their patients.

 1. attend to

 2. attend

 3. attend for

 4. attend of

下線部の中で不自然なものを１つ指摘せよ。

**073** He avoided referring the problem of how to cut costs.
   ①  ②    ③    ④

**074** Nobody knows how the economy will recover the COVID-19 crisis.
     ① ②   ③  ④

**075** We must recover from the costs of development.
  ①  ②   ③   ④

# 自動詞と他動詞その5

## ▶ 自動詞か他動詞かで意味が変わる・その1

　英語では同じ1つの動詞が自動詞としても他動詞としても使われることがあり、なおかつ両者の意味が異なる場合がよくあります。

　日本語なら「（ドアが）開く－（ドアを）開ける」「（音楽が）かかる －（音楽を）かける」のように自動詞と他動詞では形が変わることがほとんどです（「（窓が）閉じる-（窓を）閉じる」といった例外もわずかながらあります）が、英語では同じ形のものが多くあります。

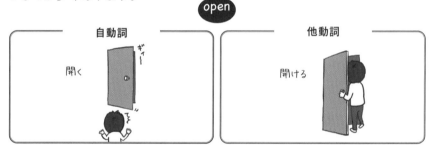

　構文の形や前置詞の有無に注意を払って、その動詞が自動詞で使われているのか、他動詞で使われているのかが判断できないといけません。

---

**071** More young people than ever are (　　　) college.

（これまでにないほど多くの若者たちが大学に行っている。）

　1. attending to　2. attending　　3. attending for　　4. attending of

---

　他動詞 attend O で「O に出席する・O に通う」。go to college のイメージから、つい to を使いたくなりますが、この意味の attend では前置詞を使

ってはいけません。

attend はたくさんの意味を持つ動詞です。

語源の、**a-**（〜の方へ）**+-tend**（伸ばす：tension "糸をピンと張って生まれる緊張感" と同源）から「〜の方へ気持ちを伸ばす」となり、「注意を向ける（**pay attention**「注意を払う」）」、「世話をする（**cabin attendant**「客室乗務員」）」、さらに「世話をするために随伴する」から「〜に出席する・通う」へと発展しました。「**会場へ足を伸ばす＝出席する**」と覚えておくと良いです。

コーパス（COCA）で検索すると、他動詞 attend の目的語は9割以上が「集会・会合・学校」です。つまり、「集会・会合・学校」を目的語とする時、attend はほぼ他動詞として使われており、前置詞は不要です。

**072** Doctors must be in good health to (　　　　) the needs of their patients.

（医者というものは、自分の患者の要求に応えられるよう健康な状態でいなければならない。）

Ⓐ <u>1. attend to</u>　　2. attend　　　3. attend for　　　4. attend of

自動詞 attend to Ⓐで「Aに対処する・注意を払う・面倒を見る」です。「対処する」ということは「注意を問題の方に・やるべきことの方に向ける」ことなので、前置詞 to を使います。つまり、pay attention to の感覚です。

イギリス英語でよく使われる表現に、お店でお客に店員が、「Are you being attended to, Sir?（お客様、ご用件はもう伺っていますでしょうか？）」と言うのがありますが、注意を向けて、対応をちゃんとする、ということを意味する表現です。

**073** He avoided referring the problem of how to cut costs.
　　　　①　　　Ⓐ②　　　　　　　　③　　　　　④

（彼はどうコストカットをするかという問題への言及は避けた。）

② referring の後に to をつけます。

**refer to** Ａ で「Ａに言及する・Ａのことについて触れる」。re-（戻る）+-fer（運ぶ）→「再びその話題へ話を運ぶ」が語源で、「その話題へ運ぶ」という感覚から refer には to が使われます。go to に似た感覚ですね。

同じく「言及する」という意味を持つ mention と比べてみましょう。

mention は「考える」を語源の意味とし、mental や mind と同じ語源を持ちます。「ふと思いついてその話題に触れる」という軽さがあり、「ちらりとその話題に触れる」「詳しくは触れない」イメージがあります。

「そのことについてはもう言わないで」、またそこから転じて「そのことはもう気にしないで」を意味する "Don't mention it." はポピュラーなフレーズですね（mention は前置詞を後ろにつけません）。

一方の refer は、「再び触れる」という語源から、はっきりとその話題について述べることを意味します。

**074** Nobody knows <u>how</u> the economy <u>will</u> <u>recover</u> the COVID-19 crisis.
　　　　　　　　 ① 　② 　　　　　 ③ Ⓐ④

（コロナ禍からどう経済が回復するかは、誰にもわからない。）

④ recover を recover from とします。

recover には「回復する」と「取り戻す」
の意味があり、「回復する」の場合は「自分
が自分で回復する」ことなので他者に力を
ぶつけるわけではなく、自動詞であり、目
的語は不要です。recover の後ろには、「何
から」回復するのか、という意味で from をつけます。

recover の語源的意味は「再びつかむ」で、実は -cover は「覆う」の
cover ではなく、catch と同じ語源の別の単語が元になっています。「再び自
分本来の姿をつかむ」という語源から「回復する」という意味が出ます。

**075** We <u>must</u> <u>recover from</u> <u>the costs of</u> <u>development</u>.
　　　 ① 　　Ⓐ② 　　　　③ 　　　　　④

（私たちは開発にかかったコストを取り戻す必要がある。）

② recover from から from を削除します。

「取り戻す」という意味の recover は他動詞であり、「再びつかむ」という
語源から、他動詞では「～を取り戻す」という意味になります。「再びつか
む」力を他者にぶつけるから「取り戻す」という意味になるのですね。

他動詞の recover には前置詞は不要です。from をつけたままだと recover
は自動詞の意味になり、「私たちは開発費から回復しなければならない」と
なり、不自然です。

選択肢を並べ替えて適切な文をつくれ。

**076** Thomas declined the ( his grandfather's, invitation, attend, to ) funeral.

**077** ( to, should, the, attend, we, business ) at hand.

**078** He was very ( not to, the matter, careful, to, refer ).

**079** It took more than a year ( recover, for, from, him, to ) the injury.

**080** ( was, his, recovered, , but, car ) his body was never found.

---

解答 ———————

**076** Thomas declined the invitation to attend his grandfather's funeral.
（Thomas は自分の祖父の葬式への招待を断った。）

**077** We should attend to the business at hand.
（私たちは目の前の用事に向き合った方がいい。）

**078** He was very careful not to refer to the matter.
（彼はとても慎重に、その事に触れないようにした。）

**079** It took more than a year for him to recover from the injury.
（彼が怪我から復帰するのに1年以上の時間がかかった。）

**080** His car was recovered, but his body was never found.
（彼の車は回収されたが、彼の遺体は決して見つからなかった。）

解説 ———————

076. decline は「傾けて倒す」というところから、「相手の依頼を丁寧に断る」という意味が出る。turn down（回して下へ落とす→拒絶する）と似た感覚。

077. business は busy の名詞形から出た言葉。語源は「自分を忙しくさせること」であり、「商売・仕事」だけでなく「やるべきこと」という意味もある。at hand は「手の届くところにある→目下の」。

# 081 〜 085

最も適切な選択肢を選べ。

**081** He ( ) Harvard University.

1. graduated

2. graduated from

3. had graduated

4. was graduated

**082** Josh will return ( ) as soon as he finishes his business trip.

1. Japan

2. from Japan

3. to be Japan

4. Japanese

**083** I'll do my very best to return ( ) by the end of the year.

1. to the money

2. from the money

3. into the money

4. the money

下線部の中で不自然なものを1つ指摘せよ。

**084** Long-term <u>exposure to</u> <u>stress</u> can <u>lead serious</u> health <u>problems</u>.
　　　　　　　①　　　　　②　　　　　③　　　　　　④

**085** She <u>blindfolded</u> him <u>and</u> <u>led</u> him <u>the chair</u>.
　　　　　①　　　　　②　③　　　④

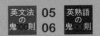
# 自動詞と他動詞その6

## ▶自動詞か他動詞かで意味が変わる・その2

graduate が自動詞で使われること、ただし、少数ながら他動詞の用法もあること、そして return と lead の自動詞と他動詞での意味の違いを見ていきましょう。

---

**081** He (　　　) Harvard University.

（彼はハーバード大を卒業した。）

1. graduated　　　　　　Ⓐ 2. graduated from

3. had graduated　　　　4. was graduated

---

「 **人** graduate） from **学校** 」で「人が学校を卒業する」です。

graduate は「等級・成績」を意味する grade と同じ語源を持ちます。つまり「人がちゃんと成績・学位をとる」ということが、「人が卒業する」ことを意味するわけです。

graduate は元々は他動詞で使われた言葉です。「 **大学** graduate **学生** 」で「大学が学生を卒業させる」という意味でした。つまり「大学が学生に学位を与える（＝卒業させる）」ということだったわけです。

現在も「大学が学生を輩出する（＝卒業させる）」という意味で使われることがあります。

**例文** Kyoto University has graduated 6 Nobel Prize winners.

　「京都大学はこれまで6人のノーベル賞受賞者を輩出している。」

**082** Josh will return (　　　) as soon as he finishes his business trip.

（Josh は出張を終えたらすぐに日本から戻って来るだろう。）

1. Japan　　Ⓐ 2. from Japan　　3. to be Japan　　4. Japanese

return は自動詞と他動詞の両方で使うことができ、意味がそれぞれ異なります。

自動詞の場合、**return from** Ⓐ（A から戻る）と、**return to** Ⓐ（A に戻る）という、「自分が自分でする動き」を表します。

選択肢 3 の to は直後に動詞原形があり、前置詞ではなく不定詞なので使えません。無理に訳せば「戻って来て、日本になる」という不自然な意味になります。他動詞で使うと、**return** Ⓐ（A を返す）という意味になります。

1 や 4 のように目的語をとると、「日本を返す」「日本語を返す」などという意味になり不自然です。また、もし 4 の Japanese が「日本人」を意味するなら the Japanese（その日本人）、a Japanese（とある 1 人の日本人）、some Japanese people（何人かの日本人）という表現にしないと不自然です。

**083** I'll do my very best to return (　　　) by the end of the year.

（今年中にそのお金を返すために、最善を尽くします。）

1. to the money　　　　　2. from the money

3. into the money　　　Ⓐ 4. the money

ここでの return は他動詞（〜を戻す・返す）で使わないと不自然だ、ということに気づいたでしょうか。

自動詞だと 1「お金へ戻る」、2「お金から戻る」、3「お金の中へと戻る」

となってしまいます。

　returnの「くるりと回る」力を他者にぶつけると（つまり他動詞にすると）、「〜を戻す・返す」になります。

---

**084** Long-term exposure to stress can lead serious health problems.
　　　　　①　　　　②　　　　Ⓐ③　　　　④

（ストレスに長期的に晒されると、深刻な健康問題につながる可能性がある。）

---

　③ lead serious を lead to serious にします。

　自動詞の lead、つまり「 S lead to A 」は、「 S go to A 」に似た感覚の表現で、イラストにあるように「自分が自分を導いてどこかへ行く」という意味です。ここでは「ストレスにさらされることが、健康問題へ行く」という感じで、日本語としては、「〜につながる」と訳されることがよくあります。「go to 場所 」と同じ感覚の表現なので、「原因 lead to 結果 」は結果を表す言葉の前に to が必要です。

lead to A

**085** She blindfolded him and led him the chair.
　　　　①　　　　　　　②　③　　　Ⓐ④

（彼女は彼に目隠しをして、椅子のところへ連れて行った。）

④ the chair を to the chair とします。

他動詞「 S lead O to 場所 」は「 S が O を先導して、場所へと到達させる」で、lead 本来の「ガイド」のイメージが強く出ます。

「blindfold O 」は「 O を目隠しする」。fold は「折り畳む・包む」という意味で「（人の目を）包み隠す」ということです。

# Q 086 ~ 090

選択肢を並べ替えて適切な文をつくれ。

086 David grew up in Pittsburg ( from, and, Connecticut College, graduated ).

087 ( from, Tahiti, I, a vacation in, returned ) about a month ago.

088 Takashi ( wanted, the money, to, people, return ) in Taiwan had provided.

089 They began conversing by e-mail. ( to, thing, one, another, led ), and they decided to meet.

090 She clasped his hand warmly ( the, to, and, him, led, door ).

## 解答

086 David grew up in Pittsburg and graduated from Connecticut College.
(David はピッツバーグで育ち、コネチカットカレッジを卒業した。)

087 I returned from a vacation in Tahiti about a month ago.
(私は 1 か月ほど前に、タヒチでの休暇から戻って来た。)

088 Takashi wanted to return the money people in Taiwan had provided.
(タカシは台湾の人たちが提供してくれたお金を返したかった。)

089 They began conversing by e-mail. One thing led to another, and they decided to meet.
(彼らは e-mail で会話を始めた。その後いろいろあって、彼らは実際に会うことにした。)

090 She clasped his hand warmly and led him to the door.
(彼女は彼の手を温かく、強く握りしめ、彼をドアへと連れて行った。)

## 解説

088. the money の後ろには目的格の関係代名詞の which、あるいは that が省略。このような、関係代名詞が省略された「名詞＋ S ＋ V 〜」の形に敏感になることが整序作文ではよく求められる。

089. one thing leads to another ; 直訳すると「1つのことが次のことへとつながる」。「いろいろなことが重なって」という「過程を端折って話す」時に使う表現。

090. clasp は「腕、もしくは手でぎゅっと抱きしめたり包み込んだりする」動作。

# 091 ~ 095

最も適切な選択肢を選べ。

**091** I can't (　　　　) the way he treats me.
1. stand to
2. stand
3. stand up
4. stand by

**092** He has been (　　　　) a small business in Osaka.
1. running
2. run
3. running to
4. running in

下線部の中で不自然なものを1つ指摘せよ。

**093** I hope <u>you will</u> learn <u>this lesson</u> and <u>apply</u> it <u>your life</u>.
　　　　　　①　　　　　②　　　　　③　　　④

**094** The pandemic <u>has changed</u> <u>life as we know it</u>, and this also <u>applies the</u>
　　　　　　　　①　　　　　　②　　　　　　　　　　③

<u>way</u> we <u>do business</u>.
④

**095** Discussing <u>about</u> <u>the issue</u> <u>any further</u> <u>is</u> pointless.
　　　　　　①　　②　　　③　　④

# 自動詞と他動詞その7

## ▶自動詞か他動詞かで意味が変わる・その3

**091** I can't (　　　) the way he treats me.

（彼の仕打ちには我慢ならない。）

1. stand to　　Ⓐ 2. stand　　3. stand up　　4. stand by

**can't stand** Ａ で「Ａに我慢できない」の意味で、否定文で使う（たまに疑問文でも使う）表現です。

stand は本来「Ｓが立つ」という自動詞ですが、このように他動詞で使うと、「ＳがＯを立たせる＝**支える**」となり、そこから can't stand Ａ は「Ａを支え切れない＝Ａに耐えられない、我慢ならない」という意味になります。（『英熟語鬼』 **Must** 50）

**092** He has been (　　　) a small business in Osaka.

（彼は大阪で小さな商いをずっとやっている。）

Ⓐ 1. running　　2. run　　3. running to　　4. running in

「Ｓ run Ｏ」で「ＳがＯを経営する、運営する」です。

run は本来「Ｓが走る」という自動詞ですが、他動詞で使うと「ＳがＯを走らせる」という意味になります。

英語の run が持つ「走る」は、その根底に「一定の速度で進み続ける」（例文 The river runs through Tokyo.

「その川は東京を縫って流れる。」）という意味を持っています。したがって、例えば run a company なら「会社を走らせる・会社を継続的に進み続けさせる＝会社を運営・経営する」という意味になります。

---

**093** I hope you will learn this lesson and apply it your life.
　　　　　①　　　　　　　②　　　　　　③　　Ⓐ④

（あなたがこの教訓から学び、自分の人生に役立ててくれることを願う。）

---

④ your life を to your life にします。

apply の語源は a-（〜の方へ）+ -ply（折りたたむ・包む）→「ある方向へ組み込む・接続する」。ここから、apply は自動詞なら「〜が当て**はまる**」、他動詞なら「〜を当て**はめる**」となります。

今回の問題では「you が it (=this lesson) を your life に当てはめる」という他動詞用法ですね。「 S apply O to A 」という構文を取ります。文の構造を見てみましょう。

**例文** You should apply this lesson to your life.
　　君は　当てはめるべきだ　この教訓　　　君の人生
　　　　　　　　　　　　　　　　　何に対して？

ここでの apply O の「O を当てはめる」は、日本語で言えば「O を応用する・役に立てる」という感覚でとらえればよいでしょう。下線②に関してですが、learn a lesson で「レッスンを学ぶ」→「教訓を得る」です。

S apply O 　to

094 The pandemic <u>has changed</u> <u>life as we know it</u>, and this also <u>applies the</u>
　　　　　　　　①　　　　　　②　　　　　　　　　　　　　　Ⓐ▸③
<u>way</u> we <u>do business</u>.
　④
（この伝染病は我々が知る生活というものを変えてしまったが、このことは我々の
仕事の仕方に関しても当てはまる。）

③ applies the way を applies to the way にします。

ここでの apply は自動詞で、「 S  apply to A 」
（S が A に当てはまる）という構文を取ります。

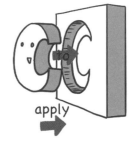

前問の他動詞の apply もそうですが、apply と
いう単語単体の知識だけでは、リーディングでも
ライティングでも何の役にも立ちません。自動詞
なら「 S apply to A 」、他動詞なら「 S apply O
to A 」、その他「 S apply for ～」（～に申し込む）
など、構文で覚えておかないと使い物にならないのです。これは apply だけ
でなく、英語学習全体に言えることです。

例変 This  also applies) to  the way . 「これはまた、やり方にも当てはまる。」
　　　これは～にも当てはまる　　やり方
　　　　　　何に対しても当てはまる？

この the way の後について言及すると、the way と we do business の間
には関係副詞の that が省略されています。the way (that) S + V ～ で「S が V
するやり方」です。

ちなみに下線①の has changed ですが、「2012 年に変えた」など「あの
時変えた」ならば過去形で表しますが、この場合は「今現在、変わった後の
状態にある」ことを表すために、現在完了です。

また下線②の as we know it ですが、この as は「～のような」という様
態を表す接続詞です。様態の as には as we know のような、目的語が欠け
る形も多いのですが、慣用的な表現として、「**名詞＋ as we know it**」（私た

ちが知っているような [ 名詞 ]) という、it を残す言い方があります。

095 Discussing about the issue any further is pointless.
Ⓐ① ② ③ ④

（この問題についてこれ以上議論するのは不毛だ。）

① about を削除します。

discuss Ⓐ で「Ａ について議論する・話し合う」。discuss は他動詞であり、目的語をとるので前置詞は不要です。

discuss は、dis-（離す）+ -cuss（揺らす）→「揺らして砕き、バラバラにする」が語源です。なぜこれが「〜について議論する」という意味になるのかと言えば、「議論をするというのは、議題を細かく砕いて分析し、話し合うこと」だからです。例えば「原発問題について議論する」際に、そのままでは「原発問題」の何から話し合えば良いかわからない、ということが起きます。そこで「原発の安全性」とか「原発のコスト」というふうに、議題を具体的に細分化して話し合うわけです。

「議題に対し砕く力をぶつける」感覚のせいで　人　⟶ discuss 議題　という他動詞構文になります。

# Q 096 ~ 100

選択肢を並べ替えて適切な文をつくれ。

**096** ( the thought, can't, of, stand, I ) losing you.

**097** The bestselling ( a blog, also runs, with, writer ) over 100,000 subscribers.

**098** ( this approach, he, applied, to ) finance.

**099** What he ( said, to, me, also applied ).

**100** They ( how, the economy, to, discussed, keep ) growing.

---

**解答**

**096** I can't stand the thought of losing you.
（私はあなたを失くしてしまうと思うと耐えられないの。）

**097** The bestselling writer also runs a blog with over 100,000 subscribers.
（そのベストセラー作家は10万人を超える読者を抱えるブログも運営している。）

**098** He applied this approach to finance.
（彼はこの方法を財務に応用した。）

**099** What he said also applied to me.
（彼が言ったことは私にも当てはまった。）

**100** They discussed how to keep the economy growing.
（彼らは経済の成長を維持するための方法を議論した。）

---

**解説**

096. can't stand the thought of [A]：「Aという考えに耐えられない」

097. run a blog で「ブログを運営する」。

# Q 101 ~ 105

最も適切な選択肢を選べ。

**101** Two hurricanes are (　　　) Cuba.

    1. approaching

    2. approaching for

    3. approaching into

    4. approaching to

**102** I think this is the best (　　　) the problem.

    1. approach

    2. approaching

    3. approached

    4. approach to

**103** After (　　　) France, Tomoki decided to start his own business.

    1. visit

    2. visiting

    3. visiting to

    4. visits

下線部の中で不自然なものを 1 つ指摘せよ。

**104** He paid a visit President Obama on December 21st.
    ①         ②  ③    ④

**105** I would like to know how to contact with you.
    ①   ②   ③     ④

# 自動詞と他動詞その8

## ▶品詞の問題

### ●——動詞と名詞が同じ形の単語

英語には、動詞と名詞が同じ形で使われるものが少なくありません。

品詞の判別は英文を理解するのにとても大切で、それができないと英文の構造が読めなくなってしまい、文の意味が理解できなくなります。特に英語では品詞が異なると、文全体の形が異なってきます。

**品詞は意識して確認**する癖をつけましょう。

---

**101** Two hurricanes are (　　　) Cuba.

（2つのハリケーンがキューバに近づきつつある。）

Ⓐ 1. approaching　　　　　　2. approaching for

　　3. approaching into　　　　4. approaching to

---

approach O で「O に近づく」という他動詞です。「〜へ近づく」という意味から、うっかり to をつけてしまいがちですが、前置詞は不要です。

来ないで！

ハリケーン1　　　ハリケーン2

approach

---

**102** I think this is the best (　　　) the problem.

（これが問題への最もよい対処法だと私は思う。）

　　1. approach　　2. approaching　　3. approached　　Ⓐ 4. approach to

---

　品詞に注意を払う問題です。「**this is the best [ 名詞 ]**」（これが最もよい [ 名詞 ] だ）という形であることを見抜きましょう。

　名詞は動詞と違い、目的語をとることはできないので、approach に続く名詞 the problem は前置詞でつなぐ必要があります。to を使いましょう。

　名詞の approach には 20 世紀になってから、「ゴールに近づくための進入路→対処法」という意味が出ました。

> **103** After (　　　　) France, Tomoki decided to start his own business.
> （フランスを訪れた後、Tomoki は自分で事業を始めることにした。）
> 　1. visit　　Ⓐ <u>2. visiting</u>　　3. visiting to　　4. visits

### ●── visit と go の違い

　visit は動詞で使う場合、他動詞であり、to などの前置詞は不要です。

　visit は go とは違い、view や vision と同じ語源で「見る」という意味を含む言葉です。つまり、「**見に行く・顔を見せる**」が根っこの意味です。

　例えば京都に修学旅行に行ったのなら、以下のどちらがよりふさわしいでしょうか。

> I <u>went</u> to Kyoto.
> I <u>visited</u> Kyoto.

　修学旅行だと、ただ「行く」のではなく、「見に行く」感覚がありますから、visit の方がよりふさわしく感じられます。

また、「叔母のところへ行った」と言う時に ◯ I visited my aunt. とは言えても、 ✕ I went to my aunt. とは言いません（go to の後ろには「場所」が来ます）。ただし、I went to see my aunt. とは言えます。つまり visit ≒ go/come to see という感覚なのです。

実際、Longman 現代英英辞典の visit の項には「日常会話では visit の代わりに go/come to see がよく使われる」とあります。see は他動詞で、go to see France ≒ visit France だから visit には前置詞 to は不要なのだと考えると覚えやすいですね。

視覚的に見ると visit

問題の解説に戻ると、after は前置詞（after ＋名詞か動名詞）としても、接続詞（after ＋ S ＋ V 〜）としても使えますが、選択肢を見ると主語らしきものがないので、ここでの after は前置詞です。前置詞の後なので動詞 visit は visiting という動名詞にします。

もし名詞の visit なら after his visit to France、あるいは after the visit to France といったように、visit と France を to でつながないといけません。名詞だと目的語がとれないからです。一方、動名詞の vitsiting は動詞と同じ構文をとりますので to は不要です。

**104** He paid a visit President Obama on December 21ˢᵗ.
　　　　Ⓐ①　　　　　　　②　　　③　　　　④

（彼は 12 月 21 日にオバマ大統領のもとを訪れた。）

① paid a visit を paid a visit to とします。

a がついていることでわかる通り、この visit は名詞なので目的語はとれません。後続の名詞とは to でつなぎましょう。

pay は第 4 文型をとる時は、pay him money（彼にお金を払う）や pay me respect（私に敬意を払う）と同じように pay him a visit で「彼を（1 回）訪問

する」という意味になります。visit は「見に行く」が語源なので、pay a visit は「表敬訪問」のような「親愛の情や敬意を払い（pay）顔を見に行く」イメージです。

　そしてこの第 4 文型「pay 人 a visit」が第 3 文型になったのが「pay a visit to 人」です。

　第 4 →第 3 文型の書き換えでは前置詞を to にするか for にするかを考えないといけませんが、ここでは支払うという移動のイメージなので前置詞は to です。（第 4 文型から第 3 文型への書き換えは本書第 15 項及び『英文法鬼』 Must 8 参照）

---

**105** I would like to know how to contact with you.
　　①　　②　③　　Ⓐ④

（あなたへの連絡方法が知りたいです。）

---

　④ contact with you の with を削除します。

　動詞の contact は他動詞であり、前置詞は不要です。もともと「触れる・接触する」ことを意味する動詞ですが（"-tact" は数学の tangent（正接）と同じ語源を持ちます）、「実際に会う」というよりは、手紙や電話、メールなどを通して連絡をとるという意味で使われるのが普通です。

　動詞 contact に to や with が不要だというのは、discuss（～について議論する）に about が不要である、というのと同じくらい文法問題によく出ます。

　一方で contact を名詞で使う時には、意味上の目的語は with でつなぎます。

**例文** We were desperately trying to make contact with her.
（我々は必死で彼女と連絡をとろうとしていた。）

　　※ make contact with Ａ：「Ａ と連絡をとる」

# Q 106 ~ 110

選択肢を並べ替えて適切な文をつくれ。

**106** ( approaching, faster, we, a climate catastrophe, may be ) than we think.

**107** ( the burden, approach will, on, this new, reduce ) health care workers.

**108** ( visit, more, people, my blog, than 10,000 ) every day.

**109** I ( George for the, time on my, met, first, visit, to ) San Diego.

**110** We ( trying, you, kept, to contact) to tell you this.

## 解答

**106** We may be approaching a climate catastrophe faster than we think.
(我々は思っているよりも早く気候問題の大惨事へと近づいているのかもしれない。)

**107** This new approach will reduce the burden on health care workers.
(この新しい方法により医療従事者への負担は減ることになるだろう。)

**108** More than 10,000 people visit my blog every day.
(1万人を超える人々が、毎日私のブログを訪れています。)

**109** I met George for the first time on my visit to San Diego.
(私はサンディエゴを訪問した際に George に初めて会っている。)

**110** We kept trying to contact you to tell you this.
(私たちはこのことを伝えようと、あなたに連絡をとり続けたのです。)

## 解説

106. catastrophe ;「大惨事・破局」

107. burden は「負担」で、負担とは人の「上にのしかかる」ものなので、その後に続く前置詞は on。

109. on one's visit to 場所 ;「～への訪問の際に」。on は訪問という行為が起きている状況を「舞台」としてとらえ、「その訪問の舞台上で」という感覚を表している。

# Q 111~115

最も適切な選択肢を選べ。

**111** In theory, this sounds (　　　), but in reality, it's a horrible idea and doesn't work.

1. more nice
2. nice
3. nicely
4. more nicely

**112** She (　　) silent throughout the trial.

1. remained
2. remembered
3. replaced
4. received

下線部の中で不自然なものを 1 つ指摘せよ。

**113** If you are <u>in the path</u> of <u>the hurricane</u>, please <u>stay safety</u> and <u>follow the</u>
guidelines.　①　　　　②　　　　　　③　　　　④

**114** I <u>thought</u> I asked you <u>to put</u> the milk in <u>the</u> fridge. It's gone <u>sourly</u>!
　①　　　　　②　　　　③　　　　　　④

**115** The light grew <u>more brightly</u> as the man <u>came</u> <u>closer</u> <u>to</u> us.
　　　　　①　　　②　　　　　③　　④

# 第2文型を理解する

## ▶補語は名詞か形容詞

### ●――補語と目的語の違いを確認する

この項では第2文型について考えます。

「**主語＋動詞＋補語**」ですね。補語というのは主語の中身や性質、様子を表す言葉です。

目的語と補語の違いですが、**目的語**は「主語から出た動詞の力がぶつかる対象」です。

例えば、I picked up a coin.（私はコインを拾い上げた。）なら、I が a coin という目的語に対して「拾い上げた」という力をぶつけています。

イコール関係

しかし、例えば I am a teacher. と言う時、I は a teacher に対して何かをしているわけではありません。ここでの a teacher は「I が何者なのか」を表しています。

第2文型の補語は、「主語の中身や様子」を表す言葉です。「主語の中身」なので、**主語と補語は意味的にイコール関係**（I = a teacher）です。

最も典型的な第2文型は I am a teacher. のような be 動詞を使った文です。他にも remain や stay などを使うパターンもありますが、動詞を be 動詞に置き換えても意味が通るのが大きな特徴です（**112**、**113** を参照）。

補語の品詞は、名詞か形容詞です。

主語の中身や様子を説明するのが第2文型の補語です。

Tom is a student. のように、主語の名詞 Tom の中身を同じ名詞である a student で説明できます。また、形容詞は名詞の様子を説明するためにある品詞なので、Tom is happy. のように、主語の名詞 Tom の様子を形容詞であ

る happy で説明できます。

　しかし、副詞は補語にはなりません。副詞は主に動詞を修飾する言葉です。例えば、「速く走る」の「速く」は「どう走るのか」という動作の様子を説明する副詞です。つまり、副詞は動詞の様子を説明する言葉であり、名詞である主語の中身や様子は説明しません（『英文法鬼』 Must 06）。

---

**111** In theory, this sounds (　　　　　), but in reality, it's a horrible idea and doesn't work.

（理屈の上ではこれは良い感じに聞こえるが、現実にはひどいアイディアで、うまくいきはしない。）

1. more nice　　Ⓐ**2. nice**　　3. nicely　　4. more nicely

this sounds nice
is

　「S sound C」で、「S は C に**聞こえる**」という、「耳にした時の感想」を表します。

　動詞を be 動詞に置き換えて this is nice としても意味が通る、第 2 文型です。

　補語には形容詞の nice は良くても副詞の nicely は不可です。nice の比較級は nicer なので、1 の more nice も不可です。

---

**112** She (　　　　) silent throughout the trial.

（彼女は裁判の間中、ずっと黙ったままでいた。）

Ⓐ**1. remained**　　2. remembered　　3. replaced　　4. received

　この文は be 動詞を使って She <u>was</u> silent throughout the trial. と言うこともできる第 2 文型です。そして、be 動詞と同じ使い方ができるのは選択肢

の中では 1 の remained だけです。

　be 動詞の根っこの意味は「という状態にある」ですが、remain は「という状態のままである」という意味で、「状態が変わらない」ことを強調する動詞です。よって、remain は「be 動詞の強調形」とも言える動詞で、be 動詞と同じ構文をとります。

　選択肢 2, 3, 4 は全て他動詞で、後ろには目的語（つまり名詞）が来ます。silent は形容詞です。(remain の詳しい使い方は本書第 18 項)

---

**113** If you are in the path of the hurricane, please stay safety and follow the
　　　　　　①　　　　　　　②　　　　　　　Ⓐ③　　　　　　④
guidelines.

（もしあなたがハリケーンの進路上にいるなら、安全に気をつけて、指示に従ってください。）

---

　③ safety を safe にします。ポイントは 2 つです。

**① stay に関して**

　The restaurant is [open]. (そのレストランは（今）営業している。)

　→ The restaurant stays [open] until 9. (そのレストランは 9 時まで営業を続けている。) のように、stay は be 動詞と同じく第 2 文型で使えます。be 動詞の「状態にある」という意味に「継続」の意味が加わり「状態が継続している」という意味になるのが stay です。

**② safe に関して**

　safe は「安全な様子」を表す形容詞で、safety は「安全性」という、「安全とは何かという概念」を表す名詞です。日本語話者は safe と safety をよく混同します。

◯ This place is safe. (この場所は安全だ。)
✕ This place is safety. (この場所は安全性だ。)

86

　なお、下線①の in the path ですが、path は way と同じく「そこからはずれると進路が狂うからはずれてはいけない」という枠のイメージを持つので、前置詞は in です。

---

**114** I thought I asked you to put the milk in the fridge. It's gone sourly!
　　　①　　　　　　　　　②　　　　　　　③　　　　　　　Ⓐ④

（あなたにミルクを冷蔵庫に入れるよう頼んだと思うんだけど。酸っぱくなってるじゃない！）

---

　④ 副詞の sourly を形容詞の sour にします。

　go sour で「〜が（傷んで）酸っぱくなる」です。go は「行く＝手元から離れる＝制御不能」ということから crazy や wrong など「悪いイメージの形容詞」と結びつくことが良くあります（『英熟語鬼』 Must 43）。

　The milk is sour.（そのミルクは酸っぱい。）の延長線上にある第 2 文型の一種で、go の後ろに来るのは補語となる形容詞です。

コントロール不能

---

**115** The light grew more brightly as the man came closer to us.
　　　　　　　　　Ⓐ①　　　　　②　　　　　③　　　④

（男が我々に近づくにつれ、光はより明るくなっていった。）

---

　①副詞の比較級 more brightly を形容詞の比較級 brighter にします。

　The light was brighter.（その光はより明るかった。）の延長線上にある第 2 文型です。

　grow は「成長する」という意味にとどまらず、風船が膨らむように「状態や程度が大きくなる」という意味の動詞です。

選択肢を並べ替えて適切な文をつくれ。

**116** ( different, from, to, she always, look, tries) other girls.

**117** The fundamentals ( unchanged, have, of, remained, economics ) for centuries.

**118** I ( not to, any, quiet, decided, stay ) longer.

**119** ( years, went, 65, the dinosaurs, million, extinct ) ago.

**120** ( playing, my son soon, grew, of, with, tired ) the toy.

---

**解答**

**116** She always tries to look different from other girls.
（彼女はいつも他の女の子とは違って見えるようにしている。）

**117** The fundamentals of economics have remained unchanged for centuries.
（経済学の原則というのは数世紀の間、変わっていない。）

**118** I decided not to stay quiet any longer.
（私はこれ以上口をつぐんでいるのはやめようと決心した。）

**119** The dinosaurs went extinct 65 million years ago.
（恐竜は 6,500 万年前に絶滅した。）

**120** My son soon grew tired of playing with the toy.
（息子はすぐにそのおもちゃで遊ぶのに飽きてしまった。）

---

**解説**

116.「聞いた感想」を表す sound のように、look は「S look C」で「S が C に見える」という「見た目の感想」を表す。

119. go extinct:「絶滅する」という「変化」。be extinct なら「絶滅している」という「状態」。

120. be tired of 〜;「〜に飽きている」→ grow tired of 〜は「飽きる程度がだんだん強くなっていき、ついには完全に飽きる」ことを表す。

 121 ～ 125

最も適切な選択肢を選べ。

**121** I was told that it would cost (　　　) 500 dollars to fix this fridge.

    1. to me

    2. on me

    3. me

    4. for me

**122** We must find those who wish (　　　).

    1. to do us harm

    2. to do harm us

    3. to does harm us

    4. to does us harm

下線部の中で不自然なものを 1 つ指摘せよ。

**123** You <u>can say</u> <u>whatever</u> you want, but I don't <u>think</u> it will do <u>any you good</u>.
    ①       ②                ③         ④

**124** The data <u>saved</u> <u>me</u> <u>to</u> a lot of <u>trial and error</u>.
    ①  ②③         ④

**125** When <u>my aunt died</u>, she <u>left</u> me <u>for</u> <u>some</u> money.
        ①            ②     ③ ④

# 第４文型その１

## ▶「渡す」を意味する構文

「**主語＋述語＋目的語₁＋目的語₂**」の形をとる**第４文型**（二重目的語構文）は構文自体が「人に何かを渡す」という意味を持ちます（『英文法鬼』 Must 07）。

例えば teach us science（私たちに科学を教える）なら「科学という知識を我々に渡す」ということですし、tell us a secret（私たちに秘密を告げる）なら「言葉を使って、秘密の情報を私たちに渡す」ということです。

S V O₁ O₂ の、O₁ には「人」あるいは「人で構成される組織」、O₂ には「渡される物や情報など」が来ます。

buy（買う）、cook（料理する）、do（する）など、もともと「渡す」イメージを持たない動詞でも、第４文型で使うと「買う＋渡す＝買ってあげる」のように、「渡す」イメージが動詞の意味に加わります。

**例文** I bought my son a bicycle.　「私は息子に自転車を買ってあげた。」

これは、第４文型自体に「渡す」という意味があるのだということを示しています。

**121** I was told that it would cost (　　　) 500 dollars to fix this fridge.

（この冷蔵庫を修理するのに 500 ドルかかるだろうと、私は言われた。）

    1. to me　　　　2. on me　　Ⓐ**3. me**　　　　4. for me

　　cost の第 4 文型だと気づけば、空欄には人を表す目的語が入ることがわかります。したがって、前置詞は不要で、目的格の代名詞 me が正解。

## ●──第 4 文型が出す負担のニュアンス

　　第 4 文型の cost と第 3 文型の cost の意味との違いですが、第 3 文型の It costs 500 dollars to fix this fridge. ならば費用がいくらかかるのかということに焦点があり、客観的に、誰にとっても修理の値段は 500 ドルかかる、ということを意味します。

　　第 4 文型の「原因＋ cost ＋ 人 ＋負担の内容」だと、「費用がこれだけかかって、（人）が辛い目に遭う」というパーソナルな経験を表しやすくなります（『英文法鬼』 Must 07）。第 4 文型の「人に渡す」という意味のせいで、cost が「（人）に（金銭などの負担）を渡す」という意味になるので、「苦労」というニュアンスが出て来るのです。

　　ちなみに第 4 文型→第 3 文型の書き換えでよくある「to 人」は cost では使いません。「人」を入れるなら第 4 文型のみを使います。

**122** We must find those who wish (　　　).

（私たちは我々に危害を加えようとする者たちを見つけなければいけない。）

Ⓐ**1. to do us harm** 2. to do harm us　3. to does harm us　　4. to does us harm

　　do me a favor、do us harm、do them justice など、動詞 do は特定の名詞と結びついて第 4 文型の表現をつくります。do の第 4 文型では、do の「する」という意味に第 4 文型の＋「人に渡す」という意味が加わり、「人に～をして渡す」という意味になります。

例えば do us harm なら「私たちに害をして渡す」→「私たちに害をなす」、
do them justice なら「彼らに公正な判断をして渡す」→「彼らを正当に評価
する」です。そして do me a favor なら「私に親切な行為をして渡す」→
「私の頼み事を聞いてもらう」です。

　本問では第４文型なので us が先で harm が後という語順になり、不定詞
なので to の後は does ではなく原形の do が来ます。

---

**123** You can say whatever you want, but I don't think it will do any you good.
　　　　　① 　　　　②　　　　　　　　　　　　　　③　　　　Ⓐ▸④

（何を君が言っても構わないが、それはまったく君の役には立たないと思うよ。）

---

　④ any you good を、you any good にします。

　第４文型は O₁ が必ず「人」になります。「do 人 good」で「人の役に立
つ（直訳：人に良いことをして渡す）」。any good は「どれだけの量でも良いの
だけれど、良いこと」という意味で、don't という否定と相まって、「１つも
良いことがない」という**全否定**を意味します。

---

**124** The data saved me to a lot of trial and error.
　　　　　　　①　　② ③Ⓐ　　　　　④

（そのデータのおかげで私は多くの試行錯誤をしなくて済んだ。）

---

　③ to を削除します。

　「**原因＋ save ＋人＋手間・苦労**」で「原因が人に、手間・苦労を省いて渡
す」→「（原因）のおかげで（人）が（手間・苦労）をせずに済む」という
意味になります。

　save は「本来流れて消えるはずのものを、消える前にすくい上げる」が

根っこの意味で、そこから「（本来死ぬはずだった）人の命を救う」、「お金を節約する・貯金する（＝使って消えてしまう前に、お金をすくいあげて取っておく）」などの意味が出ます。

　第4文型では「人に取っておいてあげる（例 I saved you a seat.「君に席を取っておいたよ」）などの意味が出て、本問の構文は「本来かかるはずの手間をすくい上げて省き、その恩恵を人に渡す」ことを表します。

---

**125** When my aunt died, she left me for some money.
　　　　　　　①　　　　　②　Ⓐ③　④

（叔母が亡くなった時、私にいくらかのお金を残してくれた。）

---

　③ for を削除します。

「**leave ＋人＋お金・財産**」で「（死んで）人にお金・財産を残す」。leave が第4文型をとることで、「立ち去る＋渡す」となり「この世を去って、お金を渡す」→「財産を残す」という意味が出ます。第4文型なので、for は不要です。

　**O₂** がお金や財産を表す時は「遺産」の意味になりがちですが、もっと単純なパターンでは、**She left me a message.**（彼女は私にメッセージを残した。）など、単純に「渡して立ち去る」という形でもよく使われます。

# Q 126 ～ 130

選択肢を並べ替えて適切な文をつくれ。

**126** Giving ( cost, a try, won't, you, it ) anything.

**127** The law protects individuals from stalkers ( wish to, do, harm, who might, them ).

**128** I took a walk because I thought ( me, air, good, fresh, would, do ).

**129** If you have any questions, just ask me. It ( a lot, and effort, will, you, of time, save ).

**130** ( like, you, leave , would, us, if, to, a comment), click here.

---

**解答**

**126** Giving it a try won't cost you anything.
(試してみても損はないですよ。)

**127** The law protects individuals from stalkers who might wish to do them harm.
(その法律は、害をなそうと思っているかもしれないストーカーから個人を保護してくれる。)

**128** I took a walk because I thought fresh air would do me good.
(新鮮な空気が助けになるだろうと思ったので私は散歩をした。)

**129** If you have any questions, just ask me. It will save you a lot of time and effort.
(もし何か質問があれば、とにかく私に質問してください。多くの余計な時間や労力を省くことができますよ。)

**130** If you would like to leave us a comment, click here.
(もし我々にコメントを残したい場合、こちらをクリックしてください。)

---

**解説**

126. give it a try で「試しにやってみる」(**134**参照)。a try の代わりに a shot もよく使われる (**139**参照)。
～ won't cost you anything；「～しても損はない」。直訳は「～はあなたに何も犠牲・負担を痩さないだろう」

127. them は individuals を指す。

# Q 131 ~ 135

最も適切な選択肢を選べ。

**131** Please (　　　) me why you did this to me.

1. explain

2. tell

3. suggest

4. provide

**132** She (　　) me why the meeting had been canceled.

1. explained

2. explained to

3. will explain

4. explanation

**133** They (　　　) that we open a bank account.

1. suggesting us

2. suggested us

3. suggest us

4. suggested to us

下線部の中で不自然なものを 1 つ指摘せよ。

**134** I had nothing to lose, so I decided to give a try it.
　　　　　　①　　　②　　　　　③　　　　　④

**135** He didn't say me anything about it.
　　　　①　　②　　　③　　　④

# 第4文型その2

## ▶「渡せそう」なのに第4文型になれない動詞

　第4文型それ自体が「渡す」という意味を持ち、したがって give や teach など「渡す」イメージを持っている動詞は第4文型をとることが多いのですが、一方で「渡す」イメージを持ちながらも第4文型をとらない動詞もあります。

　大雑把に分類すると、英語にもともと固有語としてあった動詞（例えば give、teach、show、tell、buy など）は第4文型をとりますが、ラテン語から輸入された動詞（例えば provide、explain、transfer など）は、一般的に「渡す」イメージを持っている動詞でも第4文型をとりません（guarantee（保証する）のように例外的に第4文型をとるラテン系動詞もあります）。

　本項ではその中でも文法問題によく取り上げられる動詞、つまり、英語学習者が英文をつくる時によく間違った使い方をする動詞を見ていきます。

　また、第4文型でよく使われる動詞に tell がありますが、同様に「話す」を意味する say は第4文型をとれません。それは動詞の意味が厳密には異なるからです。それもこの項で見ていきます。

**131** Please (　　　) me why you did this to me.
（あなたがなぜ私にこんなことをしたのか、教えてください。）
　1. explain　　Ⓐ2. tell　　　　3. suggest　　　　4. provide

　この文は me が O₁ で why you did this to me が O₂ である二重目的語構文（＝第４文型）です。「私に理由を『渡し』てください」という意味の骨格を持っていることが予想できます。

　選択肢の中で第４文型に使える動詞は tell のみです。tell は「言葉を使って人に情報を渡す」＝「人に（言葉で）伝える」という意味を持ちます。tell は第３文型でも使えますが、「人に渡すイメージ」を持つ動詞なので、第４文型で使うのが最も普通です。

tell

　provide は「提供する」という意味で「渡すイメージ」を持つ動詞なのですが、第４文型はとらず、S provide 人 with 物 .、あるいは S provide 物 for 人 . という構文で「人に物を提供する」という意味を出します。

　explain については **142** で、suggest については **143** で詳しく解説します。

**132** She (　　　) me why the meeting had been canceled.
（彼女はなぜ会議が中止されたのかを私に説明した。）
　1. explained　Ⓐ2. explained to　3. will explain　　4. explanation

　explain は「説明する」という意味で、それはつまり「人にくわしい情報を渡す」ということでもあるので、第４文型で使えそうに思えてしまうのですが、第４文型はとりません。

　explain は「誰に説明するのか」という意味は持たず、「何を説明するのか」という意味のみを持つ動詞だと考えましょう。したがって「説明の内

容」のみを目的語にとり、人を目的語にとることはありません。説明する相手である「人」は修飾語扱いで、前置詞をつけて「to 人」になります。典型的な explain の構文は以下の通りです。

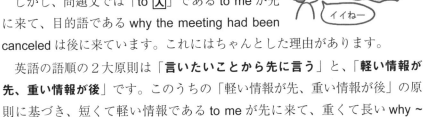

**例文** He explained the plan to me.
　　　　S　　　V　　　O　　　修飾語
　　「彼は私にその計画を説明した。」

しかし、問題文では「to 人」である to me が先に来て、目的語である why the meeting had been canceled は後に来ています。これにはちゃんとした理由があります。

英語の語順の2大原則は「**言いたいことから先に言う**」と、「**軽い情報が先、重い情報が後**」です。このうちの「軽い情報が先、重い情報が後」の原則に基づき、短くて軽い情報である to me が先に来て、重くて長い why ～ been canceled が後に回っているわけです（『英文法鬼』 [Must] 90）。

こうしたパターンは英文を読んでいるとよく出て来ます。読解の際に参考にしてください。

---

**133** They (　　　) that we open a bank account.

（彼らは私たちに、銀行口座を開設してはどうかと言った。）

1. suggesting us　　2. suggested us　　3. suggest us　　4. suggested to us

---

suggest も explain と同様「誰に提案するのか」という意味は持たず、「何を提案するのか」という意味しか持ちません。よって、目的語は「提案内容」であり、「提案相手」は「to 人」となります。「to 人」が先に来て、that 節が後ろに回っているのは **132** の explain と同じパターンです。

提案内容の that 節内の動詞 open は仮定法現在を使っているので動詞の原形になっています（本書第53項、及び『英文法鬼』 [Must] 47）。

**134** I had nothing to lose, so I decided to give a try it.
　　　　①　　　　②　　　　　　③　　　Ⓐ④

（私には失うものはないので、それをやってみることにした。）

④ a try it を it a try とします。

**give it a try** で「それにトライを 1 回与える＝一度それをやってみる」という慣用表現です。

**135** He didn't say me anything about it.
　　①Ⓐ②　　　③　　　④

（彼はそれについて、私には何も言わなかった。）

**O₁** が me で、**O₂** が anything (about it) という第 4 文型なので、② say を tell にします。

say は「口から言葉を発する」という意味の動詞です。つまり say の目的語にはセリフや、話す内容が来るのであって、話す相手は来ません。say me だと「me と言う」という意味になってしまうわけです。say ＋「話す内容」＋ to me とすることで「私に〜だと言う」という意味になります。

この文を say を使って書き換えると He didn't say anything about it to me. となります （本書第 20 項参照）。

# Q 136 ～ 140

選択肢を並べ替えて適切な文をつくれ。

**136** ( me, she, didn't, anything, about, tell ) it that day.

**137** Now go home ( to, the, and, Bill, explain, situation ).

**138** ( a new, to, he, slogan, suggested ) us.

**139** I thought I might as ( shot, give, a, well, it ).

**140** Do you ( what, to, know, said, she ) me that day?

## 解答

**136** She didn't tell me anything about it that day.
（その日、彼女はそのことについて、一切私に話してくれなかった。）

**137** Now go home and explain the situation to Bill.
（それでは家に帰って Bill に状況を説明してあげてください。）

**138** He suggested a new slogan to us.
（彼は新しいスローガンを私たちに提案した。）

**139** I thought I might as well give it a shot.
（まぁやってみた方がいいかなぁと思ったんだよ。）

**140** Do you know what she said to me that day?
（あなた、彼女がその日私に何て言ったか知ってる？）

## 解説

137. explain の本来の構文はこの問題のように「explain 説明内容 to 人」。

138. suggest の本来の構文はこの問題のように「suggest 提案内容 to 人」。

139. might as well 動詞原形で「～した方がよい」(本書第91項参照)。give it a shot は give it a try と同様「試しにやってみる」。

# 141 ~ 145

最も適切な選択肢を選べ。

**141**「彼は自分の生徒たちにそのビデオを見せた。」

He showed the video (　　　).

    1.his students

    2. for his students

    3. to his students

    4. with

**142** Where do you think I can buy some flowers (　　　) wife?

    1. my

    2. for my

    3. to my

    4. on

**143** Remember to cook dinner (　　　) kids tonight.

    1. the

    2. for the

    3. to the

    4. only

下線部の中で不自然なものを1つ指摘せよ。

**144**「私はこの伝言を彼に送るように頼まれた。」

I <u>was asked</u> <u>to</u> send <u>this message</u> <u>for him</u>.
    ①    ②       ③      ④

**145** We <u>owe a debt</u> of gratitude <u>for him</u> for <u>guiding us</u> <u>through these rough times</u>.
    ①         ②    ③       ④

# 第4文型の書き換え

## ▶to なのか、for なのか

　第4文型を第3文型に書き換える時に、to を使うのか for を使うのか、ですが、以下の決まりがあります。

---

### 動詞そのものに「渡す」イメージがある場合、to を使う

I gave the pen to him.　（私は彼にそのペンをあげた。）

→ give は与えるイメージを持つ動詞なので、「物が移動して人に到達する」ことを表すために to を使う。

### 動詞そのものに「渡す」イメージがない場合、for を使う

I bought some shirts for my husband.

（私は夫に、シャツを何枚か買ってあげた。）

→ buy の「買う」は「渡す」というよりは「（お金を払って）手に入れる」という意味を持つ動詞であり、buy 自体には「渡す」イメージはない。

---

　buy のような「渡す」イメージを持たない動詞でなぜ for を使うのか、について説明しましょう。

　for は「～ために」という意味から「～に代わって」という「代理・交換」の意味を派生させています。「あなたのためにやってあげた」ということは「あなたに代わってやってあげた」ということだからです。buy のような動詞では、「あなたのために買ってあげた＝あなたに代わってお金を払ってあげた」という状況が起きるので、for を使います（『英文法鬼』 Must 08）。

**141**「彼は自分の生徒たちにそのビデオを見せた。」

He showed the video (　　　　).

1.his students　2. for his students　Ⓐ 3. to his students　4. with

第 4 文型なら、その語順は渡す相手を表す「人」が O1 であり、渡す内容は O2 であるので（つまり、He showed his students the video.）、1 は不可です。ここは第 3 文型なのだと気づきましょう。

その場合、for his students になるのか、それとも to his students になるのか、ですが、to を使います。

show の場合「人のために見せてあげる」という日本語の感覚につられてうっかり for を使ってしまいがちですが、for を使うと「彼がそのビデオを（誰かに）見せることで、学生たちが利益を得る」という意味になります。例えば「彼がそのビデオを校長に見せることで学生たちの嫌疑が晴れる」というような場合ですね。学生たちの利益のために、彼が学生たちに代わって動くわけです。

しかし今回は日本語文にあるように、ビデオの情報が学生たちに移動、到達していることを表すので to を使います。

**142** Where do you think I can buy some flowers (　　　) wife?

（どこへ行けば私は妻に花を買ってあげられると思いますか？）

1. my　Ⓐ 2. for my　3. to my　4. on

「渡す相手」である my wife が後ろに来ているので、第 4 文型としての 1 は不可で、前置詞を使った第 3 文型を使います。

「妻に花を買う」ということは「妻に代わって花のお金を私が払う」ということなので前置詞は for を使いましょう。

**143** Remember to cook dinner (　　　) kids tonight.
（今夜、子どもたちに夕食を作るのを忘れないでね。）
　　1. the　　　Ⓐ2. for the　　　3. to the　　　4. only

　第 4 文型なら Remember to cook the kids dinner tonight. となるところですが、問題文では dinner が先で kids が後に来ているので、前置詞を使うことになります。

　cook（料理を作る）という動詞自体には「人に渡す」イメージがなく、また、「人が食べる物を、その人に代わって自分が作ってあげる」ということなので、「代理・交換」を意味する前置詞 for を使います。

**144**「私はこの伝言を彼に送るように頼まれた。」
I was asked to send this message for him.
　　①　　　②　　　　③　　　Ⓐ④

　for him を to him にします。
　send（送る）は、物や情報が移動し、相手に到達することを意味し、移動先は to で表されます。
　for him だと「彼のために（このメッセージを送る）」、つまり「私が彼に代わってこのメッセージを送ることで彼が利益を得る」という意味になります。

**145** We owe a debt of gratitude for him for guiding us through these rough times.
　　　　①　　　　　　　　　　　Ⓐ②　　　　③　　　　　　　　④

（我々は、この厳しい時期に我々を導いてくれたことに関し、彼にとても感謝をしている。）

for him を to him にします。

第4文型の「owe 人 a debt of gratitude」、もしくは前置詞 to を使った「owe a debt of gratitude to 人」で「人にとても感謝をしている」です。直訳すると「人に感謝の負債を負っている」。

少しダジャレっぽいですが、owe は日本語で言う「負う」だと理解しておくと意味構造がわかりやすくなります。owe の第4文型は「人に借りを負う」ということですね。

**例文** I owe him 10 dollars.
　　　→
「私は彼に 10 ドルを "負っている" ＝借りている。」

第3文型では to を使います。

**例文** I owe 10 dollars to him.
　　　→　　　　　　　　　　　→

人に負担を移動させ、到達させるイメージです。gratitude はイタリア語の grazie、スペイン語の gracias と同じ語源で「感謝の気持ち」という名詞です。

選択肢を並べ替えて適切な文をつくれ。

146 ( her pictures, mom often, to, shows, me, my ).

147 Why ( some milk, you, your child, buy, for, don't ) with the money?

148 I'm hungry. ( for, cook, myself, something, I'll ).

149 I have an emergency. I need you ( the police, send, my, to, to ) address.

150 Greg said he ( a debt, to, owed, gratitude, of ) the organ donor.

解答 ――――――

146 My mom often shows her pictures to me.
（うちの母はよく私に自分の写真を見せる。）

147 Why don't you buy some milk for your child with the money?
（そのお金で自分の子どもにミルクを少し買ったらどうですか。）

148 I'm hungry. I'll cook something for myself.
（お腹が減った。自分で何か作るよ。）

149 I have an emergency. I need you to send the police to my address.
（緊急事態なの。私の住所に警察を呼んでほしいの。）

150 Greg said he owed a debt of gratitude to the organ donor.
（Greg はその臓器提供者にとても感謝していると言った。）

解説 ――――――

148. for oneself で「自分で」。「自分で自分のためにやる」つまり、自給自足のイメージを持つ表現。似ている表現の by oneself は「自分一人で、他に誰もいなくて」という意味での「自分で」。例 I cooked dinner for myself and ate it by myself.「私は自分で夕食を作り、1人で食べた。」（『英熟語鬼』 Must 61）

# Q 151 ~ 155

最も適切な選択肢を選べ。

**151** It will make me (　　　) than I've ever been in my life if you marry me.

    1. more happily

    2. more happy

    3. the happiness

    4. happier

**152** My dad (　　　) the brown dog Jacky.

    1. provided

    2. explained

    3. named

    4. worked

**153** You must understand they are working hard to keep us (　　　).

    1. safety

    2. safely

    3. safe

    4. safeness

下線部の中で不自然なものを１つ指摘せよ。

**154** We are providing you with information you need to keep you health.
         ①　　　　②　　　③　　　　　　　　　　　④

**155** The police got into the room and found dead the man.
        ①　　　②　　③　　　④

# 第5文型その1

## ▶目的格補語とは

　基本的な第5文型は「3＋2＝5」、つまり**「第3文型＋第2文型」＝第5文型**です（『英文法鬼』 Must 09）。

　例えば、I call him. + He is John. = I call him John.（私は彼をジョンと呼ぶ）という感じです。

　第2文型では He is John. のように主語 he の中身を John という補語が説明しています。主語の中身を説明する補語を「主格補語」と呼びます。

　一方で、第5文型では I call him John. のように、目的語 him の中身を補語である John が説明しています。このように第5文型の補語は、目的語の中身を説明する「目的格補語」と呼ばれます。

　第5文型の目的語と補語の関係ですが、I call him John. なら、目的語 (him) と補語 (John) の間に be 動詞を入れて A is B (he is John) の形が成立します。ですから、第5文型の補語の品詞を確認する時には補語と目的語の間に be 動詞を入れて普通の文が成立するかどうかを見てください。

**151** It will make me (　　　) than I've ever been in my life if you marry me.

（もし君が僕と結婚してくれたら、史上最高に嬉しいよ。）

1. more happily　　2. more happy　　3. the happiness　　Ⓐ4. happier

make me happier で「[me = happier] の状態を形作る」という第 5 文型です。

me と空欄の関係ですが、間に be 動詞を入れてみると、I am happily. や I'm the happiness. ではなく、形容詞を使って I am happy. と言うのが自然なので、選択肢の 1 や 3 は不可。

また、than を使った比較の文なので比較級を選ぶわけですが、happy の比較級は more happy ではなく happier です。

ちなみに問題文の than I've ever been の後ろには happy が省略されています。「人生の中でこれまで嬉しかったどの時の一点（ever）よりも僕を嬉しくしてくれるだろう」が直訳。

**152** My dad (　　　) the brown dog Jacky.

（私の父はその茶色い犬に Jacky という名前をつけた。）

1. provided　　2. explained　　Ⓐ3. named　　4. worked

the brown dog と Jacky の間に be 動詞を入れて The brown dog is Jacky.「その茶色の犬は Jacky だ。」と言えるので、問題文は第 5 文型です。

name は動詞で、name O C で「O を C と名づける」という構文を取ります。

英語学習者の中には「『O に C という名前を与える』という意味で、これは第 4 文型なのでは？」と思う方もいらっしゃるでしょう。確かに悩ましいところですが、オックスフォードやロングマンなどの英英辞典には name O

C は call O C（O を C と呼ぶ）の同意語であると説明されています。確かに「名づける」＝「〜と呼ぶ」ということですので、call が第 5 文型をとるように name も第 5 文型と理解しておくと良いでしょう。

provide、explain はそれぞれ「provide 人 with 物」（人に物を提供する）、「explain 説明内容 to 人」（人に〜を説明する）という構文をとり、第 4 文型はとりません。

英語を書き、話す時、動詞を単語だけ覚えても無意味で、動詞がとる構文を覚えないと意味がありません。必ず構文を中心に覚えましょう。

---

**153** You must understand they are working hard to keep us (　　　　).

（彼らの懸命の努力のおかげで私たちが安全に過ごせることを、君はわかっておかないといけない。）

　　1. safety　　　2. safely　　Ⓐ 3. safe　　　　4. safeness

---

「keep ＋ 人 ＋ 状態を表す形容詞」という第 5 文型で、空欄は補語です。

safe と safety に関しては第 12 項で説明した通り、◯ We are safe.（私たちは安全だ）は自然ですが、✕ We are safety.（私たちは安全性だ）は不自然です。safeness もまた名詞で、「安全さ」を意味します。補語の位置なので副詞の safely も不可です。

keep ですが、単に「保つ」と考えず「力を抜いてしまうと形が崩れてしまう状況の中で、力を入れて 1 つの形を維持する」という、「頑張っている感」を意識しながら使うようにしましょう。

**154** We are <u>providing</u> you <u>with</u> <u>information</u> you need to keep you <u>health</u>.
　　　　　　①　　　　　　②　　　③　　　　　　　　　　　　　Ⓐ④

（私たちはあなたたちに、健康を保つために必要な情報を提供しています。）

④ health を healthy にします。

　health と healthy も混同しやすい単語です。You are healthy.（あなたは健康な状態だ。）とは言えても You are health.（あなたは健康とは何か、という概念だ。）とは言えません。

　したがって補語の位置には形容詞の healthy が来ます。

**155** The police <u>got into</u> the room <u>and</u> <u>found</u> <u>dead the man</u>.
　　　　　①　　　　　　　　②　　③　　Ⓐ④

（警察はその部屋に入り、その男が死んでいるのを見つけた。）

④ dead the man を the man dead にします。

「the man is dead（その男は死んでいる）という状況を find した」という find の第5文型ですから、the man が目的語で、形容詞の dead が補語です。ちなみに「（探していた）その男の死体を見つけた」という意味にしたいなら dead the man では the の位置がおかしく、found the dead man（その死人）なら可。

選択肢を並べ替えて適切な文をつくれ。

**156** ( makes, sad, when, it always, me ) I hear news like that.

**157** People are surprised that ( their baby, named, same, they, the, name ) as the superhero.

**158** I hope the summit ( will, a safer, the world, make, help ) place.

**159** Having more fun ( you, make, healthy, can ) by managing stress.

**160** "We the jury ( guilty, the defendant, of, find ) intentional murder."

## 解答 ——————

**156** It always makes me sad when I hear news like that.
(そういうニュースを聞くといつも私は悲しくなる。)

**157** People are surprised that they named their baby the same name as the superhero.
(彼らが自分たちの赤ちゃんに漫画の超人と同じ名前をつけて、人々は驚いている。)

**158** I hope the summit will help make the world a safer place.
(その首脳会談が世界をより安全な世界にするために役立つことを願っている。)

**159** Having more fun can make you healthy by managing stress.
(もっと楽しめば、ストレスをコントロールできて、健康になれます。)

**160** "We the jury find the defendant guilty of intentional murder."
(「我々陪審員は被告を故意の殺人で有罪とみなします。」)

## 解説 ——————

157. the same Ａ as Ｂ で「Ｂと同じＡ」。構造は the same Ａで「同じＡ」で、その後に続く as Ｂ が「何と同じなのか」という「基準」を表す。same には「他のものではなくて同じものだよ」という限定を表す the が必ずつく。

158. help ＋動詞原形で「～するのに役立つ」。 make the world a better place (世界をより良い場所にする) や make the world a safer place (世界をより安全な場所にする) は日本語で言う「世界をよりよくする」という意味で使われる定番表現。

160. find Ａ guilty of Ａ で「人をＡの罪で有罪だとみなす」。裁判、あるいは弁護士ドラマなどで出て来る米国陪審員の定番表現。

# 161 ~ 165

最も適切な選択肢を選べ。

**161** I was scared when I (　　　) those men looking at my baggage.

    1. caught

    2. wrote

    3. was

    4. laughed

**162** She tried hard to (　　　).

    1. push open the door

    2. pushed the door open

    3. pushed open the door

    4. push the door open

下線部の中で不自然なものを 1 つ指摘せよ。

**163** Get your hands to off my daughter! I mean it!
        ①     ②      ③        ④

**164** Stop it! You are driving my crazy.
    ①      ②    ③  ④

**165** If you really love him, you must set he free.
      ①     ②     ③      ④

# 第5文型その2

## ▶ 広義の第5文型を使った表現

　この項では第5文型を使ったよく使われる表現を見ていきます。

　OとCの関係が、意味の上では「O + be 動詞 + C」の第2文型の形になるのが大きな特徴です。フレーズを、1つの単語と同じようにまとまりとして覚えることをお勧めします。

---

**161** I was scared when I (　　　) those men looking at my baggage.

（その男たちが私の荷物に目をやっているのを見つけた時、私は怖かった。）

Ⓐ 1. caught　　　2. wrote　　　3. was　　　4. laughed

---

　those men という人を表す言葉の後ろに looking という ~ing の形が来ていることに注目しましょう。

　「catch ＋人＋ ~ing」で「人が～しているところを見咎める・目撃する」です。

　構造は S catch [ O = ~ing]. で、O が悪いことをしている最中（~ing）のところを、S が目で捕まえる、というのが直訳です。

catch

　動詞 catch の後の言葉の並び方は、those men are looking at my baggage から be 動詞の are を削除したものと考えてください。選択肢を見てみると、caught 以外にこのような「動詞＋ 人 ＋～ ing」という構文をとる動詞がありません。

**162** She tried hard to (　　　).

（彼女はドアを懸命に押し開けようとした。）

1. push open the door　　　　2. pushed the door open

3. pushed open the door　　　Ⓐ4. push the door open

　push the door open や paint the house white など、「**動作**＋**対象**＋**対象が変化した状態を表す形容詞**」は「**結果構文**」と呼ばれる第5文型の一種です。

　push the door open なら、「the door を push する結果、the door is open の状態になる」（＝ドアを押し開ける）というのが直訳のイメージです。

　paint the house white なら、「the house を paint する結果、the house is white の状態になる」（＝家を白く塗る）というのが直訳のイメージ。

　本問では、空欄は不定詞の to の後に続くので、動詞の原形ではない2と3は不可。1は語順が不可です。

**163** Get your hands to off my daughter!  I mean it!
　　　　①　　　Ⓐ②　　　③　　　　④

（私の娘から手を離しなさい！本気だからね！）

　② to off から to を削除します。

　get の後ろに Your hands are off my daughter.（あなたの手は私の娘から離れている）という形をつくるのだと考え、そこから be 動詞である are を削除すると、get [your hands = off my daughter]（[あなたの手＝私の娘から離れている]という状態を get する）という第5文型の形ができます。

　I mean it. はセットフレーズで、直訳は「私は今言ったそれを意味しているんだ」→「本気でそうするつもりだ」です。警告として使うことが多い、きつい表現です。

**164** Stop it! You are driving my crazy.
　　　①　　　　②　　Ⓐ③　④

（やめろ！お前のせいで頭がおかしくなりそうだ。）

　③の my を me にします。

「原因 + drive + 人 + crazy/mad」で「原因が人をものすごくイライラさせる・怒らせる」です。

　第５文型の O と C の関係は、意味的には「O is C」（この問題文なら I am crazy.）の関係ですが、形の上では O は目的語なので、代名詞の場合、目的格にしないといけません。つまり I am crazy なら I を目的格の me にし、なおかつ be 動詞の am を削除して me crazy にし、これを drive の後ろに持ってきて drive me crazy とします。

　drive はもともと「（家畜などを）追いたてる」という意味で、そこから「誘導する」が中心的な意味になりました。

　「（車を）運転する」という意味も、元は「馬を誘導する」→「馬に乗る」が自動車にも適用されて「車を運転する」という意味になったものです。

オラ！
行け！

drive

**165** If you really love him, you must set he free.
　　　　　① ② ③ Ⓐ④

（本当に彼を愛しているなら、あなたは彼を自由にさせてあげないといけない。）

④ he free を him free にします。

「set 人 free」で「人を束縛から自由にする」です。set の後は目的語なので、he を目的格の him にします。

選択肢を並べ替えて適切な文をつくれ。

**166** ( pictures, caught, to, trying, him, I, take ) of me through my window.

**167** The previous ( the, yellow, wall, owner, painted ).

**168** That's ( it, you've, where, wrong, got ).

**169** This is ( me, with, drives, insane, what ) anger.

**170** The Prince ( free, to, bought, the slaves, set, them ).

---

### 解答

**166** I caught him trying to take pictures of me through my window.
（私は彼が私の部屋の窓越しに、私の写真を撮ろうとしているのを見つけた。）

**167** The previous owner painted the wall yellow.
（前の持ち主が壁を黄色に塗った。）

**168** That's where you've got it wrong.
（そのことに関して、あなたはそこを誤解しているんだ。）

**169** This is what drives me insane with anger.
（これのせいで私は怒りで気が狂いそうになっている。）

**170** The prince bought the slaves to set them free.
（王子は逃すためにその奴隷たちを買った。）

---

### 解説

168. get it wrong「状況を誤解している」。「it = wrong」の状態を手に入れて（=get）いる。

169. 「insane with 感情を表す名詞」で"「(感情) で頭がおかしくなる」。sane は「正気の」。insane は「正気を失っている」。問題文の直訳は「これが私を怒りで気が狂いそうにさせていることだ」。

**Q 171 〜 175**

最も適切な選択肢を選べ。

**171** My mother remained (　　　) for a few days.

1. the hospital

2. hospital

3. in the hospital

4. with the hospital

**172** (　　　) remains were found deep in the forest.

1. She

2. Her

3. Hers

4. They

**173** Is he a university (　　　)?

1. graduation

2. graduated

3. graduating

4. graduate

下線部の中で不自然なものを 1 つ指摘せよ。

**174** His group <u>has been</u> trying <u>hard</u> to have a greater <u>said</u> <u>in the</u> government.
　　　　　　①　　　　　　②　　　　　　　　　　　③　　④

**175** The <u>hurricane</u> widened <u>the gap</u> between the <u>has</u> and the <u>have-nots</u>.
　　　　　①　　　　　　　②　　　　　　　　　③　　　　　④

# 文型総合問題その１

## ▶文の形がわかるということ：名詞編

文の形がわかれば、そこにある単語の品詞が何なのかも判断できます。

１つの単語に動詞用法、名詞用法といった複数の用法があるものは、文の形に応じてその品詞が適切に判断されないといけません。さもなければ英文中の意味の解釈に支障が出てしまいます。

**どこからどこまでが主語のかたまりなのか、その文の真の動詞はどれなのか**、といったところに注意を払いながら、文の形が判断できるようになりましょう。

---

**171** My mother remained (　　　) for a few days.

（私の母は数日間、病院にずっといた。）

1. the hospital　　2. hospital　　Ⓐ 3. in the hospital　　4. with the hospital

---

ここでは remain という動詞について詳しく解説します。remain はその使用方法がテストでよく問われます。**remain は be 動詞と同じ使い方をする**と考えてください。

この問題では My mother <u>was</u> in the hospital for a few days. と言えるので、この was を remained に置き換えた 3 が正解です。

remain がどれくらい be 動詞と同じ使い方をするのか、以下の例を見てください。

### 第１文型

She <u>was</u> in New York.　　→　　She <u>remained</u> in New York.

（彼女はニューヨークにいた。）　　　　（彼女はニューヨークに残っていた。）

第2文型

The window <u>was open</u>.　　　→　　The window <u>remained open</u>.

（窓は開いていた。）　　　　　　　　（窓は開いたままだった。）

進行形

He <u>was standing</u>.　　　　　→　　He <u>remained standing</u>.

（彼は立っていた。）　　　　　　　　（彼は立ったままだった。）

受動態

I <u>was locked</u> in the room.　　→　　I <u>remained locked</u> in the room.

（私はその部屋に閉じ込められた。）　（私はその部屋にずっと閉じ込められていた。）

　be 動詞は「〜という状態で存在する」が根っこの意味ですが、remain は「変わらず〜のままの状態で存在する」という意味の動詞です。このように be 動詞の「強調版」が remain ですので、その文で動詞 remain が使えるかどうかは、be 動詞に置き換えて意味が通るかどうかで判断しましょう。

**172** (　　　　) remains were found deep in the forest.

　　（彼女の遺体は深い森の中で発見された。）

　1. She　　　Ⓐ <u>2. Her</u>　　　3. Hers　　　4. They

　文の構造を見抜きましょう。**文の心臓部は動詞です**。この文の動詞は何かわかったでしょうか？

　受動態の were found が動詞です。remains を動詞だと考えてしまうと、その直後にまた were found という動詞がある理由が説明できません。そこ

で、「残り物」「遺体」「遺構」という意味を持つ名詞の remains を知識とし
て知っていれば、「(　　　) remains」が主語であり、その後に続く were
found が動詞、ということで文の形の説明がつきます。

　名詞の remains は「いまだにそこにとどまっている物」ということから、
「残り物」「遺体」「遺構」という意味が出ます。remains は必ず複数形で使
われ、「元あったものが古くなりバラバラに崩れて<u>複数のカケラになる</u>」イ
メージを持ちます。

　選択肢の中で名詞の前につくことができる代名詞は所有格の her しかあり
ません。

---

**173** Is he a university (　　　)?

（彼は大卒ですか？）

1. graduation　　2. graduated　　3. graduating　　Ⓐ <u>4. graduate</u>

---

「S は C である」を意味する第 2 文型の、be 動詞が文頭に来ている疑問文
であると判断できれば、「a university (　)」で 1 つの補語のかたまりだと予
想がつきます。

　<u>冠詞 a で始まるかたまり（名詞句）は、必ず単数形の名詞で終わります。</u>
よって空欄の中は名詞である 1 か 4 が来るはずです（3 は名詞ではありませんが、
仮に名詞であったとしても、〜ing で終わる名詞は a のつかない不可算名詞であることが多いです）。
「彼は〜ですか？」という文なので、意味を考えると 1「卒業（式）」と 4
「卒業生」のうちの 4 が正解です。名詞の graduate が「卒業生」という意味
を持つことを知っておかないといけません。

graduation　卒業式

graduate
卒業生→

**174** His group <u>has been</u> trying <u>hard</u> to have a greater <u>said</u> in the government.
　　　　　　①　　　　　②　　　　　　　　　Ⓐ③　　④

（彼のグループは政府の中でより大きな発言権を持とうと努力している。）

③ said を say にします。

　名詞の say は「発言権」という意味です。冠詞 a の後ろに形容詞の比較級 greater が来ていることに注目しましょう。a で始まるかたまりは、単数形の名詞でかたまりを終えます。つまり「a ＋形容詞＋名詞」という語順になるはずですから、greater の後ろには名詞が来ます。

　say に「発言権」という名詞用法があることを知っていれば、said ではなく say が来るはずだ、と判断できます。

**175** The hurricane <u>widened</u> the <u>gap</u> between the <u>has</u> and the <u>have-nots</u>.
　　　　　　①　　　　　　　②　　　　　　　Ⓐ③　　　　　④

（ハリケーンのせいで、持てる者たちと、持たざる者たちの間の差が広がった。）

③ has を haves にします。

　have は「持てる者」という名詞用法があり、ほとんどの場合、複数形で the haves and the have-nots（持てる者たちと持たざる者たち）という使われ方をします。the の後ろに三人称単数現在の動詞である has が来ることのおかしさに気づきましょう。

選択肢を並べ替えて適切な文をつくれ。

**176** ( on, remain, the, all options, table ), and that includes the military option.

**177** ( of, the archaeologists, ancient, remains, found ) Egyptian ships in the Red Sea.

**178** Samantha ( at, a graduate, is, the University, student ) of Nebraska.

**179** He thinks that ( in how, should, have, workers, more say ) their company is run.

**180** " ( differentiate, the virus, haves and, doesn't, between the ) the have-nots," he said.

---

**解答**

**176** All options remain on the table, and that includes the military option.
(全ての選択肢はまだ検討中のままで、そこには軍事オプションも含まれています。)

**177** The archaeologists found remains of ancient Egyptian ships in the Red Sea.
(考古学者たちは紅海で古代エジプトの船の残骸を発見した。)

**178** Samantha is a graduate student at the University of Nebraska.
(Samantha はネブラスカ大学の大学院生です。)

**179** He thinks that workers should have more say in how their company is run.
(彼は従業員が自分たちの会社がどう運営されるかについて、もっと発言権を持つべきだと考えている。)

**180** "The virus doesn't differentiate between the haves and the have-nots," he said.
(「ウイルスは持てる者たちと持たざる者たちの区別などしません。」と彼は言った。)

---

**解説**

176. remain on the table は「交渉のテーブル上に依然として残っている」が直訳。

178. a graduate student は「学部を卒業した後の生徒」＝「学部を卒業して大学院へ進んだ学生」＝「大学院生」。ちなみに学部生は an undergraduate student。

179. say は可算名詞・不可算名詞のどちらでも使われる。可算名詞として使われる場合は「発言権としての1票を持つ」という感じだが、more say のような不可算名詞の場合、水かさが増すように、発言の容量が大きくなっていく感じを表す。

180. differentiate は動詞で「区別する」。

# Q 181 ~ 185

最も適切な選択肢を選べ。

**181** Fuxing Electronics (　　　　) a new battery that can be charged in only 5 minutes.

    1. development

    2. develop

    3. developed

    4. developing

**182** This book, which is coming out next week, (　　　　) a variety of topics from civil rights to editorial cartoons.

    1. covering

    2. covers

    3. to cover

    4. will be covered

下線部の中で不自然なものを１つ指摘せよ。

**183** Can I borrow you some money? I think I've lost my purse.
                 ①          ②     ③    ④

**184** You look like better than the last time I saw you.
             ①    ②     ③     ④

**185** I left some cake to you on the table.
      ①   ②   ③   ④

# 19

# 文型総合問題その2

## ▶文の形がわかるということ：動詞編

「動詞がどこにあるのか」

「挿入句にごまかされず文の構造を把握する」

「文の構造を把握しやすくするために熟語な
どのフレーズは理解しておく」

といったことを意識しつつ、問題を解いて
いきましょう。

---

**181** Fuxing Electronics (　　) a new battery that can be charged in only 5 minutes.

（フーシン・エレクトロニクス社はたった５分で充電できる新しいバッテリーを開
発した。）

　　1. development　　2. develop　　Ⓐ3. developed　　4. developing

---

　**文の心臓部は動詞**ですので、文全体の構造を把握するために、動詞の候補
となる言葉を見てみましょう。can be charged はその前に a new battery
that 、つまり「先行詞＋関係代名詞の that」があります。

> a new battery =[that  can be charged  in  only 5 minutes]
> 新しいバッテリー 👉 充電されることが可能　　わずか5分
> 　　　　　　　どんなバッテリー?　　何の枠内で?
> 「わずか5分で充電可能な新しいバッテリー」

　このように can be charged は「新しいバッテリー」がどのようなバッテ

リーなのかを説明する関係代名詞節の動詞であり、文全体の動詞ではないことがわかります。

　そこで全体の文構造を把握するために、このフレーズでは情報の核である a new battery だけに注目し、「飾り」である that can ～ minutes は無視しましょう。

　すると「Fuxing Electronics が a new battery を何かする」という第3文型が見えてきます。ですから空欄には動詞が入ると判断できます。

　選択肢2と3のどちらにするかですが、Fuxing Electronics は1つの会社を表す三人称単数形であり、現在形で使うなら develops にならないといけないので2は不可。過去形の3が正解です。

**182** This book, which is coming out next week, (　　　　) a variety of topics from civil rights to editorial cartoons.

（来週出版されるこの本は、公民権から時事漫画まで幅広いトピックを扱っている。）

1. covering　　Ⓐ 2. covers　　3. to cover　　4. will be covered

　文の構造を見抜く時、**挿入句は構造に無関係なただの「飾り」**です。

　this book の後の挿入句を除いて考えてみると、「this book が a variety of topics を何かする」という第3文型であり、空欄には動詞が入ることがわかります。

　選択肢2と4が動詞ですが、選択肢4は受動態で、主語の「本」は「さまざまなトピック」を「カバーする」立場であり、される立場ではないので不自然です。2が正解です。

**183** Can I borrow you some money? I think I've lost my purse.
　　　　　　Ⓐ①　②　③　④

（君にいくらかお金を借りてもいい？財布をなくしちゃったと思うんだ。）

① you some money を some money from you とします。

「人にお金を借りる」と日本語で言えるので、つい第４文型を使ってしまいそうになりますが、実際には borrow は「borrow [お金／物] from 人」（人からお金／物を借りる）という構文をとります。

> 日本語や中国語などでは「借りる」で二重目的語構文をとることができるのですが、英語ではできません。このように、ある構文をとれるかどうかは言語や方言間で差異があります。

「人から何かを借りる」という概念には「人に渡す」のではなく、「人から何かを取る」というイメージがあるので、英語では第４文型をとらないのかもしれません。

**184** You look like better than the last time I saw you.
　　　　　　Ⓐ①　②　③　④

（前回会った時よりも、君は良くなったように見えるよ。）

① like better から like を削除します。

見た目の感想を述べる表現である「～に見える」の look は、後ろに形容詞が来る時には「**look ＋形容詞**」であり、後ろに名詞が来る時には「**look like ＋名詞**」という形をとります。better は形容詞 good の比較級です。

名詞は形容詞とは違い、様子を表す言葉ではないので「～のように」という「様子」を表す like を必要とするわけです。形容詞はそれ自体が様子を表す言葉なので like は不要です。

**185** I left some cake to you on the table.
　　　① 　　②　　③　　④

（君のためにテーブルにケーキを少し残しておいたよ。）

② to を for にします。

「leave [金・物] to 人」は「死んで、遺産として人に（金・物）を残す」
という意味で、「leave 物 for 人」は「人のために〜をとっておいてやる」
という意味です。

例文 He left a million dollars to his son.

　　　「彼は息子に 100 万ドルの財産を遺した。」

　leave は「〜を置いてその場を立ち去る」
が根っこの意味ですが、その後に来るのが to だと、その「到達」のイメー
ジから「自分はこの世を去って、遺産は人に届ける」＝「死んで人に〜を残
す」となります。

　一方で for だと「代わりにやってあげる」という代理のイメージから、
「本来なら本人が手に入れなければならない物を、私が残して与えてあげる」
→「とっておいてあげる」という意味になります（第 12 項参照）。

選択肢を並べ替えて適切な文をつくれ。

**186** How ( develop, take, it, a vaccine, will, to, long ) against COVID-19?

**187** These funds ( the, used, cost, be, to, will, cover ) of the meals.

**188** To borrow ( a phrase, my, father, from ), this is the beginning of the end.

**189** ( in, different, your, you, photo, look ).

**190** The movie ( for, leaves, interpretation, some room ).

---

解答 ───

**186** How long will it take to develop a vaccine against COVID-19?
（COVID-19用のワクチンの開発にはどれくらいの時間がかかるのだろうか。）

**187** These funds will be used to cover the cost of the meals.
（これらの資金は食事の費用を賄うために使われるだろう。）

**188** To borrow a phrase from my father, this is the beginning of the end.
（父の言葉を借りれば、これは終わりの始まりというやつだ。）

**189** You look different in your photo.
（あなた、写真だと違って見えるね。）

**190** The movie leaves some room for interpretation.
（その映画はいくらかの解釈の余地を残している。）

解説 ───

187.「カバーする」という言葉は日本語でも英語でも「面倒を見る」という意味でも使われる。

188. 文頭や文末に「to borrow a phrase from ～」と置くことで「～の言葉を借りれば」という意味。

190. room は可算名詞で使うと「壁や天井で仕切られ、ここからここまでが1つのまとまった空間ですよ（つまり「形」を持つ）」ということを意味し、「部屋」という意味になるが、不可算名詞で使うと「形のないただの空間」ということを意味するので「余地」「スペース」という意味になる。

## 191 ~ 195

最も適切な選択肢を選べ。

**191** Did he ( ) you?

    1. speak

    2. say

    3. speak to

    4. talk

**192** I think he should apologize ( ) what he said.

    1. to us for

    2. us to

    3. for us to

    4. us

**193** Mr. and Mrs. Coleman complained ( ) at school.

    1. the school board bullying

    2. for the school board to bullying

    3. to the school board about the bullying

    4. the school board about bullying

下線部の中で不自然なものを1つ指摘せよ。

**194**「私はその機械に話しかけたが、機械は返事をしなかった。」

I spoke the machine, but it didn't answer.
   ①        ②   ③    ④

**195** There was a sign which spoke, "Private Beach; No Trespassing."
     ①     ②   ③             ④

# 「話す」に関する語法問題

## ▶ その動詞はどういう文型で使うのか

　英語には「**様態動詞**」と呼ばれる動詞形態があり、これは日本語話者にとっては「英語脳の入り口」の1つと言えるものです。

　日本語は「〜なふうに……する」というふうに「動作の様子を表す副詞＋動詞」という組み立て方をするのが普通です（例 ジロジロと見る、よろよろと歩く）。しかし、英語はそれを1つの動詞でまとめて表すことが普通です（例 stare「ジロジロ見る」、stumble「よろよろ歩く」）。

　日本語の「見る」が英語では see、look at、watch などに分かれたり、「話す」が speak、talk、say、tell に分かれたりするのも、英語では「どんなふうに見るのか、話すのか」ということを違う形の動詞で表されているからです。

　英語らしい英語をマスターする1つの方法が、こうした様態動詞を使いこなすということです。tell に関しては第4文型の項で既に触れたので、この項では tell 以外のいろいろな「話す」という動詞と、それらの動詞がとる構文をマスターしていきましょう。

---

**191** Did he (　　　) you?

　（彼はあなたに口をききましたか？）

　　1. speak　　　　2. say　　　Ⓐ 3. speak to　　　4. talk

---

「**speak to 人**」で「人に話しかける」です。

　speak には「何を話す（speak 話題）」「誰に話す（speak 人）」という意味はありません。

つまり speak は話す「内容」や「相手」を目的語に直接とることはできないのです。speak は「**口を開いて発話行為をする**」という意味しかありません（例 He didn't speak.「彼は口をきかなかった。」）。

話す相手を付け加えたいなら「to 人」、話す内容を付け加えるなら「about（もしくは of）話題」というふうに前置詞が必要です。

speak が目的語を直接とるのは、「言語名」の場合のみです（例 He speaks French and Chinese.「彼はフランス語と中国語を話す。」）。

talk には「何を話し合う」「誰と話し合う」という意味はなく、「**話し合いをする**」という意味しかありません（例 We talked.「私たちは話し合った。」）。

したがって、speak と同様、話す相手には to、話す内容には about といった前置詞が必要です。

say は「**口から言葉を発する**」という意味の動詞です。

say は「話す内容・セリフ」を目的語にとります。例えば He said, "It's hot today."（彼は「今日は暑いね」と言った。）のように say の目的語にセリフが来ることが多いのもそのせいです。

本書第 14 項で述べた通り、say me だと「me と言う」という意味になってしまいます。say to me で「私に言う」という意味になります。

**192** I think he should apologize (      ) what he said.

(彼は私たちに、自分が言ったことを謝るべきだと思う。)

Ⓐ <u>1. to us for</u>     2. us to        3. for us to          4. us

apologize は語法問題に頻出の動詞です。

「speak to 人」と同じ感覚で、謝る相手には to を使います。謝罪の言葉を誰に対して（to）述べるか、ということですね。謝る理由は for を使います。「Thank you for + 理由」と同じ感覚で、理由を述べるために for を使います。

**193** Mr. and Mrs. Coleman complained (      ) at school.

(Coleman 夫妻は学校でのいじめについて、教育委員会に不満を申し立てた。)

    1. the school board bullying

    2. for the school board to bullying

Ⓐ <u>3. to the school board about the bullying</u>

    4. the school board about bullying

complain も speak 型の動詞です。

誰に不満を言うかは「to 人」、何についての不満なのかは「about **不満の内容**」で表します。complain だけだと「不満を述べる」「愚痴を言う」という意味です。school board は「教育委員会」、bullying は「いじめ（の行為）」です。

**194**「私はその機械に話しかけたが、機械は返事をしなかった。」
I spoke the machine, but it didn't answer.
　Ⓐ①　　　　　　　②　　③　　　④

① spoke the machine を spoke to the machine とします。

but の後ろの it は「物で単数形」の名詞を指しますから、it より前にある名詞でそれを満たすのは the machine しかありません。その「機械」が返事をしなかったわけですから、「私」は機械に「話しかけている」ことがわかります。したがって、the machine の前には話し相手を表す前置詞 to を使います。

**195** There was a sign which spoke, "Private Beach; No Trespassing."
　　　　　　①　　　　②　Ⓐ③　　　　　　　　　　④

(「プライベートビーチにつき、立ち入り禁止」と書かれた立札があった。)

③ spoke を said あるいは read（過去形としての read）とします。

看板や標識、手紙などに「書いて」ある内容は、英語では say（看板・標識が〜だと言っている）か、read（看板・標識が〜だと読める）という動詞を使って表します。

こういったところが日本語と英語の感覚の違い、つまり英語脳の発露ですね。

選択肢を並べ替えて適切な文をつくれ。

**196** I was so ( couldn't, nervous, speak, that, I ) at all.

**197** I need ( for, to, to, you, apologize ) what I said yesterday.

**198** ( about, is always, he, complaining ) the hospital.

**199** ( all to, they, speak at, each, didn't ) other while they were on the bus.

**200** ( had been, that, the e-mail, the show, said ) cancelled.

## 解答

**196** I was so nervous that I couldn't speak at all.
（私はとても緊張していたので一言も口が聞けなかった。）

**197** I need to apologize to you for what I said yesterday.
（昨日私が言ったことを、君に謝る必要がある。）

**198** He is always complaining about the hospital.
（彼はいつも病院について文句ばかり言っている。）

**199** They didn't speak at all to each other while they were on the bus.
（彼らはバスに乗っている間、お互いに一言も口を聞かなかった。）

**200** The e-mail said that the show had been cancelled.
（メールには、ショーが中止になったと書かれていた。）

## 解説

198. be always ~ ing で「いつも~ばかりしている」という非難の表現。「いつ見ても、~をしている最中にある」というのが直訳のイメージ。

199. not ~ at all という熟語知識と、speak to 人 というフレーズの知識があるかどうかが正解への鍵。

200. cancel されるものが the show なのか、それとも the e-mail なのか、どちらがより自然かを考えると said の主語も決まりやすい。

# Q 201 ~ 205

最も適切な選択肢を選べ。

**201** "(　　　) that bird over there." "What … ? I can't (　　　) any birds."

1. See, look at

2. Look at, see

3. See, watch

4. Look at, watch

**202** She (　　　) at me in surprise.

1. scanned

2. watched

3. saw

4. stared

最も不適切な選択肢を選べ。

**203** He (　　　) the painting.

1. saw

2. looked at

3. watched

4. stared at

下線部の中で不自然なものを１つ指摘せよ。

**204** She gazed the television in wonder and then, looked back at me.
　　　　　①　　　　　　　　　②　　　　　③　　④

**205** He looked at the painting on the wall and said, "Hey, this painting looks
　　　①　　　　　　　　②　　　　　　③
at cool."
④

# 「見る」に関する語法問題

## ▶ どんなふうに見るのかの違い

「見る」という意味を表す英語の動詞には、代表的なものに see、look at、watch の 3 つ、さらに他には stare at や gaze at、scan などがあります。

それぞれ意味の違いがあり、使い方を間違えると、正しい映像が伝わりません。

例えばですが、あまり日本語が上手ではない英語話者が日本語で「ヤバイ、上着を穿イテ来るのを忘レタ。」と言うのを耳にしたら、日本語話者は上着に足を突っ込んでいる絵を思い浮かべますし、「靴をチャント着タノカ？」と言われたら、上半身に靴をまとっている絵を思い浮かべてしまいますよね。でも英語では「着る」も「穿く」も「履く」も全部 put on や wear で表します。

私たち日本語話者が「see とか watch とか look at とか、結局全部『見る』っていうことでしょ？」と考えて区別をおろそかにするどうなるか、実感していただけるのではないでしょうか。

ここではそれぞれの動詞のイメージと、そこから出て来る用法の違いを解説します。

---

**201** "(　　　) that bird over there." "What … ? I can't (　　　) any birds."

（「向こうにいるあの鳥を見て。」「何……？鳥なんて 1 羽も見えないよ。」）

1. See, look at　　　　Ⓐ 2. Look at, see

3. See, watch　　　　4. Look at, watch

---

look at と see と watch の違いを解説します（『英文法鬼』 Must 21）。

look at は look が「目線を動かす」、at は「ある一点を指す」ですから、「目線を動かして、ある一点に照準を合わせる」ということです。「見る」というよりは、「目を向ける」ことを意味します。

1つ目の空欄の「見て」は、「あの鳥にあなたの目線を向けて」ということですから look at になります。

see は「目に飛び込んで来た情報に気づく」ということです。

例えば see a cat なら「おや、猫がいる」という感じで、「見ようと思い見ているわけではなく、視界に飛び込んで来た猫に気づく」ことを表します。「目にする・みかける・目撃する」という感じです。

2つ目の空欄は「一羽の鳥も目には入ってこない」ことを意味するので see を使います。

watch は「動いているものの成り行きを見守る」という動作です。映画やテレビなど、成り行きを「どうなるのだろう」と思いながら見るのが watch です。

2つ目の空欄でもし I can't watch any birds. と言えば、「どの鳥の動きのなりゆきも、観察できない」という感じになってしまうでしょう。

**202** She (　　) at me in surprise.
（彼女は驚いて私をじっと見つめた。）
　　1. scanned　　　2. watched　　　3. saw　　　Ⓐ4. stared

stare at

アレ…何か間違えた…？

　空欄の後に at があり、選択肢の中で at を伴うのは stare しかありません。ただ目線を向けるだけの look at と比べて、stare at は感情を伴ってジロジロと見る動作です。第 20 項で紹介した典型的な「様態動詞」の 1 つです。

　scan は「スキャナー」という機械でわかるとおり、対象をくまなく調べるように見ることを意味します。他動詞で、前置詞は不要です。

**不適切な選択肢を選ぶ問題**

**203** He (　　) the painting.
　　1. saw　　　2. looked at　　　Ⓐ3. watched　　　4. stared at

　唯一不適切な選択肢は watched です。

　ロングマン現代英英辞典には watch の意味として「人、あるいは物を、一定の時間、何が起きているのかに注意を向けつつ（paying attention to what is happening）、目を向けること」という説明が載っています。すでに述べた「動いているものの成り行きを見守る」ということです。ですから絵画のような、動きや展開がないものを見るのには向いていない表現です。

　もし「絵画を注意深く観察する」と言いたいならその時には examine がよく使われます。検査するように見る感覚ですね。

**204** She gazed the television in wonder and then, looked back at me.
Ⓐ① ② ③ ④

（彼女は驚いてテレビ画面を食い入るように見た。そして、その後振り返って私を見た。）

① gazed を gazed at にします。

gaze at は stare at のようなジロジロ感はなく、感動や感嘆で、あるいは考え事をしていて「我を忘れて」何かを見つめ続けることを意味します。

look at を基本形とし、stare at と gaze at を応用形として、グループ化して覚えるようにしましょう。

gaze at　え〜〜!?

人気グループ全員結婚!!

くぎづけ

**205** He looked at the painting on the wall and said,
① ② ③

"Hey, this painting looks at cool."
Ⓐ④

（彼は壁の絵を見て「ねえ、この絵、かっこいいね。」と言った。）

④ looks at cool を looks cool にします。

「**look 形容詞**」で「〜（な様子）に見える」です。look at は「対象に目線を向ける動作」であり、「look 形容詞」は「見た感じがどう見えるのかの感想」です。

141

選択肢を並べ替えて適切な文をつくれ。

**206** ( at, that, do, way, look, why, you, me )?

**207** ( without, stared, a word, she, at, saying, me ).

**208** He asked me if ( watch, we, fireworks, could, the ) together.

**209** ( great interest, gazed, with, at, the woman, me ).

**210** I turned my head and ( the other, of, looked, the room, at, side ).

解答 ━━━━━━━━

**206** Why do you look at me that way?
(何で私をそんなふうに見るの？)

**207** She stared at me without saying a word.
(彼女は一言も話さず、じっと私を見つめた。)

**208** He asked me if we could watch the fireworks together.
(彼は私に、一緒に花火を見れるのかと尋ねた。)

**209** The woman gazed at me with great interest.
(その女性は興味津々で私のことを見つめた。)

**210** I turned my head and looked at the other side of the room.
(私は振り向き、部屋の反対側に目を移した。)

解説 ━━━━━━━━

206. 直訳すると「なぜそういうやり方で私に目線を向けるのか。」
208. he asked me + could we watch the fireworks together? で、後半の疑問文は疑問詞がないので if（〜かどうか）という接続詞を使って間接疑問文にしている（第87項参照）。「花火」は「絵」とは違って刻々とその姿を変えるので、「成り行きを見守る」watch を使う。

# 文を意味のユニットとして意識しよう！

言語というのは、「１＋１」が４になったり５になったりすることがよくあります。つまり、言葉というのは単純に単語の足し算で意味が出来上がるものではありません。熟語がその典型で、もとの単語の足し算とは全く異なる意味を持つものが多くあります。つまり、熟語それ自体に独立した意味が存在するわけです。

文においても同じことが起きます。例えば water という単語自体は「水」という意味しかありませんが、これを Water! という文（正確には名詞一語文）として使うと「水だ！（＝水がある！）」あるいは「水をくれ！」という意味で相手に伝わります（英文法の鬼 100 則 Must 04）。「文」もそれ自体が独立した意味を持つユニットなのです。文には様々な形があり、それらは文型や構文などと呼ばれます。

本章の第 08, 09, 10 項では、自動詞と他動詞でその意味が変わることを学習しました。しかし、英語の場合、動詞という単語を単独で目の前に置いてみても、それが自動詞なのか他動詞なのかは判別不可能です。文の形を見て初めてそれが自動詞で使われているのか、それとも他動詞で使われているのかがわかります。この章の問題を通して学習者の皆さんに最も理解して欲しいことは、文型や構文はそれ自体が単語や熟語のように独立した意味を持つユニットであり、その独自の意味を理解せずに単語の意味だけを覚えても、文自体が言おうとしていることは理解できない、ということです。

もちろん単語の意味は知っておかないといけません。しかし、単語の意味を知っていれば、後は何とかなる、という考え方はとても危ういものです。時間があれば、自動詞構文は何をしているのか、他動詞構文は何をしているのか、それぞれの文型はどんな意味を出しているのか、意識しながらもう一度問題を解いてみてください。リーディングやリスニングの能力向上に大きく貢献するはずです。

# 英文法の鬼1000問

## 第3章

# 英語を話し、書くのに
# 便利な構文を使え

# 211 ~215

最も適切な選択肢を選べ。

**211** "Do you know where my book is?" " (　　　) in that box."

    1. There's it

    2. It's

    3. There's

    4. It put

**212** "What was in the room?" "(　　　)."

    1. There was a desk and a chair.

    2. A desk and a chair were in the room.

    3. There were a desk and a chair.

    4. A desk and a chair was in the room.

下線部の中で不自然なものを１つ指摘せよ。

**213** "I think only we have access the classified information."
             ①　　　　　　　②　　　　　　　　　　③

  "No, there is still Tom."
              ④

**214** "How many siblings are there for you?" "I have a brother and two sisters."
     ①　　②　　　　　③　　　　　　　　　④

**215** "I need a red pen. Do you have any?"
       ①　　　　　　　　　②

  "Some pens are in that box. Let me see if I can find one."
       ③　　　　　　　　　　　　　④

# 存在を表す構文その1

## ▶「新情報の存在」とは

### ●──there is 構文の意味上の主語は

there is/are 構文の後ろに来る意味上の主語の正体は「不特定のもの」というより、**「新情報」**です（『英文法鬼』 Must 70）。

問題を通して具体的に見ていきましょう。

---

**211** "Do you know where my book is?" " (　　　) in that box."

（「私の本どこにあるか知らない？」「あの箱の中にあるよ。」）

1. There's it　🅐 **2. It's**　3. There's　4. It put

---

この問題での「私の本、どこにあるか知らない？」に対しての返答は「ああ、（今君が言った）その本なら、あの箱の中にあるよ。」です。

つまり、「その本」は旧情報です。

旧情報の存在を表す英語の構文は、「存在物（旧情報） + be 動詞 + 存在する場所」となり、there is/are 構文は使いません。

旧情報というのは「すでに知っている情報」で、「初めて聞く情報」に比べ、聞き手にとって楽に情報処理できます。

言語というのは伝わりやすくなるように文法が発展するのですが、**英語では理解しやすい旧情報から先に話す**のが重要な語順の原則となっています。

この問題でも「（今あなたが言った）あなたのその本なら、あの箱の中にあるよ。」なので、It's in that box. となります（it は、相手が言った "my book" を指します）。

---

**212** "What was in the room?" "(　　　)."

（「その部屋には何があったの？」「机が 1 つと、椅子が 1 つあったよ。」）

1. There was a desk and a chair　　2. A desk and a chair were in the room

Ⓐ<u>3. There were a desk and a chair</u>　4. A desk and a chair was in the room

---

「何があったの？」と問われて、それに対して初めて明かされる情報（新情報）が「a desk と a chair」の存在です。

「初めて聞く情報」は処理に労力がかかる重い情報で、文の最初にいきなり持って来ると、「え、何？何の話？」というふうに聞き手が混乱する恐れがあります。

そこで、「何かが存在する、という話をするよ」というサインとして there is/are を先に言い、聞き手に心構えを

させた後、存在するもの（新情報）を意味上の主語として語るのが there is/are 構文です。

本問では意味上の主語が a chair and a desk なので be 動詞は複数扱いで were にします。

**213** "I think only we have access the classified information."
　　　　　① 　　　　　 Ⓐ② 　　　　　　　　　　③

"No, there is still Tom."
　　　　　　　 ④

（「その機密情報にアクセスできるのは私たちだけだと思うんだけど。」
　「いや、まだトムもいる。」）

② access に to をつけ、access to とします。

have が動詞で access は目的語の名詞ですので、access の後ろには直接名詞を続けることはできず、to が必要です。

本問でのポイントは下線部④です。there is/are 構文の意味上の主語は「a や some のつく不特定の名詞であり、the がつく名詞や固有名詞は使えない」と習った人もいるかもしれませんが、**新情報であれば固有名詞や the のつく名詞句も来ることがあります**。ここでも「君は忘れているかもしれないが、Tom もいる」というつもりで話しているので、Tom は一種の新情報です。

以下に、実際にアメリカのテレビドラマで出て来たセリフを例として示しておきます。刑事が、被害に遭った女性の一人息子に話しかけるシーンです。

**例文** Hey, Tommy, I made you a book. See, it's got your name on it.
There's you playing soccer. And there's you and Jill.

（こんにちは、Tommy。あなたに本を作ったのよ。見て、あなたの名前もあるわ。あなたがいて、サッカーをしているの。それに、あなたと一緒に Jill もいるわ。）

[ ドラマ　Law & Order: Special Victims Unit シーズン 4 より ]

代名詞の you も固有名詞の Jill も、「見て、ほら、いるでしょう」という感じで新情報として使われているので there is/are 構文の中に現れています。

**214** "How <u>many</u> <u>siblings</u> <u>are there for you</u>?" "I <u>have a brother</u> and two sisters.
① ② Ⓐ③ ④

（「兄弟姉妹は何人いるのですか？」「男兄弟が１人、女兄弟が２人います。」）

③ are there for you を do you have とします。

have も there is/are もどちらも存在は表しますが、例えば <u>I have a party</u> tonight. なら「私個人の予定の中に存在するパーティ」であり、他人には関係ない話です。一方で、<u>There is a party tonight.</u> なら特定の個人に関係なく、客観的にただ今夜パーティが存在することを表します（『英文法鬼』 Must 71）。

兄弟姉妹がいる、というのは「個人が持つ関係」ですから have を使うのが適切で、there is/are 構文を使うのは不自然です。

I have...

兄　　オレ　　妹1　　妹2

**215** "I <u>need a red pen</u>. Do you <u>have</u> any?"
① ②

"<u>Some pens are</u> in that box. Let me <u>see</u> if I can find one."
Ⓐ③ ④

（「赤ペンが必要なんだ。持ってる？」「あの箱に何本かペンがあるよ。赤ペンがあるか見てみるね。」）

③ Some pens are を There are some pens とします。

「あの箱に何本かペンがある」というのは新情報です。

# 216 ~ 220

選択肢を並べ替えて適切な文をつくれ。余分な選択肢がある場合、それは削除せよ。

**216** "Where were you when the thunderstorm hit?"

"( in, there was me, Tokyo Dome, I was ).  1選択肢余分

**217** "Was he travelling alone?" "No, ( with, a, there, was, woman ) him."

**218** ( still you, there, and me, is ). We'll never give up.

**219** "( and sisters, many, have, how, brothers, you, there are, do )?" "None."

**220** "I'm hungry. Do you have anything to eat?"  1選択肢余分

"( the fridge, some, is, in, pizza, there, left )."

**解答**

**216** "Where were you when the thunderstorm hit?" "I was in Tokyo Dome."
（「その雷雨の時、あなたはどこにいました？」「私は東京ドームにいました。」）

**217** "Was he travelling alone?" "No, there was a woman with him."
（「彼は1人で旅行していましたか？」「いえ、女の方が一緒にいました。」）

**218** There is still you and me. We'll never give up.
（まだ君と僕がいる。僕たちは最後まであきらめないよ。）

**219** "How many brothers and sisters do you have?" "None."
（「兄弟（姉妹）は何人いるの？」「1人もいないよ。」）

**220** "I'm hungry. Do you have anything to eat?" "There is some pizza left in the fridge."
（「お腹減った。何か食べる物ない？」「冷蔵庫にピザが少し残ってるよ。」）

**解説**

216. 「そこには実は〇〇がいました」なら新情報の存在だが、ここでは「私？私なら、東京ドームにいました。」というニュアンスなので旧情報の存在。よって、there is/are 構文は使わない。

218. you and me は代名詞だが、ここでは「忘れていたかもしれないが、君と僕がまだいるよ」という、一種の新情報。

220. 「there is/are [存在する人/物] + [現在分詞/過去分詞] 〜」で「[〜している/〜されている][人・物]が存在する」という構文。

# Q 221 ~ 225

最も適切な選択肢を選べ。

**221** There is (　　　　) that smoking increases the risk of asthma.

1. evidential

2. evident

3. evidently

4. evidence

**222** There (　　　　) several problems still to be solved.

1. remaining

2. remains

3. remain

4. has remained

**223** There's an arms race going on, (　　　　)?

1. isn't there?

2. aren't there?

3. isn't it?

4. doesn't it?

下線部の中で不自然なものを１つ指摘せよ。

**224** There <u>is</u> <u>a world's</u> fastest computer <u>in</u> this <u>building</u>.
　　　　① 　②　　　　　　　　③　　④

**225** There <u>seem</u> <u>little</u> doubt <u>that</u> he is the man we <u>are looking</u> for.
　　　　① 　②　　　③　　　　　　　　④

# 存在を表す構文その２

## ▶there is 構文の注意点

この項では there is/are 構文を使う時に注意する具体的な文法ポイントを見ていきます。

> **221** There is (　　　) that smoking increases the risk of asthma.
> （喫煙が喘息のリスクを高めるという証拠がある。）
>   1. evidential　　2. evident　　3. evidently　　Ⓐ 4. evidence

**there is/are の後ろは**意味上の主語であり、**必ず名詞句**です。

選択肢の中で名詞は 4. の evidence です。

ちなみに evidence は不可算名詞なので単数扱いです。日本語の「一件一件、証拠物件を集めていく」という感覚とは違い、「いろんなデータが集まって集合体になって初めて、そのかたまり全体で事件の辻褄があう」という、スライムのかたまりのようなイメージを持つ言葉です。

evidential（証拠となる）と evident（明らかな）は形容詞で、evidently（明らかに）は副詞です。

**222** There (　　) several problems still to be solved.

（まだ解決しなければいけない問題がいくつか残っている。）

1. remaining　　2. remains　　Ⓐ **3. remain**　　4. has remained

there is/are 構文は be 動詞だけではなく、live（住んでいる）、remain（〜のままでいる）といった「存在」に関連する意味を持つ一般動詞や、seem, appear という話し手の判断（〜のように見える）を表す動詞もよく使います。

ここでは remain が動詞で使われています。

be 動詞の場合、単純に「存在している」という意味ですが、remain は「いまだに存在し続けている」という意味です。現在分詞だけでは動詞にはなりませんので 1 は不可。また、意味上の主語 several problems は複数形なので、三人称単数現在を表す 2 と 4 も不可です。

**223** There's an arms race going on, (　　)?

（軍拡競争が進行していますよね。）

Ⓐ **1. isn't there?**　　2. aren't there?　　3. isn't it?　　4. doesn't it?

空欄に入る文末の isn't there? は付加疑問文と呼ばれる表現です。

●──付加疑問文とは

付加疑問文というのは**断言を嫌う時に使う「ぼかし表現」**の一種です。

例えば、He is a nice guy.（彼はいいやつだ。）と言い切ってしまうには躊躇を感じる時、「いいやつだ、と思うんだけど……いいやつじゃない？」というふうに前言と反対の意味の疑問文を付け加える（＝付加する）ことで「断言」の強さを中和する表現です。

その結果、

**例文** He is a nice guy. + Isn't he a nice guy?

→ He is a nice guy, isn't he ~~a nice guy~~?

→ He is a nice guy, isn't he?

「彼はいいやつだ」＋「いいやつじゃない？」

→「彼っていいやつじゃない？」

・「彼っていいやつだよね。」

という、柔らかめの表現ができ上がります。

注意してほしいのは、単純に「肯定と否定を逆にする」ということではなく、**中和させることがポイント**だ、ということです。

例えば、命令文の後につく付加疑問文は、否定文ではなく、will you? です。これは「命令」のキツさを「依頼・お願い」の will you で中和しているわけです。

**例文** Open the window, will you ~~open the window~~?

「その窓を開けてもらえませんか。」

let's の文の付加疑問文は shall we? ですが、これは同じ「一緒にやりましょう」でも、疑問文を使う shall we?（一緒にやりませんか）の方が丁寧に聞こえるので、「中和表現」として利用されているわけです。

**例文** Let's take a break, shall we ~~take a break~~? 「休憩にしませんか。」

本問ですが、There is an arms race going on.（軍拡競争が進行している。）と断言した後に、それを打ち消すように「あれ？やっぱり進行していない？」という気持ちを表す Isn't there an arms race going on? という疑問文を添えることで表現を柔らかくしています。

繰り返しの部分である There is an arms race going on, isn't there ~~an arms race going on~~? は省略されます。

**224** There is a world's fastest computer in this building.
　　　　① Ⓐ② 　　　　　③ 　　　 ④

（この建物には世界最速のコンピュータがある。）

② a world's を the world's とします。

最上級なので the が必要です。

「there is/are 構文の意味上の主語には a や some などがついた『不特定』を表す名詞句が来る」と習うことが多いので、the をつけてはいけないのでは？と思う学習者もいるかもしれません。

しかし実際には there is/are 構文の意味上の主語は、「新情報」であれば良いのです。

ここでの the は最上級を表しており、「ほかの順位のものではなく、一番だよ」という意味です。「さっき言ったその」という旧情報の意味の the ではありません。

この文は、「さっき言った世界最速のコンピュータならこの建物にある」という旧情報の存在文ではなく、「**実は**世界最速のコンピュータがこの建物にあるんだ」という新情報の存在文なので there is/are 構文を使っています。

**225** There seem little doubt that he is the man we are looking for.
　　　Ⓐ① 　② 　　　③ 　　　　　　　　　 ④

（彼が我々の探している男だということにほぼ間違いはないようだ。）

① seem を seems とします。

意味上の主語 doubt は不可算名詞で単数扱いですので、seem には三人称単数現在の s をつけます。

選択肢を並べ替えて適切な文をつくれ。

**226** ( choice but, there, to, was, say, no ) yes.

**227** ( hope, remained, a glimmer of, that, there ) his show would not be canceled.

**228** After all, ( ghosts, no, as, there, things, are, such ), are there?

**229** I don't think ( the, there, that, chance, is, slightest ) Mary is alive.

**230** ( seems, for, reason, us, no, there ) to help them.

解答 ——————

**226** There was no choice but to say yes.
（はいと言うほか選択肢はなかった。）

**227** There remained a glimmer of hope that his show would not be canceled.
（彼のショーが中止にならないことには、微かな望みが残っていた。）

**228** After all, there are no such things as ghosts, are there?
（結局、お化けなんてものはいないんだよね。）

**229** I don't think there is the slightest chance that Mary is alive.
（Mary が生きている可能性がほんの少しでもあるとは思えない。）

**230** There seems no reason for us to help them.
（我々が彼らを助ける理由はどこにもなさそうだ。）

解説 ——————

*226.* no choice but to (do ～) ;「～する以外に選択肢がない」。there is 構文、have などと一緒に使う

*227.* a glimmer of hope that S + V ～ ;「S が V する微かな望み」

*228.* no such things as A ;「A のようなものなんてまったくない」。前半が no を使った否定文なので、文末の付加疑問文はそれを中和するために肯定の are there になっている。

## 231～235

最も適切な選択肢を選べ。

**231** Let (　　　) one last question.

    1. me ask you

    2. me asked you

    3. me asking you

    4. me to ask you

**232** This will make (　　　) secure about the quality of the food products.

    1. feel consumers

    2. consumers feel

    3. feeling consumers

    4. to feel consumers

下線部の中で不自然なものを１つ指摘せよ。

**233** Please make me know when you are ready.
    ①　②　③　④

**234**「なぜ１人でそこへ行ったの？」

「他に選択肢はなかったよ！君がそうさせたんだろ！」

"Why did you go there alone?" "I had no choice! You let me!"
    ①　②　③　④

**235** Though I wanted to stay with my parents for a little bit longer, I was made

    ①　②　③

leave.

④

# 使役構文その１

## ▶「無理にさせる」か「したいようにさせる」か

　make と let はどちらも使役構文では「させる」と訳されることがあるので、学習者の中には両者の意味の違いがわかりにくい、と感じる方もいらっしゃるでしょう。

　ざっくり言えば、make は「無理やりさせる」（**強制**）、let は「したいようにさせる」（**許可**）というイメージの違いがあります（『英文法鬼』 **Must** 9）。

　make はその語源が「パン生地をこねる」であり、丸でも四角でも、思った通りの形に「作る」ことができるわけです。相手の意思を無視して自分の思った通りに相手の形を作ってしまう、というところから強制の意味が make にはよく出ます。

　一方で let は、「置き去りにする・放っておく」という意味を語源に持ちます。要するに「干渉しない」ということですから、「したいようにさせてやる」という意味が出て来るわけです。

　構文の構造は以下の通りです。

　S　make　[O ＝ 動詞原形]
　　形を作る　[O が動詞原形する]

　　直訳「S が、[O が〜する] 形を作る」
　　訳「S が O に〜させる」

　S　let　[O ＝ 動詞原形]
　　させてやる　[O が動詞原形する]

　　直訳「S が、[O が〜する] ことをさせてやる」
　　訳「S が O に〜させてやる」

　これら使役構文は「Ｓ Ｖ［Ｏ ＝ 〜］」という形をとることから、広い意味での第５文型です。**２つの文が合成されている**と考えるとわかりやすいでしょう。

例文 He made [ me = laugh].　「彼は私を笑わせた。」

→ He made me + I laughed　（彼は私に、私が笑ったという形を作った）

例文 Why don't we let [them = decide]?　「彼らに決めさせてやったらどうです？」

→ Why don't we let them + they decide

　　（彼らが決めるということを彼らにさせてやったらどうですか？）

　\*why don't + Ｓ + 動詞原形〜?は、直訳は「なぜ Ｓ が〜しないの？」で、そこから転じて「なぜしないの？ したらいいじゃない。」という「誘い・奨励」を意味するフレーズ。

---

**231** Let (　　　) one last question.

（もう１つだけ質問させてください。）

Ⓐ 1. me ask you　　2. me asked you　　3. me asking you　　4. me to ask you

---

構造は以下の通りです。

Let [me = ask you one last question].

させてください　［私＝あなたに最後の１つの質問をする］

以下の２つの文が合成されたものと考えても良いです。

→ Let me + I ask you one last question

（［私があなたに最後の１つの質問をする］ということを、私にさせてください）

**232** This will make (　　　) secure about the quality of the food products.

（このおかげで消費者はその食品の品質に安心を感じることができるでしょう。）

1. feel consumers          Ⓐ 2. consumers feel

3. feeling consumers       4. to feel consumers

ここでの make は人の意思を無視する「強制感」はありませんが、make 本来の「形を作る」という意味が出ています。

This  will make [ consumers = feel secure about … ].
　S　　 V　　　　 O　　　　　　 C
この事が　形作るだろう　[ 消費者　＝　〜について安心感を感じる ]（という形）

語順に関しては、

This will make consumers + Consumers feel secure about …

という感覚を考えると、consumers が先に来て、その後に動詞原形の feel が来ることがわかります。consumers は make の目的語であると同時に、feel の意味上の主語でもあります。

**233** Please make me know when you are ready.
　　　　　Ⓐ①　　 ②　　 ③　　 ④

（準備ができたら教えてください。）

① make me を let me にします。

make me know だと、「私に無理やりわからせる」という感じになってしまいます。「知りたい」と思っている「私」に知らせてあげるので、「したいようにさせてやる」という許可のイメージを持つ let を使います。

234 「なぜ1人でそこへ行ったの？」
「他に選択肢はなかったよ！君がそうさせたんだろ！」
"Why did you go there alone?" "I had no choice! You let me!"
　　　　　　① 　　②　　　　　　③　　　　ⒶⰢ④

④ let me を made me にします。

You made me! は会話でよく出る表現で、「君が私にそうさせたんだろ！」という意味です。make の持つ強制の感じがよく表れています。

235 Though I wanted to stay with my parents for a little bit longer, I was made
　　　　　　　　　① 　　②　　　　　　　③
leave.
ⒶⰢ④

（私はもう少し両親のそばにいたかったが、出て行かされた。）

④ leave を to leave にします。

make の使役構文の受動態では、能動態での動詞原形が to 不定詞になります。構造は以下の通りです。

They made [ me = leave ].

I was made to leave by them.

受動態では by 〜は多くの場合省略される

（本書第30項および『英文法鬼』 Must 30）

# Q 236 ~ 240

選択肢を並べ替えて適切な文をつくれ。

**236** Listen, ( what, me, you, let, tell ) happened, OK?

**237** No one (me, else, makes, feel) the way he does.

**238** (me, if, let, know, you ) have any objections.

**239** I didn't want to ( here, , but, made, come, you ) me.

**240** ( so uncomfortable, was, made, I, to feel ) that I will never trust them again.

---

**解答**

**236** Listen, let me tell you what happened, OK?
（聞いて。何が起きたのかを話させて。わかった？）

**237** No one else makes me feel the way he does.
（彼以外には、ほかの誰だって私をこんな気持ちにさせることはない。）

**238** Let me know if you have any objections.
（何か異存があれば知らせてください。）

**239** I didn't want to come here, but you made me.
（私はここへ来たくなかったけど、あなたがそうさせたのよ。）

**240** I was made to feel so uncomfortable that I will never trust them again.
（こんな不愉快な気持ちにさせられたんだから、二度と彼らのことは信用しない。）

---

**解説**

237. 直訳は「彼が私に感じさせるような気持ちをほかの誰ひとりとして私に感じさせることはない」。feel the way he does の does は makes me feel を指す代動詞。

238. let me know if は慣用フレーズ。「もし～ならば私に知らせてください」。

240. make を使った使役構文の受動態なので、to feel という不定詞となる。so + 形容詞 + that S + V ～（とても [ 形容詞 ] なので S が V する）という構文を見抜く。

# 241 ~ 245

最も適切な選択肢を選べ。

**241** This helps us (　　　) how the virus functions.

1. understands

2. understanding

3. understood

4. understand

**242** To know if you have high blood pressure, you should have (　　　).

1. it checked

2. it checking

3. it to check

4. it check

下線部の中で不自然なものを 1 つ指摘せよ。

**243** She went to the <u>police</u> to ask <u>for</u> help <u>after</u> she <u>was stolen her suitcase</u>.
　　　　　　　　　　①　　　　　　②　　　　　③　　　　　　④

**244** We are <u>going to</u> <u>try to</u> get him <u>talk</u> about <u>the accident</u>.
　　　　　　①　　　②　　　　　③　　　　　④

**245**「あなたに我々のチームに入ってもらえて、我々はとてもワクワクしています。」

We <u>are</u> very <u>excited</u> to <u>make</u> you <u>join</u> our team.
　　①　　　　②　　　　③　　　④

# 使役構文その2

## ▶have、get、そして help

この項では have、get そして help を使った使役構文を扱います。

---

**have の使役構文**

「～してもらう」という意味も「被害に遭う」という意味もありますが、根っこの意味は「～という状況を have する」でしかありません。

**get の使役構文**

単に「～してもらう」ではなく、「頼んだり、説得して～してもらう」という意味になるのが特徴で、to 不定詞の to がその意味の鍵をにぎっています。

**help の使役構文**

「help + 人 + to 不定詞」「help + 人 + 動詞原形」「help + 動詞原形」という3種類の形がありますが、意味はいずれも「(人が) ～するのに役立つ」です。

---

**241** This helps us (　　　　) how the virus functions.

（このことはウイルスがどう機能するのかを理解するのに役立つ。）

1. understands　2. understanding　　3. understood　　4. understand

---

すでに述べた通り help も使役構文をとり、「help + 人 + to 不定詞」「help + 人 + 動詞原形」「help + 動詞原形」という3種類の形があります。したがって動詞原形の 4 が正解だとわかります。

コーパス (COCA) でアメリカ英語を調べると、「help + 人 + to 不定詞」

と「help + 人 + 動詞原形」では、動詞原形が to 不定詞の 10 倍多く使われています。

---

**242** To know if you have high blood pressure, you should have (　　　).

（高血圧なのかどうかを知るために、検査してもらうべきだよ。）

Ⓐ 1. it checked　　2. it checking　　3. it to check　　4. it check

---

have の使役構文です。構造は以下の通り。

You <u>should have</u> [ it = checked].
S　　V　　O　　C
君　　持つべき　[ それ＝チェックされる ]
　　　　　　　（という状況）

「検査してもらう」という訳がついていますが、そうした訳が出て来るのは、直訳の「『血圧＝検査される』という状況を持つべきだよ」という意味のおかげです。have の使役構文では、**O** が「する立場」なら C は**動詞原形**、O が「される立場」なら C は**過去分詞**になります。it は前方にある blood pressure（血圧）を指し、血圧は検査「される」立場なので過去分詞の checked になります（『英文法鬼』 Must 42）。

---

**243** She went to <u>the police</u> to ask <u>for help</u> <u>after</u> she <u>was stolen her suitcase</u>.
　　　　　　　① 　　　　② 　　　③ 　　　Ⓐ④

（スーツケースを盗まれた後、彼女は助けを求めて警察に行った。）

---

④ was stolen her suitcase を had her suitcase stolen にします。
steal は「盗人 steal 金品」という構文をとります。
これを受動態にしても「金品 is stolen) by 盗人」という構文にしかな

りません。

　つまり動詞 steal の構文には「盗人」と「金品」は登場しても、「被害者」は登場しないわけです。

　被害者が登場する場合、have の使役構文を使い、

　被害者　have [ 金品 = stolen ].
　被害者は　持つ　[ 金品＝盗まれる ] という状況

という形をとります。

　使役構文といっても、ここでは使役の意味はなく、「被害者は『金品＝盗まれる』という状況を持つ」ということを表しています。have の使役構文は「〜してもらう」という意味にも「被害に遭う」という意味にもなりますが、要するに根っこの意味は「〜という状況を持つ」ことなのです。(『英文法鬼』 **Must** 42)

---

**244** We are going to try to get him talk about the accident.
　　　　①　　　　②　　　　Ⓐ③　　　　　④

　　(我々は彼に事故のことを話してもらうようかけあってみるつもりだ。)

---

　③ talk を to talk にします。
「get 人 to 不定詞〜」で「人を説得して・頼み込んで〜してもらう」という使役構文です。
　意味の仕組みですが、まず「get 人」で「(人) を手に入れて」コントロール下に置き、そこから to 不定詞によって「〜することに向かってもらう (to)」という意味を出します。

　　We　　got　　him　　to talk about the accident
　　私たち　get した　彼　　　　事故について話す
　　　　　　　　　get した後、彼に何することに向かってもらう?

166

　このように、単に「〜させる」というよりは、「人を捕まえ」＋「〜することに向かってもらう」ということから「頼んで・説得して〜してもらう」という意味が出ます。（『英文法鬼』 Must 42）

245 「あなたに我々のチームに入ってもらえて、我々はとてもワクワクしています。」

We are very excited to make you join our team.
　　　①　　　　　②　　Ⓐ③　　　④

　③ make を have にします。

　make の使役構文は相手の意思を無視して強制する意味（本問なら「無理やりチームに入らせる」）を表しますが、have の使役構文は、「そういう状況を持つ」ということなので、強制の感覚は出ません。

　ここでも「[ あなた＝我々のチームに加わる ] という状況を持つ」という感覚を表しています。

# Q 246 ~ 250

選択肢を並べ替えて適切な文をつくれ。余分な選択肢がある場合、それは削除せよ。

**246** ( you, can, this app, help, a job, find ).

**247** Why don't you call and ( the engine, fix, fixed, have )?　1選択肢余分

**248** I have to dress up ( to, taken, take, have, my picture ).　1選択肢余分

**249** What ( can't, if, get, I, him, to ) come back?

**250** I'll ( as, him call, him called, have, you ) soon as I see him.　1選択肢余分

## 解答

**246** This app can help you find a job.
（このアプリは仕事を見つけるのに役立ちます。）

**247** Why don't you call and have the engine fixed?
（電話して、エンジンを直してもらったらどうだい？）

**248** I have to dress up to have my picture taken.
（写真を撮ってもらうためにちゃんとした格好をしないといけないんだ。）

**249** What if I can't get him to come back?
（もし私が彼を呼び戻すことができなければどうする？）

**250** I'll have him call you as soon as I see him.
（私が彼に会ったらすぐ、あなたに電話してもらうようにしておきます。）

## 解説

247. と 248. the engine も my picture も「直される」「撮られる」という受け身の立場なので後ろにつくのは過去分詞。

249. what if S + V ～？；「もし S が V したらどうする？」

250. have の使役構文が表す「させる」感覚は「頼めば普通はやってくれること」をやってもらうことを意味する。例えば「課長に、この書類にサインをしてもらう」や、「先生に英文の添削をしてもらう」など。make の「無理やりさせる」感覚は、have にはない。

# Q 251 ~ 255

最も適切な選択肢を選べ。

**251** I heard him (　　　) to her.

    1. spoken

    2. speak

    3. speaks

    4. spoke

**252** Mary saw him (　　　) to by a strange woman.

    1. spoken

    2. speak

    3. speaks

    4. spoke

**253** I could feel him (　　　) me as I walked to my car.

    1. watched

    2. watches

    3. watching

    4. to watch

下線部の中で不自然なものを1つ指摘せよ。

**254** Did <u>anyone</u> see <u>the man</u> <u>broken</u> <u>the windows</u>?
        ①        ②    ③    ④

**255** Jane saw him <u>left</u> the house in the <u>morning</u> and <u>return</u> home a little <u>after five</u>.
       ①               ②       ③           ④

# 知覚構文　その1

## ▶五感を通して入って来た情報に気づく

see（目にする）や hear（耳にする）、feel（感じる）、smell（匂いに気づく）など「五感を通して入って来た情報に『気づく』」という動作を表す動詞を「**知覚動詞**」と呼びます。

この知覚動詞は

> 人　知覚動詞→ [ 目的語 = X ].　（人が、[ 目的語 ＝ X する ] のに気づく）

という構文の形をとります（**知覚構文**）。

### ●──①目的語が「する」立場の時は X には動詞の原形か〜 ing が入る

例文 I saw→ [a security guard = close the gate].

　　　私　目にした　　警備員　　　　動詞原形（閉め始めから閉め終わりまで全部）
　　　　　　　　　　　（↑「閉める」立場であって
　　　　　　　　　　　　「閉められる」立場ではない）

（私は警備員が門を閉めるのを目にした。）

　動詞の原形は「動作の開始から終了までの一通り」が行われることを表します。

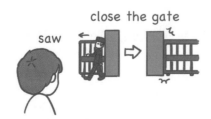

close the gate

saw

例文 I saw, [a security guard = closing the gate].
私　目にした　　警備員　　　~ing（門を閉めようとしている最中。まだ閉まっていない。）
　　　　　　　　　　（↑「閉める」立場であって「閉められる」立場ではない）

（私は警備員が門を閉めようとしているところを目にした。）

　〜ing は「動作の途中である」ことを意味し、「まだその動作が終わっていない」ことを表します。

closing the gate
saw

●──②目的語が「される」立場の時は X には過去分詞が入る

I saw, [her name = written on the envelope].
私　目にした　彼女の名前　　封筒に書かれている
　　　　　　　（↑「書かれる」立場であって「書く」立場ではない）

（その封筒に彼女の名前が書かれているのを私は目にした。）

**251** I heard him (　　　) to her.
（私は彼が彼女に話しかけるのを耳にした。）
　1. spoken　　Ⓐ 2. speak　　　3. speaks　　　4. spoke

　「hear ＋目的語＋何らかの形の動詞」なので、知覚構文であることに気づきましょう。
　すると空欄に入るのは動詞の原形・〜ing・過去分詞のいずれかになりますから、選択肢 3, 4 は不可だとわかります。
「speak to 人」で「人に話しかける」です。この文では him は her に「話しかける」立場なので、空欄には原形の speak（話しかけ始めから話しかけ終わりまでの動作一通り）か、speaking（話しかけている最中）が入ります。よって 2 が正解です。

**252** Mary saw him (　　) to by a strange woman.

（メアリーは彼が奇妙な女に話しかけられるところを目にした。）

Ⓐ 1. spoken　　2. speak　　3. speaks　　4. spoke

前問と同様、この文は知覚構文なので選択肢 3. 4 は不可です。

by a strange woman（奇妙な女性によって）となっていることに注目しましょう。

以下の例文の構造を参考にして、能動態と受動態を区別できるようにしましょう。（ここでは speak to は全体で一種の他動詞だと考えます）

He  spoke to  a strange woman.　　「彼は奇妙な女性に話しかけた。」

彼　　話しかけた　奇妙な女性（目的語）
→動詞 spoke to の後に、「話しかけられる」立場の目的語がある。

He  was spoken to  by a strange woman.

彼　　話しかけられた　　　奇妙な女性によって
→受動態は「される立場」が主語になる文なので、was spoken to の後ろには目的語がない。

問題の空欄の直前にある him が「話しかける立場」なら to の直後に話しかける相手である目的語があるはずですが、問題文ではそれが見当たりません。him が「奇妙な女性によって話しかけられる立場」だと考えると、to と by の間に話しかける相手がいないことの説明がつきます。したがって過去分詞の 1 が正解です。

リーディングを重ねることで、こうした文の形の区別がすばやくできるようになりましょう。

**253** I could feel him (　　) me as I walked to my car.

（自分の車まで歩きながら、私は彼が自分を見ているのを感じた。）

1. watched　2. watches　Ⓐ 3. watching　4. to watch

feel（感じる）も「体の神経を通して入って来た情報に気づく」という意味で、知覚動詞の一種です。

I could feel [ him = (　　　) me].

というふうに動詞が入る空欄の直後に目的語 me があるので、him は me を「見る」立場だとわかります。したがって、空欄には原形の watch か現在分詞の watching が入りますが、ここでは文脈上「見ている最中であることを感じる」のが適切なので実際には watch よりも watching がより自然に聞こえます。

**254** Did anyone see the man broken the windows?
　　　　①　　　　　②　Ⓐ③　　　　④

（その男が窓を壊すのを、誰か見ましたか？）

③ broken を break か breaking にします。

the man は the windows を「壊す」立場であり、「壊し始めから壊し終わりまでの一通りを見届ける」なら break、「壊している最中を目撃する」なら breaking にします。

**255** Jane saw him left the house in the morning and return home a little after five.
　　　Ⓐ①　　　　　　　　②　　　　③　　　　　　④

（Jane は彼が午前中に家を出て、5時を少し回った頃に帰宅するのを見かけた。）

① left を leave にします。

Jane が見かけた、「彼」の行動は「家を出る」ことと「帰宅する」ことです。see を使った知覚構文の中で、him は the house を「出る」立場なので原形 leave か現在分詞 leaving が来る可能性があります。一方 return home を「return to home」にするべきだと考えた人もいるかもしれません。しかし home は to one's house で言い換えられる一種の副詞なので、to をつける必要がありません。

# Q 256 ~ 260

選択肢を並べ替えて適切な文をつくれ。

**256** ( a car, he, him, approaching, saw ).

**257** ( him, for, we, criticized, sometimes hear ) his indecisiveness.

**258** ( getting, myself, I, angry, felt ).

**259** Did ( front, see, standing, me, in, you ) of your house?

**260** What do you think of him? ( looking, I often, at, you, see ) him.

## 解答

**256** He saw a car approaching him.
（彼は、車が1台自分に近づいて来るのを見た。）

**257** We sometimes hear him criticized for his indecisiveness.
私たちは時々、その優柔不断さのせいで彼が批判されるのを耳にする。）

**258** I felt myself getting angry.
（私は怒りが込み上げて来るのを感じた。）

**259** Did you see me standing in front of your house?
（私があなたの家の前に立っていたのを、あなたは見たの？）

**260** What do you think of him? I often see you looking at him.
（彼のことどう思ってるの？あなたが彼の方を見ているのをよく見かけるんだけど。）

## 解説

256. approach は他動詞なので、「approach ＋近づく対象」とする。approach to とはしない。

258. be angry（怒っている状態にある）とは違い、get angry は「腹を立てる」という変化を表す。

# 261 ~ 265

最も適切な選択肢を選べ。

**261** "I want to see (          ) on to college so that you can get a good education," my father said.

    1. you go

    2. goes you

    3. gone you

    4 you goes

**262** She was scared when she (      ) something moving on the wall.

    1. smelled

    2. came

    3. rose

    4. noticed

下線部の中で不自然なものを1つ指摘せよ。

**263** Hey, I can smell something burn in the kitchen.
        ①    ②   ③    ④

**264** You may have heard it says that human beings are social animals.
      ①    ②③      ④

**265** She was seen enter the building by the reporters.
     ①    ②   ③   ④

# 知覚構文　その2

## ▶構文の形に細やかなプラスαを

　前項では目的語の後の動詞の形（原形、〜 ing、過去分詞）の使い分けを中心に解説しました。

　ここでは、see や hear 以外の知覚動詞を使った文と、慣用表現や受動態など、少し応用的な知覚構文の形を見ていきます。

---

**261** "I want to see (　　　　　) on to college so that you can get a good education," my father said.

（「良い教育を受けられるよう、お前が大学へ進学するところを見届けたい」と父は言った。）

Ⓐ 1. you go　　　2. goes you　　　3. gone you　　　4 you goes

---

　知覚構文で、<u>知覚動詞の目的語は、同時にその直後に来る動作の意味上の主語でもあります。</u>

**例文** I saw him reading a magazine.　「私は彼が雑誌を読んでいるのを目にした。」

　　→　saw の目的語であると同時に、reading の意味上の主語でもある

　問題文では you がこれにあたり、see の目的語が you であるのと同時に、go on to college の意味上の主語も you です。ですから語順は you が先で、go は後になります。

go on to college

see を使った知覚構文なので動詞原形の go を使い、goes は不可。

ちなみに **go on to college** で「大学に進学する」です。on は「何かに接触している」が基本の意味で、そこから「動作に接している・動作から離れていない」＝「〜し続ける・継続」を表すことがあり、**go on** で「進み続ける」という意味になります。これに **to college**（大学に到達する）がつくことで、「学業をやり続けて、大学にたどり着く」＝「大学に進学する」となります。

---

**262** She was scared when she (　　　　) something moving on the wall.

（壁の上を何かが動いているのに気づいた時、彼女は怯えた。）

　　1. smelled　　　2. came　　　3. rose　　　Ⓐ 4. noticed

---

she　動詞　[ something = moving on the wall] という構文の形をとれる動詞は知覚動詞の **1.smelled**（匂いに気づいた）か **4. noticed**（気づいた）しかありません。知覚動詞は「五感を通して気づく」センサーのようなイメージの動作です。あとは問題文の意味で判断します。「何かが動いている」のに『臭う』ではおかしいので 4 が正解です。

---

**263** Hey, I can smell something burn in the kitchen.
　　　　　　①　　　　　②　　Ⓐ③　　　　④

（ねぇ、台所で何か焦げている匂いがするんだけど。）

---

③ burn を burning にします。

smell は「匂いに気づく」という知覚動詞で、この文は知覚構文です。

従来の知覚構文のルールなら 3 の位置には原形の burn でも現在分詞の burning

でもいけるはずなのですが、状況を想像して意味を考えてみると、「焦げている最中」の匂いに気づく burning は自然ですが、「焦げ始めから焦げ終わりまでの一通り」の匂いに気づくという burn は不自然です。このように smell が知覚構文で使われる場合、〜 ing を使うことが普通です。

なお①になぜ can が入っているのか、ですが、知覚構文は普通は進行形にできませんが can をつけると「今まさにそれに気づいている」という進行形に近い意味を出します。can によって「今まさに実感できている」という感覚を表せるからです。(復習問題 **268** **270** の解説参照)

---

**264** You may have heard it says that human beings are social animals.
  ①   ② ③    ④

（人間が「社会的動物」である、という話は、おそらく皆さんも聞いたことがあるでしょう。）

---

③ says を said にします。

have heard it said that S + V 〜で「(人が) S が V すると言われているのを聞いたことがある」です。現在完了で使われることが一般的で、ニュアンスとしては「そういえば確か、〜だというのを聞いたことがあるなぁ」という感じで使います。

構造は、以下の通りで、it の詳しい中身を that 節が説明しています。

人　have heard　[ it = said ]　that [ S + V 〜].
耳にしたことがある　［状況＝言われる］👉 状況の詳しい内容
　　　　　　　　　　　　　　　　　どんな状況？

英語はわかりやすく伝えるために、軽い情報を先に言い、重い情報は後回しにして伝えますから、ここでも先に「人は [ それ (状況) ＝言われている ] ということを耳にしたことがある」と言ってから、「どういう

状況が言われているのか」ということを that 節にして述べます。

「状況」を表す仮目的語 it は、世間によって「噂される・言われる」立場なので過去分詞の said となります。

---

**265** She was seen enter the building by the reporters.
　　　　① 　A-② 　　　③ 　　　④

（彼女がその建物に入るのが、レポーターたちによって目撃された。）

---

② enter を entering にするか、to enter とします。

　知覚構文の受動態は使役構文の受動態と同様、動詞の原形の代わりに to 不定詞が使われることがあります。

The reporters saw [ her ＝ enter the building ].

She was seen to enter the building by the reporters.

　しかし実際には to 不定詞は「堅い言い方」とされ、現在分詞（この場合は to enter の代わりに entering）を使う方が一般的なようです。コーパスで使用例を調べると、seen entering が 47 件であるのに対し、seen to enter は 6 件です。

選択肢を並べ替えて適切な文をつくれ。

**266** I care about you. ( you, I, succeed, to, want, see ).

**267** When I looked up, ( Jane, I, me, at, noticed, looking ).

**268** I ( beating, could, faster, my heart, feel ) and faster.

**269** ( it, that, I've, said, heard ) she used to be a popular singer.

**270** His voice ( coming, be, could, from, heard ) upstairs.

## 解答

**266** I care about you. I want to see you succeed.
（君のことを気にかけているんだ。君には成功してほしいんだ。）

**267** When I looked up, I noticed Jane looking at me.
（顔を上げてみると、Jane がこっちを見ているのに気づいた。）

**268** I could feel my heart beating faster and faster.
（自分の鼓動がどんどん速くなっていくのが感じられた。）

**269** I've heard it said that she used to be a popular singer.
（彼女はかつて人気のある歌手だったと聞いたことがある。）

**270** His voice could be heard coming from upstairs.
（彼の声が上の階から聞こえて来た。）

## 解説

268. 270.「can ＋知覚動詞」は「知覚できていることを認識する」という意味で、「今まさに見えている・聞こえている」という、進行形に近い意味を出す。

## Q 271 ~ 275

最も適切な選択肢を選べ。

**271** (　　　　) that you are missing the point.

　　1. You seem

　　2. It seem

　　3. It seemingly

　　4. It seems

**272** You seem (　　　　) missing the point.

　　1. to be

　　2. that you are

　　3. being

　　4. like

**273** I (　　　　) crossing the road.

　　1. happened that he was

　　2. happened to see him

　　3. saw him happening

　　4. happened that I saw

下線部の中で不自然なものを1つ指摘せよ。

**274** I happened that I read the book again a few days ago.
　　　　　　　　　①　　②　　　　③　④

**275** This may not be helpful to anyone, but it seems that work for me.
　　　　①　　　②　　③　　　　　　④

# seem構文の書き換え　その1

## ▶ 仮主語 it なら that 節、それ以外の主語には to 不定詞

　いわゆる「seem 型構文の書き換え」問題は文法問題でもよく問われます。よろしければ「英熟語の鬼 100 則」 Must 77 もご参照ください。

　ポイントは3つです。

---

①仮主語 it で始まる時、動詞の後ろは that S + V ～になる

②仮主語以外の名詞が主語となる場合、動詞の後ろは to 不定詞が来る

③ ②の場合、不定詞の動作が動詞の時制よりも1つ前の出来事の場合には、不定詞は「to have 過去分詞」となる

---

### ①と②の例

　①の that 節内での主語と動詞が、②ではそれぞれ文の主語と to 不定詞になっています。

① It seems that he likes the cake.

② He seems to like the cake.

（どうやら彼はそのケーキを気に入っているようだ。）

### ③の例

　(a) の仮主語の文の seems と liked はそれぞれ現在形と過去形で時制にズレがあります。これを、(b) のように he が主語の文に書き換えると seems の後ろの不定詞が to have liked という完了不定詞の形になっています。

(a) It seems that he liked the cake.

時制のズレ

(b) He seems to have liked the cake.

（今思うと、どうやらあの時彼はそのケーキを気に入っていたようだ。）

seem 型構文をとる主な動詞は、seem（〜のように見える）、appear（〜のように見える）、happen（たまたま〜する）、be said（〜だと言われている）、be believed（〜だと考えられている）、be reported（〜だと報告・報道されている）、be likely（おそらく〜するだろう）などで、その意味の面での特徴は「**推量**」「**伝聞**」といった「**間接的**」な表現が多い、ということです。

**271** (　　　　) that you are missing the point.

（どうもあなたは論点から外れてしまっているようですね。）

1. You seem　　2. It seem　　3. It seemingly　　Ⓐ 4. It seems

It seems that...
状況からして...
...ようですね

seem を使った文で、後半が that 節になっているので、この文は仮主語 it で始まる文だと判断できます。it は三人称単数で、現在形の文なので seems となります。

**272** You seem (　　　　) missing the point.

（どうもあなたは論点から外れてしまっているようですね。）

Ⓐ 1. to be　　2. that you are　　3. being　　4. like

You seem...
あなたは
...ようですね

仮主語 it ではない、普通の代名詞 you で始まっている文なので、seem の後ろは to 不定詞になります。

## ●──書き換えた場合のニュアンスの違い

　仮主語で始まる場合と人で始まる場合とで、意味に若干の違いがあります。

　仮主語 it は「状況」を意味する言葉ですが、問題 **271** のような、it で始まる文は、「今我々がいる状況は、どうやらこうなっているようですね」という、状況全体を「引き」で客観的に眺める、冷静な言い方に聞こえます。

　一方で、問題 **272** のように you を主語にすると、文の情報の主役である主語「あなた」に焦点が当たります。すると、「あなたはこうなっているようですね」という、「あなた」をクローズアップして見る感覚が出ます。

　このため、問題 **272** のような、仮主語 it 以外の名詞で始まる seem 系の構文は口語的で、距離の近い、親しみもあるが感情的にも聞こえる文になります。

　しかしそれでも、英語ネイティブにとってはこれらのパターンの文の意味の差はそれほど大きくは感じられない、というのが実際のようです。

---

**273** I (　　　) crossing the road.

（私は、彼が通りを渡っているところをたまたま見かけた。）

1. happened that he was　　　Ⓐ 2. happened to see him

3. saw him happening　　　　　4. happened that I saw

---

　happen は seem 型構文では「たまたま〜する」という意味です。日本語でも「ハプニング」は偶然起きることを意味するのでわかる通り、happen は「事が偶然発生する」ことを意味します。

　本問では主語が仮主語 it ではないので、happen + to 不定詞。もし仮主語 it が主語なら、It happened that I saw him crossing the road. となります。

**274** I happened that I read the book again a few days ago.
Ⓐ① 　　② 　　　③ ④

（たまたま数日前にその本を読み直した。）

主語が it ではないので、① that I read を to read にします。

ちなみに、「読んだ」のは数日前の過去で、「偶然起きた」のも過去なので、時制は同じであり、to have read にする必要はありません。仮主語 it を主語にすると It happened that I read the book again a few days ago. となります。

**275** This may not be helpful to anyone, but it seems that work for me.
　　　①　　　　②　　　　③　　　　　　　Ⓐ④

（これは誰にとっても役に立つというわけではないかもしれないが、私にとってはうまくいっているように見える。）

④ that を to にします。

後半の節の主語である it は仮主語ではなく、直前の節の主語である this を指している指示代名詞です。したがって、it seems to work for me となります。

仮主語 it を使えば、it seems that it works for me. です。that 節内は三人称単数の it が主語になり、現在形の文ですから、works になっていないといけません。問題文をよく見ると、work ですね。

選択肢を並べ替えて適切な文をつくれ。

276 It ( is, that, seems, ready, she ) to take on the world.

277 She ( be, seems, ready, to ) to take on the world.

278 ( to, each, we just, know, happen ) other.

279 It just ( we, that, happens, are ) rich and they are poor.

280 I agree with your point of view. ( make, to, it, sense, seems ).

## 解答

276 It seems that she is ready to take on the world.
（どうやら彼女は世界を相手に戦う準備はできているようだ。）

277 She seems to be ready to take on the world.
（どうやら彼女は世界を相手に戦う準備はできているようだ。）

278 We just happen to know each other.
（私たち、たまたま知り合いなだけですよ。）

279 It just happens that we are rich and they are poor.
（たまたま我々が金持ちで彼らが貧しいというだけのことだ。）

280 I agree with your point of view. It seems to make sense.
（君の見方に賛成だよ。合理的なように思える。）

## 解説

276. take on the world：「世界を相手に戦う」。「take 囚 on」、あるいは「take on 囚」で「（自分より強い相手と）競う・戦いを始める」という意味。take（取る・引き受ける）＋ on（上に乗る＝圧力・プレッシャー）で「圧力を引き受ける」イメージ。

280. ここでの it は直前の文の your point of view を指している。つまりこの it は仮主語ではなく、指示代名詞。したがって seems の後ろは不定詞になる。make sense は「筋が通っている・合理的だ」。直訳は「意味を形作る・意味をなす」。

# Q 281 ~ 285

最も適切な選択肢を選べ。

**281** He is said (　　　) while he was in college.

    1. to start a business

    2. that he started a business

    3. to have a start business

    4. to have started a business

**282** It is believed (　　　) for several hours on hard surfaces.

    1. that the virus can survive

    2. the virus to be survive

    3. the virus to have survived

    4. that for virus can survive

下線部の中で不自然なものを１つ指摘せよ。

**283** There is said to be a hospital here ten years ago.
    ①　　②　　　　　③　　　④

**284** 「その政治家は昨年賄賂を受け取ったと報じられている。」

It is reported that the politician to have taken a bribe last year.
    ①　　　②　　　③　　　④

**285** Mr. Romney is very likely will be the next president of the company.
    ①　②　　③　　　④

# seem構文の書き換え　その2

## ▶伝聞・推量でよく使われる

　本項では seem 型構文の中でも特に「伝聞」の表現としてよく使われる is said, is believed, is reported について解説していきます。

---

**281** He is said (　　) while he was in college.

（彼は大学生の時に事業を始めたと言われている。）

　1. to start a business　　　　2. that he started a business

　3. to have a start business　　Ⓐ 4. to have started a business

---

　be said は「〜だと言われている」という、伝聞を表す表現。ここでは主語が仮主語 it ではなく he なので、is said の後ろは不定詞になります。

　注意すべきは、本問の内容では「噂されているのは現在（is said）だが、彼が事業を始めたのは過去（was in college）」という**時制のズレ**があるので、完了不定詞（to have 過去分詞）を使うということです。

　したがって to have started a business が正解。

　it を主語にすれば It is said that he started a business while he was in college. です。

---

**282** It is believed (　　) for several hours on hard surfaces.

（そのウイルスは硬いツルツルした物体の表面では数時間生存すると考えられている。）

　Ⓐ 1. that the virus can survive　　2. the virus to be survive

　3. the virus to have survived　　4. that for virus can survive

---

　be believed は「（根拠なく迷信的に）信じられている」ではなく「（合理的根拠があって）考えられている」という意味で使われる方が多い表現です。ここでも科学的データをもとにそう考えられていることを表します。

　仮主語 it で始まる文なので that S + V 〜の形が続きます。4 では can の前に for virus という前置詞＋名詞が来ていますが、前置詞＋名詞は修飾語にはなっても、主語や目的語になることはありません。

　the virus を主語にすると The virus <u>is believed to (be able to)</u> survive for several hours on hard surfaces. になります。

---

**283** There is <u>said</u> to <u>be</u> a hospital <u>here</u> ten <u>years</u> ago.
　　　① Ⓐ②　　　　　　③　　　　　④

（10 年前ここに病院があったと言われている。）

---

②be を have been にします。

　there で始まる、このような文の形に困惑する英語学習者は結構多いのではないでしょうか。私も初めて見た時はそうでした。

　書き換えの形を以下に示します。

there is said

10年前　　　今

┌─ It is said that |there| was a hospital here ten years ago.

└─ |There| is said <u>to have been</u> a hospital here ten years ago.

　このように、仮主語の文の that 節内の主語と動詞を、それぞれ文の主語と不定詞に変える、という作業に変わりはありません。there is/are 構文では there が形式上の主語ですので、こういうことが起きます。

　不定詞の部分ですが、「言われている」のは今（<u>is said</u>）でも、病院が存在したのは過去（ten years ago）なので、**完了不定詞**（<u>to have</u> 過去分詞）にします。

**284** 「その政治家は昨年賄賂を受け取ったと報じられている。」

It is reported <u>that</u> the <u>politician</u> <u>to have taken</u> a <u>bribe</u> last year.
     ①    ②    Ⓐ③    ④

③ to have taken を took にします。

仮主語 it で始まる文なので to 不定詞は使えません。reported の後ろを that S + V ～の形にします。be reported は「～だと報じられている・報告されている」。

the politician を主語にすると The politician <u>is reported to have taken</u> a bribe last year. となります。

**285** Mr. Romney is very likely <u>will</u> be <u>the</u> next president <u>of</u> the <u>company</u>.
       Ⓐ①   ②       ③    ④

（Romney 氏はおそらくその会社の次の社長になるだろう。）

① will を to にします。

仮主語 it の文ではないので likely の後は to 不定詞になります。

likely は「実現の可能性が高い」を意味しますが、その元になった like は「同じ形をしている」を語源とし、そこから「同じ形→親近感→好む」と「同じ形→似ている」という意味が生まれました。likely は<u>「現実と似ている＝実現する可能性が高い」</u>という意味になったと考えられます。

仮主語 it を使えば <u>It is very likely that</u> Mr. Romney will be the next president of the company. となります。

選択肢を並べ替えて適切な文をつくれ。

286 He ( to, in, said, a mansion, is, live ) in a forest.

287 ( that, believed, the sharing, it, economy, is ) and the traditional economy will coexist.

288 ( have, believed, been, there, to, is ) a local outbreak of the virus.

289 The explosion ( in, is, to, place, reported, have, taken ) the parking lot.

290 A lot of ( to, extinct, likely, are, species, go ) within 10 years.

---

**解答**

286 He is said to live in a mansion in a forest.
（彼はとある森の中にある、大豪邸に住んでいると言われている。）

287 It is believed that the sharing economy and the traditional economy will coexist.
（シェア経済と伝統的経済は共存すると考えられている。）

288 There is believed to have been a local outbreak of the virus.
（局地的なウイルスの流行があったと考えられている。）

289 The explosion is reported to have taken place in the parking lot.
（爆発はその駐車場で起きたと報じられている。）

290 A lot of species are likely to go extinct within 10 years.
（多くの種がおそらく10年以内に絶滅するであろう。）

---

**解説**

289. S take place で「Sが起きる・発生する」。直訳は「場所を取る」。→何かが発生するためには、発生の舞台となる「場所」が必要、ということから。

290. S go extinct で「Sが絶滅する」。go ＋「悪いイメージの形容詞」で、「悪いことが起きる」。go rotten（腐る）、go wrong（間違った方向に事が進む＝うまくいかない）など。

# 英文法の鬼1000問

第4章

# どういう気持ちだから
# 受動態を使うのか

# 291 ～ 295

最も適切な選択肢を選べ。

**291** (　　　　) in the 1950s.

1. Tokyo Tower was building
2. Someone built Tokyo Tower
3. Tokyo Tower was built
4. Tokyo tower built

**292** "Why was he arrested?" "(　　　　)."

1. It is said that he took a bribe
2. That he took a bribe is said
3. He was taken a bribe
4. It is said by me that he took a bribe

下線部の中で不自然なものを 1 つ指摘せよ。

**293** Some new restaurants opened in the mall and they have been well-receiving.
　　　　　　　　　　　　　　①　　②　　　　　　③　　　　　　　　　　　④

**294**「メキシコでは何語が話されていますか。」「スペイン語です。」

　　　"What language is spoken by them in Mexico?" "Spanish."
　　　　　　　　　　　①　　　②　　　③　　　④

**295** Get vaccinate. This year's flu season is one of the worst in years.
　　　　①　　　　　　②　　　　　　　　　　③　　　　　　④

# 態　その1

## ▶なぜ受動態にするのか

　　受動態は、形式面だけを見れば能動態の主語と目的語がひっくり返って作られるわけですが、ただ機械的に書き換えるものではありません。

　　能動態よりも受動態を使う方がしっくり来る場合というのがあります。「する側」と「される側」のうち、「される側」が主役になった方が自然な場合というのがそれです。

猫が
ネズミを
食べる

きゅ〜

ネズミが
猫に
食べられる

---

**291** (　　　　　) in the 1950s.

（1950 年代に東京タワーは建てられた。）

　1. Tokyo Tower was building　　　　2. Someone built Tokyo Tower

Ⓐ 3. Tokyo Tower was built　　　　4. Tokyo tower built

---

　　東京タワーは何かを「建てる」立場ではなく「建てられる」立場なので、**Tokyo Tower** を主語とする文は受動態にならないといけません。したがって「東京タワーが何かを建てる」意味となる能動態の選択肢 1 と 4 は不可です。

　　選択肢 2 ですが、「誰かが東京タワーを建てた」というのは文法的に間違いとは言えませ

1950年に
建てられた！

視点

建てた

んが、意味の上では不自然です。「誰かが（東京タワーを建てた）」ではなく、「東京タワーが（建てられた）」に注目する方が自然だからです。

　ですから「建てられる」立場の東京タワーが主語となり、受動態の文が選択されるわけです。

　このように、「態」の選択は、<u>我々が「する側」「される側」のどちらに注目して話しているのか</u>、という「ものの見方」を表しています。

---

**292** "Why was he arrested?" "(　　　　　)."

（「なぜ彼は逮捕されたの？」「彼は賄賂を受け取ったんだと言われているね。」）

Ⓐ <u>1. It is said that he took a bribe</u>　　2. That he took a bribe is said

　3. He was taken a bribe　　　　　　4. It is said by me that he took a bribe

---

take a bribe で「賄賂を受け取る」です。

「彼」は賄賂を受け取る立場にあるので、「彼が（誰かに）受け取られる」選択肢 3 は不可です。

　選択肢 2 ですが、英語の語順は「軽い情報が先で、重い情報が後」という原則を持つので（『英文法鬼』 **Must** 3）、that 節をそのまま主語にするのは情報が長くて重過ぎ、仮主語 it を使う場合に比べて不自然です。しかもこのように主語以外の言葉が短いとなおさら「頭でっかち」で不自然です。

　選択肢 1 と 4 について見てみると、仮主語 it は「状況」という意味を持つので、it is said は「状況は、言われている」という、誰とは特定しない世間一般の風説を意味します。<u>受動態は「誰がやっているのかを特定したくない」時によく使われます</u>。

　ところが選択肢 4 のように「私によって状況は言われている」とすると、「私」がそんなに影響力のある人間なのか、という話になってしまうので不自然です（この「影響力」に関しては次項の「他動性の高さ」で詳しく説明します）。

**293** Some new restaurants opened in the mall and they have been well-receiving.
　　　　　　　　　① 　② 　　　　③ 　　　　　　　　　 Ⓐ④

（ショッピングモールに何軒かのレストランがオープンし、それらは評判が良い。）

④ well-receiving を well-received にします。

この receive は「受け入れる」という意味です。new restaurants を指している主語 they は、人々によって「受け入れられる」ものですので、well-received にならないといけません。

ここでも「誰が受け入れているか」よりも「何が受け入れられているのか」が注目されやすいので受動態が使われています。

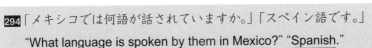

**294**「メキシコでは何語が話されていますか。」「スペイン語です。」
"What language is spoken by them in Mexico?" "Spanish."
　　　　　① 　　　 Ⓐ② 　　　 ③ 　　　　 ④

問題の日本語文から見て、② by them は不要で、削除します。

ここでは「誰によって話されているのか」は言う必要のない情報です。

わざわざ受動態にするのは by 以下の情報が不要であるから、という場合が多く、実際「by ＋動作主」は受動態の約 8 割の文で省略されます（『英文法鬼』 **Must** 30）。

295 Get <u>vaccinate</u>. This <u>year's</u> flu season <u>is</u> one of the <u>worst</u> <u>in years.</u>
Ⓐ①　　　　　　②　　　　　　　　③　　　　④

（予防接種を受けなさい。今年のインフルエンザはここ数年のうちで最悪のレベルだよ。）

① vaccinate を過去分詞の vaccinated にします。

S vaccinate O で「S が O にワクチンを打つ」です。O は「予防接種を受ける人」に当たるので、「予防接種を受ける」文は受動態になります。ここでは「誰が注射を打つのか」ではなく「誰が注射を打たれるのか」が話の主役になっているので受動態が自然です。

受動態は「**be 動詞＋過去分詞**」のほかに、「**get ＋過去分詞**」で表される場合もあります。

「予防接種を受ける」という**変化**を表すなら「状況を手に入れる」ことを意味する get を使い、You <u>get</u> vaccinated. とします。一方、「予防接種済みである」という**状態**を表すなら be 動詞を使い、You <u>are</u> vaccinated. とします。ここでは「接種を受けなさい」という変化を求める命令文なので Get vaccinated. とします。

get が受動態に使われる時には、努力して何かされる状態を「手に入れ」たり、事故や被害など、「悪い変化を受ける（＝手に入れる）」ことをよく意味します。

## Q 296 ~ 300

選択肢を並べ替えて適切な文をつくれ。

**296** When my father was born, ( being, Tokyo Tower, built, was still ).

**297** ( given, I, a, second, was, chance ).

**298** How ( these, often, cleaned, rooms, are )?

**299** ( brought, he, was, when ) here?

**300** ( for, were, men, arrested, those ) robbing a bank.

### 解答

**296** When my father was born, Tokyo Tower was still being built.
（父が生まれた時、東京タワーはまだ建設中だった。）

**297** I was given a second chance.
（私はもう一度チャンスを与えてもらった。）

**298** How often are these rooms cleaned?
（どれくらいの頻度でこれらの部屋は清掃されているのですか？）

**299** When was he brought here?
（彼はいつここに連れて来られたのですか？）

**300** Those men were arrested for robbing a bank.
（それらの男たちは銀行強盗の罪で逮捕された。）

### 解説

296. be 動詞＋ being ＋過去分詞は、受動態の進行形。「されている最中・途中」であることを表す。

297. 能動態の文は (They) gave me a second chance. で、第4文型の2つある目的語のうちの me が主語になって受動態ができている。

298. 語順は、Are these rooms cleaned very often? から very often（とてもしょっちゅう）を how often（どれくらいしょっちゅう）に変えて文頭に持ってきている。疑問詞は疑問文の中で一番言いたいことなので、「言いたいことから先に言う」英語の語順の原則に従い、文頭に来る。（『英文法鬼』 Must 89、90）

第4章 どういう気持ちだから受動態を使うのか

# Q 301 ~ 305

最も適切な選択肢を選べ。

**301** (　　　) and arrived at Taipei four hours later.

1. Narita Airport was departed by the plane

2. Narita Airport departed the plane

3. The plane was departed by Narita Airport

4. The plane departed Narita Airport

**302** George was surprised because Kate very much (　　　) his ex-girlfriend.

1. was resembled by

2. was resembling

3. resembled to

4. resembled

**303** "Judy is very popular with her classmates." "Yes, (　　　)."

1. many friends are had by her

2. many friends have her

3. she has many friends

4. she is had by many friends

下線部の中で不自然なものを1つ指摘せよ。

**304** Tokyo was left by Yoshio and I felt as if I were abandoned.
　　　　①　　　　　　　　　②　③　　　　　④

**305** The door was about to close when the train was gotten on by her.
　　　　①　　　　②　③　　　　　　④

199

# 態　その2

▶ **他動性が低いと受動態にしにくい**

● ——**受ける影響が大きければ、受動態にしても自然**

　他動詞の目的語を主語の位置に持って来れば、形式的には受動態をつくれますが、その受動態が「自然だ」と思えるのには条件があります。

　その1つが「**他動性の高さ**」です。

「他動性の高さ」とは、ざっくり言えば「される側が明確な影響を受ける」ということです。

　例えば、休日に私の家を訪れた父が私の家に入る様子を、「 ◯ 父が私の家に入った。」というのは自然でも、「 ✕ 私の家は父に入られた。」と言うのは不自然に聞こえます。

　これは、父が家に入っても家は大きな影響を受けない、と我々が感じるからですね。これを「他動性の低い文」と言います。

◯父が私の家に入る
✕私の家が父に入られる

　一方で「 ◯ 泥棒が私の家に入った。」と言っても、そして「 ◯ 私の家は泥棒に入られた。」と言っても、どちらも自然に聞こえます。

　この場合の受動態の文がなぜ自然に聞こえるのかといえば、それは泥棒に入られることで家が損害という影響を受ける、と我々が感じるからです。これを「他動

◯泥棒が私の家に入る
◯私の家が泥棒に入られる

性の高い文」と言います。

つまり「される感」が強い動作でないと、受動態にはなりにくいのです。

**301** (　　　) and arrived at Taipei four hours later.
（飛行機は成田空港を出発し、4 時間後に台北に到着した。）
1. Narita Airport was departed by the plane
2. Narita Airport departed the plane
3. The plane was departed by Narita Airport
Ⓐ **4. The plane departed Narita Airport**

選択肢 2 だと「成田空港が飛行機を出発した」となり、選択肢 3 だと「飛行機は成田空港によって出発された」となるので、明らかに不自然です。

一方、選択肢 1 は、自然な他動詞の文である The plane departed Narita Airport. を受動態にしたものです。しかし「成田空港は飛行機によって出発された」というのは不自然に聞こえます。なぜなら普通に飛行機が出発したくらいでは空港はなんら影響を受けない（と人間は感じる）からです。

つまり、他動性が低いので選択肢 1 は不自然に響きます。

**302** George was surprised because Kate very much (　　　) his ex-girlfriend.
（Kate が自分の元カノにとても似ていたので George は驚いた。）
1. was resembled by　　　2. was resembling
3. resembled to　　　Ⓐ **4. resembled**

S resemble O で「S が O に似ている」です。「似る」「会う」などは他動性の低い動詞です。

例えば「私が卵を食べる」と「卵が私を食べる」ではずいぶん意味が異なりますが、「田中君は佐藤君に似ている」と「佐藤君は田中君に似ている」や、「Kate が Jane に会う」と「Jane が Kate に会う」ではあまり意味が変わりません。

私が卵を食べる　　卵が私を食べる

「する側」と「される側」の力の差が少ないと、「する側」から「される側」へ与える影響力が小さくなるので、他動性は低くなります。こうした動詞を受動態にすると不自然に感じられるのです。

田中君は佐藤君に　　佐藤君は田中君に
似ている　　　　　似ている

例えば日本語でも「父は私に似られている」というのが不自然ですね。したがって選択肢 1 は不可です。

Kate が Jane に　　Jane が Kate に
会う　　　　　　　会う

また、resemble は状態動詞なので、進行形はとれないのが基本です（第40項参照）。したがって選択肢 2 も不可です。また、resemble は他動詞なので前置詞 to は不要で、選択肢 3 も不可です。

---

**303** "Judy is very popular with her classmates." "Yes, (　　　)."

（「Judy はクラスメートにすごく人気があるね。」「うん、彼女は友達が多いね。」）

  1. many friends are had by her　　　2. many friends have her

Ⓐ 3. she has many friends　　　4. she is had by many friends

---

She has many friends. は他動性の低い動作なので、受動態の選択肢 1 や 4 は不自然です。

友人がいる、兄弟姉妹がいることなどを表す have は「力の差がない関係」であり、どちらかが一方的に「友達でいる側」と「友達でいられる側」

の関係を持つわけではありません。

---

**304** Tokyo was left by Yoshio and I felt as if I were abandoned.
　　　Ⓐ-①　　　　　　　　　　② ③　　　　　　　④

（Yoshio が東京を去り、私は一人ぼっちになったかのような気がした。）

---

　下線部①を Yoshio left Tokyo にします。

　東京が Yoshio に去られても、東京には何の影響もないので受動態は不自然です。

　下線部④の were は仮定法過去の be 動詞です。「（実際には東京で一人ぼっちではないけれど、）まるで一人ぼっちになったかのようだ」だから仮定法です。

　ちなみに仮定法は時制の一致を受けないので、ここは had been abandoned にはなりません（第53項参照）。

---

**305** The door was about to close when the train was gotten on by her.
　　　　①　　　　　　②　　　③　　　　　　Ⓐ-④

（ドアが閉まろうとしていたところで、彼女は電車に乗った。）

---

　下線部④を she got on the train にします。

　彼女に「乗られた」ところで電車は影響を受けない、と人間は感じます。他動性が低いので受動態は不自然です。

　なお「**be about to 不定詞**」は「まさに～しようとしている」という意味です。about は「およそ・周辺」を意味するので「be about to　不定詞」の直訳は「およそ～することに向かう状態にある」です。

# Q 306 ~ 310

選択肢を並べ替えて適切な文をつくれ。余分な選択肢がある場合、それは削除せよ。

**306** (every, depart, are departed, 10 minutes, trains ). 　1選択肢余分

**307** Greg ( his father, doesn't resemble, aren't resembled, either ) or his mother. 　1選択肢余分

**308** ( a sister, have, are had, two brothers and, I ). 　1選択肢余分

**309** ( left, was left, open, the door ). 　1選択肢余分

**310** ( the bus, I, got, was, at, off ) Shinjuku Station East Exit. 　1選択肢余分

### 解答

**306** Trains depart every 10 minutes.
（電車は 10 分間隔で出ています。）

**307** Greg doesn't resemble either his father or his mother.
（Greg は父親にも母親にも似ていない。）

**308** I have two brothers and a sister.
（私には男兄弟が 2 人と、姉（妹）が 1 人います。）

**309** The door was left open.
（ドアは開けっぱなしだった。）

**310** I got off the bus at Shinjuku Station East Exit.
（私は新宿駅東口（というバス停）でバスを降りた。）

### 解説

306. ここでの depart は「どこを出発するのか」という他動詞ではなく、ただ「出発する」という意味だけを表す自動詞。どこを出るのかは言わなくてもわかっている文脈で使われる。every の後ろに 10 minutes という複数形がつくことに関しては第 64 項を参照。

309. 「leave ＋ 目的語 ＋ 目的語の状態を表す形容詞」で「（目的語）を～の状態にしたまま放置する」。構造は、Someone left [the door = open]. であり、直訳すると「私は『ドア＝空いている状態』でその場を去った。」本問は、the door を主語にして受動態にしている。放置の影響力があるので、他動性が高く、受動態にしても自然。

 **311 ~ 315**

最も適切な選択肢を選べ。

**311**「Cathy はアパートにおらず、彼女のベッドに寝た形跡がないことに私たちは気づいた。」

We discovered Cathy wasn't in her apartment, and her bed (　　　).

1. hadn't been slept in

2. hadn't slept in

3. hadn't been slept

4. hadn't slept

**312** French is spoken by (　　　) in the country.

1. me

2. a person

3. a vast majority of the people

4. Paul

**313**「到着時に、その映画スターは空港で 200 人以上の群衆に出迎えられた。」

On arrival, the movie star was (　　　) by a crowd of more than two hundred.

1. arrived

2. seen

3. taken

4. met

下線部の中で不自然なものを 1 つ指摘せよ。

**314** The Godfather was watched by me last week and
　　　　　　　　　　　　　　　①
I found it more interesting than I had expected.
　　　　　　　　②　　　　　③　　　④

**315** The Godfather, a very successful movie, says to have
　　　　　　　　　①　　　　　　　　　②
been watched by more than 100 million people worldwide.
　　③　　　　　　　　　　　　　　　④

# 態　その3

▶「ベッドが寝られる」も時にはOK!?

この項でも他動性の高さと受動態の関係を見ていきます。

影響力、つまり「される感」が高いほど受動態はつくりやすくなります。

> **311**「Cathyはアパートにおらず、彼女のベッドに寝た形跡がないことに私たちは気づいた。」
>
> We discovered Cathy wasn't in her apartment, and her bed (　　　).
>
> Ⓐ 1. hadn't been slept in　　　　2. hadn't slept in
>
> 　 3. hadn't been slept　　　　　4. hadn't slept

　日本語でも「そのベッドは私に寝られる」が不自然であるように、通常なら The bed is slept in by me. という言い方は英語でも不自然です。ベッドは寝るためにあるものですから、「寝られる」ことによってベッドが受ける影響力は少ない（つまり他動性が低い）と人間が感じるからです。

　しかし、本問のような「ベッドに人が寝た形跡」という意味で「寝られた」というなら、ベッドが受けた変化や影響力の話になります。したがって受動態になっても「自然」だと感じられます。

　受動態にする際は、前置詞 in を忘れないようにしましょう。能動態の文では Cathy hadn't slept in her bed. なので、受動態にする時には Her bed hadn't been slept in. となります。

**312** French is spoken by (　　　　) in the country.
（その国ではフランス語が大多数の人々に話されている。）
　1. me　　2. a person　　Ⓐ 3. a vast majority of the people　4. Paul

　選択肢１のような French is spoken by me in the country.（その国では私によってフランス語が話されます）では大袈裟で不自然な感じがします。これは、受動態＋ by me によって「私によってフランス語がどうされるのか、どういう影響を受けるのか」がクローズアップされるからです。

　選択肢２の by a person や選択肢４の by Paul だと、「たった１人の人間に話されたからといって、だから何なんだ」という「影響力の少なさ」、つまり他動性の低さのせいで不自然に聞こえます。

　French is spoken by a vast majority of the people in the country. なら「大多数の人々が話すこと」で、その国では何語が話されるのかという特徴づけが行われるといった「影響力の高さ」、他動性の高さが出て来るので、受動態にしても自然です。

French is spoken

**313** 「到着時に、その映画スターは空港で 200 人以上の群衆に出迎えられた。」

On arrival, the movie star was (　　　) by a crowd of more than two hundred.

　　1. arrived　　　2. seen　　　3. taken　　Ⓐ 4. met

---

　meet には「会う」の他に「出迎える」という意味もあります。

　A meet B が「A が B に会う」という意味で使われる時は、A と B の間に「する・される」の力関係の差が少なく、受動態にはしません。

　しかし meet が「出迎える」という意味で使われる時には「する側」「される側」の差がはっきりと感じられるので、受動態にしても自然です。

力関係の差 大

---

**314** The Godfather was watched by me last week and
　　　　　　Ⓐ①

I found it more interesting than I had expected.
　　　　　②　　　　　　　③　　　　　④

（先週私は映画「ゴッドファーザー」を見たが、思ったより面白かった。）

---

　① The Godfather was watched by me を I watched The Godfather にします。

　映画「ゴッドファーザー」が「私」に見られても、映画自体は何の影響も受けないので受動態は不自然です。

**315** The Godfather, a very successful movie, says to have
　　　　　　　　　　　①　　　　　　　　　Ⓐ②

been watched by more than 100 million people worldwide.
　　　③　　　　　　　　　　　　　　　　　　④

（大きな成功を収めた映画「ゴッドファーザー」は、世界中で１億人以上に見られたと言われている。）

　The Godfather は「話題にされている」立場なので② says to を is said to にします（本書第29項参照）。

　一方、下線部③ですが、「１億人以上の人に見られ」れば、ゴッドファーザーという映画はその作品としての価値や興行収入など、大きな影響を受けます。他動性が高いので受動態は自然です。

　このように、動詞や構文が同じでも他動性の高低で受動態が自然だったり不自然だったりするという現象は、文法が単語や熟語と同じように「意味」を表そうとしている１つの証拠だと言えます。

復習問題

# Q 316 〜 320

選択肢を並べ替えて適切な文をつくれ。

**316** The bridge ( crossed, many, been, by, has ) emigrants as they left the country.

**317** ( by two, was, the man, on, sat ) police officers.

**318** ( meet, will, me, at, you ) the airport?

**319** ( last, a Harry Potter book, read, I ) week.

**320** ( even by, been, the President, has, the book, read ) of the United States.

解答 ————

**316** The bridge has been crossed by many emigrants as they left the country.
（その橋は国を出て行く多くの移民たちによってこれまで渡られてきた。）

**317** The man was sat on by two police officers.
（その男は2人の警官によって馬乗りになって押さえ込まれていた。）

**318** Will you meet me at the airport?
（空港まで私を迎えに来てくれませんか？）

**319** I read a Harry Potter book last week.
（私は先週ハリー・ポッターの本を1冊読んだ。）

**320** The book has been read even by the President of the United States.
（その本はアメリカ大統領にも読まれている。）

解説 ————

316.「橋が人によって渡られた」だけでは不自然だが、「多くの移民によって渡られてきた」なら、その橋の特徴づけができるだけの影響力があり、受動態にしても自然。

317. sit は自動詞であり、例えば、✗The chair was sat on by me. が不自然であるように本来受動態にはならないが、この問題のように警官によって体の上に座り込まれている場合、強い影響力を行使されているので他動性が高く、受動態としても自然。

320. 例えば✗The book has been read by me. なら不自然だが、「大統領にも読まれている」なら、その本が受ける影響力（ブランド力が上がる、など）は大きく、他動性の高さが感じられ、受動態も自然。

# 321 ~ 325

最も適切な選択肢を選べ。

**321** The meat in question was cut (　　　).

    1. with Tom by his knife

    2. Tom with his knife

    3. by Tom with his knife

    4. by his knife with Tom

**322** The letter was written (　　　).

    1.on English by a pencil

    2. with English with a pencil

    3. by English on a pencil

    4. in English with a pencil

**323** I was caught (　　　).

    1. in a shower on my way home

    2. by a shower on my way home

    3. with a shower to my way home

    4. through a shower to my way home

下線部の中で不自然なものを1つ指摘せよ。

**324** Egypt is known to the Pyramids, the Nile River and the Sahara Desert.
           ①       ②      ③      ④

**325** 「木は果実でわかる。」（聖書より。人はその行為で人柄が判断できる、ということ）

A tree is known to its fruit.
  ① ②    ③   ④

# 態　その4

---

## ▶by 以外の前置詞を使う受動態その1

### ●──前置詞の「言いたいこと」を汲みとる

　前置詞にはそれぞれに個別の意味がきちんとあり、その意味に応じて使い分けられています。しかし、その意味を「日本語訳」だけで対応させようとすると、それぞれの前置詞の言いたいことがつかめなくなり、結局多くの英語学習者が前置詞を「熟語に義務的についているだけで、特に意味はない記号のようなもの」というふうに捉えてしまい、理解できないままに通り過ぎてしまっています。

　ここでは前置詞の「言いたいこと」をきちんと捉えながら、なぜ前置詞が変わると意味が変わるのか、を解説していきます。（詳しい前置詞の解説については、

『英文法鬼』第 11 章および『英熟語鬼』第 1 章を参照）

---

**321** The meat in question was cut (　　　).

（問題のその肉は、トムによって、彼のナイフで切られた。）

　1. with Tom by his knife　　　　2. Tom with his knife

Ⓐ 3. by Tom with his knife　　　　4. by his knife with Tom

---

「～で≒～によって」という日本語の発想から、「～で」を何でも by に英訳してしまう学習者は多いのですが、注意が必要です。

　**受動態**の文の by は行為者を表し、with は行為に使った道具を表します。

　例えば He was hit by a car.（彼は車にはねられた）なら a

car が直接の行為者という感じがしますが、He was hit by Tom <u>with his car.</u>（彼はトムに車ではねられた）なら、his car はあくまで道具で、行為者は Tom です。

　with は「一緒にいる」→「身につけている」→「持っている」→「手に持って使う」という意味にひろがり、そこから「**with ＋道具**」（道具を使って・道具で）という意味で使われるようになりました。

---

**322** The letter was written (　　　).

（その手紙は鉛筆書きで、英語で書かれていた。）

1.on English by a pencil　　　2. with English with a pencil

3. by English on a pencil　　Ⓐ4. in English with a pencil

---

　in English は「他の言語の枠内ではなく、英語の枠内で」という感覚です。例えば speak English なら「英語を口から発する」（英語を話す）という感じですが、speak in English なら「他の言語の枠内ではなく、英語の枠内で話す」、つまり「他の言語ではなく英語を選択して話す」（英語で話す）という感じです。with a pencil は道具としての鉛筆を手に持ち書くことを表します。

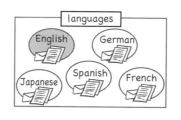

**323** I was caught (          ).

（家に帰る途中、にわか雨にあった。）

A→1. in a shower on my way home　　2. by a shower on my way home

3. with a shower to my way home　　4. through a shower to my way home

be caught in a shower で「にわか雨にあう」。

にわか雨なので、雨の範囲は限定的であり、その中に包まれる状態を表すために in が使われます。

a shower に a がつくのは、にわか雨が「始まりから終わりまでがはっきりした、1回の時間のまとまり」を持つことを意味しています。

on my way home ですが、「いつも自分が使うルート上で（on my way）」ということで「途中で」

の意味になります。home は to my house と同じ意味で、on my way home は on my way to my house という意味を持ちます。

**324** Egypt is known to the Pyramids, the Nile River and the Sahara Desert.
　　　　　①　　　　　A→②　　　　③　　　　　　④

（エジプトはピラミッド、ナイル川、そしてサハラ砂漠で知られている。）

② to the Pyramids を for the Pyramids にします。

be known for A で「A で有名だ、A で知られている」。for は「理由」を表す前置詞です。

一方で、be known to A は「A に知られている」を意味します。

例文 The man is well known to us.

（その男は我々にはよく知られている。）

to は到達を意味する「→」が根っこの意味ですが、この例文では the man という情報が us に到達している (to) ことを意味します。

---

**325**「木は果実でわかる。」

A tree is known to its fruit.
　　① 　②　　　Ⓐ③　　　④

③ to を by にします。

be known by Ⓐ で「Ⓐを通して（その価値が）知られる」。

この by は「経由」を意味します（『英文法鬼』 Must 87）。もともと by は「そば」という意味から始まった言葉ですが、「そば→そばだからついでに立ち寄る→立ち寄って行く・経由していく」という意味に発展しました。ここでも「果実を経由して見ることで、その木がどんなものなのかがわかる」ということです。

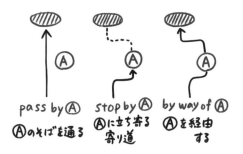

215

# 326 ~ 330

選択肢を並べ替えて適切な文をつくれ。

**326** John ( in, seemed, be, to, absorbed ) reading a book.

**327** Please understand that what I'm telling you( stone, not written, in, is ).

**328** ( a traffic, caught, I'm, in, jam ) and I'll be late.

**329** ( to, known, Thomas Edison, is, everyone ) in the world as a famous inventor.

**330** ( the car, is, a man, known, by ) he keeps.

### 解答

**326** John seemed to be absorbed in reading a book.
(John は本を読みふけっているように見えた。)

**327** Please understand that what I'm telling you is not written in stone.
(私があなたに言っていることは、変更不可能なわけではないことをわかっていただきたい。)

**328** I'm caught in a traffic jam and I'll be late.
(渋滞にはまって、遅れます。)

**329** Thomas Edison is known to everyone in the world as a famous inventor.
(トーマス・エジソンは有名な発明家として世界中の人々に知られている。)

**330** A man is known by the car he keeps.
(男というのは乗っている車でどんな人間かがわかる。)

### 解説

326. be absorbed in A で「Aに夢中になる」「Aにはまり込む」。直訳すると「～の中に吸収されている」。seem を使った構文の語順については第28項参照。

327. written in stone で「決まり・変えられない事柄・金科玉条」。石に彫り込まれて文字を変えられないことから。

# 331 〜 335

最も適切な選択肢を選べ。

**331** These cars are made (　　　) young people.

    1. for

    2. in

    3. from

    4. of

**332** Plastics are made (　　　) petroleum.

    1. in

    2. by

    3. from

    4. of

下線部の中で不自然なものを１つ指摘せよ。

**333** His <u>Japanese</u> <u>skills</u> <u>should</u> be taken <u>by</u> account.
        ①     ②    ③      ④

**334** Oh, <u>excuse me.</u> I <u>was lost</u> <u>by</u> <u>thought.</u>
     ①      ②  ③   ④

**335** Generally speaking, people <u>don't want</u> to be <u>spoken by someone</u> <u>they</u>
                           ①              ②      ③
<u>don't know.</u>
  ④

# 態　その5

## ▶by 以外の前置詞を使う受動態　その2

　この項でも、なぜその表現にその前置詞が使われるのかを解説します。

　そして、その理解があれば「受動態で語順が変わって、うっかり前置詞を
つけるのを忘れた」というミスがなくなります。

---

**331** These cars are made (　　　) young people.

（これらの車は若者向けに作られている。）

Ⓐ 1. for　　　　　2. in　　　　　　3. from　　　　　4. of

---

　「〜向け」は「〜のために作られている」ということなので for を使います。
be made を見て反射的に of や from を使う学習者が多くいますが、熟語の前
置詞もきちんと意味があって使い分けられていることを忘れずに。

---

**332** Plastics are made (　　　) petroleum.

（プラスチックは石油でできている。）

1. in　　　　　　2. by　　　　Ⓐ 3. from　　　　4. of

---

　be made of と be made from はどちらも「〜でできている」ですが、細か
い意味上の違いがあります。

　Ⓐ of Ⓑ は、例えば a student of the school（その学校の生徒）のように
「全体から、構成要素を取り出す」ことを意味するので、「製品 be made of
材料」の直訳は、「その製品は、材料から取り出されて、作られている」と
いうことになります。

be made of wood

「材料から直接製品を取り出す」感じがするので、製品を見て何でできているかがすぐわかる場合には be made of が使われます。例えばパッと見て木でできていることがわかる机なら、**This desk is made of wood.** です。

　また、**of** には「構成要素」のイメージがあるので、「いろいろなものが組み合わさってできている」時にも be made of がよく使われます。

**例文** Cars are usually made of steel, glass and plastic.
（一般的に車は鉄とガラスとプラスチックでできている。）

　一方で be made from ですが、**from** は「離れている」ことを意味する前置詞です。例えば「家から5分」なら家に近づくのではなく、家から離れていくことをイメージしますよね。

　したがって、be made from は「製品と原材料の間に見た目の距離がある」ことを表します。例えば Plastics are made from petroleum.（プラスチックは石油でできている）のように、パッと見てそれが何でできているかわからないものに、be made from は使われます。（『英文法鬼』**Must** 84、『英熟語鬼』**Must** 17）

**333** His Japanese skills should be taken by account.
　　　①　　　　②　　　③　　　　Ⓐ▸④

（彼の日本語のスキルを考慮に入れるべきだ。）

④ by を into にします。

　熟語だと気づかなければ、受動態だからなんとなく by でいいかな、と判断してしまうところです。take Ⓐ into account で「Ⓐを考慮に入れる」という意味です。（『英熟語鬼』**Must** 54）。

　account は「数を数える (count) →いくつあるかの説明→事情の説明→考慮」というふうに意味が派生しました。take Ⓐ into account は「Ⓐを手に取り、考慮の中に放り込む」が直訳の意味。

take　into

account
考慮

この問題では his Japanese skills が $\boxed{A}$ にあたり、「彼の日本語のスキルを手に取って、考慮の中に放り込む」＝「考慮に入れる」ということになります。

---

**334** Oh, excuse me. I was lost by thought.
　　　　　①　　　　　　　② ③　④
　　　　　　　　　　　　　Ⓐ

（ああ、すみません、ぼーっとしていました。）

---

③ by を in にします。

be lost in thought で「物思いにふける」。直訳すると「思いの中で自分が失われて、迷子になる」です（本書第61項 **603** 参照）。

in thought

be lost in thought

---

**335** Generally speaking, people don't want to be spoken by someone they
　　　　　　　　　　　　　　　①　　　　　　　　　　Ⓐ②　　　③
　　don't know.
　　　④

（一般的に言って、人というのは知らない人には話しかけられたくない。）

---

② spoken by someone を spoken to by someone にします。

speak は自動詞であり、言語名（I speak Japanese. など）を除けば、基本的には目的語はとりません。

イメージとして speak は「口をきく」という意味しかない自動詞で「何を話すのか」という内容や、「誰に話すのか」という相手は speak にとって「どうでもよい」のです。ですから、話す相手や内容を表す目的語をとらないわけです。話しかける相手を加えたければ「to $\boxed{人}$」、話す内容を加えたければ「about/of $\boxed{話題}$」というふうに補助的に前置詞を加えて表すことになります。ここでは「speak to $\boxed{人}$」が受動態になっているので be spoken to by 〜となります。

# 336 ~ 340

選択肢を並べ替えて適切な文をつくれ。

**336** I think ( are, for, each, Ann and John, made ) other.

**337** ( leather, to, the bag, made, seemed, of, be ).

**338** ( were, differences in, age and education, into, account, taken ).

**339** ( in, for, was, Amy, lost, thought ) a moment.

**340** Weren't ( by, spoken, any suspicious, to, you ) strangers?

**解答** ―――――――

**336**　I think Ann and John are made for each other.
　　（Ann と John は似合いのカップルだと思う。）

**337**　The bag seemed to be made of leather.
　　（そのカバンは革製のように見えた。）

**338**　Differences in age and education were taken into account.
　　（年齢と学歴の違いが考慮に入れられた。）

**339**　Amy was lost in thought for a moment.
　　（Amy はしばらく物思いにふけっていた。）

**340**　Weren't you spoken to by any suspicious strangers?
　　（誰か怪しい人に話しかけられたりしなかった？）

**解説** ―――――――

336. be made for each other で「似合いのカップル・夫婦」。「互いが互いのために作られている＝お互いにピッタリと合う」。

337. seem の使い方については第 28 項参照。

338. ここでの in は「どういう分野の枠内での違い」なのかを表す。

# 英文法の鬼1000問

## 第5章

# 時制：英語話者は時間をどう感じているのか

# 341 ~345

最も適切な選択肢を選べ。

**341** I usually (　　　) at seven, but I overslept this morning.
1. got up
2. get up
3. am getting up
4. gets up

**342** Birds of a feather (　　　) together. （ことわざ）
1. flock
2. flocks
3. flocked
4. are flocking

**343** I used to go skiing in Colorado when I (　　　) a college student.
1. am
2. do
3. did
4. was

下線部の中で不自然なものを1つ指摘せよ。

**344** "What do you do with your free time?" "I traveled."
　　　　①　　　　　　②　　　　③　　　　　④

**345** "Are you still seeing Nancy?" "No, I was done with her now."
　　　　①　　　　　　②　　　　　　　　③　　　　④

# 時制その１

▶ 現在形は「いつもそう」・過去形は「今は違う」

英文法でも、日本語の文法でも、時制は「物理的な時間」を表したりはしません。

実際の物理的な時間では、「現在」はほんの１秒もすれば過去になってしまいますし、１秒先だって、厳密には「未来」です。だから物理的な時間ではどこからどこまでが現在なのか、決めることができません。

時間は見ることもさわることもできません。そんな抽象的な概念をそのまま理解することはできませんから、多くの言語では、時間を「場所」に例えて理解しています（『英文法鬼』 Must 11）。

そこでは現在は「自分が存在するいつもの現実の世界」、過去は「すでに通り過ぎた、後ろにある場所」、未来は「まだたどり着いていない、この先にある場所」です。

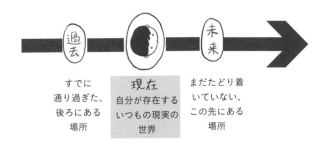

現在形は「今この瞬間」という意味では、「今現在」を表しません。

その正体は「**いつもそうだよ形**」です。自分が存在する「いつもの現実の世界」、例えば「太陽は東から昇る」のような、同じ出来事が繰り返される世界を表します。

　一方で英語の過去形は「**過去のある時に実際に行ったこと**」を表します。「いつもそうだ」という現在形では、具体的にいつやるのかが述べられない分、少し抽象的な感じがしますが、過去形では「いつ実際に行ったのか」が具体的に述べられる感覚があります。

　また、過去形は、「**今はもう違う**」という「もう現実ではない」という感覚も強く持ちます。（『英文法鬼』 **Must** 11, 12）

振り返ったときに「遠く」後ろに見える現実とはもう関係のない世界

---

**341** I usually (　　) at seven, but I overslept this morning.

（私は普段 7 時に起きるが、今朝は寝過ごしてしまった。）

1. got up　 Ⓐ 2. get up　　3. am getting up　　4. gets up

---

　usually があるので「普段いつもしている行為」を表す現在形を使います。主語は I なので、三人称単数現在を表す選択肢 4 は不可。

　現在進行形は「行動をしている途中・まだ終わっていない」ことを表すので、選択肢 3 だと、「今現在起き上がりつつある途中」という意味になってしまい不自然です。一方 1 の過去形は「過去のある時に、実際に具体的に行ったこと」を表します。本問題文の後半では「今朝実際に寝過ごしてしまった」という意味で過去形 overslept を使っています。

---

**342** Birds of a feather (　　　) together.

（類は友を呼ぶ）

Ⓐ 1. flock　　2. flocks　　3. flocked　　4. are flocking

---

　直訳は「ある一種類の羽＝同じ一種類の羽の鳥たちは、群れをなして集ま

るものだ。」です。

　ことわざは「いつもそうだよね」ということを
表すためにある表現なので、原則的に現在形が使
われます。ですから、過去形の3は不可。

　また選択肢4の現在進行形だと「今まさにやっ
ている最中だ」ということで「いつもそうだ」と
いう話にはならず、不可です。

　現在形の選択肢は1と2ですが、主語の核になる言葉は birds という複数
形なので、三人称単数現在を表す2は不可。


　現在形は「いつもそう」という**習慣**や「いつもそういうものだ」という現
実世界の**常識**や**定義**などを表す時制です。


---

**343** I used to go skiing in Colorado when I (　　　) a college student.

（大学生の頃は、コロラドにスキーに行ったものだ。）

　　1. am　　　　2. do　　　　3. did　　　Ⓐ 4. was

---

「used to ＋**動詞原形**」で「かつては〜したものだ」という意味です。

　過去の習慣を表しますが、「今はしないけれど」という「現在は違う」こ
とも強く表します。英語は過去形だけでも「今は違う」ということを表しま
すが、**used to** ではそれがさらに強調され、また「習慣的にやっていた」と
いうことも表します。

　そういうわけで、**when** でつながれた後半の文は過去形の動詞を使います。

**344** "What do you do with your free time?" "I traveled."

① ② ③ Ⓐ④

（「暇な時間ができると何をしています？」「旅行をしますね。」）

④ traveled を現在形の travel にします。

　質問が What do you do ～？ という現在形なので「いつも何をしているか」を尋ねていることになり、それに対する返答も「いつも～している」を表す現在形にするのが自然です。traveled という過去形だと「旅行をしたけれど、あくまで今ではなくて、あの時の話だ」という印象を与えてしまいます。

　なお選択肢②ですが、cut meat with a knife（ナイフで肉を切る）の with a knife と同様、free time を「道具」としてとらえています。「自由な時間を使って」という感覚です。

**345** "Are you still seeing Nancy?" "No, I was done with her now."

① ② Ⓐ③ ④

（「Nancy とはまだ付き合っているの？」「いや、もう彼女とは終わったよ。」）

③ was を am にします。

「終わった」という日本語の「～した」形に引っ張られて、was done にしてしまう英語学習者が、よく見られます。

「現在そういう状態にある」ということを表すのが be 動詞の現在形である is, are, am です。done は「やった後の状態＝すでに終わっている」という完了の過去分詞から生まれた形容詞です（第5項参照）。したがって is/are/am + done は「今現在、すでに終わっている状態にある」ということを意味します。

　ちなみに選択肢②ですが、「be seeing 人」で「（人）と付き合っている・交際している」です。

346 ~ 350

選択肢を並べ替えて適切な文をつくれ。

346 ( the, take, every, train, 7:30, I ) morning.

347 ( an important, media, role, plays, social ) in our lives.

348 ( Sally for, I, the first, two, met, time ) days ago.

349 I ( hot springs, visiting, with, enjoy ) my free time.

350 ( the, looks, game, it, is, like, over ).

解答 ━━━━━

346 I take the 7:30 train every morning.
（私は毎朝 7：30 の電車に乗る。）

347 Social media plays an important role in our lives.
（SNS は我々の生活の中で重要な役割を占めている。）

348 I met Sally for the first time two days ago.
（私は 2 日前に、Sally に初めて会った。）

349 I enjoy visiting hot springs with my free time.
（空いた時間で温泉巡りをするのが趣味です。）

350 It looks like the game is over.
（どうやら勝負ありだ。）

解説 ━━━━━

346. the 7:30 train のように「〜時の電車」には the が必要。「他の電車ではなく
その時間の電車」ということ。

347. 「play a 形容詞 role in …」;「…において（形容詞）な役割を演じる」

349. enjoy 〜 ing は「普段〜することを楽しんでいる」で、日本語で言う「〜が趣味
です」という意味で使われることが多い。

350. be over は「乗り越えた状態にある」＝「終わってしまっている」。is over は is
done と同じく、「終わってしまった状態に、今現在ある」ということを表す。

# 351 ～ 355

最も適切な選択肢を選べ。

**351** "Why don't we go out for lunch." "I'm sorry, I (　　　)."

　　1. have already eaten lunch

　　2. have eaten lunch an hour ago

　　3. ate lunch for ten minutes

　　4. was on a diet

**352** I (　　　) anything since last night.

　　1. didn't eat

　　2. don't eat

　　3. haven't eaten

　　4. wasn't eaten

**353** When I was in Spain, I (　　　) the movie twice.

　　1. have seen

　　2. has seen

　　3. see

　　4. saw

下線部の中で不自然なものを 1 つ指摘せよ。

**354** Yesterday he <u>has asked</u> me <u>on a</u> date and I <u>said</u> <u>yes</u>.
　　　　　　　　①　　　　　②　　　　　　③　④

**355** Genghis Khan <u>has conquered</u> half of the world <u>during</u> his <u>lifetime</u>.
　　　　　　　　　　①　　　　　②　　　　　③　　　　④

　　* Genghis Khan ＝チンギス・ハーン（13 世紀のモンゴル帝国の創始者）

# 現在完了と過去形の違い

## ▶ 現在完了になぜ have が使われるのか

### ●——日本語の「〜した」は英語の過去形＋現在完了

　日本語の「〜した」（以後「夕形」と呼びます）という表現は、英語でいうところの「過去形」と「現在完了」の両方の意味を持ち合わせています。

　だから日本語話者は、英語の「過去形」と「現在完了」の区別がピンときません。

　日本語の「夕形」は「3か月前はそうだった」というふうに、「あの時の話であって**今は違う**」という、英語の過去形と同じ感覚を意味する場合もあれば、「もう、ご飯は食べたよ。」というふうに「今は、『**終わった後の状態だ**』」という英語の現在完了と同じ感覚を意味する場合もあります。

過去形

3か月前　　　今は違う

現在完了

食べ終わり　　　今

　歴史的に見ると日本語の文法には、「その動作はやり始めでも、やっている途中でもなく、し終わっている状態なのだ」という、「動作のどの部分を表すのか」（＝**アスペクト**）という意味での「完了」を表す表現が最初にあり、その表現が後に「し終わっているので過去の話だ」という、「現在・過去・未来のどこを表すのか」（＝**テンス**）という意味での過去形としても使われるようになりました。

　現代日本語ではこれが「夕形」で表され、したがって日本語の「夕形」は英語における過去形と現在完了の両方の意味を表します。

## ●──英語の現在完了とは

このような日本語の「タ形」とは違い、英語の過去形は「それはあの時の話で、今は違う」という「今の現実からの切り離し」を意味します。

一方で英語の現在完了は

> ① 「すでに終わった後の状態を、今持っている」
> ② 「過去から今に至るまで、ずっとある状態を持っている」

という意味を持ちます。

現在完了は①にしろ、②にしろ、

**「今、ある状況を持っている」**（have）

という意味を根っこに持つ、「今視点」の表現形式です（『英文法鬼』 **Must** 13, 14）。

---

**351** "Why don't we go out for lunch." "I'm sorry, I (　　　)."

（「外にお昼を食べに行かない？」「ごめん。もうお昼食べちゃったんだ。」）

Ⓐ 1. have already eaten lunch　　　2. have eaten lunch an hour ago

　3. ate lunch for ten minutes　　　4. was on a diet

---

選択肢1なら、「食べてしまった後（eaten）」の状態を「今持っている（have）」ということなので、昼食を断るのに自然な表現です。

選択肢2の an hour ago は「1時間前の話であって、今の話ではない」ことを表すので、現在完了の have eaten ではなく過去形の ate を使うべきです。選択肢3は ate lunch ten minutes ago（10分前に昼食を食べた）ならわかりますが、「過去に 10分間昼食を食べた」では、昼食の誘いを断る理由としては不自然です。

選択肢4は「過去にダイエットをしていた」であり、「今は関係ないじゃん」という話になってしまいます。

352 I (　　　) anything since last night.
（私はゆうべから何も食べていない。）
1. didn't eat　　2. don't eat　　Ⓐ 3. haven't eaten　　4. wasn't eaten

since は「～以来」（**時の起点**）という意味だけではなく、「～以来、今に至るまで」（**時の起点＋終点**）をも意味に持つ表現です。

したがって「過去から今に至るまで、ずっとある状態を持っている」という現在完了にふさわしい表現になります。

　一方で過去形の選択肢1は「あの時の話で、今は違う」ことを意味するので、「今に至るまで」という意味の since と一緒に使うのは不自然です。選択肢2だと「いつも食べない」という習慣の意味になります。

　選択肢4だと、私が何かに食べられる話になってしまいます。また受動態にもかかわらず目的語（ここでは anything）がつくのは不自然です。

353 When I was in Spain, I (　　　) the movie twice.
（スペインにいた時、私はその映画を2度見た。）
1. have seen　　2. has seen　　3. see　　Ⓐ 4. saw

when I was in Spain が表すのは「スペインにいた時の話であって、今は関係ない」ということですから、「今どういう状況を抱えているか」を表す現在完了とは一緒に使えません。したがって選択肢1は不可です。

では現在完了の以下の文は何を表すのでしょう？

I have seen the movie twice.　（私はその映画を２度見たことがある。）

　これは「今 have している経験」を表す表現で、「生まれてから、**今に至るまでの時間の中で**、２回その映画を見終わった後の状態 (seen the movie twice) を have している」ということを表しています。

　本問では「私がスペインにいた時」という「過去の時の一点」を表す表現があるので、「その時だけのことで、今は違う」ということを表すために、動詞は過去形を使います。

---

**354** Yesterday he <u>has asked</u> me <u>on</u> a date and I <u>said</u> <u>yes</u>.
　　　　Ⓐ①　　　　　　②　　　　　　　③　④

（昨日彼は私をデートに誘い、私はそれに yes と答えた。）

① has asked を asked にします。

　yesterday という表現があるので、「昨日だけのこと」となり、動詞は過去形になります。

---

**355** Genghis Khan <u>has conquered</u> half of the world <u>during</u> his <u>lifetime</u>.
　　　　　Ⓐ①　　　　　　②　　　　　　　③　　　　④

（チンギス・ハーンは生きている間に世界の半分を征服した。）

① has conquered を過去形の conquered にします。

　during his lifetime によって「チンギス・ハーンが生きている間」のみの過去の話であることが示されているので、過去形です。現在完了だと、チンギス・ハーンが今も生きていて、世界の半分が今も彼の支配下にあることを意味してしまいます。

# Q 356 ~ 360

選択肢を並べ替えて適切な文をつくれ。余分な選択肢がある場合、それは削除せよ。

**356** ( two, the first, have, I, finished, chapters ) of the book.

**357** I ( my mother, I, didn't see, since, haven't seen ) was twelve. 1選択肢余分

**358** ( parents, she, has, her, when, divorced ) was twelve. 1選択肢余分

**359** I ( in, of, woke, have woken, up, the middle ) the night. 1選択肢余分

**360** ( has been, was, to, the Nobel Peace Prize, awarded ) Barack Obama in 2009. 1選択肢余分

## 解答

**356** I have finished the first two chapters of the book.
（私はその本の初めの2章まで読み終えている。）

**357** I haven't seen my mother since I was twelve.
（12歳の時以来、私は母親にずっと会っていない。）

**358** Her parents divorced when she was twelve.
（彼女が12歳の時、彼女の両親は離婚した。）

**359** I woke up in the middle of the night.
（私は真夜中に目が覚めた。）

**360** The Nobel Peace Prize was awarded to Barack Obama in 2009.
（2009年にノーベル平和賞がバラク・オバマに授与された。）

## 解説

360. S award O to Ａで「SがOをＡに授与する」。受動態にすると O is awarded to Ａ。

# 361 ~ 365

最も適切な選択肢を選べ。

**361** "Did you move here when you were a high school student?"

"Yes. So I've (　　　) here for twelve years."

1. lived

2. moved

3. changed my address

4. left

**362** I have read the paperback (　　　).

1. for a long time

2. yesterday

3. twice

4. during the first week

**363** "Do you know Mr. Ambrose?" "Yes, we have known each other (　　　)."

1. for many years

2. before

3. twice

4. often

下線部の中で不自然なものを 1 つ指摘せよ。

**364** Uncle Freddy has been <u>kind</u> <u>to me</u> <u>twice</u> <u>since I was a child</u>.
　　　　　　　　　　　　　　　　①　　②　　③　　　　　④

**365** Someone has stolen <u>my credit card</u> <u>for a long time</u> and I <u>can't buy</u> <u>anything</u>.
　　　　　　　　　　　　　　　　①　　　　　　②　　　　　　　　③　　　　④

# 現在完了その２

## ▶動作動詞なら「完了」「経験」・状態動詞なら「継続」

前項で現在完了は大きく分けて

┌─ ① 「**すでに終わった後の状態を、今持っている**」
└─ ② 「**過去から今に至るまで、ずっとある状態を持っている**」

の２つの意味を持つ、と述べました。①には**❶完了用法**と、**❷経験用法**が
あり、②には**❸継続用法**があります（『英文法鬼』 Must 13, 14）。

### ❶ 完了用法（今はもう〜してしまっている）

**動作動詞**が使われます。

動作動詞は「動作の始め、最中、終わっ
た後」の３つの動きの局面（アスペクト）
を持ちます。「終わった後の状態を今 have
している」というのが完了用法です。

例文 I have eaten lunch.

→「食べてしまった後の状態 (eaten) を今 have している。」

### ❷経験用法（今までに〜したことがある）

**❶**完了用法の応用です。**動作動詞**を使
い、「生まれてから今までの人生の中で、
『してしまった後の状態（完了）』を１回、
あるいは何回か have している」ことを表
します。

例文 I have seen the movie twice.

（私はその映画を２度見たことがある。）

　上記の例文は「その映画を見終わった後の状態（seen the movie）を 2 回、今持っている（have）」ということで、「今持っている経験」を表します。

　**経験用法は「以前～したことがある」を表す before や、回数を表す twice や three times などの言葉とともによく使われます。**

**❸ 継続用法（今に至るまでずっと～という状態である）**

　**状態動詞**を使います。

　状態動詞というのは、動作の始めと終わりがなく、「変わらない状態が続いている」ことを意味する動詞です。

　例えば I love the movie.（私はその映画が大好きだ。）は「ずっとその映画が大好きな状態が続いている」ことを意味します。動作動詞とは違い、「好きになり始めから、好きを終えるまでの一通りをやる」ということは意味しません。こうした動詞を現在完了で使うと、「ある時から今までずっとその状態を have している」ことを表します。

　**継続用法は期間を表す言葉とともによく使われます。**

例文　I have lived in Yokohama for 20 years.

　（横浜に住んで 20 年になる。）
　直訳：私は20年間横浜に住んでいる状態 (lived) を今持っている (have)

変わらない状態

361　"Did you move here when you were a high school student?"

　　"Yes. So I've (　　　) here for twelve years."

　（「高校生の時にここに引っ越して来たの？」

　　「ええ。だからここに住んで 12 年になるの。」）

Ⓐ 1. lived　　　　2. moved　　　　3. changed my address　　　　4. left

　期間を表す **for twelve years** という言葉があるので、**継続用法**であることがわかります。すると使う動詞は状態動詞になるべきです。

　選択肢の中で live のみが状態動詞で、「昨日も今日も明日も、そこに住ん

237

でいる状態が続いている」ことを表します。

2 の move は「引越しする」という変化を表す動作動詞で、使うなら I moved here twelve years ago. あるいは It has been twelve years since I moved here. となります。

---

**362** I have read the paperback (　　　　).

（私はこれまでそのペーパーバックを2回読んだ。）

　　1. for a long time　　　　2. yesterday

Ⓐ 3. twice　　　　　　　　4. during the first week

---

read という動詞は「読み始めから読み終わりまでの一通り」を行うことを表す動作動詞です。つまり have read Ⓐ という言い方は「A を読み終わった後の状態を今持っている」ということを表し、「すでに読んでしまった」という**完了用法**か「読んだことがある」という**経験用法**で使います。したがって経験用法の選択肢3が自然です。

　選択肢1は期間を表し、現在完了では継続用法の時に使われます。

　選択肢2は「（今ではなく）昨日」、4は「（今ではなく）最初の週の間に」という表現なので、過去形の動詞を必要とします。

---

**363** "Do you know Mr. Ambrose?" "Yes, we have known each other (　　　　)."

（「Ambrose さんをご存知？」「ええ、長年の知り合いよ。」）

Ⓐ 1. for many years　　2. before　　3. twice　　4. often

---

「know +人」（（人）と知り合いである）は「知り合いの状態がずっと続いている」ことを意味する状態動詞です。現在完了で使えば**継続**を意味するので、期間を表す選択肢1が適切です。

「以前は知り合いだった（が今は知らない）」という before は不自然ですし、「2回・しばしば」知り合いというのも不自然です。

**364** Uncle Freddy has been <u>kind</u> <u>to me</u> <u>twice</u> since I was a child.
　　　　　　　　　　　　　　① 　　② Ⓐ③　　　　　　④

（Freddy おじさんは私が子どもの頃からずっと親切にしてくれた。）

③ twice を削除します。

be 動詞は<u>状態動詞の王様</u>で「～という状態で存在している」が根っこの<u>意味</u>です。この文も「私に対して親切という状態を、子どもの頃から今に至るまで途切れなく続けている」ことを表します。

「親切にする」という日本語に引っ張られて「２回親切にしてくれたことがある」と考えると失敗します。それを英語で言うなら

　　Uncle Freddy <u>has done me a favor twice</u>.
　　　　　　　　　２度頼み事を聞いてくれたことがある

となります。

**365** Someone has stolen <u>my credit card</u> <u>for a long time</u> and I can't buy <u>anything</u>.
　　　　　　　　　　　　　① 　　　　　Ⓐ② 　　　　　　　　　③ 　　④

（誰かが私のクレジットカードを盗んだので、私は何も買えない。）

② for a long time を削除します。

steal は「盗み始め―盗もうとしている最中―盗み完了」という３つのアスペクトを持つ動作動詞なので、この文は**完了用法**（盗難にあった後の状態を今抱えている）です。したがって、期間を表す **for a long time** は不適切です。

もし「ずいぶん前に盗まれた」と言いたいなら、過去形の動詞を使って
Someone <u>stole</u> my credit card long time ago and …となります。

# Q 366 ~ 370

選択肢を並べ替えて適切な文をつくれ。余分な選択肢がある場合、それは削除せよ。

**366** ( has, empty, for, the house, been ) several years.

**367** ( seen, at, I, him, the meeting, for a long time, have ) before. 1選択肢余分

**368** ( been, since, have, we, college, friends ).

**369** I want to help her because she ( has, nice, to, been, for, me ) years.

**370** ( seen, long, for, I, him, a, haven't ) time.

---

**解答** ——————

**366** The house has been empty for several years.
（その家は数年間、空き家のままである。）

**367** I have seen him at the meeting before.
（私は以前、彼に会議で会ったことがある。）

**368** We have been friends since college.
（私たちは大学時代からの友人だ。）

**369** I want to help her because she has been nice to me for years.
（彼女は何年も私に良くしてくれているので、助けてあげたい。）

**370** I haven't seen him for a long time.
（彼とは長く会っていない。）

**解説** ——————

367. 「動作動詞の現在完了＋before」で「以前〜したことがある」
370. seen のような動作動詞でも、否定文の場合は「〜していない状態が続いている」のように「状態」として捉えられるので、継続用法が使える。

# 371 ~ 375

最も適切な選択肢を選べ。

**371** Have you ever been (　　　) New Orleans before?

    1. to

    2. for

    3. on

    4. with

**372** How long has he been (　　　) the hospital?

    1. to

    2. in

    3. on

    4. with

**373** He is the funniest guy I have (　　　) seen.

    1. already

    2. never

    3. just

    4. ever

下線部の中で不自然なものを１つ指摘せよ。

**374** "Is Kate still <u>here</u>?" "No. She <u>has already</u> <u>been</u> <u>to</u> the office."
              ①              ②           ③     ④

**375** 「私は今までにニューヨークに数回行ったことがある。」

I <u>have</u> <u>ever</u> <u>been</u> to New York <u>several times</u>.
   ①  ②   ③           ④

# be動詞の現在完了とever

## ▶ been to と gone to の違い

　　現在完了につきものの、have been to や have gone to などの特殊な表現を解説していきます。また、「今まで」という日本語訳でお馴染みの ever ですが、「正体」は別にあり、それを知らないと使い方を間違えることを説明します。（『英文法鬼』 Must 14, 15）

---

**371** Have you ever been (　　　　) New Orleans before?

（これまでにニューオーリンズに行ったことはある？）

Ⓐ 1. to　　　　2. for　　　　3. on　　　　4. with

---

　　have been to は「過去にある場所に行って、戻って来た結果、**今はここにいる**」ということを表す、現在完了特有の特殊な表現です（『英文法鬼』 Must 14）。

　　その「過去」が**遠い過去なら**①「**以前行ったことがある**」という意味になり、その「過去」が**ついさっきの話なら**②「**つい今しがた〜に行って来たところだ**」という意味になります。

**例文** I've been to the post office.　「郵便局に行って来たところだ。」

　　今回の問題は before（以前）がついていることでわかる通り、ある程度遠い過去の話ですから、①の「行ったことがある」という意味で have been to が使われています。

　この問題文を見て、before が「これまでに・以前」という意味なら、同じく「これまで・今までに」を表す ever と重複するのでは？と考える人もいると思います。

**しかしここでは重複しません。**

　なぜなら ever は本質的には「今までに」という意味を持たないからです。ever の根っこの意味は「どの時の一点をとってみても」です。問題文の直訳は「あなたは、生まれてから今までのどの時の一点でもいいんだけど (ever)、今より前のどこかで (before)、ニューオーリンズに行って戻って来たという経験を持っている？」です。

---

**372** How long has he been (　　　　) the hospital?

（彼はどのくらい病院にいるのですか？）

　　1. to　　　　Ⓐ 2. in　　　　3. on　　　　4. with

---

　how long で期間を尋ねているので、継続用法である have been in を使います。be 動詞の根っこの意味は「～という状態で存在している」ですから、have been in the hospital は「（過去のある時から）今に至るまで、ずっと in the hospital という状態で存在している」という状態の継続を表します。

---

**373** He is the funniest guy I have (　　　　) seen.

（彼は今まで会った中で、一番面白い男だ。）

　　1. already　　　2. never　　　3. just　　　Ⓐ 4. ever

---

　「[ 最上級＋名詞 ] ＋ [ 主語＋ have ever ＋過去分詞 ]」で、「今まで～した中で、一番～」というフレーズです。「最上級＋名詞」と「主語＋ have ever ＋過去分詞」の間には関係代名詞の that があるのですが、省略されるのが普通です。

He is the funniest guy = [ ~~that~~ I have ever seen].

最も面白いやつ　👉私がこれまでに会った

どういう意味で最も面白いやつ？

生まれた時　　　　　　　　　　　今

　that はいろんな用法があっても根っこは「あれ、それ」という指示を意味するので、ここでは the funniest guy の内容を詳しく説明するための「指差しマーク」機能としての関係代名詞です。繰り返しますが、このフレーズでは省略されるのが普通です。

　ここでの ever も「今まで」というよりは「これまでの人生の中のどの時の一点で会った人間と比べても」という意味で使われています。この感覚は **375** を解く際に重要になってきます。

**374** "Is Kate still here?" "No. She has already been to the office."
　　　① 　　　　　　② 　　　　　　　　③ 　　Ⓐ④

（「Kate はまだここにいる？」「いいえ、彼女はもうオフィスに行っちゃったわよ。」）

④ been を gone にします。

　has been to は、「つい先ほど」のことを表すなら「～へ行って来たところだ」、つまり、「行って、つい先ほど戻ってきて、今はここにいる」という意味になります。

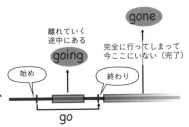

　問題文では「ここにいる？」という問いに対して「いいえ」と答えているので、不適切です。したがって「行ってしまった後の状態を今抱えていて、ここにはいない」を意味する has gone to を使います。

**375**「私は今までにニューヨークに数回行ったことがある。」

I <u>have</u> <u>ever</u> <u>been</u> to New York <u>several times</u>.
　　①　　②　　③　　　　　　　　④

② ever を削除します。

ever は「今まで」というのは単に
日本語訳の 1 つに過ぎず、根っこの
意味は「**どの時の一点をとってみて
も**」ということです。

肯定文 +ever ;
どんな時にもやってる＝四六時中常に

これを問題文に当てはめてみると、
「私は生まれてから今までの、どの時
の一点をとってみてもニューヨーク
に数回行ったことがある」となり、
生まれてからのあらゆる瞬間に「数
回ニューヨークに行ってここに戻る」という超高速移動を繰り返しているこ
とになります（『英文法鬼』 **Must** 15）。

　一方で、疑問文 Have you ever been to New York? なら、「生まれてから
今までの中で、どの時の一点でも良いのだけれど、ニューヨークに行ったこ
とはある？」という意味なので自然です。

　また、肯定文でも **373** のような the funniest guy that I have ever seen なら、
「生まれてから今までのどの時の一点で会った人と比べても、1 番おもしろ
い人」となり、自然です。

　ever は肯定文とか否定文とかで使い分けをするのではなく、「どの時の一
点をとってみても」という根っこの意味に合うかという点で、使うべきかど
うかが決まります。

選択肢を並べ替えて適切な文をつくれ。

376 ( to, times, have, how, been, many, you ) Louisiana?

377 ( been, the hospital, three, he, for, in, has ) weeks.

378 This is ( I've, most, ever, book, the, boring, read ).

379 ( too, have, far, you, gone ).

380 ( several, have, here, I, been ) times before.

**解答**

376 How many times have you been to Louisiana?
(ルイジアナには何回行ったことがありますか？)

377 He has been in the hospital for three weeks.
(彼は3週間入院している。)

378 This is the most boring book I've ever read.
(これは今まで読んだ中で一番退屈な本だ。)

379 You have gone too far.
(あなた、やり過ぎだよ。)

380 I have been here several times before.
(私はここには以前何度か来たことがある。)

**解説**

379. have gone too far は1つの慣用句。直訳は「遠くに行き過ぎ」だが、「行き過ぎた行為」を答めるのに使う表現。

## 381 ～ 385

最も適切な選択肢を選べ。

**381** Jack ( ) the video game for thirteen hours!

1. is playing

2. have played

3. has been played

4. has been playing

**382** Lucy ( ) the office when we arrive there.

1. had left

2. will have left

3. have left

4. was leaving

**383** Lucy ( ) the office when we arrived there.

1. had left

2. will have left

3. has left

4. leaves

下線部の中で不自然なものを１つ指摘せよ。

**384** It has passed seven years since Vicky left Japan.
　　　　　①　　　　　②　　③　　　④

**385** 「次にまた上海に行けば、私は３回訪れたことになります。」

If I visit Shanghai again, I have been there three times.
　　　①　　　　　　②　　③　　　　④

# さまざまな完了形

▶現在完了進行形・未来完了・過去完了

---

**381**　Jack (　　　　　) the video game for thirteen hours!

（Jack は 13 時間ゲームをやり続けているよ！）

1. is playing　　　　　　　2. have played

3. has been played　　　Ⓐ4. has been playing

---

　**現在完了進行形**は「for ＋期間」や「since ＋時の起点」といった表現とともによく使われます。つまり現在完了進行形は、状態動詞の現在完了と同じく「**継続用法**」として使われるのです。

　なぜそうなるのかと言えば、進行形は「やっている最中の状態が続いている」という意味で、「変わらず同じ状態が続く」状態動詞と同じイメージを持つからです（『英文法鬼』 **Must** 16）。

13時間前　　　　今

　選択肢 1 の現在進行形なら「今この瞬間、やっている最中の状態にある」ということだけを表し「過去のある時点から、今に至るまでずっとやっている」という「期間」は表せません。

　選択肢 2 の have played は三人称単数の主語に合いませんし、動作動詞ですから意味的にも「すでに play してしまった」という完了を表します。

　選択肢 4 の has been playing のような現在完了進行形なら、継続の意味

を出せるので for を使った期間の表現ともなじみます。同じ has been でも、選択肢 3 だと受動態になるので意味的にも形式的にも不自然です。

---

**382** Lucy (　　　) the office when we arrive there.

（私たちがつく時には Lucy はすでにオフィスを出てしまっているだろう。）

　1. had left　　Ⓐ 2. will have left　　3. have left　　4. was leaving

---

when we <u>arrive</u> there が arrive という現在形を使っていることに注目してください。この現在形はいわゆる「**時や条件を表す副詞節**」で、未来の出来事を表す時でも will は使わない、と習うやつです（『英文法鬼』 Must 47 Must 52 および本書第 43 項参照）。

　本問では現在形 arrive を使うことで「我々がオフィスに到着するという事態が成立する<u>時には</u>」という**条件**を表しています。

　正解は will have left なのですが、will は、「**意志**（〜するつもりだ）」「**予想**（〜だろうと思う）」という「話し手の心の動き」を表すのが本来の意味です（『英文法鬼』 Must 52）。

　本問でも will have left で「（我々がオフィスに着く時には）すでに出て行ってしまっているだろうな」という「**予想**」を意味しています。

　未来完了は、「すでに〜してしまった後の状態であるだろうと予想する」ことを意味する形式なのです（『英文法鬼』 Must 17）。

249

選択肢 1 は過去完了で、「過去あの時にはすでに〜してしまっていた」ことを表すので不自然。

選択肢 4 も過去進行形なので時間的に不自然。選択肢 3 は三人称単数の主語である Lucy に合わない have が使われています。

---

**383** Lucy (　　　) the office when we arrived there.

（私たちがついた時には、Lucy はもうオフィスを出てしまっていた。）

Ⓐ 1. had left　　2. will have left　　3. has left　　　　4. leaves

---

「過去その時点では、すでに〜した後の状態を持っていた（had）」という状況を表すのが**過去完了**です。つまり過去完了の「気持ち」は、「その時にはもう〜してしまっていた」ということです（『英文法鬼』 **Must** 18）。過去完了は、時制というよりは、一種の熟語のように理解した方が実用的でしょう。

過去完了のフレーズでは、話の舞台となる「**過去の時の一点**」を表す表現がついて回ります。

この問題では when we arrived there（私たちがそこに着いた時には）という過去形の節がそれです。この時点ですでにどういう状態を持ってしまっていた（had）のかを表すために過去完了が使われます。

ちちなみに選択肢 3 の has left は、「すでに出てしまった後の状況を今抱えている」ということを表すので、過去が舞台の本問では使えません。

**384** It has <u>passed</u> seven <u>years</u> <u>since</u> Vicky <u>left</u> Japan.
    Ⓐ①            ②   ③      ④

（Vicky が日本を去って 7 年になる。）

① passed を been にします。

仮主語 it で始まる場合、「**It has been 期間 since ＋過去形の文**」という形をとります。

it は「状況」を意味する言葉で、It has been seven years since Vicky left Japan. なら「状況は、Vicky が日本を去って以来、今に至るまで 7 年である」が直訳です。

have/has passed という動詞を使う時には、主語を「時間」にします。

<u>Seven years</u> have passed since Vicky left Japan.
（Vicky が日本を去って 7 年が過ぎた。）

この表現では「過ぎていく（pass）」ものは「時間」であって、「状況」ではないという考えが反映されていて、そのため pass の主語には「it（状況）」ではなく「期間」が使われるのです。

**385** 「次にまた上海に行けば、私は 3 回訪れたことになります。」
  If I <u>visit</u> Shanghai <u>again</u>, I <u>have been</u> there <u>three times</u>.
   ①                ②     Ⓐ③        ④

③ have been を will have been にします。

If I visit Shanghai again は「自分が考える**条件**」で、その後には「その条件のもとで考えられる、**予想**」が続くので will が必要となります。

will の後に続く have been there three times は「3 回行ったことがある」という経験用法です。つまり will have been there three times で「3 回行ったことがある、という状態になるだろうな」と予想していることになります。

251

選択肢を並べ替えて適切な文をつくれ。

**386** ( playing, ever since, been, video games, I can, I've ) remember.

**387** ( started, will, living, humans, on, have, Mars ) by then.

**388** ( out, modern humans, had, spread ) of Africa 10,000 years ago.

**389** ( I, passed, started, 10 years, since, have ) practicing judo.

**390** This year we ( for, have, 25, married, will, been ) years.

---

解答

**386** I've been playing video games ever since I can remember.
（僕は、物心ついた時からゲームをやっている。）

**387** Humans will have started living on Mars by then.
（その頃には人類はすでに火星に住み始めているだろう。）

**388** Modern humans had spread out of Africa 10,000 years ago.
（現生人類は1万年前にはすでにアフリカから出て生息域を広げていた。）

**389** 10 years have passed since I started practicing judo.
（私が柔道の稽古を始めてから **10** 年が過ぎた。）

**390** This year we will have been married for 25 years.
（今年で私たちは結婚して **25** 年になります。）

---

解説

386. ever since I can remember；「物心ついた時から今に至るまでずっと」
ever の「どの時の1点をとってみても」という根っこの意味が「ずっと」という和訳を生む。

## 391 ~ 395

最も適切な選択肢を選べ。

**391** The cat (　　　), but we tried hard to save its life.

    1. died

    2. had died

    3. was dying

    4. was dead

**392** Jack used to be very poor, but he (　　　) three houses now.

    1. owns

    2. is owning

    3. owned

    4. was owning

**393** The reason for this (　　　) unclear.

    1. is remaining

    2. is remained

    3. remain

    4. remains

下線部の中で不自然なものを 1 つ指摘せよ。

**394** A little girl drowned in the river, but she was rescued.
       ①　　　　②　　　　③　　　　④

**395** My son wasn't resembling me before, but recently he has come
           ①　　　　　　　　　　　　②　　　　③

to resemble me more and more every day.
  ④

# 現在進行形の基本

## ▶日本語の「〜している」の呪縛から離れる

**391** The cat (      ), but we tried hard to save its life.

（その猫は死にかけていたが、私たちはなんとか命を救おうとした。）

  1. died     2. had died     Ⓐ 3. was dying     4. was dead

「死んでしまった」ならもう命は救えないので、「死んでいない」ことを表す表現を選択肢から探します。

die は「生きているものが死ぬ」という**変化**を表す**動作動詞**で、「死に始め→死につつある→死ぬ」という３つのアスペクト（動作の局面）を持ちます。

進行形の be dying は「死につつある」、つまり「まだ死んでいない」ことを表し、過去形 died は「（生きていたものが）死んだ」という変化、had died は「（その時点では）すでに亡くなっていた」、was dead は「（その時）死んでいる状態にあった」です。

**392** Jack used to be very poor, but he (　　　　) three houses now.

（Jack はかつてとても貧しかったが、今では3軒の住宅を所有している。）

Ⓐ 1. owns　　2. is owning　　3. owned　　4. was owning

own は**状態動詞**なので、進行形にすると不自然です（『英文法鬼』 Must 20）。

**進行形**とは「変化していく途中・最中にある」ことを表す表現です。ですから「変化する」ことを表す動作動詞でないと、進行形にできません。

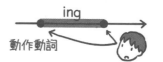

始め、途中、終わりという変化

始めも終わりもない、同じ状態の継続

例えば **391** の die（死ぬ）という動詞は「生きている」状態から「死んでいる」状態へと変化する動作を表す動作動詞です。そしてその「死に始め→死につつある最中・途中→死に終わる」という3つの局面のうちの「死につつある最中・途中」を表すのが be dying だと述べました。

しかし、「Jack は住宅を3軒所有している」というステイタスの話をする時、「いつ持ち始め、いつ持ち終える（＝持つのをやめる）のか」ということは考えていません。ただ漠然と「昨日も今日も明日も、住宅を所有している状態が、ただ続いている」ということを話しているだけです。

つまり**状態動詞**には「変化」がなく、当然「変化しつつある最中・途中」というのがないので、進行形にはできないのです。

ちなみに動作動詞で表すなら「手に入れる（get）・購入する（buy, purchase）」といった動詞を使います。

**例文** He purchased three houses last year and still owns them.
　　　　　変化　　　　　　　　　　　　　　　　　　　　　状態

「彼は昨年住宅を3軒購入し、今もそれらを所有している。」

255

**393** The reason for this (　　　) unclear.

（この理由はいまだに明らかになっていない。）

1. is remaining　2. is remained　　3. remain　　Ⓐ **4. remains**

be 動詞の根っこの意味は「〜という状態で存在している」ですが、この remain は「〜の状態のままである（≒ is still）」という、「**状態の継続**」を強調する動詞です。

状態動詞なので、選択肢 1 のような進行形にはなれません。

また remain は be 動詞の強調形と言うことができ、be 動詞と remain はほぼ同じ構文をとります。ここでも第 2 文型で unclear は目的語ではなく補語です。例えば She is beautiful. という第 2 文型の文が受動態にできないのと同様、選択肢 2 のような受動態はつくれません。

さらに主語 the reason for this の核の部分は the reason という三人称単数ですから、選択肢 4 が正解です。

**394** A little girl drowned in the river, but she was rescued.
　　　① 　　Ⓐ② 　　③ 　　　④

（小さな女の子が川で溺れたが、救出された。）

② drowned を was drowning にします。

後半の文で「彼女は救出された」と述べているので、女の子はまだ死んでいません。英語の drown は「溺れる」ではなく、「溺れ死ぬ」という意味です。ですから she drowned だと「彼女は溺れ死んだ」、she was drowning なら「彼女は溺れ死につつある最中であった」＝「彼女は溺れた（まだ死んでいない）」という意味になります。

　このような、「日本語では動作の最中を意味するのに、英語では動作の完成を意味するタイプの動詞」には、ほかに learn があります。

　日本語で「彼は一生懸命英語を学んだが、英語が話せない。」とは言えても、英語で He learned English. と言えば「彼は過去において英語を学び終わった」、つまり「習得した（から話せる）」という意味になります。

---

**395** My son wasn't resembling me before, but recently he has come
　　　　　　Ⓐ①　　　　　　　　　　　　　　　　②　　　　　　　③
to resemble me more and more every day.
　　④
（私の息子は、以前は私に似ていなかったが、最近では日に日に私に似てきている。）

---

　① wasn't resembling を didn't resemble にします。

「息子が私に似ていなかった」というのは「変化」ではなく、「昨日も今日も翌日も変わらず続いていた状態」です。したがって下線部①に進行形は不適切です。

　後半の「**come to 不定詞**」は「～するようになる」です。come の代わりに間違って become を使ってしまう英語学習者が多くいるので注意してください。come は「自分のいる現実の世界にやって来る」→「現実化する」という意味で使われることがよくあります。

come to resemble me

didn't resemble me

# Q 396～400

選択肢を並べ替えて適切な文をつくれ。

**396** Tell me what happened! ( of, I'm, curiosity, dying ).

**397** He ( walking, over, me, is, all ).

**398** ( until, will, open, the office, remain ) the last week in February.

**399** ( is, debt, in, this country, drowning ).

**400** ( resemble his, at, George, father, didn't ) all.

---

**解答**

**396** Tell me what happened! I'm dying of curiosity.
（何が起きたか教えてよ。俺、興味津々で死にそうだ。）

**397** He is walking all over me.
（彼は私に対して、やりたい放題だ。）

**398** The office will remain open until the last week in February.
（オフィスは 2 月の最終週まで開いているでしょう。）

**399** This country is drowning in debt.
（我が国は借金まみれだ。）

**400** George didn't resemble his father at all.
（George は父親に全く似ていなかった。）

---

**解説**

396. be dying of curiosity ;「死ぬほど興味津々だ」。「die of 病名」で「（病気）で死ぬ」。

397. walk all over A ;「A に対してやりたい放題のことをする」。直訳は「A の上をくまなく歩き回る・踏みつけにする」

399. be drowning in debt ;「借金漬けである」。直訳は「借金の中で溺れている最中」。「我が国」は英語では our country ではなく this country とするのが普通。

# Q 401 ~ 405

最も適切な選択肢を選べ。

**401** I looked up and (　　　) smiling at me.

1. saw him

2. was seeing him

3. see him

4. am seeing him

**402** Why is this dog smelling his jacket? (　　　) strange?

1. Is it smelling

2. Are they smelling

3. Does it smell

4. Do they smell

**403** The house you asked me about (　　　) at 532 South Washington.

1. is standing

2. was standing

3. stand

4. stands

下線部の中で不自然なものを1つ指摘せよ。

**404** "Let me out of here! Hey! Are you hearing me?
　　　　　　①　　　　　　　　②
I know you can hear me! Let me out!"
　　　　　③　　　　　　　④

**405** "What is the soup tasting like?" "Hold on a second. I'm tasting it now."
　　　　　　　①　　　　　②　　　　③　　　　　　　④

# その他の
# 進行形にできない動詞

▶ 進行形にできる時とできない時

---

**401** I looked up and (　　　) smiling at me.

（顔を上げると、彼が私に微笑みかけているのが見えた。）

Ⓐ 1. saw him　　2. was seeing him　　3. see him　　4. am seeing him

---

　see は「視覚を通して、入って来た情報に気づく」ことを意味します。

　この問題文では「あ、彼が私に微笑みかけている」ということに目を通して気づいています。

　この「気づく（＝知覚）行為」は、気づいた時には終わってしまっている一瞬の出来事であって、逆に言えば「よし今から気づくぞ　開始 →今気づきつつある最中だ・まだ完全には気づいていない　途中 →よし気づき終わったぞ　完了」という3つのアスペクトをいちいち意識することは、普通できません。したがって「今気づきつつある最中だ」という進行形をつくるのは不自然です。

　これが知覚動詞を進行形にできない理由です（『英文法鬼』 Must 21）。

　よって選択肢の2と4は不自然であり、また、**looked up** によりこの文は過去が舞台だとわかるので、3も不適切です。

**402** Why is this dog smelling his jacket? (　　　) strange?

（なぜこの犬は彼のジャケットの匂いを嗅いでいるの？そのジャケット、何か変な匂いする？）

1. Is it smelling　2. Are they smelling　④ 3. Does it smell　4. Do they smell

smell は知覚動詞である場合と、そうでない場合があります。

知覚動詞の場合、匂いを放つもの（この問題文では his jacket）が主語になり、「S は〜な匂いがする」という意味になります。

一方で匂いを嗅ぐ主体（この問題文では this dog）が主語の場合は、普通の動作動詞であり、「S が〜の匂いを嗅ぐ」という意味になります。

「おや、〜な匂いがする」という知覚動作は匂いに「気づく」行為ですので、see と同じく進行形にすることができません。

しかし普通の動作動詞（〜の匂いを嗅ぐ）の場合は、「よし今から匂いを嗅ぐぞ 開始 →今匂いを嗅いでいる最中だ 途中 →はい、これで匂いを嗅ぐのは終わり 完了 」という3つのアスペクトを持ちますから、進行形をつくることは自然です。問題文前半の Why is this dog smelling his jacket? はこれに当たります。

選択肢の主語には it と they がありますが、his jacket は単数形なので、選択肢の2と4は不適切です。匂いを放つものである jacket（= it）が主語になる場合、smell は「〜な匂いがする」という知覚動詞ですので進行形にはできません。

261

**403** The house you asked me about (　　　) at 532 South Washington.

（君が私に尋ねたその家は South Washington の 532 番地に建っている。）

1. is standing　　2. was standing　　　3. stand　　　Ⓐ 4. stands

　stand は状態動詞・動作動詞どちらでも使えるという意味でよく文法問題で問われます。つまり、日本語話者がよく使い方を間違えます。

　建物や銅像など「恒常的に立って（建って）いる」ことを表す場合、stand は状態動詞です。建物や銅像は「昨日も今日も明日も、変わらず建っている」だけであり、「よしいまからそこに建つぞ　→今建っている最中　→よし建つのをやめる」というわけではないので進行形にはできません。

The house stands on the hill.

ずっと建ってる

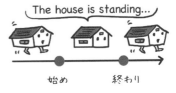

The house is standing...

始め　　　終わり

　一方で、人間や動物など「動くもの」が主語の場合、stand は動作動詞です。歩いていた人間があるところで立ち止まり（stand の 開始 ）、しばらくそこに立ち（stand の 途中 ）、そしてその場を離れる（stand の 完了 ）のは自然です。この場合は進行形も自然なわけです。

　問題文の主語は三人称単数形の house なので動詞の語尾に s がつき、さらに、stand は状態動詞なので進行形ではない、選択肢 4 が正解です。

**404** "Let me out of here! Hey! Are you hearing me?
　　　　　　①　　　　　　　　　Ⓐ②
I know you can hear me! Let me out!"
　　　　　③　　　　　　　④

（「ここから出して！ ねぇ！ 聞こえてる？ 聞こえているのはわかってるのよ！
出してよ！」）

② Are you hearing を Can you hear にします。

hear は see と同じく「耳を通して音に気づく」ことを意味する知覚動詞です。「おや？音がするぞ」という、瞬間的に完結する動作ですので「音に気づきつつある途中」を意味する進行形にはできません。

下線部①の out についても説明しておきます。let は「**let Ⓐ 動詞原形〜**（Aに〜させる）」という構文をとるのが普通ですが、動詞原形の代わりに up、down、in、out といった移動方向を表す副詞をつけて「上げる、下げる、中に入れる、外に出す」という意味を出すことがあります。

**405** "What is the soup tasting like?" "Hold on a second. I'm tasting it now."
　　　　Ⓐ①　　　　　　②　　　③　　　　　　　　　　④

（「そのスープはどんな味？」「ちょっと待って。今、味見をしてるから。」）

① is the soup tasting を does the soup taste にします。

taste は smell と同じ用法を持ちます。食べ物が主語の場合、「〜な味がする」という知覚動詞で、味見をする人間が主語の場合、「〜の味見をする」という普通の動作動詞です。

下線部①は知覚動詞なので、進行形にはできません。一方で下線部④は「味見をしている最中・途中」という意味で自然な進行形です。

復習問題

# Q 406 ～ 410

選択肢を並べ替えて適切な文をつくれ。余分な選択肢がある場合、それは削除せよ。

**406** ( the top, we, of the, can see, can be seeing, mountain ) from here.

`1 選択肢余分`

**407** ( in, smell, smells, your garden, the roses ) very good.　`1 選択肢余分`

**408** ( the entrance, the statue, at, stands, is standing ) of the stadium.

`1 選択肢余分`

**409** Stop shouting at me. ( am hearing, you, can hear, I ).　`1 選択肢余分`

**410** (the, how, wine, does, taste )?

## 解答

**406** We can see the top of the mountain from here.
（ここからその山の頂上が見えますよ。）

**407** The roses in your garden smell very good.
（あなたの庭の薔薇、とてもいい香りがしますね。）

**408** The statue stands at the entrance of the stadium.
（その像はスタジアムの入り口のところに立っている。）

**409** Stop shouting at me. I can hear you.
（怒鳴るのはやめて。聞こえているから。）

**410** How does the wine taste?
（そのワインはどんな味がしますか？）

## 解説

407. 主語が roses という複数形なので、動詞 smells は不可。
410. what で書き換えると What does the wine taste like?（p.128 の `184` を参照）。
how は形容詞に、what は名詞に対応する疑問詞。

最も適切な選択肢を選べ。

**411** I'm (　　　) nice to her only tonight.

    1. be

    2. to be

    3. is

    4. being

**412** 「次は何をするの？」「今の仕事をやめて、留学をしようかと考えているところさ。」

  "What are you going to do next?"

  "(　　　) about quitting my job and studying abroad."

    1. I'm thinking

    2. I think

    3. I'm being thinking

    4. I have being

**413** She (　　　) with her sister in Chiba now, but she'll move to London next month.

    1. temporarily live

    2. temporarily lived

    3. is temporarily living

    4. was temporarily living

下線部の中で不自然なものを１つ指摘せよ。

**414** Doctor, I <u>am seeing</u> some black spots <u>in front of</u> my eyes.

             ①                ②

  What <u>are you thinking</u> is happening <u>to</u> my eyes?

          ③              ④

**415** "Hey, Bob <u>is standing</u> <u>in front of</u> your car." "Again? I <u>can't be standing</u> it <u>anymore</u>!"

           ①        ②                        ③    ④

# 「一時的な状態」を表す進行形

## ▶ 始めと終わりがあるから、途中がある

> **411** I'm (　　) nice to her only tonight.
> （私は今夜だけ彼女に対して優しくしてあげているんだ。）
> 1. be　　　2. to be　　　3. is　　Ⓐ 4. being

I'm nice to her. という現在形なら「私は（いつも）彼女に良くしている。」という「いつもそうだ」という話ですが、この be 動詞（ここでは am）を進行形の am being にして I am being nice to her. とすると「今だけ、一時的に彼女にいい顔をしている。」という意味が出ます。

普通なら進行形にしないはずの状態動詞を「無理に」進行形にすると、「一時的」という意味が出ます。

状態動詞を「無理やり」進行形にする、とは、状態動詞に無理やり「動作の途中」を作ってしまう、ということです。右図にあるように、「途中」というのは始めと終わりがあって初めて存在するものです。進行形にすると、本来は状態動詞には存在しないはずの、動作の「開始」と「終了」が出現するわけです。

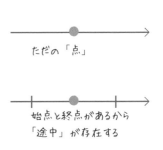

I am being nice to her. なら「さっき彼女に良い態度で接し始めて、今はその最中で、もうすぐ良い態度をやめる」という意味になるわけですから、「一時的に良い態度」ということになります（『英文法鬼』 **Must** 22）。

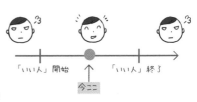

**412**「次は何をするの？」

「今の仕事をやめて、留学をしようかと考えているところさ。」

"What are you going to do next?"

"(　　　　) about quitting my job and studying abroad."

Ⓐ 1. I'm thinking　2. I think　　3. I'm being thinking　4. I have being

think は、たとえば I think it's dangerous.（それは危険だと思う。）のような「意見」を表す場合は状態動詞で、進行形にはしません。これは「ある意見を変わらず持ち続けている（have an idea）」ことを表すからです。

しかし、「考えをまとめる」という意味で think を使うなら、「考え始める 開始 →今、考えている最中 途中 →考えがまとまる 完了 」という3つのアスペクトを持ちますから、進行形をよく使います。

think about は、「ああでもない、こうでもないと心がウロウロする」ことを意味するので（『英熟語鬼』 Must 17）、be thinking about で「今思案している最中だ」ということを表します。

think about

状態動詞の think を使った下記の英文が、「自分が持っている意見」を表すのと比べると、動作動詞として使う be thinking about はあくまで「考えている途中で、まだ決心していない」感じが出ます。

**例文** I think I will quit my job.（私、仕事をやめようと思うんだ。）

**413** She (　　) with her sister in Chiba now but she'll move to London next month.

（彼女は今のところ千葉で姉と一緒に暮らしているが、来月ロンドンに移住するつもりだ。）

   1. temporarily live           2. temporarily lived

Ⓐ 3. is temporarily living      4. was temporarily living

 

I live in Chiba.（私は千葉に住んでいる。）の live は、いつ住み始めていつ住み終わるのかなどと考えずに、ただ「ずっと変わらずそこに暮らしている状態が続いている」ことを意味する状態動詞ですが、これを進行形にすることで「住み始め」と「住み終わり」をつくる be living in は、「一時的にそこに住んでいる最中」という意味になります。

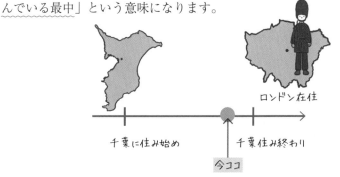

ロンドン在住

千葉に住み始め　　　　千葉住み終わり

今ココ

    主語が三人称単数なので選択肢 1 の live は不可。now があるので 2 と 4 は不可。

 

**414** Doctor, I am seeing some black spots in front of my eyes.
　　　　　　　①　　　　　　　　　　　　　　②
What are you thinking is happening to my eyes?
　　Ⓐ ③　　　　　　　　　④

（先生、私、目の前に黒い点々が見えているんです。私の目に何が起きていると思いますか？）

 

③ are you thinking を do you think にします。

「考えをまとめる」という動作ではなく、「どういう意見を持っているか」という状態を表すので状態動詞であり、進行形は不自然です。

　選択肢①に関してですが、see や hear といった知覚動詞は前項で述べた通り、通常は進行形にはできません。しかし進行形にできる場合もあります。代表的なのは、幻覚を見たり幻聴を聞いたりしている最中を表す場合です。

**例文** I must be seeing/hearing things.

　　　（私、きっと幻覚を見ている / 幻聴が聞こえているんだわ。）

　幻覚や幻聴は「一時的なこと」です。「今、一時的に今幻覚が見えている最中だ。もうすぐ見終わる」と捉えることが可能なので、「一時的に見えている最中＝進行形」が自然です。選択肢①も病気のせいで一時的に黒い点が見えていることを表すので、進行形は自然です。

　what do you think is happening 〜の話順に関しては本書第 86 項参照。

---

**415** "Hey, Bob is standing in front of your car." "Again? I can't be standing it anymore!"
　　　　　　　①　　　　　　②　　　　　　　　　　　Ⓐ③　　　　④

（「おい、ボブがお前の車の前に立ってるぞ。」「またかよ？もう我慢できねぇ。」）

---

　③ be standing を stand にします。

　下線部①の is standing は前項の **403** で説明した通り、「一時的にそこに立っている最中」なので進行形は自然です。

　一方で下線部③の can't stand Ⓐ（A に我慢ならない）は「A を立たせられない→ A を支えきれない」から「A に我慢できない」という意味を出すようになった表現で、「我慢している状態を続けられない」ことを意味する状態動詞です。進行形にはしません（『英熟語鬼』 **Must** 50 および本書第 10 項）。

選択肢を並べ替えて適切な文をつくれ。

**416** Stop it. ( being, think, ridiculous, I, are, you ).

**417** ( give, about, I'm, we, thinking, should, whether ) up the project.

**418** When I was 17, ( in, was, sister, New York, my, living ).

**419** You ( be, things, hearing, must ).

**420** "Where did you see the woman?" "( at, standing, the, she, entrance, was )."

---

解答

**416** Stop it. I think you are being ridiculous.
（やめなよ。あなた、馬鹿みたいだと思うよ。）

**417** I'm thinking about whether we should give up the project.
（その計画をあきらめるべきかどうか、私は考えているんだよ。）

**418** When I was 17, my sister was living in New York.
（私が 17 の時、姉はニューヨークに住んでいた。）

**419** You must be hearing things.
（あなた、幻聴が聞こえているんだよ。）

**420** "Where did you see the woman?" "She was standing at the entrance."
（「どこでその女の人を見たの？」「彼女は入り口のところに立っていたよ。」）

---

解説

417. I'm thinking about の後ろに Should we give up the project? を whether（～かどうか）を使って間接疑問文にして組み込んでいる（間接疑問文については本書第 86 項参照）。

419. 「幻覚が見えている」be seeing things と同様、幻覚でも幻聴でも目的語は things。

# Q 421 ~ 425

最も適切な選択肢を選べ。

**421** We still have some time before Mr. Green (　　　).

1. arrive

2. arrives

3. will arrive

4. has been arriving

**422** I'll let you know (　　　) more information.

1. soon I will have

2. as soon as I will have

3. as sooner than I have

4. as soon as I have

**423** Now, if you (　　　) me, I have some business to take care of.

1. to excuse

2. excusing

3. having excused

4. will excuse

下線部の中で不自然なものを１つ指摘せよ。

**424** We <u>don't know</u> when it <u>will happen</u>, but when it <u>will happen</u>, it <u>will be disastrous</u>.
　　　　　①　　　　　　　　②　　　　　　　　　③　　　　　　　④

**425** We <u>are waiting</u> to <u>see</u> if the plan <u>will work</u> and we <u>knew</u> the results next week.
　　　　①　　　　　②　　　　　　　③　　　　　　④

# 時・条件を表す副詞節

## ▶ なぜ will を使わず、現在形なのか

「時・条件を表す副詞節」（ここでは「**条件節**」と呼びます）を解説します。いわゆる「未来の話をしているが、will を使わないで現在形の動詞を使う」という「ルール」の丸暗記はいけません。

実際には、条件節に will を使っても自然な場合もあります。条件節に will を使わず現在形を使う理由はきちんとあり、それがわかれば、逆にどういう場合に条件節に will を使っても自然なのか、もわかります（『英文法鬼』 Must 47、52)。

---

**421** We still have some time before Mr. Green (　　　　).

（Green さんが到着するまで、まだ少し時間があります。）

1. arrive　　Ⓐ **2. arrives**　　3. will arrive　　4. has been arriving

---

条件節である before 節内の感覚は「Green さんが到着する、という**条件が成立する前には**」です。

確かに Green さんが到着するのは「これから先」の話ですが、will を使うと意味が不自然になります。will の意味の本質は「未来」ではなく、「〜するつもりだ（**意志・意思**)」と「〜だろうなぁ（**予想**)」という「話者の気持ち」です (本書第 44 項参照)。

仮に before Mr. Green will arrive だとどんなニュアンスになるのか見てみましょう。

　この will を「意志（～するつもりだ）」だとすると、「Green さんが到着する
つもりがある前には」となります。しかし、言いたいことは「Green さん
が到着する前には」ということであり、「到着するつもりになる時点」の話
はしていないので不自然です。

　次に will を「予想（～だろう）」と考えると、「Green さんは到着するだろ
う（と我々が予想する時点の）前に」となりますが、「実際に到着する前に」
という話をしようとしている時に、これでは不自然です。


　ではなぜ現在形なのか、ですが、今から約 400 年前のシェイクスピア時
代には、条件節には「仮定法現在」（形は動詞の原形）が使われていました。
「今起きていないことだが、仮にこれから起きれば」ということを表してい
た動詞の用法で、未来の条件を表すのにぴったりだったわけです。しかし、
現代英語では仮定法がかなり廃れており、いまでは普通の現在形（直説法現
在）が使われるようになっています。


　この問題では主語が三人称単数なので arrives が正解です。


**422** I'll let you know (　　　　) more information.
　（さらに情報が入ったら、知らせます。）
　　1. soon I will have　　　　　　　2. as soon as I will have
　　3. as sooner than I have　　　Ⓐ4. as soon as I have


　as soon as S + V は「S が V する、という条件が成立するとすぐに」とい
う意味で、条件節をつくります。

　as soon as は接続詞なので節と節、ここでは I'll let you know と I have
more information をつなぎます。選択肢 1 の soon はただの副詞なので節同
士をつなぐことができません。選択肢 3 の as soon than という言い方はあ
りません。

選択肢 2 ですが、will を意志だと解釈すると、「私が情報を持つつもりに
なったらすぐに」、予想だと解釈すると「私が情報を持つだろう、と思った
らすぐに」となり、不自然です。

---

**423** Now, if you (　　　) me, I have some business to take care of.

（さて、もしよろしければ失礼させてもらいますよ。やらなきゃいけないことがあ
るので。）

1. to excuse　　2. excusing　　3. having excused　　Ⓐ 4. will excuse

---

接続詞 if の後ろには S＋V〜が来るので、動詞の形をとらず不定詞や現
在分詞である選択肢 1 〜 3 は不可です。

if を使った条件節ですが、ここでは will が**意思**の意味で使われているので、
選択肢 4 は自然です。つまり「もしあなたが私を失礼させてくれる<u>意思が
あるなら</u>」ということです。このように、「もし〜する気があるなら」とい
う時には if S will 〜は自然なのです。

もちろん will がなくても自然で、その場合は「あなたが私を失礼させてく
れる、という事態が成立するなら」という「**事態成立**」の話になります。

**424** We don't know when it will happen, but when it will happen, it will be disastrous.
　　　　　①　　　　　　　②　　　　　　　　Ⓐ▸③　　　　　　　④

（それがいつ起きるかはわからないが、起きる時には、大変なことになるだろう。）

　下線部③は when 節での条件を表しているので、will happen を happens にします。

　下線部④は「**予想**」の話なので will は自然です。

　下線部②ですが、これは、大きな文の中に小さな疑問文を組み込む、「間接疑問文」と呼ばれるものです（本書第86項参照）。

> We don't know … + When will it happen?
> ⇒ We don't know when it will happen.

　組み込まれているのは「いつ起きるのだろう？」という will を使った「**予想**」を表す疑問文です。

**425** We are waiting to see if the plan will work and we knew the results next week.
　　　　　①　　　　　②　　　　　　　③　　　　　Ⓐ▸④

（私たちはその計画がうまくいくかどうか、結果を待っているところで、来週結果がわかるだろう。）

　来週の**予想**なので、④ knew を will know にします。

　if the plan will work の if は「〜かどうか」を意味する接続詞です。例えば **424** のはじめのほうの when のように、疑問詞がある疑問文なら疑問詞が接続詞となって、間接疑問文をつないでくれます。しかし、Will the plan work? のように疑問詞がない疑問文の場合、if あるいは whether を使ってつなぎます。

> We are waiting to see … + Will the plan work?
> → We are waiting to see if/whether the plan will work.

復 習 問 題

# Q 426 ～ 430

選択肢を並べ替えて適切な文をつくれ。

**426** Can you call ( you, a chance, me back, when, get )?
**427** ( just wait, till, here, I'll, comes, she ) back.
**428** I want to ( will let, if, you, you, help, me ).
**429** Do ( when, you, will, the reception, know, start )?
**430** Let's ( if, see, up, will, give, he ) smoking.

**解答**

**426** Can you call me back when you get a chance?
（時間ができたら、もう一度電話してくれない？）
**427** I'll just wait here till she comes back.
（彼女が戻って来るまで、ここでずっと待ってるよ。）
**428** I want to help you if you will let me.
（君さえ良ければ、僕は君を助けたいんだ。）
**429** Do you know when the reception will start?
（歓迎会がいつ始まるかご存知ですか？）
**430** Let's see if he will give up smoking.
（彼がタバコをやめるかどうか見てみよう。）

**解説**

428. if you will let me の直訳は「あなたが私に、させてくれる意思があるなら」
430. let's see if S will で「S が〜するだろうかどうか、我々皆で見てみよう。」この if は間接疑問「〜かどうか」の接続詞。

## Column　言語によって、時間の捉え方は違う

時間をどう捉えているのかは、言語によって少し異なるところがあります。

例えば中国語では過去を「上」、未来を「下」と捉えるときがあります。「先週」なら「上个星期」、「来週」なら「下个星期」です（个は「一個の」・星期は「週」）。これはちょうど川の流れのように、「上流」から「下流」へ向けて時間が流れていく、と捉えることによって出て来る表現です。

日本語にも「時を遡る」「時代は下って」という言い方があるので、我々にもその感覚は理解できるでしょう。

英語では時間を現在・過去・未来の３つに区切ります。自分がいる場所、いつもの現実が「現在」で、後ろにある離れた場所が「過去」、前の方にあって頭の中で「予想する」場所が「未来」です。

英語の動詞の活用に現在形と過去形があるのに、「未来形」という活用がないのはなぜなのか。

言語学者からは、現在と過去はそれぞれ「いつもの現実」「実際に起きたこと」という「現実世界」に属するのに対し、未来はまだ現実になっていない、想像することしかできない世界だからだという意見が出ています。

日本語には本来、過去形という概念がないと言われています。日本語には本来、「完了」、つまり「動作の始め、最中、終わり」の「終わりの部分」を表す概念があり、それが「過去形」に応用されたという意見があります。例えば「花が咲いた」というのは「花が開き始めた」でも「開きつつある」でもなく、「開き終わった状態」を指しているわけで、英語の過去形のように「咲いたのは今じゃなくて過去の話だよ」ということを言おうとしているのとはニュアンスが異なります。英語なら、これは現在完了の感覚です。

第１章で述べた「外から自分を眺める英語・自分がカメラになって周囲を見る日本語」の感覚は、時制の捉え方にも当てはまる部分があります。英語は少し離れたところから「現在・過去・未来」を俯瞰して眺め、日本語は自分がカメラになり「目の前にある出来事は、ことの始まりなのか、途中なのか、終わりなのか」に注目している感じがします。

「物理的な時間」というのは、あらゆる人間にとって等しいものですが、それをどう捉えるかは、言語によって微妙に違うのです。さまざまな言語の時制を理解するということは、時間の捉え方を理解することでもあります。

# 英文法の鬼1000問

第**6**章

## 助動詞：事実ではなく、思っているだけ

## Q 431 〜 435

最も適切な選択肢を選べ。

**431** The old "boys (　　) be boys" attitude toward bullying is unacceptable.

   1. must

   2. may

   3. are going to

   4. will

**432** "I (　　) a high school teacher." "Really? When was that?"

   1. would be

   2. used to be

   3. will be

   4. must be

**433** I would go to the gym (　　).

   1. three times

   2. when I was a college student

   3. for two hours

   4. yesterday

下線部の中で不自然なものを1つ指摘せよ。

**434** I tried many times, and could finally solve the problem.
   ①      ②      ③      ④

**435** "It's hot today. Hey Amy, can I open the windows?" "Of course you may."
   ①      ②   ③      ④

# 助動詞Ⅰ

## ▶will にいろいろな用法が派生する理由

　みなさんが英文を作ろうとする時、「事実の話」をするのか、「自分の意見」つまり「思っているだけのこと」を話すのか、意識して区別しているでしょうか。

　「事実ではなく、思っているだけのこと」を話す時には助動詞が必要です。will（〜するつもりだと思う・〜だろうと思う）、may（〜かもしれないと思う）、should（〜するべきだと思う）というふうに、助動詞は「話者が思っていること」を話す時に必要で、したがって、意見を述べる時には助動詞を使うのが基本です。

---

**431** The old "boys (　　　) be boys" attitude toward bullying is unacceptable.

（いじめに対する旧態依然の「男の子だからしょうがない」的な態度は受け入れられない。）

1. must　　　　2. may　　　　3. are going to　　　Ⓐ 4. will

---

　Dogs will bark.（犬は吠えるものだ。）、Accidents will happen.（事故というのは起きるものだ。）など、辞書では「**現在の習慣**」と呼ばれる will です。

　will の本質は物理的な時間の「未来」ではなく、「**意志**」と「**予想**」という話者の心の働きです（『英文法鬼』 Must 52）。「心が揺れてパタンと傾く」ことで、そこから

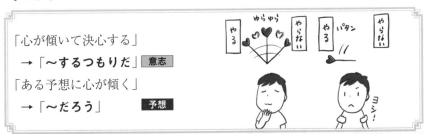

「心が傾いて決心する」
　→「**〜するつもりだ**」 意志
「ある予想に心が傾く」
　→「**〜だろう**」 予想

という意味が出ます。

「**予想**」とは、過去の経験に基づき「心が傾いて判断する」ことを表しますが、同様に、人間はいろんなものに対して「これまでの経験に基づいて心が傾く、典型的なイメージ」を持ちます。

　例えば犬なら、これまでの経験から「吠える」というイメージにパッと心が傾くわけで、それが Dogs will bark.（犬といえば普通吠えるよね。）という言い方になります。

　辞書では「現在の習慣」と分類されるこの will の用法は、実際には「予想の will」から派生した、「**連想の will**」と呼ぶべきものです。

　問題の Boys will be boys. の、補語の boys は「男の子」というよりは「男の子が持つ典型的なイメージ」を表し、「男の子といえば、普通はやんちゃなのだからしょうがないじゃない」という意味で慣用的に使われます。

---

**432** "I (　　　) a high school teacher." "Really? When was that?"

（「私は昔、高校の教師だったんだ。」「本当？それいつの話？」）

　1. would be　Ⓐ 2. used to be　　　3. will be　　　4. must be

---

「過去の習慣」と呼ばれる表現には would と used to の 2 通りありますが、used to は「昔の話であって今は違う」という意味が強く出ます。一方で would は **431** の「連想の will」の過去形で、「あの頃といえば、でパッと思い出す（＝心がパタンと傾く）記憶やイメージ」を意味します。「過去の習慣の would」の正体は「**回想の would**」です。

　今回なぜ would ではなく used to が正解なのかといえば、「過去の変わらない状態」の話をしているからです。

would は、次の **433** の「ジム通い」のように「何度も繰り返し行った結果、強く記憶に結びつき、『あの頃といえば』でパッと思い出す過去の行為」を思い出す時に使います（ですからよく often と一緒に使われます）。回想の would で使われる動詞は**動作動詞**です。

しかし問題文の「高校教師だった」というのは、教師をやったり辞めたりの「繰り返した行為」ではなく、ずっと続いていた状態です。また文脈的にも「私は昔高校教師だったよなぁ」という回想の文脈ではなく、「これは昔の話だよ」という文脈なので、would より used to が適切です。

---

**433** I would go to the gym (　　　　).

（大学生の時は、ジムに通っていたなぁ。）

1. three times   Ⓐ **2. when I was a college student**

3. for two hours   4. yesterday

---

回想というのは「昔はよく〜してたよなぁ」というふうに「漠然と思い出す」ことが多く、「4 年前に 2 回行った」というような正確な記述とは相性がよくありません。

よって、選択肢 1 や 3 のように具体的な回数や期間は would や used to では使われません。

would...

そして、would が表すのは「あの頃といえば、でパッと心が傾く（＝思い出す）記憶」なので、「あの頃」を意味する表現が必要です。それがここでは選択肢 3 の「大学生の頃は」です。

4 の「昨日」では、なつかしく回想するには記憶が新し過ぎます。

---

**434** I tried many times, and could finally solve the problem.
    Ⓐ  ④

（私は何度もトライして、ついにその問題を解いたのだ。）

③ could finally を was finally able to にします。

could が過去の能力を表す場合「過去その時にそういう能力を持っていた」という意味を表します。別の言い方をすると「やろうと思えばいつでもできた」ということです。

例文 He could play Mozart when he was 12.
（彼は 12 歳でモーツアルトを演奏できた。）

これに対して was/were able to は「過去ある時にやってみて、成功した」という「うまく行ったかどうか」の話をします。

435 "It's hot today. Hey Amy, can I open the windows?" "Of course you may."
　　　　　①　　　　　　　　②　　③　　　　　　　　　　　　Ⓐ④

（「今日は暑いな。ねえ、Amy、窓を開けてもいいかい？」
　「もちろん、いいわよ。」）

④ may を can にします。

may が表す**許可**は「許可する権限を持った人間」、つまり親とか、先生とか、裁判長など「その場の秩序を管理する、上の立場の人間」が出す許可です。つまり「やってよろしい。」という感じです。

一方 can は「妨げるものがない」が根っこの意味で、そこから「やることができる（**可能・能力**）」「やっても構わない（**許可**）」という意味が出ます。

「私が良いと言っている（私の判断）」という may とは違い、「状況に何も妨げるものがないから、やって良いと思いますよ（状況のせい）」というのが can ですので、can に人間の上下関係はありません。

 **436 ~ 440**

選択肢を並べ替えて適切な文をつくれ。

**436** (dogs, dogs, be, will ) and we have to remember that they are still animals.

**437** ( to, before, used, out, a walk, we, go, for ) breakfast.

**438** ( wash, Mom, me, tell, to, would often ) my hands when I was back from school.

**439** That is one of ( that, to, able, the reasons, he, win, was ) the election.

**440** ( any, want, go, time, you, you, can ).

**解答**

**436** Dogs will be dogs and we have to remember that they are still animals.
（犬はどこまでいっても犬で、私たちは犬がやはり動物なのだということを忘れてはいけない。）

**437** We used to go out for a walk before breakfast.
（私たちは、以前は朝食前に散歩に行っていた。）

**438** Mom would often tell me to wash my hands when I was back from school.
（私が学校から帰ると、母さんはよく私に手を洗えと言ってたよなぁ。）

**439** That is one of the reasons that he was able to win the election.
（それが、彼が選挙に勝つことができた理由の1つだ。）

**440** You can go any time you want.
（いつでも好きな時に行っていいですよ。）

**解説**

439. the reasons that S + V:「SがVする理由」。that の代わりに why を使っても良い。

# Q 441 ~ 445

最も適切な選択肢を選べ。

**441** "Why don't we go out for lunch?" "Sorry. I (　　　) finish this job, so I can't."

1. should

2. ought to

3. have to

4. did

**442** "Why don't we go out for lunch?" "I (　　) finish this job, but OK, I'll come with you."

1. should

2. must

3. have to

4. need to

**443**「今夜遅くに、雨が降るかもしれない。」

It (　　　) rain later tonight.

1. can

2. maybe

3. cannot

4. could

下線部の中で不自然なものを１つ指摘せよ。

**444** "Who <u>must</u> that be at this hour?"
　　　　　　①

"It <u>must</u> be Kate. She <u>told</u> me she <u>would</u> come again."
　　①②　　　　　　③　　　　　④

**445**「このことは Josh には言っちゃダメだ。彼はいい奴かもしれないが、用心に越したことはない。」

We <u>mustn't</u> tell this to Josh. He <u>may</u> be a <u>nice</u> guy, but we <u>mustn't</u> be too careful.
　　①　　　　　　　　②　　　③　　　　　　④

# 助動詞2

## ▶ 表したい気持ちの違い

この項では日本語訳だけではわかりにくい、微妙なニュアンスを持つ助動詞表現を解説していきます。

---

**441** "Why don't we go out for lunch?"

"Sorry. I (　　　) finish this job, so I can't."

（「ランチ食べにいかない？」「ごめん。この仕事を終わらせないといけないから、行けないんだ。」）

　　1. should　　　　2. ought to　　Ⓐ 3. have to　　　4. did

---

should や ought to は「本来ならこうなる」というのが根っこの意味で、そこから「（本来なら）**〜すべき**」「（本来なら）**〜のはず**」という2つの意味が出て来ます。そして、「本来なら〜すべきなのだけど、結局は〜しない」という意味でも使える言葉です。

　一方で have to や need to、must は「〜しなければいけない。だから〜する。」という使い方をする言葉です。

本問では、should や ought to なら「本来なら自分の仕事を終わらせないといけないんだけど、まぁ、いいや。ランチに行こう。」と言えますが、have to なら「自分の仕事を終わらせないといけない。だから、ランチには行けない。」という流れになります。

442 "Why don't we go out for lunch?"

"I (　　) finish this job, but OK, I'll come with you."

（「ランチ食べにいかない？」「本当はこの仕事を終わらせないといけないんだけど、いいよ、一緒に行くよ。」）

Ⓐ 1. should　　　2. must　　　3. have to　　　4. need to

441 で説明した通り、should なら「本来は〜するべきだが、今回はやらない」という流れでも使うことができます。

443 「今夜遅くに、雨が降るかもしれない。」

It (　　) rain later tonight.

1. can　　　2. maybe　　　3. cannot　　　Ⓐ 4. could

「妨げるものが何もない」という根っこの意味を持つ can と could は、

①「これをやる、ということを妨げるものは何もない
　＝〜することができる」　能力
②「こういう出来事が起きることを妨げるものは何もない
　＝だから起きる可能性がある・ありうる」　可能性

という意味を出します。

　肯定文で、can と could を「可能性」の意味で使う時には注意が必要です。can が意味する可能性は「一般的に、世の中の普通として、時に〜ということがある・起きることがある」という話で使います。

例文 Accidents can happen.　「事故というのは起きうるものだ。」

例文 It can be dangerous making friends on social media.

「SNS での友人づくりは、時に危険なことがある。」

事故は
起きるもの
だよネ！

大事なグラスが…

例文でわかる通り、一般論的な「時にそういうことってあるよね」という意味での可能性を表しています。

一方で could は、「〜かもしれない」の may や might と似た意味で使われ、具体的な特定の出来事が起きるかどうかの**予想・推測**を表します。

形は could ですが、過去は表していません。本問のような「今夜遅くに、雨が降るかもしれない」というのがこれに当たります。could の代わりに may や might を使って、It may/might rain later tonight. と言っても構いません。

この could や might は、仮定法過去（本書第50項）の用法から来たもので、過去形が表しているのは時間的過去ではなく、「現実から離れた話をする」という意味です。「過去」の持つ「もう現実ではない」という感覚が、「現実から離れている」→「確実に実現するとは言えないが、ひょっとしたら〜かも」という意味に転用され、使われています。

選択肢 2 の maybe は助動詞ではなく、副詞です。したがって、三人称単数の主語 it に対して rain という動詞原形はおかしいですし、仮に It maybe rains later tonight. としても、現在形の rains は It rains a lot in June.（6月にはよく雨が降る）のように習慣を表すことが普通ですので、tonight という特定の時間と合いません。

---

**444** "Who must that be at this hour?"
   Ⓐ①
"It must be Kate. She told me she would come again."
   ②            ③            ④
（「こんな時間に一体誰だろう？」「きっと Kate だよ。彼女、また来るって私に言ってたし。」）

---

① must を could にします。

**443** の could と同じく、推測を表し、なおかつ「誰が来る可能性があるの

か」ということを問いかけています。

　could は仮定法過去的な、「現実離れ」した感覚が、「いったい誰？」という気持ちを強めています。ちなみに that は Who is <u>that</u> ？（あれは誰だ？）の that と同じです。

　選択肢 2 の must は「きっと〜に違いない」という**断定**を表し、選択肢 4 の would は過去に「Kate が私に言った」時点での Kate の**意思**（来るつもりだ）を表します。

---

**445**「このことは Josh には言っちゃダメだ。彼はいい奴かもしれないが、用心に越したことはない。」

We <u>mustn't</u> tell this to Josh.
　　　① 

He <u>may</u> be <u>a nice</u> guy, but we <u>mustn't</u> be too careful.
　　②　　　③　　　　　　　　　Ⓐ▶④

---

　④ mustn't を can't（can not や cannot でもよいですが、can't が最もよく使われています）にします。

「**can't be too 形容詞**」で「（形容詞）という状態であり過ぎてだめ、ということはできない＝いくら〜であろうとしても、やり過ぎということはない」です。この型で使われるのはほとんどの場合 can't be too careful です。直訳は「慎重であり過ぎることはできない」なので、「いくら用心しても、し過ぎということはない」「用心に越したことはない」という意味で使われます。

# Q 446 ~ 450

選択肢を並べ替えて適切な文をつくれ。

**446** ( finish, my, must, homework, I ) tonight. I can't put it off until tomorrow.

**447** ( my, should, do, know, I, I, homework ) now, but I'm too tired.

**448** This ( a lifetime, the, could, opportunity, of, be )!

**449** ( the, could, poor, who, man, blame )?

**450** ( too, about, you, careful, be, can't ) what you say.

---

**解答**

**446** I must finish my homework tonight. I can't put it off until tomorrow.
（今日宿題を終わらせないといけないんだ。明日まで延ばすわけにはいかない。）

**447** I know I should do my homework now, but I'm too tired.
（今宿題をやるべきなのはわかっているけど、疲れてしまってもうだめだ。）

**448** This could be the opportunity of a lifetime!
（これは生涯またとない機会かもしれないよ！）

**449** Who could blame the poor man?
（その可哀想な男性を一体誰が責めることができるというんだ？）

**450** You can't be too careful about what you say.
（自分の発言には気をつけるに越したことはない。）

---

**解説**

446. put **A** off ; A を延期する（直訳 ; A を離したところに置く＝いったん脇へ置く）

# 451 ～ 455

最も適切な選択肢を選べ。

**451** The gate closes at eight. We (　　　) be late. Let's hurry.
1. mustn't
2. don't have to
3. don't need to
4. haven't

**452**「誰かがそれをやらなきゃいけないことはわかるよ。でも僕じゃなくてもいいでしょう？」
I know someone must do it, but it (　　　) be me, right?
1. doesn't have to
2. mustn't
3. doesn't need
4. mustn't to

**453**「あら、Cohen さんでいらっしゃいますね。私、あなたにすごくお会いしたかったんです。」
Oh, you (　　　) be Mr. Cohen. I've been dying to meet you.
1. don't have to
2. can't
3. must
4. won't

**454** She will (　　　) stay in the hospital for another week.
1. have
2. have got to
3. get
4. have to

下線部の中で不自然なものを１つ指摘せよ。
**455** I usually <u>have</u> <u>got</u> <u>to</u> <u>go</u> to the office on the second Sunday.
　　　　① 　②③④

# 助動詞 3

## ▶ must とその周辺

must も have to も、どちらも「〜しなくてはならない」という**義務**を表しますが、must は「**絶対**」を根っこの意味に持ち、あくまで「話者の願い」を表すのが普通です。

I must go on a diet. 「絶対ダイエットしなきゃ！」
→話者の強い決意（＝願い）。「他に選択肢はない」という気持ち。

You must finish this job by tomorrow.
「明日までに君はこの仕事を終わらせないといけないよ。」
→「絶対にそうしてよね」という話者の強い願い。

一方で have to は「そういう状況を抱えている（have）のだから、やらないとしょうがない」という「状況のせいでせざるを得ない」感覚がよく出ます。

I have to go on a diet. 「ダイエットしなきゃなぁ。」
→体重や健康問題などのせいで、ダイエットすることに向かうこと (to) を抱えている (have) からやらざるを得ない感じ。

You have to finish this job by tomorrow.
「君はこの仕事を明日までに終わらせないといけないんだよ。」
→そういう状況を抱えているからやらざるを得ないよ、という感覚。

「絶対そうして！」という「願いを押しつける」must とは違い、「状況のせいで仕方がないよね」という have to は柔らかく聞こえ、話者にとっても使いやすい表現です（『英文法鬼』 Must 59）。

　must と have to の感覚の違いは、否定文になった時に、より明確になります。

　must not は「絶対に not だからね」という意見表明なので「**禁止（〜してはいけない）**」という意味になりますが、not have to は「（〜することを）抱えてはいないよ」という「**義務の解除**」を表すので、「〜する必要はない」という意味になります。

---

**451** The gate closes at eight. We (　　　) be late. Let's hurry.

（門は8時に閉まるんだ。遅れちゃいけない。急ごう。）

Ⓐ▶1. mustn't　　　2. don't have to　　　3. don't need to　　　4. haven't

---

　選択肢2や3では「遅刻しなくても良い」「遅刻する必要はない」という意味になるので、文意に合いません。

---

**452**「誰かがそれをやらなきゃいけないことはわかるよ。でも僕じゃなくてもいいでしょう？」

I know someone must do it, but it (　　　) be me, right?

Ⓐ▶1. doesn't have to　　　　　2. mustn't

3. doesn't need　　　　　4. mustn't to

---

　選択肢2だと「私ではいけない」という意味になります。

　選択肢3は doesn't need to にしないといけません。doesn't で否定されているので、この need は一般動詞です。ですから need の後ろに動詞をつなぐためには不定詞の to が必要です。助動詞の need の場合は「need not + 動詞原形」という形にします。

**453** 「あら、Cohen さんでいらっしゃいますね。私、あなたにすごくお会いしたかったんです。」

Oh, you (　　) be Mr. Cohen. I've been dying to meet you.

 1. don't have to  2. can't  Ⓐ 3. must   4. won't

　助動詞というのは話者の「**意見・考え**」、つまり「（私は）こう思っている」ということを述べるためにあります。逆に言えば、助動詞を使わない文というのは意見ではなく**事実**を述べていることになります。

　相手が誰かを確かめるために、助動詞を使わずに **You are Mr. Cohen.**（あなたは Cohen 氏だ。）と言ってしまうと、何か決めつけているように聞こえる可能性があります。そこで **must** を使い、「きっとあなたは Cohen さんに違いない、と私は思っているんですよ。」という話者の意見の形にしているわけです。

**454** She will (　　) stay in the hospital for another week.

（彼女はもう1週間入院しないといけないだろう。）

 1. have  2. have got to  3. get  Ⓐ 4. have to

　**have to** の砕けた形でよく使われる **have got to** ですが、**will have to** とは違い、**will have got to** という言い方はしません。

**455** I usually <u>have</u> <u>got to go</u> to the office on the second Sunday.
　　　　①　②　③　④

（私は普段、第 2 日曜日に出社しないといけないのです。）

② got を削除し、have got to を have to とします。

have got to は「習慣的に、いつも～しないといけない」という時には使
えません。

◯　I've got to go.　「もう行かなきゃ。」
　　→「今」の話

✕　I've got to go to the gym every Thursday night.
　「毎週木曜の夜はジムに行かないといけないんだ。」
　→「習慣」の話

　これは、have to の have が「～する用事を抱え（続け）ている」という
状態動詞的な意味なのに対して、have got to の have got は「～する用事を
今手に入れたところだ」という動作動詞の現在完了的な意味を持つからだと
考えられます。「今手に入れた用事」だから、「いつもしないといけない」に
は合わないわけですね。

　この感覚のせいで、「have got to は英米を問わず、緊急性や感情的な意味
合いを伴う時に好んで使われる」（ジーニアス英和辞典第 5 版・大修館書店）と言われてい
ます。

# Q 456 ~ 460

選択肢を並べ替えて適切な文をつくれ。

**456** We ( let, get, him, mustn't, with, away ) this.

**457** You ( a genius, to be, to do, don't, have ) that.

**458** The man said that he would finish college next year, so ( in, must, his early, he, be ) twenties.

**459** I hate ( have, ask, this, to, to, you ), but how is your marriage going?

**460** Many people (can't, say that, true, this, be ).

---

**解答**

**456** We mustn't let him get away with this.
（私たちはこのことについて彼に好き放題させてはいけない。）

**457** You don't have to be a genius to do that.
（それをやるのに、天才である必要はない。）

**458** The man said that he would finish college next year, so he must be in his early twenties.
（その男性は来年大学を終わらせると言っていたので、年齢はきっと20代前半ですよ。）

**459** I hate to have to ask you this, but how is your marriage going?
（こんなことを尋ねないといけないのは本当に心苦しいんだけど、結婚生活はうまくいっているの？）

**460** Many people say that this can't be true.
（多くの人たちが、これが本当であるはずがないと言っている。）

---

**解説**

456. S get away with this；「S がこれ（悪事）をしても捕まらない」。直訳は「これ（悪事）と一緒に（with this）、逃げる（get away）」、つまり「悪事をしたまま、逃げる」（『英熟語鬼』 **Must** 34）。

459. hate <u>to have to</u> のように have to は不定詞や動名詞に使えるが、have got to はそのように使うことができない。

# 461 ～ 465

最も適切な選択肢を選べ。

**461** "(　　　) bring you a cup of tea?" "No thanks. I'm fine."

　　1. When did I

　　2. What do I

　　3. Am I

　　4. Shall I

**462** Let's go out for dinner, (　　　)?

　　1. can you

　　2. shall we

　　3. shall I

　　4. shall you

**463** Elsa is supposed to be back by now. Something must be wrong.

　= Elsa (　　　) back by now. Something must be wrong.

　　1. ought be

　　2. may be

　　3. is going to be

　　4. should be

下線部の中で不自然なものを 1 つ指摘せよ。

**464** We <u>had better</u> <u>to go back</u>. Ted and Paul <u>might</u> be <u>looking for</u> us.
　　　　① 　　　　 ② 　　　　　　　　 ③ 　　　 ④

**465** She looked <u>at me</u> <u>as if to say</u> <u>we'd</u> <u>not better</u> talk about it anymore.
　　　　　　 ① 　　 ② 　　 ③ 　　 ④

# 助動詞 4

▶ 提案・助言・脅し

461 "(　　　) bring you a cup of tea?" "No thanks. I'm fine."

（「紅茶を1杯、お持ちしましょうか。」「いえ、結構。大丈夫です。」）

1. When did I　2. What do I　　3. Am I　　Ⓐ 4. Shall I

　Shall I ～ ? は「～して差し上げましょうか」という意味で、相手のために何かをしてあげる時に申し出るための表現です。

　shall 自体は「～するのは運命的に当然」という意味を根っこに持つ助動詞です。特にアメリカ英語では、shall は will に比べ、「未来においてそうなること」に対する強い確信を表します。

　Shall I bring you a cup of tea ? は「私が必然的にあなたに紅茶を1杯持って来ることになりますか？」というのが直訳になりますが、これが「持ってきてあげましょうか？」という意味で転用されているわけです。

　shall の「必然」が使われているのは、相手に対する「私がこれをあなたにしてあげるのは、当然のことですよ」という気持ちを表しています。

**462** Let's go out for dinner, (　　　)?

（外に夕食を食べに行きましょうよ。）

1. can you　　Ⓐ 2. shall we　　3. shall I　　4. shall you

第 23 項に書いたように、付加疑問文というのは断言を嫌う時に使う一種の「ぼかし」表現で、「断言の強さを中和する」という心理が作った文法です。したがって、let's での「私たち、～しましょうよ」という肯定文の断言的な表現を「私たち～しません？」という疑問文の shall we によって中和するわけです（let's は let us の短縮形で、単に「～しましょう」ではなく、「私たち、一緒に～しましょう」を意味します）。

Let's go out!

Shall we?

日本語でも「してください」より「してくれますか？」の方が丁寧に聞こえることでわかる通り、疑問文による依頼は肯定文の依頼より丁寧に聞こえます。相手にとって、疑問文には yes か no かの返答を選択ができる余地があるからです。

**463** Elsa is supposed to be back by now. Something must be wrong.

= Elsa (　　　) back by now. Something must be wrong.

（Elsa は、今頃はもう戻ってきているはずだ。何かまずいことがあったに違いない。）

1. ought be　　2. may be　　3. is going to be　　Ⓐ 4. should be

「**be supposed to ＋動詞原形～**」は「～するはず」「当然～するものと考えられている」という意味の、日常会話でとてもよく使われる表現です。

suppose の語源は「sup（=sub：下）+ pose（置く）」→「下に置く」→

「ある仮定のもとに置いて考える」です。したがって「be supposed to ＋動詞原形～」は「～する、という仮定のもとに置いて考えられている」というのが直訳の感覚です。ここから should に近い「～するはず」という意味が出て来ます（should は「当然」という根っこの意味から「（当然）するべき」「（当然）するはず」という2つの意味を出します）。

選択肢1の ought は、意味は should とほぼ同じですが、to が必要で「ought to ＋動詞原形～」となります。

---

**464** We had better to go back. Ted and Paul might be looking for us.
   ①   Ⓐ②      ③    ④

（私たち、戻らないとまずいよ。Ted と Paul が私たちを探しているかもしれない。）

---

② to go back を go back にします。

had better で1つの助動詞のかたまりだと考えましょう。ですから had better の後ろは動詞の原形が来ます。

意味は「～した方が良い」です。しかし、これは「優しい助言」では決してなく、一種の「脅し」に近い意味を持つ時があり、特に主語が you になると「～しないと知らないぞ、ひどい目に遭うぞ」という意味を持つことが普通です。

You'd better not.

had は仮定法過去の感覚を持ち、「本当は～しておいた方がより良い状況を抱えることになるのじゃないか？ 実際はそうなっていないけれど」というのが直訳の感覚です（仮定法過去の感覚については『英文法鬼』 Must 45）。

主語が一人称（I あるいは we）の場合は、「私（たち）、～した方がいいよ。じゃないとまずいことになるよ。」という感覚が出ます。

ちなみに、親切な助言のつもりで「～した方がいいよ」と言うなら

should を使いましょう。日本語訳の「〜するべき」のようなきつい感じは
should にはありません（日本語の命令口調の「君は〜するべきだ」は英語
の you have to に近いです）。

---

**465** She looked <u>at me</u> <u>as if to say</u> we'd <u>not better</u> talk about it anymore.
　　　　　① 　　　② 　　　　③ 　　Ⓐ④

（それについてはこれ以上話をしないほうがいいと言わんばかりに、彼女は私に目を
向けた。）

---

④ not better を better not にします。

had better で 1 つの助動詞のかたまりと考えるのですから、must not や
can not と同じく had better not とします。

as if to say で「まるで〜と言うかのように」。

選択肢を並べ替えて適切な文をつくれ。

**466** ( come, Ted, I, have, back, shall ) later?

**467** ( go, else, shall, where, we )?

**468** ( to, back, Elsa, by, ought, be ) now.

**469** I ( better, think, start, we'd, the meeting ).

**470** We ( not, this prosperity, take, had, for, better ) granted.

## 解答

**466** Shall I have Ted come back later?
（後で Ted をこちらに戻らせましょうか？）

**467** Where else shall we go?
（他にどこに行きましょうか。）

**468** Elsa ought to be back by now.
（Elsa はもう戻って来てもいい頃なんだけれど。）

**469** I think we'd better start the meeting.
（もう会議を始めましょうか。）

**470** We had better not take this prosperity for granted.
（我々はこの繁栄を当たり前だと思わない方がいい。）

## 解説

466. 構造は have [ Ted = come back later]。「[Ted ＝後で戻って来る] という状況を have する」という使役構文。(本書第25項参照)

467. where else で「他にどこに」。

470. take **A** for granted；「A を当然のものと考える」。直訳は「A を承認済みのものとして (for granted)、取る・解釈する (take)」。(『英熟語鬼』 Must 49)

# Q 471 ~ 475

最も適切な選択肢を選べ。

**471** I'm sorry. I (　　　) you about it yesterday, but I was very busy.

1. should tell

2. should have told

3. had to tell

4. might have told

**472** I can't find my phone. I (　　　) it somewhere.

1. must have left

2. should have left

3. would have left

4. will leave

**473** He (　　　) got the results in an hour because it usually takes at least a week to get the results of a DNA test.

1. must have

2. was

3. might have

4. can't have

下線部の中で不自然なものを 1 つ指摘せよ。

**474** 「傘を持って来る必要なんてなかったな。少しも雨は降らなかった。」

I <u>needn't</u> <u>to</u> <u>have</u> taken an umbrella with me. It didn't <u>rain</u> even a little.
　　①　　②　　③　　　　　　　　　　　　　　　　　　　④

**475** This is not what I <u>expected</u>. I <u>might</u> have <u>make</u> <u>a</u> mistake.
　　　　　　　　　　　　①　　　　②　　　　③　④

# 助動詞 5

## ▶ 過去に対する判断

---

**471** I'm sorry. I (　　　) you about it yesterday, but I was very busy.

（ごめんなさい。昨日それについてあなたに言っておけばよかったんだけど、すごく忙しかったんです。）

1. should tell　　　　　Ⓐ▶2. should have told

3. had to tell　　　　　4. might have told

---

　元々 shall の過去形とした始まった should には、過去形がありません。過去の意味で使う場合には「**should have ＋過去分詞**」という形にし、その意味は、「本来そうするべきだった（だけど実際にはそうできなかった・しなかった）」となります（ちなみに ought なら「ought to have ＋過去分詞」です）。したがって選択肢1ではなく2が正解となります。

　選択肢3の had to tell との違いを見ておきましょう。have to や must、need to は第46項で見た通り、「やらないといけないので、やる」という話になります。したがって本問のように「結局はできなかった」という文脈では had to は使えません。

　上で述べたように、should は元々 shall の過去形とした始まった言葉です。なぜ shall から should が独立したのかといえば、意見や考えを表すのに、「よりオブラートで包まれた表現」が求められたからでしょう。

　過去形の持つ「過去はもはや現実ではない→現実から離れている」という感覚が、助動詞では「現実から距離を置く遠回しな言い方」に転用されることがよくあります（『英文法鬼』 Must 51）。

　shall の「運命的、必然的にそうなるはずだと思う」という感覚が少し柔らかくなって、should では「筋から言えば、本来はそうなるのが普通だと思う」という意味になります。ここから、「するべき」「するはず」という2つの意味が生まれます。

　ちなみに should と似た意味を持つ ought も、大昔は owe の過去形だった言葉です。owe の「借りがある（よって、返す義務がある）」という意味から ought の「～すべき」という意味が出ました。

　意見を表す助動詞に過去形出身の言葉が多いのは、人間の「意見を言う時はあまりきつい言い方をしたくない」というコミュニケーションの性質をよく表していて、興味深く感じられます。

---

**472** I can't find my phone. I (　　　) it somewhere.
（電話が見つからない。きっとどこかに置いて来ちゃったんだ。）

Ⓐ 1. must have left　　　　　　2. should have left

　3. would have left　　　　　　4. will leave

---

　must も元々は "motan" という大昔の動詞の過去形だったのですが、14世紀頃から独立し、助動詞として使われるようになりました。現代英語ではきついイメージを持つ must ですが、当時は過去形の持つ当たりの柔らかさが、意見を表す際のオブラートとして好まれたのでしょう。そこで、助動詞

として発展していったのだと考えられます。

　過去形を起源とする **must** には過去形がありません。「しなければいけな
かった」という「**義務**」なら **had to**、「絶対〜だったに違いない」という
「**断定**」を表すなら「**must have ＋過去分詞**」を使います。

　選択肢 2 の should have left なら「置いて来るべきだった（のに実際には
置いて来なかった）」という意味になり、選択肢 3 の would have left なら
「（仮にあの時もし〜だったなら）どこかに置いて来ただろうに」という仮定
法過去完了の意味で使うのが普通です。

**473** He (　　　　) got the results in an hour because it usually takes at least a
week to get the results of a DNA test.

　　（彼が I 時間で検査の結果をもらったというのはありえない。I 回の DNA テスト
　　の結果が出るには通常最低でも I 週間はかかるからだ。）

　　1. must have　　　　2. was　　　　　3. might have　　Ⓐ 4. can't have

　can は「妨げるものは何もない」という意味を根っことするので「妨げる
ものがないので『できる』」という**能力**や可能の意味と、「妨げるものがない
ので『起こりうる』」という**可能性**の意味が出ます。

　この「可能性」の can を否定すると、「ありえない」という意味が出ます。
「可能性」の can の場合、have ＋過去分詞を使って時間的な過去を表しま
す。問題文の後半の内容から、可能性を否定する選択肢 4 を選びます。

**474**「傘を持って来る必要なんてなかったな。少しも雨は降らなかった。」
I needn't to have taken an umbrella with me. It didn't rain even a little.
　　　① Ⓐ② ③　　　　　　　　　　　　　　　　　　④

②の to を削除します。

　need には一般動詞と助動詞の2種類があります。助動詞の need は否定文と疑問文で使われます。

　一般動詞の need なら「need to 動詞原形」、助動詞の need なら現在形は「need not 動詞原形」、過去形は「need not have 過去分詞」です。

　過去形の「**didn't need to 動詞原形**」は「〜する必要がなかったからしなかった」という文脈で使われる一方で、「**need not have 過去分詞**」は「〜する必要がなかったのにやってしまった」という文脈で使われます。

**475** This is not what I expected. I might have make a mistake.
　　　　　　　　　　①　　　　　　②　　　　Ⓐ③ ④

　　（こんなはずじゃなかった。私はミスを犯したのかもしれない。）

　③ make を過去分詞の made にします。

　「かもしれない」の意味では might は時制の一致を除いて過去の意味で使われることはほとんどなく、may も might も過去の意味で使うなら後ろに「have + 過去分詞」をつけます。

might have
made a mistake

307

復習問題

# Q 476 ～ 480

選択肢を並べ替えて適切な文をつくれ。

**476** I shouldn't have said anything. I ( it, should, all to, kept, have ) myself.

**477** I love that book. ( least ten, have, it, I, read, must, at ) times.

**478** ( have, there, can't, been, I ). I was sleeping at the time.

**479** This is ( that, happened, a tragedy, not, have, need ).

**480** Looking back, I think ( may, something, he, say, have, to, wanted ).

---

**解答**

**476** I shouldn't have said anything. I should have kept it all to myself.
（何も言わなければよかった。全て自分の中にしまっておけばよかったんだ。）

**477** I love that book. I must have read it at least ten times.
（その本、大好きですよ。確か 10 回は読み返したはずです。）

**478** I can't have been there. I was sleeping at the time.
（私がそこにいたはずがありません。その時私は眠っていたんです。）

**479** This is a tragedy that need not have happened.
（これは起きる必要のなかった悲劇なのです。）

**480** Looking back, I think he may have wanted to say something.
（今思えば、彼は何か言いたいことがあったのかもしれない。）

---

**解説**

476. keep it to oneself「それを自分の中だけにしまっておく」。to oneself は「自身専用にする・自身だけのものにする」。

## 481 ~ 485

最も適切な選択肢を選べ。

**481** It (　　　) that many restaurants and bars will be forced out of business.

1. may

2. may well

3. may well be

4. might

**482** I'd like you to leave a comment. (　　　) do.

1. Some comments are

2. Any comment will

3. That'll have a

4. Any comments can

**483** I totally agree with you!　＝ (　　　)!

1. You are so nice

2. I need it right now

3. You may be right

4. You can say that again

**484** I totally agree with you!　＝ (　　　) I agree with you!

1. Why should

2. How can

3. I must say

4. You must say

下線部の中で不自然なものを１つ指摘せよ。

**485** You <u>should have</u> <u>known</u> better <u>than</u> <u>telling</u> Jack the truth.
　　　　　①　　　　　②　　　　　③　　　④

# 助動詞 6

## ▶ 助動詞を使った慣用表現

**481** It (　　　) that many restaurants and bars will be forced out of business.

（多くの飲食店が廃業に追い込まれるというのは十分あり得る話だ。）

1. may　　　2. may well　　　Ⓐ 3. may well be　　　4. might

It may well be that S + V 〜（S が V するのは十分あり得る話だ）は、書き言葉やニュース番組などで見られる推測の表現。

may well 自体は「おそらく（probably）」という「確度の高い推量」を意味します。may が表す「かもしれない」の気持ちを well（よく、十分）が強めています。つまり実現の可能性が高いと考える気持ちを「十分そうかもね」という形で表しています。

**482** I'd like you to leave a comment. (　　　) do.

（ぜひコメントをよろしくお願いします。どんなコメントでもいいですよ。）

1. Some comments are　　　Ⓐ 2. Any comment will

3. That'll have a　　　4. Any comments can

### any ＋単数形可算名詞について

「**Any 単数形可算名詞 will do.**」で「どのような〜でもかまわない。」です。

「any ＋単数形可算名詞」は「どの 1 つの○○でも良いのだけど」という「**種類のランダム**」を表します（『英文法鬼』Must 66）。命令文や can の文でよく使われます。

何でもいいって
言ったけど…

**例文** Choose any book you like. 「どれでも好きな本を選びなさい。」

　　　　　どの1冊の本でも良い、ということなので、単数形名詞

**will do について**

will は「だろう」という予想を表します。

do ですが、do it（それをする）のように目的語が来るのが普通である他動詞 do が、ここでは目的語のない自動詞として使われています。このように他動詞ベースの動詞が自動詞で使われる時、「機能」を表すことがよくあります。

The cat saw a mouse .　　「その猫は1匹のネズミを目にした。」他動詞

→「視覚的にキャッチする」という力を a mouse にぶつけている

Cats can see in the dark.　「猫は暗闇でも目が見える。」　　自動詞

→力を他者にぶつけてはおらず、「見る」という機能の話だけに特化している

do は自動詞の場合「【する】という機能が働いているかどうか」という意味で使われますので、will do は（うまく機能するだろう）という意味です。

**483** I totally agree with you!　　= (　　　　)!

（まったくあなたの言う通りです。）

1. You are so nice　　　　　　2. I need it right now

3. You may be right　　　　Ⓐ4. You can say that again

You can say that again! は、相手への「完全同意」を意味する相づちの表現です。「それ、もういっぺん言ってもいいよ。」が直訳ですが、「全くもってその通り過ぎて、もう一度言ってもいいくらいだよ」という気持ちを表します。

Ⓜ dameco

♥ ダメなヤツほど
カワイイ
いいね！ ○○他

ⓘ XXX_XXX
完全同意！

ⓘ OOO_OO
もう一度言って！

**484** I totally agree with you!　= (　　　　) I agree with you!

（まったくあなたの言う通りです。）

1. Why should　　　　　　2. How can

Ⓐ 3. I must say　　　　　　4. You must say

must は「絶対それしかない」という、話し手の強い意見を根っこの意味に持ちます。I must say は「絶対にこれを言わないとなぁ、と私は思っています」ということで、これを文に付け加えることで「全くもって」という強調を表します。

485 You should have known better than telling Jack the truth.
　　　　　　　　①　　　　　　　②　　　　　　　③　　④
（Jack に本当のことを言うなんて君もばかだよ。）

④ telling を to tell にします。

「**should know better than to 動詞原形**」の直訳は「〜することよりももっとマシなことを、本来なら知っているはずだ」です。ここから「(知っているはずなのだから) そんな馬鹿なことをしてはいけない」という意味になります。

例文 You should know better than to make promises you can't keep.

　　「できない約束をするなんて馬鹿な真似をするんじゃないよ。」
　　→直訳「できない約束をすることよりももっとマシなことを、君は本来なら知っているはずだ。」

これを should have known という過去の形で使うと「もっとマシなことを本来知っていたはずなのに、実際には馬鹿なことをしてしまった」となり、そこから「〜してしまうなんて、馬鹿な話だ」という意味で使われます。

この表現で特徴的なのは than の後ろに動詞を使う時、動名詞ではなく不定詞になるということです。

動名詞は〜 ing なので「している最中の映像」が出て来るのですが、不定詞なら動詞原形なので、「動作の開始から終了までの、一個の出来事まるごと」という「動作の概念全体」のイメージが出ます。出来事の顛末を評価する表現なので、出来事全体を意味する不定詞が使われるのでしょう。（〜 ing が「動作の途中」であることに関しては『英文法鬼』 Must 24 を、動詞の原形が「動作の概念」を表すことに関しては『英文法鬼』 Must 34 を参照。）

 **486 ～ 490**

選択肢を並べ替えて適切な文をつくれ。

**486** ( well, this is, it may, beginning, that, be, the ) of the end of the war in Afghanistan.

**487** I need a job. ( will, job, do, any ).

**488** "Video games these days are not exciting." "( that, can, again, you, say )!"

**489** ( say that, Tony, must, I ) has done a great job.

**490** ( better, have, I, than, to, should, lend, known ) Dave my car.

---

**解答**

**486** It may well be that this is the beginning of the end of the war in Afghanistan.
（これがアフガン戦争の終わりの始まりだというのはありうる話です。）

**487** I need a job. Any job will do.
（仕事が必要だ。どんな仕事でもいい。）

**488** "Video games these days are not exciting." "You can say that again!"
（「近頃のゲームは面白くない。」「全くその通りだよ。」）

**489** I must say that Tony has done a great job.
（本当に Tony はいい仕事をしてくれたよ。）

**490** I should have known better than to lend Dave my car.
（Dave に自分の車を貸すなんて、僕がばかだったよ。）

---

**解説**

490. 「lend 人 ＋モノ」で「人にモノを貸す」という第4文型。

# 英文法の鬼1000問

第7章

## 仮定法：実際のことではないという宣言

# Q 491 ~ 495

最も適切な選択肢を選べ。

**491** I won't buy this book because I don't have enough money.

= I (　　　) buy this book if I had enough money.

    1. would not

    2. would

    3. won't

    4. will

**492** You didn't have to stay. You (　　　) with me. Why didn't you?

    1. could have come

    2. could come

    3. would come

    4. came

**493** I wish you (　　　) here now. I really miss you.

    1. are

    2. were

    3. had been

    4. should have been

下線部の中で不自然なものを1つ指摘せよ。

**494** If I <u>could</u> go back <u>in time</u>, I <u>will</u> tell myself <u>to</u> be more patient.

    ①　　　　　　　②　　　③　　　　　　④

**495** 「10年前に君を知っていたらなぁ。」

    I <u>wish</u> I <u>knew</u> <u>you</u> 10 years <u>ago</u>.

    ①　　②　　③　　　　　　④

# 仮定法の基本

## ▶仮定法過去と仮定法過去完了

仮定法はまず基本的な構文の形を覚えてしまうことが大事です。

---

**仮定法過去**

「(今、実際はそうではないけれど) もし仮に今〜なら、…するだろうになぁ。」

If S <u>過去形の動詞</u> 〜 , S <u>助動詞の過去形＋動詞原形</u> 〜 .

　　仮定節　　　　　　　　　帰結節

**仮定法過去完了**

「(あの時、実際にはそうではなかったけれど)

　もし仮にあの時〜だったら、…していただろうになぁ。」

If S <u>had ＋過去分詞</u> 〜 , S <u>助動詞の過去形＋ have ＋過去分詞</u> 〜 .

　　仮定節　　　　　　　　　帰結節

---

仮定法は「実際にはそうではないけれど」「あくまで想像で話をしている」ということを表すための**動詞の活用法**です (『英文法鬼』 Must 44)。

仮定法の要は <u>if</u> の有無ではなく、動詞、あるいは助動詞の形であることに注意してください。

**仮定節**

仮定法過去で動詞の過去形を使うのは、「過去のこと＝今はもう、そうではない」という感覚が働いているからだと考えられます。

仮定法過去完了では「過去の1つ前」を意味する過去完了によって「あの時、実際には起きていなかった」ことを表します。

今の状況を想像

仮定法過去

仮定法過去完了

あの時

あの時をふり返って想像

**帰結節**

　帰結節で助動詞を使うのは、帰結節が「話し手の考え、意見」を表すパートだからです。

　例えば will なら「だろう（と思う）」、may なら「かもしれない（と思う）」など、助動詞は事実ではなく話し手の「予想や意見」を表すための言葉です。そして、「今、実際にはそうではない」という前提があるので、助動詞も過去形を使います。仮定法過去完了では「あの時、実際にはそうではなかった」という前提があるので、過去形の助動詞の後ろに「have + 過去分詞」をつけます。

---

**491** I won't buy this book because I don't have enough money.

　（十分なお金がないので私はこの本を買うつもりはない。）

= I (　　　) buy this book if I had enough money.

　（もし（今）十分なお金があれば、この本を買うだろうになぁ。）

　1. would not　　Ⓐ 2. would　　　　3. won't　　　　4. will

---

　「現実の状態（=**直説法**）」を表す I don't have enough money に対応する形である if I had enough money が「実際は違うが仮にもしそうであれば（=**仮定法**）」だと気づけば、空欄には仮定法過去の帰結節が入ることがわかります。

　したがって過去形の助動詞が必要で、さらに、意味的には「（仮に十分お金があれば）買うだろうになぁ」となるので would が適当です。仮定法の would は「未来」というよりは「だろうなぁ」という予想、想像をよく表します。

無理

私を買って

**492** You didn't have to stay. You (　　) with me. Why didn't you?

（あなたはそこにとどまる必要はなかったのよ。私と一緒に来ることだってできたのよ。なぜ来なかったの？）

Ⓐ 1. could have come　2. could come　　3. would come　　4. came

　前後の文がいずれも過去を舞台にしていることを考えると、出来事の舞台は過去で、なおかつ最後の Why didn't you (come)? を見ると「実際には来なかった」ということがわかります。よって仮定法過去完了の帰結節である「助動詞の過去形＋ have ＋過去分詞」の形を使います。

　仮定法がカジュアルに使われる場合、仮定節を省いた帰結節のみの形がよく見られます。

**493** I wish you (　　) here now. I really miss you.

（今ここにあなたがいればいいのに。本当にあなたが恋しい。）

1. are　　Ⓐ 2. were　　3. had been　　4. should have been

　例えば「道に３億円落ちてないかな～」と願う時、「実現するはずはない」と思いながら願っていますよね。wish は「神に祈る」イメージを持つ言葉で、「実現するのは無理だとわかりつつ願う」という意味が出やすいため、仮定法に使われます。

　仮定節から if を除いて、I wish をつけるとできあがります。

If you were here now … → I wish you were here now.

　now という言葉があるので、「あの時」ではなく「今」が話の舞台です。つまり、仮定法過去なので、空欄には動詞の過去形が入り、be 動詞なら were が入ります。

**494** If I could go back in time, I will tell myself to be more patient.
　　　　①　　　　　　　　②　　④③　　　　　④

（もし過去に戻れるなら、（あの時の）自分にもっと我慢強くいるように言うだろうな。）

③ will を would にします。

「過去に戻る」話なら仮定法過去完了を使うのでは？と思った方もいるかもしれませんが、「今」過去に戻れるなら、という気持ちを表しているので、仮定法過去を使います。

仮に「今」でなく「あの時、過去に戻れていたら、自分にもっと我慢強く……」ならば、If I could have gone back in time, I would have told myself …. となります。

**495**「10 年前に君を知っていたらなぁ。」

I wish I knew you 10 years ago.
　①　　④②　　③　　　　　④

② knew を had known にします。

「今、知っていたらなぁ」ではなく「10 年前に知っていたら」という過去を振り返る感覚なので仮定法過去完了の出番です。wish の後の語順は以下の通りです。

If I had known you 10 yeas ago, …

→ I wish I had known you 10 years ago.

# 496 ～ 500

選択肢を並べ替えて適切な文をつくれ。

**496** How ( if, you, you, would, were, feel ) in that situation?

**497** To hear anything over ( been, those screams, impossible, have, would ).

**498** I ( you, had, wish, with, there, been ) me yesterday.

**499** It ( nice, if, could help, be, you, would ) me.

**500** ( someone, I, told, wish, had, me ) that years ago.

## 解答

**496** How would you feel if you were in that situation?
（仮にあなたがその状況の中にいたら、あなたはどんな気持ちになると思う？）

**497** To hear anything over those screams would have been impossible.
（そんな叫び声の中では、何かを聞き取るということは不可能だったでしょう。）

**498** I wish you had been there with me yesterday.
（あなたが昨日、私と一緒にそこにいてくれていたら、と思いますよ。）

**499** It would be nice if you could help me.
（手伝っていただけると、ありがたいのですが。）

**500** I wish someone had told me that years ago.
（何年か前に、誰かが私にそれを言ってくれていたらなあと思うよ。）

## 解説

497. hear A over B：「Bの中でAを聞き取る」。直訳は「Bという障害を乗り越えて、Aという音が耳に届く」

499. 相手に丁寧に依頼する時の表現。「現実ではなく、あくまで仮の話」ということを表すのが仮定法だが、この「現実から離れた話ですよ」という特徴を「遠回しにお願いする」表現として転用している。

 **501 ~ 505**

最も適切な選択肢を選べ。

**501** If I hadn't had such good high school teachers, I (　　　) to become a teacher myself.

    1. didn't decide

    2. might not have decided

    3. would not have decide

    4. can't decide

**502** If there wasn't a pandemic going on, I (　　　) to Hawaii and have fun.

    1. could go

    2. will go

    3. could going

    4. could visit

**503**「額面通りにその話を受け取ってしまったんだ。そうするべきじゃなかったけど。」

  I took it at face value, which I (　　　).

    1. should do

    2. shouldn't do

    3. should have done

    4. shouldn't have done

下線部の中で不自然なものを1つ指摘せよ。

**504** You <u>wouldn't</u> be suffering <u>from</u> toothache now if you <u>went to</u> <u>the dentist</u>
        ①             ②                ③    ④

  two weeks ago.

**505**「しばらくだね。元気にしてた？」「うまくやってるよ。これ以上ないくらい。」

  "It's <u>been</u> a while. How <u>have you been</u>?" "<u>Great;</u> <u>could be</u> better."
         ①            ②      ③    ④

# 仮定法と助動詞

## ▶would だけじゃない、ニュアンスの違い

　仮定法の助動詞は would 以外にも might や should、could などもよく使われます。それぞれの助動詞のニュアンスを理解して、より自然に仮定法を使えるようになりましょう。

> **501** If I hadn't had such good high school teachers, I (　　　　) to become a teacher myself.
>
> （あんなに良い先生たちに高校で会っていなければ、私は先生になろうと思ったりはしなかったかもしれない。）
>
> 1. didn't decide 　　　　　　 Ⓐ 2. might not have decided
>
> 3. would not have decide 　　　 4. can't decide

　仮定節（if 節）が過去完了なので、「過去あの時を振り返って、もしあの時〜だったら」ということを表す**仮定法過去完了**の文です。

　よって**帰結節は「助動詞の過去形＋have ＋過去分詞」**が普通です。あるいは帰結節だけ仮定法過去という場合もありますが（**504** 参照）どちらにしても選択肢 1 と 4 はその条件に該当しません。

　would なら「〜だろうなぁ」と「普通にそうなると思っている」感じがするのですが、might なら「ひょっとしたら〜かもなぁ、でもわからないけど」という感じです。（『英文法鬼』 Must 58）。

　ここでは would を使っても might を使ってもどちらでも良いのですが、選択肢 3 は have の後ろが decide という動詞原形になっているので不適切です。

---

502 If there wasn't a pandemic going on, I (　　　　) to Hawaii and have fun.
（伝染病がなければ、ハワイに行って楽しむことができるんだけどな。）
Ⓐ 1. could go　　2. will go　　　3. could going　　　4. could visit

---

　仮定節の動詞が仮定法過去形の wasn't で＊、これは「実際には伝染病のせいでハワイには行けない」ことを前提に話しています。したがって「仮の世界での予想・想像」を表すために、帰結節には過去形の助動詞が必要です。空欄の後ろが「to ＋場所」となっているので visit は使えず、go を使うことになります。

---

503「額面通りにその話を受け取ってしまったんだ。そうするべきじゃなかったけど。」
I took it at face value, which I (　　　　).
1. should do　　　　　　2. shouldn't do
3. should have done　　Ⓐ 4. shouldn't have done

---

　ここでの「, which」は非制限用法の which で、直前の名詞（ここでは face value）だけでなく、直前の節全体（I took it at face value）を指すことができるという大きな特徴があります（本書第 80 項参照）。

---

※仮定法過去で一般的な weren't とせずに wasn't としているのは、文の後半の have fun が砕けた表現なので、書き言葉にも使われる weren't は堅く響いて不自然だとのネイティブスピーカー（イギリス人で辞書編纂者）の指摘によります。砕けた表現では仮定法過去も were ではなく was がよく使われます。

shouldn't have done Ａは「あの時 A をするべきではなかったのに、実際にはやってしまった」という**後悔**を表す表現で、本文では Ａが which になって節の頭に出ています。

日本語文の「そうするべきじゃなかったけれど」から、選択肢4が適切です。

face value の face（顔）は mind や heart（心）と対立する言葉で、「表から見えるもの」という意味です。face value は「表面的な値打ち」という意味を表しています。

---

**504** You wouldn't be suffering from toothache now if you went to the dentist
　　　　　　①　　　　　　　　　②　　　　　　　　　　　　Ⓐ③　　　④

two weeks ago.

（2週間前に歯医者に行っておけば、君も今頃は歯痛に苦しまなくてすんでいただろうに。）

---

③ went to を had gone to にします。

これは仮定法過去完了と仮定法過去が混ざったものです。仮定節では「2週間前」のことを振り返って「歯医者に行っておけば」と想像しているので**仮定法過去完了**になり、「had ＋過去分詞」を使います。

一方で帰結節は「今」の話をしているので、「助動詞過去形＋動詞原形」を使っています。

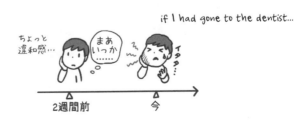

505 「しばらくだね。元気にしてた？」

「うまくやってるよ。これ以上ないくらい。」

"It's been a while. How have you been?" "Great; could be better."
      ①              ②         ③  Ⓐ④

④ could be を couldn't be にします。

**「couldn't be ＋比較級の形容詞」**は「仮にこれ以上〜しようとしても、きっとできないだろう」ということを意味する、仮定法の強調表現です。

couldn't be better は「仮にこれ以上調子良くなろうと思ってもなれないだろう」という意味です。口語的表現で、砕けた会話ならこうして主語の I が省略されることが普通です。

選択肢を並べ替えて適切な文をつくれ。

**506** If we'd told her about it in advance, ( her, have, might, she, changed, mind ).

**507** Do you know ( a used, could, where, motorcycle, I, buy ) around here?

**508** ( a promise, have, I, like, shouldn't, made ) that.

**509** You wouldn't have the flu ( two, if, vaccinated, you'd, been ) months ago.

**510** "What do you think of his proposal?" "( care, couldn't, less, I )."

**解答**

**506** If we'd told her about it in advance, she might have changed her mind.
（事前にそのことを彼女に言っておけば、彼女は考えを変えていたかもしれない。）

**507** Do you know where I could buy a used motorcycle around here?
（このあたりで中古のバイクが買えるところをご存じないですか？）

**508** I shouldn't have made a promise like that.
（あんな約束をするんじゃなかった。）

**509** You wouldn't have the flu if you'd been vaccinated two months ago.
（2か月前に予防接種しておけば、（今）インフルエンザにかかっていなかったんだよ。）

**510** "What do you think of his proposal?" "I couldn't care less."
「彼の提案をどう思う？」「心底どうでもいいよ。」

**解説**

506. we'd は we had ＋過去分詞と we would ＋動詞原形の可能性があるが、後ろに told という過去分詞がついているのでここでは we had。

507. Do you know …に Where could I buy a used motorcycle? という疑問文が組み込まれたもの。could buy は「仮に買えるとしたら（どこですか）」という「仮想」を意味する仮定法過去で、「遠回し＝丁寧な表現」として使われている。質問というのは答えを相手に要求する行為なので、仮定法によって「絶対教えろ」という感じを避け、「仮に買えるところがあればなぁと思っているんですが（なければないで、良いのだけど）」という感じを出そうとしている。

510. couldn't care less の直訳は「これ以上少なく気にしようと思ってもできないだろう」つまり、実際には「これ以上無理、というくらい気にならない」。

# Q 511 〜 515

最も適切な選択肢を選べ。

**511**「（まず戻って来ることはないと思うけれど）もし万が一彼が戻って来たら、すぐに私に知らせてもらえますか。」

If he (　　　), could you let me know as soon as possible?

1. will come back

2. comes back

3. come back

4. should come back

**512** What do you think you could do if I (　　　)?

1. were to hire you

2. were to hired you

3. were hire you

4. was hired you

**513** (　　　) you should change your mind, here's my number.

1. During

2. With

3. In case

4. Due to

下線部の中で不自然なものを1つ指摘せよ。

**514**「そこへ私を連れて行っていただければ、大変ありがたいのですが。」

I would be very grateful if you are to taken me out there.
　①　　　　　②　　　　　③　　　　　④

**515** Do you understand that you could be fired should the project fails?
　　　　　　　　　　①　　　②　　　　③　　　　④

# 未来を見る仮定法

▶ if + should, if + were to

> **511**「（まず戻って来ることはないと思うけれど）もし万が一彼が戻って来たら、すぐに私に知らせてもらえますか。」
>
> If he (　　　), could you let me know as soon as possible?
>
> 　1. will come back　　　　　　　2. comes back
>
> 　3. come back　　　　　　Ⓐ 4. should come back

　日本語訳が「もし万が一」となっているので should を使った選択肢 4 を選びます。

　If + should は、これから起きる出来事に関して、「起きる可能性はほとんどないと思っているけれど、もし万が一起きたら」という時に使います。この should は「すべき」の should ではなく、shall が仮定法過去形になった should だと考えられます（『英文法鬼』 Must 49）。if + should が「もし万が一」という意味を出す仕組みは以下の通りです。

　**直説法**は「実際に起きている事実」を述べる動詞の活用です。

　例文 It is raining now.

　「今（実際に）雨が降っている最中だ。」

　　　　　**100% 現実**

　これが**仮定法過去**になると、「実際には降っていないけれど」という前提がつきます。

**例文** If it <u>were raining</u> now …

「仮に雨が今降っていたら……」
**100% 現実ではない**

shall は「必然的にそうなる」、言ってみれば「**98%** くらいは現実になる可能性があると思っている」という、話者の**推測**を表す助動詞です。

これを仮定法過去の should にすることで、「実際には 98% 現実にはならないと思うけど、仮に、残り 2% の可能性で現実になったら」、つまり「<u>万が一本当に〜になったら</u>」という意味が出ます。

**例文** If it <u>should rain</u> tomorrow …

「万が一明日雨が降るようなことになれば…」
**98% は実現しないと思っている**

**512** What do you think you could do if I (　　　)?

（仮に私があなたを雇ったら、あなたは何ができると思いますか。）

Ⓐ **1. were to hire you**　　2. were to hired you

　3. were hire you　　4. was hired you

「**if + were to 動詞原形**」は、これから起きる出来事に関して、「仮にこれからこういうことになれば」という「<u>あくまで仮の未来の話</u>」をする表現です。

「100％起こり得ない話に使う」と習った方も多いかもしれません（私もそうでした）。しかし実際には「まったく実現不可能な仮定から、実現の可能性のある仮定まで、いろいろな仮定を表す」（『表現のための実践ロイヤル英文法』旺文社）という表現です。

ただし、If it rains tomorrow, the game will be canceled.（もし明日雨なら、試合は中止になるだろう。）のような普通の条件文である「If ＋直説法現在形の動詞」の文とは違い、「あくまで仮の話だよ」という気持ちが前提としてあり（ですから were to の文では帰結節の助動詞は過去形です）、「現実から距離を置いた遠回しな表現」であること（次問参照）は理解しておきましょう。

ちなみにこの表現がなぜ「今」ではなく「これから」の仮定の話になるのかといえば、それは「**be to 不定詞**」<sub>(本書第72項参照)</sub>が仮定法過去形になって were to 不定詞となっているからです。be to 不定詞の根っこは「これから～することに向かっている（to do）状態である（be）」という感覚で、**未来の予定**などを表します。

選択肢の中で「were to 動詞原形」になっている 1 が正解です。

---

**513** (　　　　) you should change your mind, here's my number.
（万一あなたの気が変わったら、ここに私の電話番号がありますから。）
1. During　　　2. With　　Ⓐ 3. In case　　4. Due to

---

if + should の構文の代わりに in case S should ～という言い方が使われることもあります。in case は接続詞に分類され、その直訳は「場合の枠内で」となり、in case S + V ～は「S が V する場合に備えて」ということで if と同じく仮定を表すことができます。

during、with、due to は前置詞なので、後ろに S + V をつなぐことはできません。

514 「そこへ私を連れて行っていただければ、大変ありがたいのですが。」
I would be very grateful if you are to taken me out there.
　　①　　　　　　　　②　　　　　　Ⓐ③　　　　　　④

③ are to taken を were to take にします。

「**if you were to ＋動詞原形**」は丁寧な依頼に使うこともできます（ただしとても堅い表現です）。512 で説明した通り、遠回しに「あなたがこれから〜することに、仮に向かうとすれば」ということだからです。

515 Do you understand that you could be fired should the project fails?
　　　　　　　　　　　①　　　　②　　　　　　　③　　　　　　　Ⓐ④

（万が一プロジェクトが失敗したら、君はクビになる可能性があることをわかっているのか？）

④ fails を fail にします。

仮定法の倒置 (本書第55項参照) により、if the project should fail が should the project fail になっています。文後半の仮定法の倒置は見抜きにくいですが、慣れればすぐにわかるようになります。助動詞 should に連動して動詞 fail は原形になります。

復 習 問 題

# 516 ~ 520

選択肢を並べ替えて適切な文をつくれ。

**516** ( should, the, arise, if, need ), will the government be able to procure enough vaccines?

**517** I wonder what I would ( him, were to meet, I, say, if ) in person.

**518** Bring an umbrella ( should, you, in, with, case, it ) rain.

**519** It would be ( were, have, better, you, to, if ) a seat.

**520** I'll take the ( complain, they, responsibility, should ).

解答 ―――――

**516** If the need should arise, will the government be able to procure enough vaccines?
（仮に万が一必要が生じる場合、政府は十分な量のワクチンを入手することができるのだろうか。）

**517** I wonder what I would say if I were to meet him in person.
（彼とじかに会うなんてことがあったら、私は何て言うだろうなぁ。）

**518** Bring an umbrella with you in case it should rain.
（万一雨が降った場合にそなえて、傘を持っていきなさい。）

**519** It would be better if you were to have a seat.
（座っていただいた方が良いと思います。）

**520** I'll take the responsibility should they complain.
（万一彼らが文句を言うようなことがあれば、私が責任をとる。）

解説 ―――――

516. if the need arises で「必要が生じる場合」。arise は rise（上昇する）から派生した言葉で「上昇する→浮かび上がる→出現する・発生する」。should が加わると「万が一必要が生じる場合」。need はここでは名詞。procure；「（苦労して）手に入れる」

518. bring A with 人 で「A を持って行く」。ここでの「with 人」は、日本語に訳されないが「人が身につけて」という意味。

519. 丁寧な依頼の「were to 動詞原形」。

520. should を使った仮定法の倒置。

332

# 521 ~ 525

最も適切な選択肢を選べ。

**521** Press on the wound with a clean pad, or (　　　), with your bare hands.

1. if need be

2. if need is

3. if is need

4. if be need

**522** It's important that he (　　) with me in person.

1. be here to talk

2. is here and to talk

3. will here and talk

4. were here and to talk

**523** The government requires that taxes (　　) be paid in domestic currency.

1. would

2. could

3. might

4. should

下線部の中で不自然なものを1つ指摘せよ。

**524** 「彼は幽霊を見るかのような目で私を見た。」

He <u>looked</u> at me as <u>though</u> he <u>had seen</u> a ghost.
　　　① 　　②　　　　③　　　　④

**525** 「彼女の靴は濡れて汚れているように見えた。まるでそれまで泥の中にいたかのように。」

Her shoes <u>looked</u> <u>wet and dirty</u>, as if she <u>were</u> in the mud.
　　　　①　　　②　　　　　③　　④

# 仮定法現在・as if の時制

▶これから「やってね・もしやれば」

---

**521** Press on the wound with a clean pad, or (　　　　), with your bare hands.

（清潔な当て物、あるいは必要とあらば素手で、傷口を押さえてください。）

Ⓐ<u>1. if need be</u>　　2. if need is　　3. if is need　　4. if be need

---

if need be で「必要とあらば」です。「それだけでは足りない場合、さらにエスカレートした行為を必要とする場合」という意味で使われる、すこし堅めの表現です。

need は名詞で「必要性」、動詞 be は「～という状態で存在している」が根っこの意味ですが、ここでは「存在している」という意味で使われています。

「 S be.」で成り立つ文型はとても文語的で古く、if need be も古い表現が慣用句として現代英語に生き残ったものです。直訳すると「仮に今必要性が存在するなら」ということですね。

be という動詞原形は**仮定法現在形**です。

仮定法現在というのは「今やっていないことをこれからやってね」という命令の意味で使われたり（**522**参照）、「まだやっていないことを、仮にこれからやれば」という仮定の意味で使う、未来志向の仮定法です。

ちなみに現代英語ではただの条件を表す、以下の直説法現在形 rains も、シェイクスピアくらいの時代（16世紀ごろ）の英語では仮定法現在形の rain、つまり動詞の原形でした。

If it <u>rains</u> tomorrow …　　「もし明日雨が降れば……」
　　┗━ 昔は rain だった

「まだ降っていない雨（＝現実ではない雨）が、仮に明日降れば」ということだからです。しかし、現代英語では仮定法は次第に使われなくなっており、if ＋仮定法現在（if it <u>rain</u>）も上記の if it <u>rains</u> のように直説法現在形に取って代わられています。

---

**522** It's important that he (　　) with me in person.

（彼がここにいて、私とじかに話すことが重要です。）

Ⓐ 1. be here to talk　　　　　　　2. is here and to talk

　3. will here and talk　　　　　　4. were here and to talk

---

suggest（提案する）、demand（要求する）、request（お願いする）、そして recommend（勧める）のような「やろうよ」を意味する動詞の後の that 節内、あるいは it is important that（〜することが重要だ）のような「やるべきだ」を意味する表現の後の that 節内の動詞は、**仮定法現在**（動詞原形）あるいは **should ＋動詞原形**になります。

前者は主に米国英語で、後者は主に英国英語で見られます。

335

元々は仮定法現在が使われていたのが、仮定法がすたれていく中で、英国では新たに助動詞 should が使われるようになり、米国では古い形式の仮定法現在が保持されています。この辺りの歴史的からくりは『英文法の鬼 100 則』 Must 47 に詳しく書いていますのでご覧ください。

　選択肢 1 が be という仮定法現在なので正解です。

**523** The government requires that taxes (　　　) be paid in domestic currency.
（政府は、税金を自国通貨で支払うよう求めている。）
1. would　　　2. could　　　3. might　　　Ⓐ 4. should

　require は「やろうよ」系の動詞の一種です。後に続くのが「やろうよ」の内容を表す that 節なので、動詞は「今やっていないことをこれからやってね」ということを意味する仮定法現在形か、助動詞を使うなら「すべきだ」を意味する should が適切です。

**524**「彼は幽霊を見るかのような目で私を見た。」
He looked at me as though he had seen a ghost.
　　①　②　　　　③　　　Ⓐ ④

④ had seen を saw にします。
　as if = as though で、「まるで S が V するかのように」です。if は古英語時代には though と同じ逆接の意味を含む言葉であり、現代英語でも even if（たとえ～であったとしても）にその逆接のイメージが残っています。そこから as though という表現も出て来たのでしょう。

この as if ／ as though をはさんで

①左右の出来事が同時に起きている
　👉 as if ／ as though の後ろは**仮定法過去**
②「まるで～のように」の出来事が 1 つ前の時点でのできごと
　👉 as if ／ as though の後ろは**仮定法過去完了**

にします。これは主節の動詞が現在形であろうと過去形であろうと関係なく適用されます。

　本問では「幽霊を見るかのように」と「私を見た」は同時に起きていることなので saw という仮定法過去形にします。

**525**「彼女の靴は濡れて汚れているように見えた。まるでそれまで泥の中にいたかのように。」

Her shoes <u>looked</u> <u>wet and dirty</u>, as <u>if</u> she <u>were</u> in the mud.
　　　　　①　　　　②　　　　　③　　Ⓐ④

④ were を had been にします。

　日本語に「それまで泥の中に<u>いた</u>かのように」とありますので、「靴は濡れて汚れて見えた」より以前の時点での話が as if の後ろに来ることになります。したがって**仮定法過去完了形**にします。

選択肢を並べ替えて適切な文をつくれ。

**526** We can ( need, the interview, if, cancel ) be.

**527** The victim's family ( be, their, requests, respected, that, privacy ).

**528** It is ( prepare, that, should, important, for, we ) the worst.

**529** He looked at ( as, we, though, were, me ) complete strangers.

**530** For a moment ( if, had, I, I, as, how, felt, forgotten ) to breathe.

---

解答

**526** We can cancel the interview if need be.
（必要とあらば、面談を中止しても構わない。）

**527** The victim's family requests that their privacy be respected.
（被害者の家族はプライバシーが尊重されるよう要請している。）

**528** It is important that we should prepare for the worst.
（我々は最悪の場合に備えておく必要がある。）

**529** He looked at me as though we were complete strangers.
（彼はまるでまったく見知らぬ他人のように、私を見た。）

**530** For a moment I felt as if I had forgotten how to breathe.
（一瞬、私は息の仕方を忘れてしまったかのような気持ちになった。）

---

解説

530. ここでの had forgotten は「時間のずれ」を表しているのではなく、「息の仕方を忘れた状態に『ずっとなってしまっている』」という現在完了を仮定法過去にしたもの。

# 531 ～ 535

最も適切な選択肢を選べ。

**531**「Pitman 夫人は Kate にとって、言わば母親のようなものなんです。」

Mrs. Pitman is, (　　　), a mother to Kate.

1. as if

2. as it is

3. so speak

4. as it were

**532**「よくも私にそんなことが言えるね。」

(　　　) say something like that to me?

1. How could you

2. How would you

3. How do you

4. How to

**533** I would rather (　　　) with me.

1. you came

2. your coming

3. you to come

4. you coming

**534** I wish I were younger. ≒ (　　　) I were younger.

1. I want　　　　　　　2. I would

3. Only if　　　　　　　4. If only

下線部の中で不自然なものを1つ指摘せよ。

**535** I think it's time you will go to bed. You need a good night's sleep.
　　　①　　　　　　　　②　　　　　　　③　　　　　　④

# 仮定法の慣用表現

## ▶ なぜその意味が出るのか

**531**「Pitman 夫人は Kate にとって、言わば母親のようなものなんです。」
Mrs. Pitman is, (　　　), a mother to Kate.

1. as if　　　2. as it is　　　3. so speak　　Ⓐ **4. as it were**

as it were は、「言わば」という意味で、比喩的に何かに例えて説明をしたり、「その状態をどう言い表せばいいのかよくわからないが、あえて言葉にすれば」という意味で使います。

ママ
み
た
い
な
の

**例文** I'd understood the words, but I didn't, as it were, understand the question.

> 「私はその言葉は理解していたのです。けれども、言ってみれば、質問がわかっていませんでした。」（コウビルド英英辞典（米語版）より）

as it were は、as if it were so（今述べた内容が（it）、まるで（as if）そう言える（so）かのように（were））が省略されて 14 世紀の終わり頃に定着した表現です。

似た表現に as it is（現状では）があります。

こちらは as（根っこの意味は「イコール」→「～として・～のように」）+ it is（それは今実際に、状態にある）というところから「現状では」という意味が出ます。be 動詞の根っこの意味は「～という状態で存在している」で、is は直説法現在形なので「今実際に存在している状態」を意味します。

**例文** My blood pressure is bad enough as it is.

> 「私の血圧は今のままでも十分ひどい。」（ウィズダム英和辞典より）

**532**「よくも私にそんなことが言えるね。」

(　　　) say something like that to me?

A>1. How could you　　　　　2. How would you

3. How do you　　　　　　　4. How to

how could you は、それ単独で How could you!（よくもあなた！）というふうにも使います。仮定法過去として「仮にいったいどうすればそんなことができるの。（想像がつかないよ！）」という**非難**をこめているわけです。

選択肢 2 の how would you なら「あなたならどうやって私にそんなことを言うでしょうか？」、選択肢 3 の how do you なら「あなたは普段、どうやってそんなことを私に言いますか？」という、純粋な疑問文に聞こえます。選択肢 4 の how to は不定詞で、これだけでは文の主語と動詞がないことになります。

**533** I would rather (　　　) with me.

（どちらかと言えば、あなたが私と一緒に来てくれればと思っている。）

A>1. you came　2. your coming　　3. you to come　　4. you coming

would rather の後ろに来る場合は、2つあります。

①動詞原形の場合

② that S + V ～の場合

■①動詞原形が続く場合

例文 I'd rather eat at home than dine out.

　　　　動詞原形　　　　　動詞原形

「今夜は外食よりも、むしろ家で食べたい。」

I'd は I would の短縮形です。rather を指で隠してみると、would という助動詞の後に動詞原形が続く、ごくノーマルな形が見えてきます。

そして、rather というのは「むしろ」という**比較**を意味します（「直ちに・素早く」を意味する中期英語 rathe の比較級が語源）。したがって than を伴い、比較の文をよくつくります。would は、would like to do ～（～したい）と同様、「願望」の意味です。will の語源的意味は「望む」で、それが後に「～するつもりだ（意志）」の意味になります。

#### ② that 節が続く場合

実はこの場合の would は助動詞ではなく、動詞です。will は、元は動詞だったのが、後に助動詞として使われるようになりました。would rather that ～は動詞としての will から来ている慣用表現です。that 節は would の「目的語」です。

would rather の後ろには「 S ＋仮定法過去形の V ～」がよく来ます。will ではなく would を使い、なおかつ that 節の動詞も仮定法過去形、つまり「現実から距離を置いた形」をとることによる、遠回しな、押しつけがましくない願望の表し方です。**本問ではこの形がとられています。**

しかし、実際の使用例を見ると、that 節中の動詞に仮定法現在形、つまり、動詞の原形が使われる例もよく見られます。

例文 They do not want more war. They would rather that the wonders of science be focused on improving life and not eliminating it.

> 「彼らはさらなる戦争は望んでいない。むしろ科学の驚嘆すべき力を、命を消滅させることにではなく生活を向上させることに専念させてほしいと思っているのだ。」（オバマ前大統領の広島でのスピーチ）

仮定法現在を使うのは、would rather という一種の「やれよ」系の意味を持つ動詞の後の that 節だからで（本書第53項参照）、仮定法過去に比べて「してほしい」気持ちがより強く出ています。

**534** I wish I were younger.

≒ (　　　) I were younger.

（私がもっと若くさえあればなぁ。）

　1. I want　　　2. I would　　　3. Only if　　Ⓐ 4. If only

If only...

「**if only** **S** ＋ **仮定法**」で、「〜でさえあれば」です。

　if は条件を表すので、if only は「こういう条件さえ
そろっていれば」ということです。ちなみに only if は
「〜の条件の時に限り」です。

**例文** I'll tell you, but <u>only if</u> you don't tell anyone else.

　　　「君に話すつもりはあるが、君が一切他言しない<u>場合に限って</u>だ。」

　　　（ロングマン現代英英辞典より）

一緒に
やろうよ…

**535** I think it's time you <u>will go</u> to bed. You <u>need</u> a good <u>night's</u> sleep.
　　　　① 　　　　　　　Ⓐ② 　　　　　　　③ 　　　　　　④

（もう寝る時間でしょう。ちゃんと睡眠をとらなきゃだめよ。）

　② will go を仮定法過去形の went にします。

「**it's time** **S** ＋ **仮定法過去形〜**」で、「本来なら〜しているはずの時間だ
けれど、今実際にはしていないよね。だから、早くやりなさい。」ということ
とを表します。仮定法過去形を使い、「実際にはしていないよね」と相手を
急かすことになります。

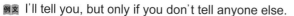

343

# 536 ～ 540

選択肢を並べ替えて適切な文をつくれ。

**536** He took a big gamble, ( were, as, it ).

**537** ( your, that, how, you, to, could, do ) own child?

**538** I ( you, rather, would, attended ) the meeting.

**539** If ( had, harder, I, only, worked ) when I was young.

**540** ( looking, you, time, started, it's ) for a job.

## 解答

**536** He took a big gamble, as it were.
（彼は言わば、大きな賭けに打って出たのです。）

**537** How could you do that to your own child?
（いったいどうすれば自分の子どもにそんなことができるんだ？）

**538** I would rather you attended the meeting.
（どちらかと言えば君が会議に出てくれればと思っている。）

**539** If only I had worked harder when I was young.
（若い時にもっと勉強さえしていればなぁ。）

**540** It's time you started looking for a job.
（そろそろ仕事を探した方がいいんじゃないの。）

## 解説

539. work は「作業をする」が根っこの意味で、「仕事をする」だけでなく「勉強をする」意味にも使う。

# Q 541 ～ 545

最も適切な選択肢を選べ。

**541** I don't know what I would do (　　) in your shoes.

    1. I were

    2. if I

    3. were I

    4. was I

**542** (　　) down the offer, what will you do?

    1. Should he turn

    2. He should turn

    3. If should turn

    4. I should have turned

**543** I (　　) him some of the videos last night had he come with me.

    1. showed

    2. would have shown

    3. would show

    4. could show

下線部の中で不自然なものを１つ指摘せよ。

**544** Were not for it you, I would not be who I am today.
    ①　　②　　　　③　　④

**545** He would have quit baseball a long time ago had it been not for Kevin.
    ①　　　　②　　　　　　　　　③　　④

# 仮定法の倒置

## ▶ if を消して、疑問文の語順にする

　　仮定節（if 節）に **were、should、had ＋過去分詞**が使われる時、**倒置**が起きることがあります。つくり方は if を削除して、語順を疑問文の語順にします。

例文 If I were you, I wouldn't say that sort of thing.

→ <u>Were I you</u>, I wouldn't say that sort of thing.
　「私が君なら、そんなことは言わないだろう。」

were
should
had

例文 If he should come back, let me know.

→ <u>Should he come back</u>, let me know.
　「万一彼が戻って来るようなことがあれば、私に知らせてください。」

例文 If she had been there yesterday, I could have stopped her.

→ <u>Had she been there yesterday</u>, I could have stopped her.
　「もし昨日彼女がそこにいたら、私が彼女を止めることができていたのに。」

　　倒置をすると、少し文語的で堅い表現になります。

　　なぜこのような倒置語順ができるのかは諸説ありますが、私は、「言いたいことから先に言う」という英語の語順の原則が働いていると考えています

（『英文法鬼』 Must 2 と Must 88）。

　　仮定法とは「これは現実ではなく、仮の話だからね」ということを宣言す

る「動詞の活用」です。したがって、「仮定の話」であることを強調したければ、動詞を強調することになり、そのために疑問文の語順が発生するわけです（疑問文語順の正体が「動詞強調のための語順」であることは、『英文法鬼』 Must 2）。仮定であることが強調されれば if は不要になり、削除されると考えられます。

---

**541** I don't know what I would do (　　) in your shoes.

（もし私があなたの立場なら、どうするだろうかは、わからないな。）

　　1. I were　　　　2. if I　　　Ⓐ **3. were I**　　　4. was I

---

　be in one's shoes は「〜の立場に立って考える」です（『英熟語鬼』 Must 42）。誰かの靴の中に自分の足が入っている、つまり誰かの靴を履いている状態を「〜の立場に立っている」という意味で使っています。

　if I were in your shoes（仮に私があなたの立場なら）の if を省略し、あとは疑問文の語順で were I in your shoes としています。

　問題は、これが文の後半に来ると、<u>とてもわかりにくい</u>ということです。

　if や because や when などを伴う副詞節は、文後半に来るとカンマがつかないのが原則です。

**例文** If I were you, I wouldn't say that sort of thing.

　　　前置きの情報　　　　　結論の情報

→ I wouldn't say such a thing if I were you.

　　　結論の情報　　　　　　前置きの情報

　副詞節は「前置き」の話をします。「言いたいことから先に言う」という英語の語順の原則に基づいて考えると、上の例文の前者のように、前置きの情報が先に来る、というのはすこし「不自然」な語順なのです。ですから<u>カンマで区切る</u>ことで「これはあくまで前置きですよ」と宣言します。

しかし、上の後者の例文は結論の情報が先に来ています。英語にとって自然な情報の流れです。したがって流れを区切るカンマは不要と感じられます。

こうした理由で、カンマなしに、文後半に were I …という語順が来ることがあります。慣れればすぐに見抜けるようになりますので、覚えておきましょう。

選択肢4ですが、砕けた表現の仮定法では were の代わりに was を使うものの、仮定法の倒置は堅い表現なので、was I という言い方はありません。

---

**542** (　　　　) down the offer, what will you do?

（万が一彼がこの申し出を断るようなことがあれば、君はどうするつもりだ？）

Ⓐ 1. Should he turn　　　　　　2. He should turn

3. If should turn　　　　　　　4. I should have turned

---

if he should turn down …が倒置されています。turn down は「下にひっくり返す」＝「却下する」です。

選択肢2と4がなぜ不可なのかについて説明すると、「節と節はカンマだけでつなぐことはない。接続詞が必要」という原則があるためです。

選択肢1なら表面上省略されているだけで、接続詞 if が存在していることになり OK です。選択肢3は if の後に主語がないので不適切です。

**543** I ( 　　　 ) him some of the videos last night had he come with me.

（彼が私と一緒に来ていれば、ビデオのうちのいくつかを昨夜見せていたんだけれど。）

1. showed          Ⓐ 2. would have shown

3. would show       4. could show

　文の後半の had he come が仮定法過去完了の倒置であり、また last night とありますので空欄は仮定法過去完了の帰結節、「**助動詞過去形＋ have ＋過去分詞**」にします。

**544** Were not for it you, I would not be who I am today.
　　Ⓐ①　　　　② 　　　　③　　　　④

（あなたがいなければ、今日の私はいなかっただろう。）

① not for it を it not for にします。

　if it were not for Ⓐ は「もし（今）Ａがなければ」という仮定法の慣用表現で、if を省略して疑問文の語順にすることで were it not for Ⓐ となります。

**545** He would have quit baseball a long time ago had it been not for Kevin.
　　①　　　②　　　　　　　　　　　③　　　Ⓐ④

（Kevin がいなかったら、彼はとうの昔に野球をやめていただろう。）

④ been not を not been にします。

　if it had not been for は if it were not for の仮定法過去完了で、「もし（あの時）〜がなければ」です。この if を省略し、疑問文語順にしたのが had it not been for です。ちなみに quit は過去形も過去分詞も quit です。

# Q 546 ~ 550

選択肢を並べ替えて適切な文をつくれ。

**546** He would tell you that you did the right thing ( here, were, he ) today.

**547** ( to, test, were, positive, I ), they would test positive, too. We were in the same room.

**548** ( not, had, what, she, known ) I had said, she wouldn't have been angry.

**549** ( for, it, the money, if, were, not ), I would go out of business.

**550** ( her, for, it, had, been, not ) testimony, I would have been found guilty.

---

**解答**

**546** He would tell you that you did the right thing were he here today.
（彼がもし今日ここにいたら、君は正しいことをやったと君に言うだろう。）

**547** Were I to test positive, they would test positive, too. We were in the same room.
（仮に私が陽性になることがあったら、彼らだって陽性になるだろう。私たちは同じ部屋にいたんだ。）

**548** Had she not known what I had said, she wouldn't have been angry.
（私が言ったことを彼女が知っていなければ、彼女は怒ってはいなかっただろう。）

**549** If it were not for the money, I would go out of business.
（仮にそのお金がなければ、私は廃業するだろう。）

**550** Had it not been for her testimony, I would have been found guilty.
（彼女の証言がなければ、私は有罪とされていただろう。）

---

**解説**

547. if I were to（本書第52項参照）が were I to に倒置されたもの。test は動詞で、test positive は「検査の結果、陽性と判明する」。

550. find 人 guilty で「（裁判で）人が有罪になる」。

## Column 「距離」が言葉に与える意味

仮定法がやっていることは、「これは現実の話ではなく、想像でものを言っているだけですよ」という宣言です。現実から「距離」を置く表現形式で、このため仮定法の表現が丁寧な依頼をも意味するようになるわけです。

例えば難しい頼み事をするとき、相手に対して、皆さんは平気でぐいぐいと近づけるでしょうか。やはり気が引けてしまいますよね。少し離れた位置に立って、おずおずと頼み事を切り出すのが普通だと思います。物理的に距離をとってしまうわけです。

人がこのような距離を「感じて」いるとき、言葉にも「距離」が表れます。例えば will you ～や can you ～よりも would you ～や could you ～という過去形を使って依頼することで「現実」である現在から距離をとります。また、「現実の話ではない」ことを意味する仮定法を使い、現実の世界から距離をとり「無理だったらやらなくてもいいですけど（＝実現しなくてもよい）」ということを匂わせる、控えめな依頼表現をつくります。

日本語でよくあるのは、「こうすれば良く『ない』ですか」といった否定表現の織り込みです。「ない」という否定語を使って「事実ではない」という情報を加えることで、現実からの距離をとろうとしています。

また、日本語の「こうすれば良いと思います。」の「思います」は英語の I think より弱い表現で、「相手に自分の意見や命令を渡し切るのではなく、あくまで自分の心の中に留めておいている」ことを聞き手に知らせているように思えます。この場合、自分の意見を相手から離しているわけです。

何語においても遠回しな言い方になるほど、言葉の数が増えます。その分、文の始めと終わりの間に「距離」が開きます。

時制のコラムで述べたように、見ることも触ることもできない「時間」という概念は、多くの言語で「場所」にたとえて理解されますが、「気が引ける」という人間の抽象的な心情は、「距離」という物理的で具体的な事象を利用して理解されていることがわかります。

# 英文法の鬼1000問

第8章

# 名詞：英語話者が見る「モノ」の世界

# 551 ~ 555

最も適切な選択肢を選べ。

**551**「刺身をどんぶり飯と味噌汁で食べたい。」

I want to eat (　　　) with a bowl of rice and a bowl of miso soup.

1. sashimi

2. sashimis

3. several sashimi

4. a few sashimi

**552** "Is there any food that you don't eat?" "I don't eat (　　　)."

1. a pork

2. porks

3. several pork

4. pork

**553** He threw (　　) at the house, which was made of (　　).

1. stone/ a stone

2. some stone / stone

3. a stone / stone

4. a stone / a stone

下線部の中で不自然なものを1つ指摘せよ。

**554** In a drawer I found <u>a pen</u> and <u>some papers</u> to <u>write</u> <u>on</u>.
　　　　　　　　　　　①　　　　　②　　　　　③　④

**555** "Jeff, have you <u>ever</u> eaten <u>whole</u> <u>cake</u>?" "Of course not. <u>Have</u> you?"
　　　　　　　　　　①　　　　　②　　③　　　　　　　　④

# 英語の世界の「1個」の正体

## ▶それ以上崩せない「形」

　人間はおよそ5歳までに、ものを「形の仲間」と「材質・性質の仲間」に分けて認識するようになると言われています。（『英文法鬼』 Must 62）

### ①形の仲間

　パソコンや自転車をバラバラにして、その破片を見て「パソコンだ」「自転車だ」とは認識しません。パソコンも自転車もその「形がまるごと1つそろっている状態」で初めてそれだと認識されます。

### ②材質・性質の仲間

　氷やチョコレートやピザを砕いたり切ったりしても、氷は氷ですし、チョコレートはチョコレート、ピザはピザです。「こういう形がまるごと1つそろっているからこれは氷だ」というような感覚がありません。

　「**形の仲間**」が「**数えられる名詞**（**可算名詞**）」で、「**材質・性質の仲間**」が「**数えられない名詞**（**不可算名詞**）」です。

　日本語では「チョコが1個」「パンが1個」と言えるのに、英語ではchocolate も bread も数えられない名詞です。実は英語の「1個」の正体は「それ以上崩したら、それとは呼べなくなる形」のことなのです。

　したがってそういった「形」を持たない、つまりいくら切ってもチョコはチョコ、パンはパン、といったものは英語の世界では「数えられない」わけです。そして後述しますが、この「形がまるごと1個そろっている」ことを表すのが冠詞の **a** です。

**551**「刺身をどんぶり飯と味噌汁で食べたい。」

I want to eat (　　　　) with a bowl of rice and a bowl of miso soup.

Ⓐ 1．sashimi　　2．sashimis　　3．several sashimi　　4．a few sashimi

　　生きた魚のように、魚の形がまるごと１匹ある状態は a fish です。冠詞 a はざっくり言って２つの重要な意味を持ちますが、その１つが「１つの形がまるごと全部そろっている」です。ですからまるごとの魚１匹は a fish です。

I ate a fish.

　　しかし切り身になれば「いくら切っても魚肉は魚肉」となりますから、魚肉というのは「これ以上崩してはいけない」という形を持たない、**不可算名詞**扱いです。ですから刺身は不可算名詞で常に単数形です（不可算名詞に複数形の -s がつかない理由に関しては本書第58項参照）。

I ate fish.

　　several は「数えられるものが数個ある」、a few は「数えられるものが２〜３個ある」ことを表し、可算名詞に使います。

**552** "Is there any food that you don't eat?" "I don't eat (　　　　)."

（「食べられないものって、何かあります？」「豚肉は食べません。」）

　　1．a pork　　　2．porks　　　3．several pork　　Ⓐ 4．pork

　　生きて１頭の形がある状態なら、英語では「牛」や「豚」はそれぞれ a cow や a pig ですが、食肉としてはそれぞれ beef、pork です。すでに述べた魚肉と同様、牛肉や豚肉は、形ではなく**材質**の仲間で、**不可算名詞**です。冠詞 a や複数形の -s はつきませんし、several と一緒には使えません。

ちなみにニワトリもまるごと1羽（多くの場合、生きたニワトリ）なら a chicken ですが、鶏肉なら不可算名詞の chicken です。

---

**553** He threw (　　) at the house, which was made of (　　).

（彼は家に向かって石を投げつけた。ちなみにその家は石でできていた。）

　　1. stone / a stone　　　　　　　2. some stone / stone

Ⓐ **3. a stone / stone**　　　　　　4. a stone / a stone

---

　同じ「石」でも可算名詞になったり不可算名詞になったりします。その分かれ目は、「形」として見るか、「材質・性質」として見るか、という人間の「認知の仕方」にあります。

　わりと大きめの漬け物石を想像してみてください。離れて見れば、1つの輪郭を持った「形の仲間」として見ることができます。これが a stone です。

　次に漬け物石の表面にできるだけ顔を近づけてみてください。漬け物石の輪郭は視界に入らなくなり、石の表面だけが見えます。この見方が「材質としての石」の見方で、こうなると不可算名詞

扱いの stone です。材質としての石は「いくら砕いても、石」で、そのかけらは a stone というよりは、a piece of stone ですね。

　本問で「投げつけている」石（a stone）は、1個のボールのように形として捉えられています。選択肢2のように some がつくなら some stones となるはずです。本問の which は the house を指し、「石でできた」の stone は「材質」なので不可算名詞。a はつきません。

The house was made of stone.

**554** In a drawer I found a pen and some papers to write on.
　　　　　　　　　　　① 　　　　　Ⓐ②　　　　　　③　④

（引き出しの中に1本のペンと書くための紙があるのを見つけた。）

② some papers を some paper とします。

　広告の裏紙などをメモ用紙に活用する場合を想像するとわかりやすいですが、いくらちぎっても紙は紙で、「紙であるために必要な形」というのはありません。同じ "paper" でも新聞やレポートなど、「バラバラに裂いてしまったら用を成さない」もの、つまり「形がある」ことを意味する場合は a paper あるいは papers となります。

**555** "Jeff, have you ever eaten whole cake?" "Of course not. Have you?"
　　　　①　　　　　　　　Ⓐ②　　③　　　　　　　　　　　④

（「Jeff、ケーキまるごと1個食べたことある？」「もちろんないよ。君は？」）

② whole を a whole とします。

　cake や pizza はいくら切っても cake、pizza ですから原則的には不可算名詞です。しかし、「まるごと1個」という時には形がまるごとという a の感覚が出て来ます。

# Q 556 ~ 560

選択肢を並べ替えて適切な文をつくれ。

556 ( to, chopped, add, onion, some ) the soup.

557 ( some, and salad, I, chicken, ate ) last night.

558 ( more, and, wood, chop ) make a fire.

559 ( of, had, pieces, chalk, he, two ) in his pocket.

560 ( a whole, I, to, pizza, took ) the party.

解答 ─────

556 Add some chopped onion to the soup.
(刻んだ玉ねぎをスープに加えてください。)

557 I ate some chicken and salad last night.
(昨夜は鶏肉とサラダを食べた。)

558 Chop more wood and make a fire.
(薪をもっと割って火をおこしてください。)

559 He had two pieces of chalk in his pocket.
(彼はポケットにチョークを2本入れていた。)

560 I took a whole pizza to the party.
(私はパーティにピザを1枚まるごと持って行った。)

解説 ─────

556. 玉ねぎがぶつ切りにされて形が崩れているので不可算名詞扱いの onion に。

558. a tree は形のある、まるごと1本の木だが、wood はそこから取れる木材、あるいは薪で、a pig と pork の関係に似ている。

358

## 561 ~ 565

最も適切な選択肢を選べ。

561 「パンを少量、エクストラバージンオリーブオイルで湿らせておきます。」

We soak (　　　) in some extra virgin olive oil.

1. a few bread

2. a little bread

3. few bread

4. little bread

不適切な選択肢を1つ選べ。

562 The number of (　　　) has been increasing.

1. students

2. cash

3. tourists

4. participants

563 The amount of (　　　) has been decreasing.

1. salt

2. visitors

3. rainfall

4. bullying

下線部の中で不自然なものを1つ指摘せよ。

564 I have spent too many time trying to persuade them.
   ①  ②  ③  ④

565 I don't have many moneys with me now. I just have a few five-dollar bills.
     ①       ② ③ ④

# 数の世界と量の世界

▶「粒」の集まりか、何かの「かたまり」か

561 「パンを少量、エクストラバージンオリーブオイルで湿らせておきます。」
We soak (　　　) in some extra virgin olive oil.
　1. a few bread　　　　　Ⓐ 2. a little bread
　3. few bread　　　　　　4. little bread

　bread（パン）はいくら切ってもやはりパンなので、「これ以上崩してはいけない」という形を持たない、不可算名詞です。

　a few は可算名詞に、a little は不可算名詞について「少し（存在している）」ことを意味します。一方、a がなくなって、ただの few なら「数がほとんどない」、little なら「量がほとんどない」という意味になります（その理由については『英文法鬼』 Must 64）。bread は不可算名詞なので a little か little のどちらかがつきますが、ここでは「少量存在している」パンの話なので a が必要で、a little が正解です。

●──「数」を表す many と few、「量」を表す much と little

　イラストにあるように、「**数**」は分離独立した「粒が複数ある」イメージ、「**量**」は「かたまりのふくらみ」のイメージです。many なら「粒がたくさんある」、much なら「大きなかたまりがある」イメージです。

　few は「数」の世界ですが、little は、例えば I can speak English a little.（英語が少し話せ

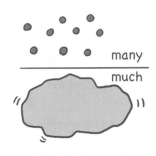

many
much

ます。）でわかる通り「数」ではなく「量」（ここでは「話せる量」）を表す
言葉ですから、不可算名詞に使います。

---

**562** The number of (　　　) has been increasing.

（○○の数は増えてきています。）

　　1. students　　Ⓐ 2. cash　　　　3. tourists　　　　4. participants

---

不適切な選択肢を 1 つ選ぶ問題です。

the number of 〜は「〜の数」を意味します。the が使われる理由ですが、
例えば the number of people（人々の数）なら「人々の数を特定」するので
the が使われます。number は「数」であり、「量」ではないので、「〜」の
部分には**可算名詞**が来ます。

選択肢 2 の cash（現金）は不可算名詞ですから、これが不適切です。

日本語でも ◯「現金がいくらある」 ✕「現金はいくつある」となること
でわかる通り、現金は money と同様（**565** 参照）、「量」の世界の言葉です。

ちなみに cash は紙幣や硬貨の形をとる「お金」で、money はカードや現
金、小切手など「ものやサービスと交換できるさまざまな形式のお金全体」
を指します。

---

**563** The amount of (　　　) has been decreasing.

（○○の量は減ってきています。）

　　1. salt　　　Ⓐ 2. visitors　　　3. rainfall　　　　4. bullying

---

これも不適切な選択肢を 1 つ選ぶ問題です。

the amount of 〜 は「〜の量」を意味します。
amount は「山」を意味する mountain と同源で、砂の
山や、山盛りの塩などを想像していただければ、「数」

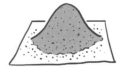

ではなく「量」を表している、ということがわかると思います。

　選択肢 2 の visitors（訪問者）は複数形になっていることでわかる通り可算名詞で「数」の世界の言葉なので不適切です。その他 salt（塩）、rainfall（降雨）、bullying（いじめ）はいずれも不可算名詞です。

「え？『いじめ』は『件数』だから数の世界では？」と思った方、その場合は the number of bullying cases となります。つまり the number of cases（件数）に bullying が加わったものです。「いじめ」自体はどこからどこまでが 1 回なのか、区切ることができない不可算名詞の世界です。

---

**564** I have spent too many time trying to persuade them.
　　　　①　　　Ⓐ②　　　　　③　　　　④

（私は彼らを説得しようとして、あまりにも多くの時間を使ってしまった。）

---

　② many を much にします。

　time には「期間」と「回数」という 2 つの代表的な意味があります。

「期間」というのは、「短い時間」や「長い時間」のように、「伸びたり縮んだりするもの」です。つまり「数」ではなく「量」の世界です。

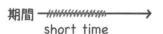

期間 ━━━━━━━━━━➤
short time

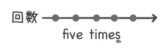

回数 ●━●━●━●━●━➤
five times

　一方、「回数」は「1 回」「2 回」というふうに独立して区切られて、その「数」が増えていく世界です。

**例文** How many times do I have to tell you this? 「何度これを私に言わせる気？」

　本問は回数ではなく期間の time なので、much を使います。

**565** I don't have <u>many moneys</u> with me now. I just have <u>a few</u> <u>five-dollar</u> <u>bills</u>.
　　　　　　Ⓐ①　　　　　　　　　　　　　　　②　　　③　　　④

（今は手元にあまりたくさんお金がないんだ。5ドル札が数枚あるだけだ。）

① many moneys を much money にします。

日本語でも ✕ 「お金がいくつある？」とか、
✕ 「お金が何個ある？」とは言いません。
◯ 「いくらある？」と言います。
つまり、お金は「数」ではなく「量」の世界のものです。

✕ いくつある？
◯ いくらある？

お金は「円」「ドル」など単位で数えますが、「単位でしか数えられないもの」は**不可算名詞**であることが普通です。

例えば「身長が何個ある？」とか「体重が何個ある？」とは言えません。長さや重さも「数」ではなく「量」の世界だということがわかります。

一方で、「お札」や「コイン」は形を伴った「**数**」の世界のものですから a few five dollar <u>bills</u> と言えます。

第1章
第2章
第3章
第4章
第5章
第6章
第7章
第8章
第9章
第10章
第11章
第12章
第13章

Q 566 ~ 570

選択肢を並べ替えて適切な文をつくれ。

**566** I ( him again, to, a few, happened, see ) days later.

**567** They expect (of, positive cases, the, to be, number ) double last month's.

**568** ( beer produced, in, the, the factory, of, amount ) is less than last year.

**569** How ( spent, have, much, money, you ) on her?

**570** I don't think ( much, should, time, on, we, spend ) the issue.

解答 ────────

**566** I happened to see him again a few days later.
（数日後、私はまた彼に偶然会った。）

**567** They expect the number of positive cases to be double last month's.
（彼らは陽性件数が先月に比べて倍増すると予想している。）

**568** The amount of beer produced in the factory is less than last year.
（その工場で製造されたビールの量は昨年を下回っている。）

**569** How much money have you spent on her?
（あなたはこれまで彼女にいったいいくらお金をつぎ込んできたの。）

**570** I don't think we should spend much time on the issue.
（その問題に多くの時間をかけるべきだと、私は思わない。）

解説 ────────

566. happen to (do ~ )で「偶然~する」。「ハプニング」でわかる通り、happen は「偶然起きる」。

567. expect Ａ to ( do~)で「Ａが~すると予想する」。ここでの double は形容詞で「倍の」。last month's は「先月の（陽性件数）」。

569. spend [お金・時間] on Ａで「Ａにお金・時間を注ぎ込む」。on で「~の上にお金や時間をどかっと注ぎ込む」感じ。

# Q 571 ~ 575

最も適切な選択肢を選べ。

**571** For more (　　　) visit www.abcdef.com.

    1. informations

    2. an information

    3. the informations

    4. information

**572** 「床には割れたガラスと家具が散乱していた。」

The floor was strewn with (　　　) and pieces of furniture.

    1. broken glass

    2. broken glasses

    3. a broken glass

    4. some broken glasses

**573** 「彼らは乾杯のためにグラスを持ち上げた。」

They raised their (　　　) in a toast.

    1. glasses

    2. some glass

    3. a piece of glass

    4. pieces of glass

下線部の中で不自然なものを 1 つ指摘せよ。

**574** I need to make a few extra dollars to pay rent and buy a grocery.
                  ①　　　　　　②　　　　　　③　　　　　　　④

**575** I quit my job, sold my belonging and started travelling across Brazil.
               ①　　　　　　②　　　　　　　　③　　　　　　④

# 複数形の-sは「ルール」ではなく意味だ

## ▶なぜ不可算名詞には-sがつかないのか

### 複数形の-sが「意味する」もの

　日本語に「増えてきた」という表現があります。しかし、同じ「増えてきた」でも「川の水が増えてきた」というのと「このあたりには猫が増えてきた」では、「増え方の映像」が異なります。

　「水」が増える場合、体積が増す、つまり「水かさが『膨らんでいく』」ことを意味します。

猫が増える

　しかし、「猫」が増える場合、猫が膨らんで、巨大化するわけではありません。「猫という形」が複写されて、「形の個数」が増えていくことを意味します。

　可算名詞で表されるモノというのは、「輪郭で区切られた形が複写されるように増えていく」のであり、その「形」が2つ以上あることを意味するのが、英語の**複数形の-s**なのです。

　逆に言えば、水は「分裂してかたまりの個数が増える」ということはなく、「膨張して膨らむ」ことで増えるわけで、したがって、不可算名詞はいくら「増え」ても、-sはつかないわけです。

　複数形の-sなどというのは、一見ただのルールのように見えてしまいますが、実はこのように、普通の単語と同じく「意味（映像）」を表します。認知言語学では「すべての文法は、意味を表す」と考えています。

**571** For more (　　　) visit www.abcdef.com.

（詳しい情報は、www.abcdef.com. まで）

　　1. informations　2. an information　3. the informations　④4. information

　不可算名詞の代表例としてお馴染みの information は、なぜ不可算名詞なのでしょうか。

　例えば「バス事故の情報」があったとしましょう。これを細かく「いつ事故が起きたのか」「何人怪我をしたのか」「なぜ事故が起きたのか」のように「砕く」ことができますが、どれも「バス事故の情報」であることに変わりはありません。これは「いくら砕いても氷は氷」に似ています。また、これら砕いた情報を融合してもやはり「バス事故の情報」です。これは小さな容器に取り分けた水を、また大きな 1 つの容器に戻すのに似ています。

　このようなイメージから英語の information は不可算名詞扱いです。

**572**「床には割れたガラスと家具が散乱していた。」

The floor was strewn with (　　　) and pieces of furniture.

　Ⓐ1. broken glass　　　　　　　　2. broken glasses

　　3. a broken glass　　　　　　　　4. some broken glasses

　glass を「**材質**」としてみれば「ガラス」、「**形**」としてみれば「グラス」です。

　つまり、「ガラス」は**不可算名詞**なので、複数形にもできず、a もつきません。選択肢 2 〜 4 だと、完全に砕けたガラスの破片ではなく、ヒビが入ったり欠けたりした「グラス」が 1 個〜数個転がっているイメージです。ある程度グラスの「形」を留めているわけです。

glass

**573**「彼らは乾杯のためにグラスを持ち上げた。」

They raised their (　　　) in a toast.

Ⓐ 1. glasses　　2. some glass　　3. a piece of glass　　4. pieces of glass

a glass

ここでは「グラス」なので「形」があり、**可算名詞**です。

選択肢 2 をグラスにするためには some glasses にしないといけません。3、4 の glass は a piece of / pieces of があるので「ガラス片」を意味することになります。

**574** I need to make <u>a few</u> extra <u>dollars</u> to pay <u>rent</u> and buy <u>a grocery</u>.
①　　　　　　②　　　　　　　③　　　　　Ⓐ④

（家賃を払って食料品を買うために、あと数ドルは稼ぐ必要があるんだ。）

④ a grocery を groceries にします。

英語の中には単数形で使わず、複数形のみで使うという名詞がいくつかあります。groceries（食料品）、goods（商品）、clothes（衣服）、leftovers（残りもの）、valuables（貴重品）そして **575** で出て来る belongings（所持品）などがそうです。以下のような変わった特徴があります。

✕ I bought <u>a good</u>.　「商品を 1 個買った。」
　→単数形では使わない

✕ I bought <u>five groceries</u>.　「食料品を 5 個買った。」
　→正確な個数を表す数字と一緒には使えない

◯ I bought <u>some/a lot of clothes</u>.　「いくらかの / たくさんの服を買った。」
　→漠然とした数量を表す言葉と一緒に使う

これらの特徴は、英語話者のどんな「ものの見方」を表しているのでしょうか？

　買い物袋に詰め込まれた食料品、洗濯カゴに詰め込まれた衣服、皿に雑多に置かれた昨夜の残り物、テーブルの上に並べた被害者の所持品……。

　イメージとして、ひとつひとつの輪郭がぼやけた、ゴチャゴチャとした集まりという感じがします。

groceries　　　clothes

　ですから five groceries というような正確な数字で表せない代わりに、some groceries というぼんやりした量で表すわけです。

　これらの言葉は個々の「形・輪郭」ではなく「食べるもの」「着るもの」「身につけるもの」といった、共通する「**性質**」を中心にカテゴライズされているという点で、**不可算名詞**の要素を持っています。でも一応ぼんやりとでも、複数の物の集まりという感覚は残っているので複数扱いです。可算名詞と不可算名詞の中間的存在と言えるでしょう。

**575** I quit my job, sold my belonging and started travelling across Brazil.
　　　①　　　　Ⓐ▸②　　　　　　　③　　　　　　　④

（私は仕事をやめ、所持品を売り払い、ブラジル横断の旅に出た。）

② my belonging を my belongings にします。

# 576 ~ 580

選択肢を並べ替えて適切な文をつくれ。ただし余分な選択肢がある場合、それを除くこと。

**576** The Internet has ( the, we, information, changed, way, manage, informations).

`1 選択肢余分`

**577** After the big earthquake, ( with, strewn, glass, the floor, was ).

**578** ( ten, glass, bought, we, in, glasses ) Asakusa the other day.  `1 選択肢余分`

**579** Jimmy went ( to, two groceries, to, some groceries, the store, get ). `1 選択肢余分`

**580** ( belongings, pack up, belonging, and, your ) leave the house.  `1 選択肢余分`

## 解答

**576** The Internet has changed the way we manage information.
（インターネットは私たちの情報の扱い方を変えてしまった。）

**577** After the big earthquake, the floor was strewn with glass.
（その大きな地震の後、ガラスが床に散らばっていた。）

**578** We bought ten glasses in Asakusa the other day.
（私たちは先日、浅草でグラスを 10 個買った。）

**579** Jimmy went to the store to get some groceries.
（Jimmy は食料品を買うために、その店へ行った。）

**580** Pack up your belongings and leave the house.
（荷物をまとめて、この家を出て行きなさい。）

## 解説

576. the way S + V ~ ;「S が V するやり方」。way に the がつくのは「何の方法なのか」が後ろの S + V ~ によって具体的に特定されるから。

577. A is strewn with B ;「A が B で散らかる」。直訳は「A が B を伴って散らかっている」

# 581 〜 585

最も適切な選択肢を選べ。

**581** Some of the furniture that he bought (　　) very expensive.

    1. were

    2. was

    3. weren't

    4. didn't

**582** 「彼ははるばるロサンゼルスからバスでやって来た。」

    He came all the way from Los Angeles by (　　).

    1. bus

    2. buses

    3. the bus

    4. a bus

**583** Look at the man standing by (　　).

    1. bus

    2. buses

    3. the bus

    4. those bus

下線部の中で不自然なものを1つ指摘せよ。

**584** I heard a strange noise when I was watching a TV.
            ①　　　　　　②　　　　　　③　　　④

**585** 「彼は買い物に行ってテレビと冷蔵庫を1台ずつ、現金で買った。」

    He went shopping and bought TV and a refrigerator in cash.
                    ①　　　　　②　　　③④

# 材質・性質から機能へ

## ▶furniture はなぜ不可算名詞なのか

不可算名詞は「材質・性質」の仲間の名詞です。

本書第 56 項で扱った a house made of <u>stone</u>（石でできた家）の stone は「形」ではなく「**材質**」を表しているので不可算名詞です。そして、材質や性質というのは「**機能**」の概念と密接にリンクしています。例えば「石材」なら「頑丈で防音や断熱に優れている」といった感じです。

このため、材質・性質だけではなく、<u>機能を表す名詞も**不可算名詞**</u>として扱われます。本項では同じ名詞でも機能を表す意味で使うと不可算名詞扱いになるものを紹介します。

The house was
made of stone.

---

**581** Some of the furniture that he bought (　　) very expensive.

（彼が買った家具のうちの一部はとても高価なものだった。）

1. were　　Ⓐ2. was　　3. weren't　　4. didn't

---

furniture（家具）や baggage、luggage（旅行用の荷物）は、「形」ではなく「**性質・機能**」に注目したカテゴリーです。

例えば「家具」は形よりも、「家に備えつけて、ある程度動かすことができ、衣食住に役立つもの」という機能に注目したカテゴリーです。「椅子」「机」「タンス」なら形を思い浮かべることができても、「家具」となると純粋な形を思い浮かべられないので、「家具」が機能名であることがわかります。同様に「スーツケース」や「カバン」には形がありますが、「荷物」の純粋な形は存在しません。したがって、furniture や baggage、luggage などは不可算名詞です。

● ──「some of the 不可算名詞」と「some pieces of the 不可算名詞」の違い

例えば、<u>some of</u> the cake なら単数扱いですが、<u>some pieces of</u> the cake なら複数扱いです。

some pieces of the cake だと、「そのケーキから何切れかを取り出した」ことになりますが、この pieces が「可算名詞」（＝「切れ」が複数個）なので、複数扱いです。

some pieces of the cake

しかし some of the cake のイメージは some of the water に似て、「不特定の『量』（＝ some）」をケーキ全体から取り出す感覚になり、不可算名詞扱いになります。

some of the cake

本問では主語が some of the furniture なので、動詞は was になります。

---

**582** 「彼ははるばるロサンゼルスからバスでやって来た。」

He came all the way from Los Angeles by (　　).

Ⓐ 1. bus　　　2. buses　　　3. the bus　　　4. a bus

---

by bus（バスで）、by train（電車で）などの bus や train は「車体」という「形」ではなく<u>「交通手段」</u>という移動**機能**を表しています。ですから不可算名詞で、a もつかず、複数形になることもありません。この時の by は「経由」の意味を表し「どの移動手段を経由してここへ来たのか」ということを表します。

by bus

交通手段

また選択肢3のように the bus（他のバスではなく、そのバス）となる場合、それはある「車体」を他の「車体」から区別していることになります。したがって by the bus の bus は移動機能ではなく「車体」（＝**形**）を表し、by <u>the</u> bus は「そのバス（＝車体）のそばで」という意味になります。

もし「7時45分のバスで来た」のように the を使った特定のバスを移動の話題で使う場合は、I came here <u>on</u> the 7:45 bus. と言います。

　I got <u>on the bus</u>. (私はそのバスに乗った。) の the bus と同様、ここでの「バス」は機能ではなく、乗る (on) べき「車体」を意味します。

---

**583** Look at the man standing by (　　　).

(バスのそばに立っているその男を見て。)

　　1. bus　　　　2. buses　　Ⓐ <u>3. the bus</u>　　4. those bus

---

「バスという移動手段を使って立っている」というのは明らかにおかしいので、この文の意味は「バスという車体のそばに立っているその男を見て」という意味だと判断できます。よって「そこにあるそのバス（という車体)」を意味する選択肢 3 が正解です。

by the bus

　選択肢 4 の those は複数形なので、buses とすべきです。a も the もつかない複数形の buses は総称用法であり (本書第62項で説明します)、以下の例文のように「バスと呼ばれる種類のもの全般」を表します。

**例文** I like <u>buses</u> better than <u>trains</u>.　「私は電車よりもバスの方が好きだ。」

---

**584** I heard <u>a strange noise</u> <u>when</u> I was <u>watching</u> <u>a TV</u>.
　　　　　　　①　　　　　　　②　　　　　　③　　Ⓐ④

(テレビを見ていた時に、私は変な音を耳にした。)

---

　④ a TV を TV にします。

　aTVは「形」としてのテレビ、つまり、テレビという機械が1台あることを意味し、可算名詞です。しかし、<u>無冠詞のTV</u>は「テレビの放送機能」、つまり「**放送内容**」を表し、これは不可算名詞です。

　was watchingという動詞の目的語なので、放送内容を意味する無冠詞のTVが正解です。

　ちなみにnoiseは可算名詞にも不可算名詞にもなる言葉です。

　形容詞（ここではstrange）がついて具体的な「音」を意味する場合には可算名詞になることが多く、「とある1回のまとまった、〇〇な音」という意味で「a＋形容詞＋noise」で表します（形容詞がつくことで不可算名詞が可算名詞に変わることに関しては、『英文法鬼』 Must 72）。

---

**585**「彼は買い物に行ってテレビと冷蔵庫を1台ずつ、現金で買った。」
He went shopping and bought <u>TV</u> and <u>a refrigerator</u> <u>in</u> <u>cash</u>.
　　　　　　　　　　　　　Ⓐ① 　　　　　② 　　　③ ④

---

　①TVをaTVにします。

「テレビと冷蔵庫を1台ずつ」と言っているので、テレビ受像機という「**形**」を表す可算名詞になります。

　ちなみにcashはmoneyと同様、「現金がいくら」とは言えても「現金がいくつ」とは言えないので、量を表す不可算名詞です。in cashは「現金で」です。

# Q 586 ~ 590

選択肢を並べ替えて適切な文をつくれ。

**586** ( of, was, some, the, made, furniture ) of iron.

**587** I ( by, from San Francisco, Miami, travelled, to ) air.

**588** ( placed, the, the, she, vase, by ) window.

**589** I was ( when, surprised, I, him, TV, saw, on ).

**590** ( mind, you, I turn, do, if, the, on ) TV?

解答 ——————

**586** Some of the furniture was made of iron.
（その家具のうちのいくつかは鉄製だった。）

**587** I traveled from San Francisco to Miami by air.
（私はサンフランシスコからマイアミまで飛行機で移動した。）

**588** She placed the vase by the window.
（彼女はその花瓶を窓のそばに置いた。）

**589** I was surprised when I saw him on TV.
（私は彼がテレビに出ているのを見て驚いた。）

**590** Do you mind if I turn on the TV?
（テレビをつけてもいいですか？）

解説 ——————

590. turn on the TV は「テレビをつける」。目の前にあるそのテレビ受像機を表しているので the がつく。

## 591 ～ 595

最も適切な選択肢を選べ。

**591** (　　　) is the main meal of the day for me.

1. A breakfast

2. Breakfasts

3. Breakfast

4. Some breakfasts

**592** 「彼は私に仕事を世話してくれた。」

He offered me (　　　).

1. a work

2. a job

3. works

4. job

**593** 「私たちは彼らを虚偽広告で訴えることだってできるんだ。」

We could sue them for false (　　　).

1. advertising

2. advertisement

3. an advertisement

4. advertisings

下線部の中で不自然なものを1つ指摘せよ。

**594** The <u>politicians</u> enriched <u>themselves</u> through <u>bribe</u> and <u>smuggling</u>.
　　　　　①　　　　　　　　②　　　　　　　③　　　　④

**595** 「彼らは農機具類と肥料、そして種のコストを下げたがっていた。」

They wanted to reduce <u>the cost</u> of <u>agricultural machine</u>, <u>fertilizers</u>, and <u>seeds</u>.
　　　　　　　　①　　　　　　②　　　　　　　③　　　　④

# 「形」か「機能」かで
# 呼び方が変わる

▶「機能」に注目したカテゴライズ

591 (　　　　) is the main meal of the day for me.

（私にとって朝食は一日のメインの食事です。）

1. A breakfast　　2. Breakfasts　　Ⓐ 3. <u>Breakfast</u>　　4. Some breakfasts

breakfast、lunch、dinner、meal など食事に関する単語がいくつかあります。

まず「食事」を意味する meal は可算名詞です。meal は「1回分の食事」という「区切り」、つまり「<u>形・輪郭</u>」に注目するので**可算名詞**です。

一方でその meal を「<u>朝用</u>」「<u>昼用</u>」「<u>夜用</u>」のどの機能として食べるのか、を表すのが breakfast、lunch、dinner ですから、これらの言葉は**不可算名詞**です。

しかし、a big lunch（ガッツリ系の昼食）、a light dinner（軽い夕食）のように形容詞がつき、具体的な様子を表すと、機能というよりは、具体的な1回の食事のイメージを帯びるようになり可算名詞として扱われます（復習問題参照）。

可算不可算が無機質なルールではなく、人のものの見方の反映であることの証左と言えます。

**592**「彼は私に仕事を世話してくれた。」

He offered me (　　).

   1. a work　　Ⓐ 2. a job　　　　3. works　　　　4. job

　同じ「仕事」でも、work は「これは play（遊び）ではなく、仕事だ」とい
う、「やっていることの性質」に注目する、**不可算名詞**です。一方で a job
は具体的な 1 個の仕事で、「ここから始めて、ここまでやったら終わり」と
いう「一回分の区切り」、つまり「形」を持った概念を表すので可算名詞で
す。works はひとつひとつ形を持つ「作品」が複数個あることを意味します。

**593**「私たちは彼らを虚偽広告で訴えることだってできるんだ。」

We could sue them for false (　　).

  Ⓐ 1. advertising　　　　　　　2. advertisement

   3. an advertisement　　　　　4. advertisings

　an advertisement（よく an ad と略されます）は可算名詞で「1 個 1 個の
広告物」ですが、advertising は「広告をすること」という動作に注目した
表現で、不可算名詞です。

　advertisement を空欄に入れるなら、a false advertisement にするべきで、
さらに「（虚偽広告を）行うこと」を意味する making も加え、We could
sue them for making a false advertisement. とするのが普通です。

● ── **advertising はなぜ不可算名詞なのか？**

　ここで不可算名詞の大きな特徴である「同質性」について説明します。

　水や氷、肉の切り身など、不可算名詞の大きな特徴に「いくら砕いても、
いくら切っても○○は○○」というのがあります。

つまり、どこを取り出しても同じとい
うわけですね。

これをラネカーという認知言語学者は
「**同質性**（homogeneity）」と呼び、不可
算名詞の重要な特徴の１つに挙げていま
す。

どこを取り出しても
同じ動作の連続

-ing の根っこの意味は「動作をしてい
る最中」で（『英文法鬼』msut24）、例えば He
is reading a book.（彼は本を読んでいる。）なら、「本を読んでいる最中の状態
がずっと続いている」、つまり「いつの時点を取り出しても、本を読んでい
る途中の状態が出て来る」という「同質性」が出て来ます。

reading は「読書」という意味の名詞でもありますが、不可算名詞です。
~ing の語尾を持つ名詞の多くが不可算名詞ですが、上記のような同質性が
原因になっている場合が多く見られます。

---

**594** The politicians enriched themselves through bribe and smuggling.
　　　　　①　　　　　　　　②　　　　　　Ⓐ③　　　　　④

（その政治家たちは賄賂と密輸で私腹を肥やしていた。）

---

③ bribe を bribery にします。

bribe は He took a bribe.（彼は賄賂を受け取った。）という言い方でわかる通
り、「賄賂」を持ち運び、受け渡しのできる「１個の物体」として捉える表
現ですから可算名詞です。a bribe あるいは bribes と言えても、bribe だけと
いうのはありません。

一方で bribery は「贈収賄行為をすること」という「行為」に注目をした
表現で、不可算名詞です。「どういう行為なのか」を説明している言葉です
から「行為の**機能・性質**」を説明しているという点で、不可算名詞です。

また and や or などの**等位接続詞**は左右に文法的に同じ形を結ぶのが特徴

です。今回の文脈では -ing がついた不可算名詞 smuggling（密輸行為）と and で結ばれるのは bribe や bribes よりも bribery の方が自然です。

---

**595**「彼らは農機具類と肥料、そして種のコストを下げたがっていた。」

They wanted to reduce the cost of agricultural machine, fertilizers, and seeds.
　　　　　　　　　　　　　　① 　　　Ⓐ▸② 　　　　③ 　　　　④

---

② agricultural machine を agricultural machinery、あるいは agricultural machines にします。

a machine は可算名詞で 1 個の輪郭を持った機械を意味しますが、machinery は「機械類」と訳される言葉で、例えば工場の中にたくさんのいろいろな機械が設置されていて、それらを大雑把にひとまとめにして「機械（の集まり）」と呼ぶような感覚を意味します。つまり「機械の形」よりも、「機械という**性質**」に注目した呼び方で、不可算名詞です。

machines ですが、これは無冠詞複数形の「総称用法」です（本書第62項でお話しします）。agricultural machines で「農業機械と呼ばれるもの全体・一般」という意味が出ます。頭の中に無数の農業機械を思い浮かべると、ひとつひとつの機械の輪郭はぼやけて感じられると思います。この「個別の形が薄れて、どんな性質（この場合、どんな機械）なのかに目が向きやすくなる」のが総称用法の大きな特徴で、machines は machinery に意味が近くなるわけです。

選択肢を並べ替えて適切な文をつくれ。

**596** I ( so, a, had, dinner, that, light ) I could sleep better.

**597** ( a, work, have, lot, I, of, do, to ) this afternoon.

**598** The ( full, advertisements, Internet, of, is ).

**599** They ( a, give, tried, me, bribe, to ) of a million dollars.

**600** The use of ( working-class, machinery, benefited, people ) as well.

---

## 解答

**596** I had a light dinner so that I could sleep better.
（もっとよく眠れるように夕食は軽くした。）

**597** I have a lot of work to do this afternoon.
（今日の午後は片づけないといけない仕事がたくさんある。）

**598** The Internet is full of advertisements.
（インターネットは広告だらけだ。）

**599** They tried to give me a bribe of a million dollars.
（彼らは私に 100 万ドルの賄賂を渡そうとした。）

**600** The use of machinery benefited working-class people as well.
（機械の使用は、労働者階級に対してもまた、恩恵を与えた。）

---

## 解説

596. light という形容詞がついているのでこの dinner は可算名詞。so that S can V ～は「S が V できるように」。

598. be full of A で「A でいっぱいである」。

599. 贈賄行為ではなく、持ち運んだり渡したりできる「もの」としてならa bribe。

## 601 ~ 605

最も適切な選択肢を選べ。

**601** We sometimes go (　　　) on weekends.

    1. on hike

    2. for hike

    3. on a hiking

    4. hiking

**602** A fire broke out following (　　　) at a chemical plant.

    1. an explosion

    2. huge explosion

    3. a lot of explosion

    4. explosion

**603**「彼女は物思いにふけっていた。」

    She was lost (　　　).

    1. in a thought

    2. in thought

    3. in thoughts

    4. in a think

下線部の中で不自然なものを 1 つ指摘せよ。

**604** Each of his two marriage ended in divorce.
                ①　　　②　　　③　　　　④

**605** I think there should be various forms of marriages.
             ①　　②　　　　　　　③　　　　④

# 動詞派生の抽象名詞の
# 可算不可算

▶「動作の区切り」か、「動作の性質」か

　　具体的なモノではない、純粋な概念を表したり、動詞を名詞化した概念を
表す抽象名詞にも、可算と不可算の区別があります。本項では動詞を名詞化
した抽象名詞を解説します。

　　可算不可算の区別ですが、「動作の開始から終
了までのひとまとまり」を「１つの形」として捉
える**可算名詞**と、「どのような動作が行われてい
るのかという動作の性質」に注目する**不可算名詞**
というのが原則です。

動作の開始と終了に注目

　　動作動詞のイメージと可算名詞、状態動詞のイ
メージと不可算名詞というのは考え方に共通点が
あります。

　　例えば「ドアを開ける」などの open は「開け
始め→開け終わり」という動作の「ひとまとまり」

どこを取り出しても
同じ動作の連続

がありますが、これは「まとまった形」を持つ可算名詞に近い概念です。

　　一方「彼と知り合いだ」などの know は「知り合いの状態が変わらず続い
ている」という意味で、「どこを切っても『知り合いの状態』」という、水やガ
ラスのような「同質性」を持ち、そういう意味で不可算名詞に近い概念です。

　　実際には動作動詞派生だから可算名詞だ、とか状態動詞派生だから不可算
名詞だ、という単純なものではなく、同じ名詞が可算で使われたり不可算で
使われたりしますが、それでも「動作のひとまとまりのイメージ」か「動作
の性質」なのか、に注目することは有用です。

**601** We sometimes go (　　　) on weekends.

（私たちは週末に時々ハイキングに出かける。）

1. on hike　　　2. for hike　　　3. on a hiking　　　Ⓐ 4. hiking

「ハイキング」を表す名詞は英語では **a hike**
と hiking の2つがあり、前者は可算名詞、後
者は不可算名詞です。

a hike （1回分）
出発　←hiking

　a hike は「ハイキング開始〜終了」までの
全行程という「1つのまとまり」イメージし
ますが、hiking は〜 ing が「動作の途中」を
表すので「どこを切ってもハイキングをして
いる最中」という同質性を表し、「ハイキン
グとはどのような行為なのか」という「**性
質**」により注目します。hiking は go fishing,
go shopping などと同様、go hiking で表しますが、a hike は前置詞 on や for
を伴い、go on/for a hike となります。

**602** A fire broke out following (　　　) at a chemical plant.

（化学工場での爆発に続いて、火災が起きた。）

Ⓐ 1. an explosion　　　　　2. huge explosion

3. a lot of explosion　　　　4. explosion

　問題文では爆発の開始から終了までのひとまとまりを1回の出来事として
イメージしているので可算名詞として使われています。

　選択肢2、4では冠詞 a/an が必要で、3は複数形 explosions にすべきで
す。

　一方で、「爆発という出来事の『**性質**』」に注目する場合、explosion は不
可算名詞で使われることもあります。

**例文** We must reduce the risk of explosion.

「我々は爆発のリスクを減らさねばならない。」
→１回の具体的な爆発ではなく、爆発がどういう「性質」の出来事なのかに注目。

**603**「彼女は物思いにふけっていた。」

She was lost (　　　　).

   1. in a thought          Ⓐ 2. in thought

   3. in thoughts           4. in a think

be lost in thought で「物思いにふけって（我を忘れて）いる」です。

thought は「アイディア、意見」を意味する場合は an idea や an opinion と同様に可算名詞です。

**例文** Do you have any thoughts? 「何か考えはありますか？」

lost in thought の thought は、「輪郭が見えないから不可算名詞」です。本書第 56 項でお話しした「石」のように、離れて石全体を眺めれば a stone という「１個の形」の認識、輪郭が目に入らないほど近づけば stone という「石の材質」の認識となります。

自分の考え全体を離れたところから１個のまとまったアイディアとして冷静に眺めれば a thought、考えの中にどっぷり使って「考えの輪郭」が見えない状態なら不可算名詞の thought で、be lost in thought は不可算名詞の状態にあるのです。

be lost in thought

**604** Each of his two marriage ended in divorce.
　　　　　　① 　Ⓐ②　　　③　　　　　④

（彼の2度の結婚はいずれも離婚に終わった。）

② marriage を marriages にします。

　ここでは「結婚開始～離婚」までの「1つの
まとまり」を意味する「結婚」ですから可算名
詞です。

　一方、この文での divorce は「1回のまとまっ
た離婚」というよりは「どういう『性質』の状
態」なのかに注目が集まっているという意味で
不可算名詞です。

a marriage

divorce

**605** I think there should be various forms of marriages.
　　　　① 　　②　　　　　　　③　　　　Ⓐ④

（さまざまな結婚の形があるべきだと思う。）

④ marriages を marriage にします。

　ここでは「結婚とはどのようなものか」という「性質に注目した」意味合
いですので不可算名詞です。「さまざまな形」という複数概念は forms によ
って表されています。

# Q 606～610

選択肢を並べ替えて適切な文をつくれ。

606 We ( with, walking, our, went, dog ) in the park.

607 ( a, he, in, speech, made, front ) of Congress.

608 That was ( had, Tokyo, a, that I ) never seen.

609 ( a, got, Jim, from, divorce ) his wife.

610 ( ended, divorce, her marriage, in ).

## 解答

606 We went walking with our dog in the park.
（私たちは犬を連れて公園にウォーキングに出かけた。）

607 He made a speech in front of Congress.
（彼は議会で演説を行なった。）

608 That was a Tokyo that I had never seen.
（それは、私がそれまでに見たことのなかった東京の一面だった。）

609 Jim got a divorce from his wife.
（Jim は奥さんと離婚した。）

610 Her marriage ended in divorce.
（彼女の結婚生活は離婚に終わった。）

## 解説

606.go walking は go shopping、go fishing などと同種の表現。

607.make a speech、make a decision などの「make a ＋動詞派生の名詞」は「1回のまとまった行為」を意味し、可算名詞。

608.Tokyo は本来固有名詞だが、東京にはさまざまな「顔」があり、その中の1つを取り出す、という感覚が a Tokyo。似た表現で、例えば the world と言えば「世界」の「1つしかない、我々人類が住んでいる全領域」だが、a world と言えば「世界は多様な側面を持っていて、その中のとある1つの側面」という意味。

We live in a world where the main things that kill us are stress and old age.
「我々は、主な死因がストレスと老齢という世界に暮らしている。」（COCA より。実際の使用例）

609.「1回の離婚行為」としての divorce なので可算名詞。

610.「1回の行為」というよりは「離婚という性質の状態」を表している divorce なので不可算名詞扱い。

## Q 611〜615

最も適切な選択肢を選べ。

**611** (　　　) boils at 100 degrees.

    1. Water

    2. The water

    3. A water

    4. Some water

**612**「コンピューターのおかげで人々は、はるかに楽に有益な情報にアクセスできるようになった。」

    (　　　) made it much easier for people to access useful information.

    1. The computer has

    2. Computer has

    3. Those computers have

    4. Some computers have

**613**「もう3週間以上雨が降っていない。」

    We haven't had (　　　) for more than three weeks.

    1. the rain

    2. a rain

    3. rains

    4. rain

下線部の中で不自然なものを1つ指摘せよ。

**614**「日本の建物の外壁が全く汚れていないことに、外国人観光客が驚くことがある。」

    Tourists from abroad are sometimes surprised at how spotlessly clean
    　　①　　　　　　　　　　　　　　　　　　　　　　　　　②
    the outer walls of the Japanese building are.
    　　③　　　　　　④

**615** A passenger pigeon went extinct at the beginning of the 20th century.
    　①　　　　　　②　　　　　③　　　　　　④

# 総称用法

## ▶「裸の名詞」が表す意味

　英語や中国語など、言語の中には「概念の名詞」と「実体の名詞」を文法的に分けているものがあります。

　例えば、「お父さんは猫が好き。」と言う時の「猫」は、「猫とは何ぞや」という知識を呼び出すもので「**概念の名詞**」だと言えます。

　一方で、「お父さんが猫を拾って来た。」と言う時の「猫」は猫という種類全体は指さず、具体的な１匹の猫であり、「**実体の名詞**」だと言えます。

　英語では、この「概念の名詞」と「実体の名詞」では表記の仕方が異なります。

「**実体の名詞**」には a や the や some、many など、名詞の前に何かがつくのが普通です。

実体
| I saw a stray cat in my garden. 　「庭で１匹の野良猫を見かけた。」
| That is the stray cat I saw yesterday.「それが昨日私が見かけた野良猫だよ。」
| Some cats like chasing laser pointers.

　　「中にはレーザーポインターの光を追いかけ回すのが好きな猫もいる。」

　逆に言えば、「猫という種類全体」を表すには、前に何もつけず、複数形にして、ただの cats とします。これを**総称用法**と呼びます。

総称用法
He likes cats.「彼は猫が好きだ。」

　複数形になっているのは、今まで何匹もの猫に出会うことで起きる、「あの猫もこの猫もこん

な感じだったから、猫というのは総じてこういうものだろう」という「**一般化**」が反映されているからだと考えられます（人間のこうした思考法は「帰納法」と呼ばれます）。

　いろんな猫との出会いから抽象的な「猫らしさ」のイメージを手に入れるこの cats という総称用法は、AI のディープラーニングに似ています。

　総称用法には他にも数種類ありますが、この「**裸の複数形名詞**」（不可算名詞なら単数形）の形式が最もよく使われます。

---

**611** (　　　　) boils at 100 degrees.

　（水は 100 度で沸騰する。）

　Ⓐ 1. Water　　　2. The water　　　3. A water　　　4. Some water

---

　water は「水という種類のもの」を表す総称用法です。不可算名詞なので、複数形にはなりません。

　the water なら「今言ったその水」、some water なら「実際に取り出したある程度の量の水」で、水という種類全体の話にはなりません。

---

**612**「コンピューターのおかげで人々は、はるかに楽に有益な情報にアクセスできるようになった。」

　(　　　　) made it much easier for people to access useful information.

　Ⓐ 1. The computer has　　　　　2. Computer has

　　 3. Those computers have　　　4. Some computers have

---

「**the ＋単数形名詞**」で種類全体を指す時があります。

　the とは「他のではなく、それ」というのが根っこの意味ですから、the を使った総称用法は、「似たような他の種類のものとは違って、その種類」という、似た種類との比較のイメージが出やすくなります。

本問の場合、the computer は暗黙のうちにテレビや図書館や書籍など、「情報に関連する物」と比較されています。

the の後ろに単数形が来る理由ですが、computer の「機体の形」ではなく「**性質**」に注目しているので不可算名詞扱いなのだと考えられます。

じゃなくて

the computer

---

**613**「もう３週間以上雨が降っていない。」

We haven't had (　　　) for more than three weeks.

　　1. the rain　　　2. a rain　　　　3. rains　　　Ⓐ4. rain

---

「雨」を「そう呼ばれる種類のもの」という捉え方をしているので、総称用法です。rain は不可算名詞なので、単数形です。

the rain ですが、総称用法の「the ＋単数形」は**612**のように「他者との比較」のイメージがあるものです。この文は日光や風などと雨を比べている文ではないので相応しくありません。

---

**614**「日本の建物の外壁が全く汚れていないことに、外国人観光客が驚くことがある。」

Tourists from abroad are sometimes surprised at how spotlessly clean
　①　　　　　　　　　　　　　　　　　　　　　　　　　　②

the outer walls of the Japanese building are.
　　③　　　　　　Ⓐ④

---

④ the Japanese building だと「その（特定の）日本の建物」になってしまいますので、これを Japanese buildings（日本の建物全般）にします。

　the outer walls の the は「他の外壁ではなく、日本の建物の外壁」という限定を表し、tourists は「（海外からの）観光客全般」を表す総称用法です。

---

**615** A passenger pigeon went extinct at the beginning of the 20th century.
　　　 Ⓐ ①　　　　　　　　　②　　　　　③　　　　　　　　　④

　　（リョコウバトは 20 世紀の初めに絶滅した。）

---

　① a passenger pigeon を passenger pigeons、あるいは the passenger pigeon にします。

「a ＋ 単数形名詞」が主語に使われる場合、総称用法を意味する時があります。

**総称用法**

A cat is a small carnivorous animal.

　「猫というのは小型の肉食動物である。」

　a は「抽選箱からランダムに 1 つ取り出す」という意味なので、a cat は「猫という種類の箱からどの 1 匹の猫を取り出してみても」という、サンプルを示す感じがします。このため「どの 1 匹の猫にも備わっている属性」という、辞書的な説明によく見られます。

　しかし、この「a」のせいで、「1 匹だけの話ではなくその種類全部が」という話には使えません。

　ここでは「全部死に絶えている＝絶滅」の話をしているので、**複数形の総称用法**を使います。

　また「the ＋ 単数形名詞」の総称用法は **613** で述べた通り不可算名詞扱いで、「1 匹、1 羽」ということに囚われないため、ここでも使用することができます。

選択肢を並べ替えて適切な文をつくれ。

616 ( endangered, are, an, gorillas ) species.

617 ( weather, much, have, computers, forecasting, made ) more accurate.

618 I've realized recently ( is, important, how, reading ).

619 ( the lifeblood, oil, of, crude, is ) the global economy.

620 Why don't you get a dog? ( always happy, see, a, is, to, you, dog ) when you get home.

解答 ————

616 Gorillas are an endangered species.
（ゴリラは絶滅危惧種だ。）

617 Computers have made weather forecasting much more accurate.
（コンピューターのおかげで天気予報は格段に正確になった。）

618 I've realized recently how important reading is.
（私は最近、本を読むことの重要性を実感しつつある。）

619 Crude oil is the lifeblood of the global economy.
（原油は世界経済の生命線である。）

620 Why don't you get a dog? A dog is always happy to see you when you get home.
（犬を飼ったらどう？犬っていつだってあなたが家に帰って来ると喜んでくれるのよ。）

解説 ————

616. species は単数形でも複数形でも species。

618. reading is <u>very important</u> → reading is <u>how important</u> → how important が節の先頭に出て <u>how important</u> reading is に。reading だけで「読書」という意味。

# 621 ~ 625

最も適切な選択肢を選べ。

**621**「うちの近くに1軒のバーがあって、そこのバーテンダーはハンサムなんだ。」

There is (　　　　) near my house and (　　　　) is a nice looking man.

1. a bar / a bartender

2. the bar / the bartender

3. a bar / the bartender

4. the bar / a bartender

**622** I found the information on (　　　　).

1. the internets

2. Internet

3. the Internet

4. an Internet

**623**「なぜ雨の中で立っていたの？」

Why were you standing (　　　　)?

1. in the rain

2. in rain

3. in a rain

4. in rainy

下線部の中で不自然なものを1つ指摘せよ。

**624** The rich is complaining about the tax hike.
　　　　①　②　　　　　　③　　　　④

**625** The government is trying to encourage protection of natural environment.
　　　　①　　　　　　②　　　　　　③　　　　　　④

# theのいろいろな使い方

▶「他のじゃなくてそれ」から広がる意味

---

**621**「うちの近くに1軒のバーがあって、そこのバーテンダーはハンサムなんだ。」

There is (　　　) near my house and (　　　) is a nice looking man.

　1. a bar / a bartender　　　　　　2. the bar / the bartender

Ⓐ 3. a bar / the bartender　　　　　4. the bar / a bartender

---

　the の根っこの意味は「他のではなく、それ」ですが、これは「話し手と聞き手の共通理解」という意味で最もよく使われます。

　つまり「わかるだろ、さっき言ったそれのことだよ」ということで、結果として **the** は**旧情報**（既に出て来た情報）を表すことができます。

　この問題文ではまず「うちの近くに1軒のバーがあって」と言うことで、それまで何も存在しなかった「話の舞台」に、とある1軒のバーがポンと取り出されます。この「ランダムに1つ取り出す」冠詞 a の感覚 (本書第56項および『英文法鬼』 Must 64) のせいで、「初登場のものには a がつく」という用法があります。

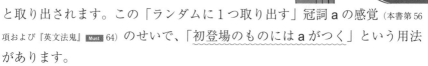

　次に、「そこのバーテンダー」というのは「今言ったそのバーのバーテンダー」という意味があるので **the** がつきます (『英文法鬼』 Must 67)。

　ちなみに、この言い方だとこのバーには1人しかバーテンダーがいないように聞こえます。もし複数のバーテンダーが勤めていて、そのうちの1人、ということを表したいなら one of <u>the</u> bartenders となるでしょう。この **the** もやはり「今言ったそのバーの」を表します。

**622** I found the information on (　　　).

（私はその情報をネット上で見つけた。）

　　1. the internets　　2. Internet　　Ⓐ 3. the Internet　　4. an Internet

「インターネット」の英語表記で現在最も一般的なのが選択肢 3 です。

　London や Mt. Fuji などと同じく固有名詞と見なされ、I が大文字です。AP 通信（the Associated Press）の「style guide」がメディア世界での表記法に大きな影響力を持つのですが、これが「2016 年 6 月 1 日をもって Internet と Web を小文字表記の internet と web にする」と宣言しています。これだけ生活の中で一般的になったのだから、固有名詞をやめるべきだ、というわけです。しかし Corpus of Historical American English で時系列的に調べても現在に至るまでずっと大文字の Internet が優勢です。

### グループの the

　Internet が固有名詞なのになぜ the がつくのか、を説明します。

　これは私が「**グループの the**」と呼ぶ用法です。（『英文法鬼』 Must 67）

　the によって、「他から切り離されたそれら」は 1 つのグループを形成します。

　例えばバンド名（the Beatles、the Rolling Stones）のように複数のメンバーが集まりグループを作るもの、複数の山が集まりグループとなるアルプス連峰（the Alps）、50 余州が集まって国家というグループをなすアメリカ合衆国（the United States of America）などは「グループの the」の典型です。

　インターネットでは個々のユーザーやプロバイダーは全てつながり、地球上で「巨大な 1 つのネットワーク」をつくります。このまとまりが the で表されます。

the 他のじゃなくて それだよ

①指定するモノを輪っかでくくり、それ以外のモノを排除する働き
②輪っかの中にいるメンバーをひとくくりにまとめる働き

internet

**623**「なぜ雨の中で立っていたの？」

Why were you standing (　　　)?

Ⓐ 1. in the rain　　　2. in rain　　　3. in a rain　　　4. in rainy

---

### ■ 目の前の the

　私が「**目の前の the**」と呼ぶ用法があります。

　これは「あたかも目の前でその出来事が起きているかのように述べる」臨場感の the です。

　例えば日本語でも小説の第1文目にいきなり「その男は、頬に傷があった。」とあれば、まるで目の前に「その男」がいるかのように聞こえます。

　なぜなのか？

　例えば目の前の塩をとってもらう時、Could you pass me the salt? と言います。今初めて言及する塩の話に the をつけるのは、「その塩」と言えば「目の前のその」塩に決まっているだろう、という了解があるからです。

目の前のthe

アッあれは……

　この「今目の前にある、その」を表す the を逆手にとったのが、臨場感を表す「目の前の the」です。

　I got on the bus.（目の前のバスに乗るイメージ）、The rain is over.（今目の前で降っていた雨の話）などがあります。

**624** The rich is complaining about the tax hike.
　　①　②　　　　　　　　　③　　　④

（富裕層は増税に文句を言っている。）

②is を are にします。

「**the ＋形容詞**」は「〜な人々」という集団を意味し、グループの the がつきます。「人々」を意味するので複数扱いです。

　一方、the tax hike の the は「今話題になっているその増税」という限定を表します。

**625** The government is trying to encourage protection of natural environment.
　　①　　　　　　　　②　　　　　　　③　　　　　Ⓐ④

（政府は自然環境の保護を後押ししようとしている。）

④ natural environment を the natural environment とします。

　environment（環境）や ecosystem（生態系）、economy（経済）はいずれも有機的な１つのネットワークであり、グループの the がつきます。

　government は「他の国の政府ではなく我が国（あるいは「今話しているその国」）の政府」という文脈では the がつくことが普通です。

# Q 626 ~ 630

選択肢を並べ替えて適切な文をつくれ。

**626** 「今朝女の人が、昨日君が話していた猫と一緒にいるのを見かけたよ。」

This morning, I saw ( a, the, with, cat, woman ) you were talking about yesterday.

**627** He ( in, was, the, born, Philippines ) and grew up in Japan.

**628** The government's new policy is ( to, the, expected, boost, economy ).

**629** I went to ( and bought, grocery store, bag, the, a ) of potatoes.

**630** In that respect, ( from, the, the, no different, old are, young ).

---

解答 ————

**626** This morning, I saw a woman with the cat you were talking about yesterday.
(今朝女の人が、昨日君が話していた猫と一緒にいるのを見かけたよ。)

**627** He was born in the Philippines and grew up in Japan.
(彼はフィリピンで生まれ、日本で成人した。)

**628** The government's new policy is expected to boost the economy.
(政府の新しい政策は経済を押し上げるだろうと予想されている。)

**629** I went to the grocery store and bought a bag of potatoes.
(私はスーパーに行き、ジャガイモを一袋買った。)

**630** In that respect, the old are no different from the young.
(その点においては、老人たちは若者たちと何ら変わらない。)

解説 ————

626. 日本語文から、「女の人」はランダムに取り出した「とある1人の女性」と読めるので a woman。一方で「猫」は「昨日君が話していた」という限定があるので the cat。cat と you の間には関係代名詞の which/that が省略。

627. 100余りの島々でつくる1つのグループとして <u>the Philippines</u>。

629. 「いつも行くその」という意味で慣習的に <u>the grocery store</u>。

# 631 ~ 635

最も適切な選択肢を選べ。

**631**「中には教師に敬意を払わない生徒もいる。」

(　　　) don't respect their teachers.

　　1. Any of the students

　　2. Some of the students

　　3. Any student

　　4. Some student

**632** I was so nervous that I could hardly get (　　　) sleep last night.

　　1. any

　　2. some

　　3. often

　　4. much

**633**「Jack は少しは体調が良くなった？」

Is Jack feeling (　　　) better?

　　1. many

　　2. some

　　3. a few

　　4. any

下線部の中で不自然なものを 1 つ指摘せよ。

**634** The study shows one in every three marriage ends in divorce.
　　　　　　　①　　　　　　②　　　　　　　③　　　　　　　　④

**635** Each of the girl has different skills and abilities.
　　　　　　　①　②　　　③　　　　　　④

# someとanyの考え方

## ▶ 肯定文だから？疑問文だから？

> **631**「中には教師に敬意を払わない生徒もいる。」
>
> (　　　) don't respect their teachers.
>
> 　1. Any of the students　　　Ⓐ 2. Some of the students
>
> 　3. Any student　　　　　　　4. Some student

　some は「肯定文に使う」というよりは「存在を
肯定する文」に使います。

　なぜなら「適当な数、あるいは量を取り出して話
の舞台に出してやる」という some の感覚が「いく
つかの」という意味だけでなく、「(取り出すことで)
そこに存在する」という意味を生むからです。

Some balls

　問題文の <u>Some of the students</u> don't respect their teachers. の文字通りの
イメージは、「その生徒たちから何人か取り出して見てみると、彼らは自分
たちの教師に敬意を払っていない。」ということです。形式は否定文ですが、
「敬意を払わない生徒が『いる』」ということを表す文ですから、<u>存在を肯定</u>
する **some** の使用が自然です（『英文法鬼』 **Must** 64, 65）。

　選択肢 4 は some の後ろが student という単数形名詞なので不自然です。
可算名詞の場合、some は 2 個以上のものを取り出すことを意味します。

　any の詳しい意味は **632** で述べますが、「**any of the 複数形名詞**」あるい
は「**any＋複数形名詞**」は **not** と組み合わさることで「何個・何人であろう
が **not**」＝「ゼロ」を意味しますので日本語問題文の文意に合いません。

**632** I was so nervous that I could hardly get (　　　) sleep last night.

（私はとても緊張していたので昨夜はほとんどまったく眠れなかった。）

Ⓐ <u>1. any</u>　　　　2. some　　　　3. often　　　　4. much

　hardly は「ほとんどない」を意味する否定語で、any と一緒によく使われます。

　ロングマン英英辞典掲載の any の意味の１つとして「ある程度、もしくは最も少ない数や量であっても」（some or even the smallest amount or number）というのがあります。any は a/an と語源を同じくする言葉で、a/an と同様「抽選箱の中からランダムに１つ取り出す」イメージを持ちます。

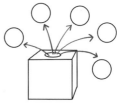

　抽選箱からランダムにいろんな量・数を取り出しながら「仮にどれくらいの数や量でもいい。最低限の数や量でもいい」と言っている感じです（『英文法鬼』 Must 66）。

　この any に否定表現が加わると「どんな数や量でも否定」＝「ゼロ」という意味になります。

　hardly + any は「ほぼまったくと言って良いほど〜ない」を表す否定表現で、「どれくらいの睡眠の量であっても、あるいは最低限の睡眠量であっても（any sleep）」＋「ほとんどとることができなかった（could hardly get）」ということです。

**633**「Jack は少しは体調が良くなった？」

Is Jack feeling (　　　) better?

1. many　　　2. some　　　3. a few　　　Ⓐ 4. any

---

**632** で述べた any の「ある程度、もしくは最も少ない数や量であっても」という意味をつかむと、any がここで「少しは」と訳されている理由がわかると思います。any はこのように、疑問文や否定文の中で<u>形容詞や副詞の程度</u>（ここでは「どれくらい better なのか」）を表すことがあります。

否定文の not any better なら「少しもマシではない」＝「全く良くならない」です。

---

**634** The <u>study</u> shows <u>one</u> in every <u>three marriage</u> ends <u>in divorce</u>.

　　　①　　　　　　②　　　　　　Ⓐ ③　　　　　　　④

（その研究によると結婚生活の３件に１件が離婚を迎えている。）

---

③ three marriage を three marriages にします。

every の根っこの意味は<u>「どの１つをとってみても、皆」</u>ということで、例えば every student（全ての学生）なら「どの１人の学生を見ても皆」→「学生全員」という意味になります。

「１人ずつ」あるいは「１つずつ」視界に入れるイメージなので「**every ＋単数形名詞**」となることが一般的です。

しかし、複数個の構成物でできるグループ群に対して「どの１つのグループをとってみても皆」なら、every ＋複数形名詞になることがあります。本問なら「３件の結婚生活（three marriages）」を１つのグループとして、「どの３件の結婚生活を見ても皆」という意味で every three marriages とします。

ひとりひとり

全員 everyone

**635** Each of the girl has different skills and abilities.
(A)(1)  (2)     (3)               (4)

（その女の子たちそれぞれが、異なる技術と能力を持っている。）

① the girl を the girls とします。

「複数いる、その女の子たちの」ひとりひとりそれぞれが、ということです。each が主語の核なので、主語は単数扱いとなり動詞は has となっています。

「ひとりひとり皆」という「全員同じ」イメージを持つ **every** と対照的に、**each** は「ひとりひとり異なる、バラバラの」というイメージを持ちます。

# Q 636 ~ 640

選択肢を並べ替えて適切な文をつくれ。

**636** ( people, don't, the situation, some, take ) seriously enough.

**637** The United States plays host to (than, more foreign students, other, any ) country does.

**638** Let me ( you, know, if, suggestions, have, any ).

**639** I ( every, the, checked, 15, temperature ) minutes.

**640** ( different, us, opinions, each, has, of ) about the new policy.

## 解答

**636** Some people don't take the situation seriously enough.
(中にはその状況を十分深刻にとらえていない人たちもいる。)

**637** The United States plays host to more foreign students than any other country does.
(米国は、他のどの国よりも留学生を受け入れている。)

**638** Let me know if you have any suggestions.
(何か提案があれば知らせてください。)

**639** I checked the temperature every 15 minutes.
(私は15分おきに温度を確認した。)

**640** Each of us has different opinions about the new policy.
(我々のひとりひとりがその新政策に関して異なる意見を持っている。)

## 解説

636. take $\boxed{A}$ seriously；A を深刻に受け取る。take は「解釈する」という意味での「取る」。some of the people なら「今言ったその人たちのうちの何人かは」で、some people なら一般論に使われ「世間一般の人々全体のうちの一部の人たちは」。

637. play host to $\boxed{A}$；「A に対して主催者の役割を演じる」が文字通りの意味だが、host（主人）は guest（客人）と対立する言葉で「もてなす側」と考えるとイメージが掴みやすい。

# Q 641 ～ 645

最も適切な選択肢を選べ。

**641**「コーヒーが好きな人もいれば、紅茶が好きな人もいる。」

Some like coffee, while (　　) like tea.

1. others
2. other
3. another
4. the others

**642**「紅茶のおかわりはいかがですか。」

Would you like (　　) cup of tea?

1. others
2. other
3. another
4. the other

**643** I saw Kate walking on (　　) side of the river.

1. others
2. other
3. another
4. the other

下線部の中で不自然なものを１つ指摘せよ。

**644** We had to wait for him for another three hour.
　　　　　① 　　　　　② 　　 ③ 　　④

**645**「その部屋には２人しか生徒がいなかった。残りは皆すでに去ってしまっていた。」

There were only two students in the room. The other had already left.
　　　　　① ② 　　　　　　③ ④

# others, another, the other(s)

## ▶より直感的な使い分け

> 641 「コーヒーが好きな人もいれば、紅茶が好きな人もいる。」
> Some like coffee, while (　　　) like tea.
> Ⓐ 1. others　　2. other　　3. another　　4. the others

　others、あるいは「other ＋複数形名詞」は「**2回目の some**」とでも呼べる意味を持ちます（『英文法鬼』 Must 68）。

　本問では、何人か適当に人を取り出してみると（some）、その人たちはコーヒーが好きで、また別にもう1度、適当に何人かを取り出してみると（**others**）、その人たちは紅茶が好きだ、ということです。

　「2回目の some」に当たるわけですから、複数形の others あるいは「other ＋複数形名詞」という形になります。

　ちなみに漠然と「他人」と言う場合には「適当に取り出した複数の（自分たち以外の）人たち」という意味で others（あるいは other people）を使うのが普通です。

コーヒー
好き
some

紅茶
好き
others
コーヒー
好き
some

例文 It is wise not to speak ill of others.

　「他人の悪口は言わないでおくのが利口だ。」

**642** 「紅茶のおかわりはいかがですか。」

Would you like (　　) cup of tea?

　　　1. others　　　2. other　　Ⓐ 3. another　　　4. the other

another の根っこの意味は「**おかわりをもう1つ**」です。

another = an + other で、an は「同じ種類のものが入っている箱」の中から、どれでもいいからランダムに1つ取り出すことであり、other は「さっきのとは別の」ということです。

　例えば「紅茶という種類のものが入っている箱から、先ほどの紅茶とは別に、どの紅茶でも良いから1杯取り出す」ということを意味します。つまり「紅茶のおかわりを1杯」ということです。

**643** I saw Kate walking on (　　) side of the river.

（私は Kate が川の向こう岸を歩いているのを見かけた。）

　　　1. others　　　2. other　　　3. another　　Ⓐ 4. the other

the other は「**2つあるうちの残りの一方**」を意味する言葉です。

　the にその意味の秘密があります。例えば白と黒のボールが2つあったとして、そこから白いボールを取り除いたら、「他にある（= other）ボール」は黒いボールしかありません（= the）ね。「それしかない、その」という限定を表す the がつく理由はここにあります。

　the other に「2つあるうちの」という前提がつく理由ですが、3つ以上

409

のもの、たとえば A, B, C の 3 つのものがある中から A を取り除いても、残りは B かもしれませんし、C かもしれません。つまり「それしかない」という状態にはならないので the の出番はないのですが、これが A, B 2 つなら「A を除けば残りは B しかない」となり the が必要になります。

こうして <u>the other</u> は「『2 つある』うちの」というのが重要な前提条件になります。

本問では「川岸」の話で、一般的には川岸というのは川の両側に 1 つずつ、合わせて「2 つ」あるものです。「自分がいる側を除いた残りの一方の岸」が the other side of the river です。

---

**644** We had to wait for <u>him</u> for <u>another</u> <u>three hour</u>.
　　　　　　① 　　　　② 　　　③ 　Ⓐ④

（私たちはさらに 3 時間、彼を待たなければいけなかった。）

---

④ three hour を three hours にします。

よくある誤解に「another は an + other だから、後ろには単数形の名詞しか来ることができない」というものがあります。

確かに another の後ろに単数形の名詞が来る確率は高いのですが、「来なければいけない」というのは間違いで、複数形の名詞が来ることもあります。ただし、another の後ろに単数形名詞が来ようが、複数形名詞が来ようが、another の根っこの意味に変わりはありません。それは「おかわりをもう 1杯」です。

**642** の another cup of tea は「紅茶をもう 1 杯」ということですが、本問でやっていることは「『彼を待つ』ことをもう 1 回おかわりする」、つまり「今までも待っていたけれど、そこからもうひと待ちする」ということです。その「ひと待ち」という「お茶碗 1 杯」の中に three hours という量の時間が入っているということです。

another ＋複数形は「同じ行為をもう1度する」という時に出て来ることが多い表現です。

**例文** Would you lend me <u>another hundred dollars</u>?

　　　「もう 100 ドル貸してくれませんか？」
　　　→貸すという行為を「おかわり」している

---

**645**「その部屋には2人しか生徒がいなかった。残りは皆すでに去ってしまっていた。」

There were <u>only</u> <u>two students</u> in the room. <u>The</u> <u>other</u> had already left.
　　　　　①　　　②　　　　　　　　　　　③　　④

---

日本語に「残りは皆」とあるので④ other を others とします。

the other は「2つあるうちの残りの一方」ですが、the others なら1つのグループを2つに分けたうちの「**残りの全部**」を意味します。

つまり「2つあるうちの残りの一方」という意味は変わらないものの、残りの一方が複数個で構成されるので the others となります。

ライティングなどで漠然と「他人」（**641**参照）を the others と書いてしまう英語学習者を見かけることがありますが、the others は「（2つに分けたうちの）残りの全員」です。

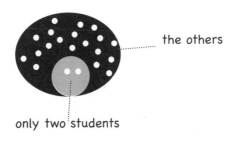

# Q 646 ～ 650

選択肢を並べ替えて適切な文をつくれ。

**646** You ( on, shouldn't, blame, others, put, the ).

**647** The members ( one, arrested, were, after ) another.

**648** I ( the, who, don't, other, player, know ) is.

**649** ( another, was, just, Sunday, it ).

**650** They have three children. One lives in Atami, ( two, in, and, other, live, the ) Ito.

---

## 解答

**646** You shouldn't put the blame on others.
（あなたは他人に責任転嫁するべきではない。）

**647** The members were arrested one after another.
（メンバーは次々と逮捕されていった。）

**648** I don't know who the other player is.
（残りのもう 1 人の選手が誰なのかは知りません。）

**649** It was just another Sunday.
（いつもと変わらない日曜日でした。）

**650** They have three children. One lives in Atami, and the other two live in Ito.
（彼らには 3 人子どもがいます。1 人は熱海に住んでいて、残りの 2 人は伊東に
住んでいます。）

---

## 解説

646. put the blame on [A]；「A に責任転嫁する」。「A の上にその非難を載せる」が直訳。

647. one after another；「次々と」。

649. just another [A]；「何の変哲もない A」。
another の「おかわり」のイメージから「他に代わりが
いくらでもある、同じような」という意味。

650. the other two の other は名詞ではなく、two
という名詞を修飾する形容詞なので複数形 others に
はならない。

one after another

| Column | 言語の違いは、どこに注目するかの違い |

「母語が個人の思考に影響を与える」という考え方を言語相対論と呼びます。
英語と日本語を比べてみると、確かにものの見方が違うところがあり、しかも
それはランダムなものではなく、一貫した傾向があるようです。本書で挙げて
いる「英語は外から自分を見る」「日本語は自分がカメラとなり外を眺める」な
どがそれです。

ただ誤解してはいけないのは「母語が違えばものの見え方が変わってしまう」
わけではない、ということです。
英語には複数形があり、日本語にはそれがないからと言って、日本語話者が「も
のが複数個あることを認識できない」わけではありません。ただ注意の向け方
が変わるだけです。

我々日本語話者から見ると、英語の可算名詞や不可算名詞、冠詞の a などはと
ても複雑なことをやっているように見えます。ヨーロッパ語の話者はモノを見
るときに、それが形の仲間なのか、材質の仲間なのか、形の仲間ならその形が
まるごと 1 個そろっているのかに注目します。例えば目の前にあるのがまるご
と 1 本の木なら a tree ですが、切られて薪になったり、板になったりしていれ
ば wood というふうに区別します。
しかし日本語や中国語、韓国語などの東洋諸言語も負けず劣らず複雑なことを
やっています。「1 個」「1 枚」「1 本」「1 杯」などの助数詞を見ればわかる通り、
我々は詳細に形の違いに注目しています。しかも単に数え方の単位であるだけ
でなく、助数詞そのものに映像、つまり「意味」が存在します。例えば英語で
は大型犬であろうと小型犬であろうと a dog としか言いませんが、日本語なら「1
匹の犬」と「1 頭の犬」では印象が変わります。

出来事や風景を言葉にして表す、ということは、その出来事や風景の「ある部
分に注目して拾い上げる」ということでもあります。英語が「どこを注目する
言語なのか」を意識して学習すれば、生きた英語の感覚がわかりやすくなります。

# 英文法の鬼1000問

第9章

## 不定詞と動名詞
## ：やはりニュアンスは違う

# 651 ~ 655

最も適切な選択肢を選べ。

**651** I (　　　) to stay one more night in Tokyo.

　　1. enjoyed

　　2. finished

　　3. kept

　　4. decided

**652** We must avoid (　　　) the same password.

　　1. using

　　2. to use

　　3. use

　　4. used

**653** 「私は試しに魚を食べる量を増やしてみた。」

　　I tried (　　　) more fish.

　　1. eating

　　2. to eat

　　3. eat

　　4. ate

下線部の中で不自然なものを1つ指摘せよ。

**654** He <u>decided</u> to <u>postpone</u> to <u>buy</u> a car for <u>another</u> year.
　　　　　①　　　　　②　　　　③　　　　　④

**655** 「彼らは Mary を説き伏せようと頑張ったが、彼女は彼らを無視し続けた。」

　　They <u>tried</u> hard <u>convincing</u> Mary, but she <u>kept</u> <u>ignoring</u> them.
　　　　①　　　　②　　　　　　　　③　　④

# 目的語に来る
# 不定詞・動名詞の使い分け①

▶ これから向かうのか、している最中なのか

　言葉が違えば、意味は異なります。動詞を名詞化して使うという点では同じである不定詞の名詞的用法と動名詞も「見え方」には微妙な差があり、それが文法上の使い方の違いを産みます。両者の意味の違いを知り、より直感的に使い分けられるようになりましょう。

---

651 I (　　　　) to stay one more night in Tokyo.

　　（私はもう一晩、東京に留まることにした。）
　　1. enjoyed　　　2. finished　　　3. kept　　　Ⓐ 4. decided

---

　動詞の目的語に **to 不定詞** が来る場合、多くは「(動詞) するのは今。(目的語の不定詞) するのはこれからの話」というパターンをとります。
　選択肢 4 の decide は「決定するのは今で、滞在するのはこれから」なので、目的語には「これから〜することに向かう」を意味する to 不定詞が来ます。

　一方で、動詞の目的語に **動名詞** が来る場合の基本的なパターンに、「(目的語の動名詞) している最中に、(動詞) する」というのがあります（『英文法鬼』Must 26）。〜 ing の根っこの意味は「〜している最中・途中」で、それは動名詞でも同じです。

enjoy：「〜している最中に楽しいと感じる」のが自然なので、enjoy の目的語には〜 ing が来るのが自然です。

finish：「今している最中のことを終わらせる」のが自然なので目的語には〜 ing が来ます。

keep：「〜している最中の状態を keep する」なので、keep の目的語には〜 ing が来ます。

enjoy!

652 We must avoid (　　) the same password.

（私たちは同じパスワードを使うことは避けないといけない。）

Ⓐ 1. using　　　2. to use　　　3. use　　　4. used

avoid は「〜を避ける」を意味する動詞です。

「避ける」と聞けば「これからやって来ることを回避する」のだから、不定詞を使うべきでは？と思う方もいるでしょう。

しかし、図にある通り、やって来る最中のものを避けるのであって、まだ来てもいない、これから来る事態を今避けることはできません。

したがって avoid の目的語には動名詞が来ます。

**653**「私は試しに魚を食べる量を増やしてみた。」

I tried (　　　) more fish.

Ⓐ 1. eating　　　2. to eat　　　3. eat　　　4. ate

「**try to 不定詞**」はあることを「実現させようとする」ということです。

例えば <u>try to open</u> the door なら「ドアを開けようとしている」わけで、開くとしたら「これから」です。

一方 **try 〜 ing** は「試みとして何かしている最中」を意味します。例えば <u>try opening</u> the door なら「試しにドアを開けてみる」という意味で、「ドアを開けている最中の状態＝試している内容」です。ネットでお馴染みの「試しに○○やってみた」という表現はこれにあたります。

**654** He decided to postpone to buy a car for another year.
　　　　 ①　　　　　②　　　 Ⓐ③　　　　　　　④

（彼は車を買うのをもう１年延期した。）

③ to buy を buying にします。

postpone は post（後に）+ pone（置く）という語源から「〜を後回しにする・延期する」という意味を出す動詞です。

　同じく「延期する」を意味する put off（いったん離して、置く＝やるべきことを脇へ置く）と共に、目的語は動名詞をとります。「中止」ではなく「延期」なので動作は<u>「最中（～ing）」</u>のまま先延ばしされているのだ、と考えると良いでしょう。

---

**655**「彼らは Mary を説き伏せようと頑張ったが、彼女は彼らを無視し続けた。」
They <u>tried</u> hard <u>convincing</u> Mary, but she <u>kept</u> <u>ignoring</u> them.
　　　① 　　　 Ⓐ② 　　　　　　　　　 ③ 　　　 ④

---

　② convincing を to convince にします。

　**653** で説明した通り、「try to 不定詞」は「これから～しようとする」ということです。<u>try to convince</u> Mary は「Mary を説き伏せようとしているが、<u>彼女が納得するのはこれからの話</u>」ということです。

「でも、try convincing Mary で『試しに Mary を説得してみたが（結局彼女は彼らを無視し続けた）』と言えるのではないか」と思った方もいるでしょう。

　日本語の「説得する」は「働きかけをする」だけで、「相手が納得したかどうか」は意味に含みません。ですから日本語では「説得したが、納得してくれなかった。」と言えます。しかし英語の **convince** は「説得して、相手を納得させる」までを意味する動詞です。try convincing Mary は「Mary を試しに納得させてみた」という意味になるので、文の後半と意味が合わなくなります。

# Q 656 ~ 660

選択肢を並べ替えて適切な文をつくれ。

**656** ( expect, to, do, him, be, you ) trustworthy?

**657** ( to, up, he, me, wanted, give ) smoking.

**658** ( you ever, to, have, think, stopped, about ) it?

**659** He was so busy ( going, that, had to, off, he, to the, put ) doctor.

**660** ( about, should, it, stop, you, thinking ).

## 解答

**656** Do you expect him to be trustworthy?
（彼のことを信用できるだろうと思っているの？）

**657** He wanted me to give up smoking.
（彼は私にタバコをやめて欲しいと思っていた。）

**658** Have you ever stopped to think about it?
（あなたはそのことについて、一度でも立ち止まって考えたことはありますか？）

**659** He was so busy that he had to put off going to the doctor.
（彼はとても忙しかったので、医者に行くのを先延ばししなければならなかった。）

**660** You should stop thinking about it.
（そのことについて考えるのを君はやめるべきだよ。）

## 解説

656. expect は「これからする」ことを期待するので**不定詞**とともに使う。

I expect him to be trustworthy. 「私は彼が信頼できる人間だろうと思っている。」
私 期待する 彼 信頼できる状態にある
何することに向かって？

657. want は「これからやりたい」という気持ちなので**不定詞**とともに使う。

He wanted me to give up smoking.
彼は 欲しがった 私 タバコをやめる
何することに向かって？

658. 「stop to 不定詞」は「自分の動きを止めて～する」。この stop は自動詞（止まる）。したがって、to 不定詞は stop の目的語ではなく、副詞的用法、つまり修飾語である。

I stopped to look at my smartphone. 「私は携帯を見るために立ち止まった。」
私 止まった スマートフォンに目を向ける
何することに向かって？

660. 「stop ～ing」は「～している最中のことを中断する」=「～するのをやめる」。この stop は他動詞（止める）であり、～ ing は stop の目的語。今やっている最中のことを「止める」ので目的語は～ ing になる。

# Q  661 ~ 665

最も適切な選択肢を選べ。

**661** I can't imagine (　　　) a week without talking to anyone.

1. spending

2. to spend

3. spend

4. spends

**662** 「あなたがその車を見たと私に言ったのを覚えてる？」

Do you remember (　　　) me that you had seen the car?

1. telling

2. to tell

3. tell

4. told

**663** 「最新の情報を手に入れるためには、チャンネル登録を忘れないでくださいね。」

Remember (　　　) the subscribe button so that you can stay updated.

1. clicking

2. to click

3. click

4. clicks

下線部の中で不自然なものを１つ指摘せよ。

**664** I wouldn't consider to buy a used car unless I knew who had owned it previously.
　　　　　　　　　①　　　　　②　③　　　　　　　　　　　④

**665** He is considered being one of the best snowboarders in the world.
　　　　　　　　　①　　　　　②　　　　　③　④

Must
# 67
英文法 26
の 35
鬼100則
英熟語
の
鬼100則

# 目的語に来る
# 不定詞・動名詞の使い分け②

## ▶心に浮かべる映像は「動作の最中」

　前項では動名詞を目的語としてとる動詞の特徴の１つに、「（目的語）している最中に（動詞）する」という「**同時発生**」の感覚があることを説明しました。

　動名詞を目的語としてとる動詞のもう１つの大きな特徴は、「**記憶・想像**」、つまり「心に思い浮かべる映像」を述べるということです（『英文法鬼』 Must 26）。

　〜 ing の根っこの意味は「動作の途中・最中」ですが、記憶や想像で心に浮かぶ映像というのは普通「動作の最中」の映像です。

　今朝何を食べたか思い出してみれば、食べている最中の映像が浮かびますし、空を飛ぶところを想像すれば、空を飛んでいる最中の映像が浮かぶものです。

　一般に言われる「動名詞が過去を表す」というのは表面的な傾向に過ぎません。かつ、それだけではなぜ consider（心に情景を浮かべながら熟慮する）や imagine（想像する）という動詞の目的語に動名詞が来るのかは説明できません。記憶・想像の共通点が「心に動作の最中の情景を思い浮かべること」であることと考えれば、こうした動詞の目的語に〜 ing を使う理由をより統一的に説明できます。

**661** I can't imagine (　　　) a week without talking to anyone.

（誰とも話をせずに1週間過ごすなんて想像できない。）

Ⓐ1. spending　　2. to spend　　　　3. spend　　　　4. spends

imagine の目的語は〜 ing です。

頭の中で「誰にも話さず1週間を過ごしている最中（spending）の情景」を imagine しているわけですから、目的語が〜 ing になります。

**662**「あなたがその車を見たと私に言ったのを覚えてる？」

Do you remember (　　　) me that you had seen the car?

Ⓐ 1. telling　　2. to tell　　　　3. tell　　　　4. told

**remember 〜 ing** で「〜したことを覚えている」です。

過去のことを思い出すというのは、その時の状況を頭の中に再現するということです。ここでは「あなたが私に『その車を見た』ということを言っている最中（telling）の情景」を remember しているわけです。

**663**「最新の情報を手に入れるためには、チャンネル登録を忘れないでくださいね。」

Remember (　　　) the subscribe button so that you can stay updated.

1. clicking　　Ⓐ2. to click　　　　3. click　　　　4. clicks

remember to 不定詞で「〜する予定を覚えておく」です。「予定を覚えておく」ということは「これから〜することに向かう (to)」ことを remember するということです。

**664** I wouldn't consider to buy a used car unless I knew who had owned
①　　　　　Ⓐ② 　　 ③ 　　　　　　　　　　④

it previously.

（僕なら、誰が前の持ち主なのかわからない限り、中古車を買おうとは考えないだ
ろう。）

② to buy を buying にします。

**consider 〜 ing** で「〜しようかどうしようかと考える」です。

ロングマン現代英英辞典には consider の意味として、「決心するまえに、
注意深く考えること」とあります。語源的には con（共に）+ sider（星）であ
り、星占い師がさまざまな星を集めて精査し、「将来はこうなるだろうか、
ああなるだろうか」と想像・熟考することに由来します。

このような動詞ですから、結果をシミュレーションして熟慮するわけで、
動作の最中の映像を表す〜 ing が目的語に来るわけです。

**665** He is considered being one of the best snowboarders in the world.
Ⓐ①　　　　　　② 　　　　　　　 ③ 　④

（彼は世界最高のスノーボーダーの１人だと考えられている。）

① being を to be にします。

**S** **consider** **O** **to be** C で「S は O を C だと考えている」です。

to の根っこの意味は「→」ですが、ここでの不定詞は「〜することにた
どり着く」という意味で使われています。「考えた結果、ある結論にたどり
着く」ということです。

問題文を能動態にして、構造を考えてみましょう。

**例文** We consider him to be one of the best snowboarders in the world.
私たち よく考える 彼 　　　世界最高のスノーボーダーの1人、という状態にある
いろいろ考えた結果、どういう結論にたどり着く？

him のことを「ああでもない、こうでもない」といろいろ考えた結果、「世界最高のスノーボーダーの1人という状態」にたどり着いた、ということを表しています。

このように consider は目的語に動名詞をとる構文以外に、「目的語 + to be 補語」という構文もとります。

なお、この to be は省略されて、We consider him one of the best …という第5文型になることもよくあります。

この「O を C だと考える・認識する」系の構文は imagine, think, see などにも同じものが見られます (復習問題参照)。

425

選択肢を並べ替えて適切な文をつくれ。

666 He was ( than, him, I, taller, had imagined ) to be.

667 ( to, with, bring, forgot, an, I, umbrella ) me.

668 I'll ( you, never, meeting, for, forget ) the first time.

669 ( mind, until, don't, comes, I, waiting, he ) back.

670 ( thought, the, is, be, he, mastermind, to ) of the attacks.

解答 ───────

666 He was taller than I had imagined him to be.
（彼は私が想像していたより背が高かった。）

667 I forgot to bring an umbrella with me.
（傘を持って来るのを忘れたよ。）

668 I'll never forget meeting you for the first time.
（あなたに初めて会った時のことは決して忘れないでしょう。）

669 I don't mind waiting until he comes back.
（彼が戻って来るまで、私は待っていても構わないですよ。）

670 He is thought to be the mastermind of the attacks.
（彼はその攻撃の首謀者だと目されている。）

解説 ───────

666. imagine も consider と同じ仕組みで、S imagine O to be C で「S は O が C であると想像する」という意味になる。想像した結果、O が C だろうという予想に「到達（to）」することを意味する。
667. forget to 不定詞は「～する予定を忘れる」。to 不定詞は「～することに向かう（予定）」を意味する。
668. forget ～ing は never を伴う否定文でよく使われ、「～したことを決して忘れない」という意味で使われる。
669. mind は心の中に行動の情景を「想像して」、その結果「するのを嫌だと思う」ことを意味するので～ing を目的語にとる。not mind ～ing で「～しても構わないと思う」。
670. S think O to be C で「S は O が C であると考える」。consider や imagine と同じ構文。

 **671 ~ 675**

最も適切な選択肢を選べ。

**671** I don't think (　　　) being here is a good idea.

    1. my

    2. for me

    3. I

    4. to me

**672** It is time (　　　) to be fair elections.

    1. my

    2. for me

    3. for there

    4. there

**673** Is there any possibility of (　　　) Amy around here?

    1. him seeing

    2. for him to see

    3. he seeing

    4. he sees

下線部の中で不自然なものを1つ指摘せよ。

**674** It's very kind for you to come on short notice.
    ①    ②    ③    ④

**675** Water is more important than food in order to us to survive.
    ①    ②    ③    ④

# 動名詞と不定詞の意味上の主語

## ▶ 所有格の場合・目的格の場合

動名詞と不定詞には「意味上の主語」がつく場合があります。
まずは意味上の主語のない例文を見てください。

**例文** <u>Eating too much junk food</u> is bad for your health.

「ジャンクフードの食べ過ぎは健康によくない。」

動名詞 eating に意味上の主語がついていません。
なぜならこの文は**一般論**であり、誰がジャンクフード
を食べるのかを特定する必要がないからです。

しかし、下の文には eating の意味上の主語である **his** がついています。

**例文** We are worried about <u>his eating too much junk food</u>.

「私たちは彼のジャンクフードの食べ過ぎを心配している。」

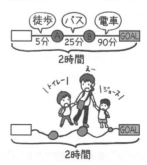

これは「他の人ではなく、彼がジャンクフー
ドを食べている」ことを言いたいからです。

次に不定詞の場合を見てみましょう。2つの文を比べてみてください。

— It takes two hours <u>to get there</u>.

「そこに着くのに2時間かかる。」

— It takes two hours <u>for us to get there</u>.

「私たちがそこに着くのには2時間かかる。」

　上の文は一般論。誰が行っても普通2時間かかるということです。下の文は「今回の我々の状況（交通手段の有無や、荷物の多さなど）で、私たちがそこへ着くには」という話をしています。

　このように動名詞や不定詞に意味上の主語がつくのは「一般論ではなく」「他の人ではなく」「今回の場合」などの条件がつく場合です。

　では動名詞や不定詞には、具体的にどのような形で意味上の主語がつくのかを見ていきます。

---

**671** I don't think (　　　　) being here is a good idea.

（私がここにいるのはまずいと思う。）

Ⓐ 1. my　　　　2. for me　　　　3. I　　　　4. to me

---

「他の人ではなく私が」ということを明示するために、意味上の主語 my がついています。

　動名詞の意味上の主語は基本的に所有格です。「動作の所有主＝動作主」です。

---

**672** It is time (　　　　) to be fair elections.

（今こそ公正な選挙が存在するべき時だ。）

1. my　　　　2. for me　　　　Ⓐ 3. for there　　　　4. there

---

　一見するとわかりにくい問題ですが、以下の2つの文が不定詞を使って合成された文です。

It is time … ＋ There are fair elections.

☞ It is time for there to be fair elections.

there is/are 構文の形式上の主語は there ですから、それが不定詞の意味上の主語として for there となっています。そして be 動詞 are が不定詞 to be となっています。

It's time……は It's time for me to go.（もう私、行かなくちゃ。）、It's time for you to get up.（（あなたが）起きる時間だよ。）のように「**It's time for 人 to 不定詞**」の形をよく取ります。そこに there is/are 構文をはめ込んだ形です。there is/are 構文を不定詞にはめ込んだ「**for there to 不定詞**」の形は慣れていない学習者が多いことも手伝って、テストでよく問われます。

---

**673** Is there any possibility of (　　　　) Amy around here?
（彼が Amy にこの辺りで会う可能性はありますか？）

Ⓐ 1. him seeing　　　　　2. for him to see

　　 3. he seeing　　　　　　4. he sees

---

前置詞の後ろには目的格の代名詞が来ます。つまり、主格の代名詞は来ることができません（◯ of him ✕ of he）。このため選択肢4のような「前置詞＋主語＋動詞～」は文法的に不適格です。

そこで、代わりに「前置詞＋動名詞の意味上の主語＋動名詞～」という形がよく使われます。ここで、意味上の主語の「格」の形が問題になります。

any possibility of … + he sees Amy
→ any possibility of his/him seeing Amy

動名詞の意味上の主語は本来、所有格（ここでは his）です。ここで his seeing としても自然です。しかし、前置詞や他動詞の目的語の位置の代名詞は目的格をとるため、目的語の位置では動名詞の意味上の主語は目的格の形をとるというパターンも、現代英語では一般的になりました。

本問では前置詞 of の後なので、目的格の him を動名詞 seeing の意味上の主語としています。ちなみに選択肢2ですが、前置詞 of の後ろにさらに不

定詞の意味上の主語のための前置詞 for をつけることはできません。前置詞が繰り返されることを嫌うためです。

---

**674** It's very kind for you to come on short notice.
　　　　　①　　Ⓐ▶②　　　③　　　　④

（急なお知らせにも関わらず来ていただいてご親切にありがとうございます。）

---

② for を of にします。

　kind や nice など人の性質・性格を表す形容詞の後ろは「**of ＋不定詞の意味上の主語**」となります。

　これは**A** of **B**が「B から構成要素である A を取り出す」（例 a piece of cake でケーキ全体から一切れを取り出すイメージ）ことを意味しているからで、kind of you なら「（わざわざ来てくれて）あなたから性格の親切な部分が出て来ていますね」ということを表しています。

　かなりかしこまった表現です。

---

**675** Water is more important than food in order to us to survive.
　　　　　　　　　①　　　　　②　　　　　Ⓐ▶③　　　　④

（私たちが生存するためには、食べ物よりも水の方が重要だ。）

---

③ to を for にします。

　in order to do は「〜するために」という不定詞表現ですが、意味上の主語をつける場合、は to do の前に「**for ＋名詞**」をつけます。

# Q 676 ～ 680

選択肢を並べ替えて適切な文をつくれ。

**676** If ( so, mind, you, my, don't, saying ), you worry too much.

**677** How long ( for, will, me, it, take, get, to ) there?

**678** I'm counting ( him, with, on, being there ) my children.

**679** ( nice, to, my, it's, of, fix, you ) bicycle.

**680** ( order, to, peace, there, in, for, be ), we need strong leadership.

---

**解答**

**676** If you don't mind my saying so, you worry too much.
（言わせていただくならば、あなたは心配し過ぎですよ。）

**677** How long will it take for me to get there?
（私が向こうに着くのにどれくらいかかるでしょうか？）

**678** I'm counting on him being there with my children.
（私は彼が私の子どもたちと一緒にそこにいることを、あてにしています。）

**679** It's nice of you to fix my bicycle.
（私の自転車を直してくれてありがとうございます。）

**680** In order for there to be peace, we need strong leadership.
（平和を存在させるには、強いリーダーシップが必要だ。）

---

**解説**

676. if you don't mind my（あるいは me）saying so；「言わせていただくなら」。直訳は「私がそう言うのをあなたが嫌だと思わないなら」。COCA の使用例では my の使用率は me の2倍。

678. count on Ａ で「Ａ をあてにする」（『英熟語鬼』 Must 50）。him being there は he is there（彼がそこにいる）を動名詞句にしたもので、on という前置詞の後なので being there の意味上の主語は目的格 him に。

 **681 ～ 685**

最も適切な選択肢を選べ。

**681** I feel very lucky (　　　) a chance to work with her last month.

　　1. to have

　　2. to had

　　3. to having had

　　4. to have had

**682** I want to thank you (　　　) a great mentor to me for all these years.

　　1. for having been

　　2. by being

　　3. have been

　　4. be

**683** 「これまで賭け事にとても多くのお金を浪費してしまったことを、私は恥ずかしく思っている。」

　　I'm ashamed (　　　) so much money on gambling.

　　1. wasting

　　2. wasted

　　3. of having wasted

　　4. on wasting

下線部の中で不自然なものを１つ指摘せよ。

**684** He seems to be afraid to tell us the truth at that time.
　　　　　　　　① 　　② 　　③ 　　④

**685** 「その男性は怪我をした時の記憶が全くないと言った。」

　　The man said he had no memory of been injured.
　　　　　　① 　　② 　　　　　　③ 　　④

# 完了不定詞と完了動名詞

## ▶前の時点での動作・今も続く状態

「**to have 過去分詞**」（完了不定詞）や「**having 過去分詞**」（完了動名詞）
は、

— ① 文の動詞の時制よりも１つ前の時点で不定詞や動名詞の行為が起きて
　いる

— ② 過去のある時点から、文の動詞の動作の時点までずっと１つの状態が
　続いている（現在完了の継続用法）

という場合に使われます。

---

**681** I feel very lucky (　　　) a chance to work with her last month.

（私は先月彼女と一緒に働く機会を得て、幸運だと感じている。）

1. to have　　　2. to had　　　3. to having had　　Ⓐ 4. to have had

---

「**feel+ 感情＋ to 不定詞**」で「（不定詞）して（感情）だと感じる」です。

last month とあるので「（彼女と働く機会を）持った」という過去の出来
事に対して、「今」、幸運だと感じています。

　不定詞は動詞の原形なので現在や過去といった時間を表すことができません。そこで文の動詞との時間のズレ、この場合なら過去に行ったことに関して今感情を feel しているということを表すために to have ではなく to have had とします。

682 I want to thank you (　　　) a great mentor to me for all these years.

（この数年ずっと、あなたが私にとってのよき助言者であり続けてきたことを感謝したいと思っています。）

Ⓐ 1. for having been　　2. by being　　3. have been　　4. be

「**thank you for 〜 ing**」で「あなたが〜することに感謝する」です。

　前置詞（ここでは for）の後ろには不定詞を使えません。不定詞の to も一種の前置詞だからです。よって動名詞が来ます。

　for all these years という表現でわかるとおり、「過去のある時点から現在に至るまでずっと（良き助言者であり続けている）」という**状態の継続**を表すために having ＋過去分詞という完了動名詞を使います。

　このように完了動名詞は時間のズレを表すだけでなく、現在完了の継続用法的な使い方をすることもあります。

**683**「これまで賭け事にとても多くのお金を浪費してしまったことを、私は恥ずかしく思っている。」

I'm ashamed (　　　　) so much money on gambling.
　1. wasting　　　2. wasted　Ⓐ 3. of having wasted　　4. on wasting

be ashamed of Ⓐ で「A を恥ずかしく思う」です。

of は「取り出す」イメージを持ち、例えば a student of the school（その学校の生徒）なら「その学校から、構成要素である1人の生徒を取り出すイメージがあります。be ashamed of Ⓐ は「A という原因から恥ずかしい気持ちが出て来る」イメージです。

a student of the school

日本語訳に「これまで〜浪費してしまった」とあるので、of の後に過去から今に至るまで1つの状態が継続していることを意味する完了動名詞を使います。

ashamed

now

**684** He seems to be afraid to tell us the truth at that time.
　　　　　Ⓐ①　　②　　③　　　④

（彼はその時、我々に真実を話すことが怖くてできなかったようだ。）

① to be を to have been にします。

**be afraid to 不定詞**で、「〜するのが怖くてできない」です。直訳すると

「〜することに向かうのが怖い（だからできない）」となります。**be afraid of 〜 ing** だと「〜するのではないかと不安に思う」という、「心配しているだけ」の意味になります。例えば I was afraid of his telling everyone the truth. なら「彼がみんなに真実を言ってしまうのではと心配した。」です。

　さて、この問題では seems は現在形なのに、文末に at that time（その時）という過去を表す言葉があります。ですから to be か to tell かのどちらかを完了不定詞にしないといけません。「我々に真実を言うことが怖くてできない」ということ全体が at that time という過去に起きた出来事です。ですから 3 の to tell ではなく、1 の to be を完了不定詞にします。（seem 構文に関しては本書第 28 項参照）

---

685「その男性は怪我をした時の記憶が全くないと言った。」
The man said he had no memory of been injured.
　　　①　　　②　　　　　Ⓐ③　　　④

③ been を having been にします。

injure は surprise と同タイプの動詞で、「**原因 injure 人**」で「原因が人を怪我させる」です（『英文法鬼』 Must 33）。したがって「人が怪我をする」なら「人 be injured」です。

　下線部 3 は前置詞 of の後なので動名詞になる必要があります。「怪我をした時（＝過去）の記憶が今ない」というズレた時間関係なので完了動名詞が必要です。

選択肢を並べ替えて適切な文をつくれ。

**686** She ( the man, to, seen, claims, have ) the day before.

**687** The lawmaker ( any, had, denied, contact, having ) with the foreign spy.

**688** She tested ( having, positive, been, fully, after ) vaccinated.

**689** You don't ( the, to, read, seem, book, have ) yet.

**690** He is ( having, of, of, suspected, died ) the new disease.

---

**解答**

**686** She claims to have seen the man the day before.
（彼女はその男を前日に見たと主張している。）

**687** The lawmaker denied having had any contact with the foreign spy.
（その議員は、その外国のスパイと接触を持ったことを完全に否定した。）

**688** She tested positive after having been fully vaccinated.
（彼女は必要回数接種を受けた後、陽性反応を出した。）

**689** You don't seem to have read the book yet.
（どうやらあなたはまだその本を読んでいないようですね。）

**690** He is suspected of having died of the new disease.
（彼はその新しい病気で死亡したのではないかと疑われている。）

---

**解説**

686. claim to ＋不定詞；「～すると主張する」

687. deny ～ing；～することを否定する。過去にしたことの記憶を頭に浮かべながら否定する、という形なので、ただの動名詞でも「過去に行ったことを否定する」という意味を出せるが、remember などの直接記憶を意味する動詞とは違い、過去に行ったということを明確化するために having ＋過去分詞を使うことが好まれる。admit（過去に～したことを認める）も同様の理屈で having ＋過去分詞が好まれる。

690. be suspected of Ａで「Ａだと疑われる」。die of Ａで「Ａ（病気）で死ぬ」。「Ｏ of Ａ」は「ＡからＯを取り出す」イメージなので、Ａから「疑い」や「死」が出て来るイメージ。

# Q 691 ～ 695

最も適切な選択肢を選べ。

**691**「私は 1964 年の東京オリンピックを覚えている世代だ。」

I am (　　　) to remember the 1964 Tokyo Olympics.

1. old too

2. too old

3. enough old

4. old enough

**692**「彼が完全に回復するかどうかに関してはまだ何とも言えない。」

It's (　　　) to say if he will make a full recovery.

1. early too

2. too early

3. enough early

4. early enough

**693** We ran to the station (　　　) miss the last train.

1. only to

2. to

3. go to

4. what to

下線部の中で不自然なものを 1 つ指摘せよ。

**694** I'll try in order not to let it happen again.
　　　　　①　　　　　②　　　③　④

**695** He moved slowly as so not to wake his wife.
　　　①　　　　　　　②　③　　④

# 不定詞の基本構文

▶ enough は合格・too は不合格

---

> **691** 「私は 1964 年の東京オリンピックを覚えている世代だ。」
> I am ( ) to remember the 1964 Tokyo Olympics.
>  1. old too  2. too old  3. enough old  Ⓐ 4. old enough

　enough は単に「十分」という意味だけでなく、「十分〜なので**合格**」というイメージを持つ言葉です。一方で too は単に「〜過ぎる」という意味だけではなく、「〜過ぎて**不合格**」というイメージを持ちます。

　仮に空欄に 2 の too old を入れると、下記のように「私は歳をとり過ぎていて 1964 年の東京オリンピックは覚えていない。」という意味になってしまいます。

I am too old to remember the 1964 Tokyo Olympics.
歳をとり過ぎて不合格 1964 年の東京オリンピックを覚えているには
　　何をすることに向かっては歳をとり過ぎていて不合格？

too old
⇩
不合格

　選択肢 4 の old enough ならば、「私は十分歳をとっているから、1964 年の東京オリンピックを覚えている。」という意味になります。

I am old enough to remember the 1964 Tokyo Olympics.
十分歳をとっていて合格 1964 年の東京オリンピックを覚えているには
　　何をすることに向かっては歳を十分とっていて合格？

enough old
⇩
合格

enough の語順は二通りあるので注意が必要です。

　形容詞や副詞と enough が結びつく場合、今回の old <u>enough</u> のように enough は後ろに来ますが、名詞とくっつく時には <u>enough</u> money（十分なお金）のように enough が前に来ます。

---

**692** 「彼が完全に回復するかどうかに関してはまだ何とも言えない。」

It's (　　　) to say if he will make a full recovery.

1. early too　Ⓐ <u>2. too early</u>　　3. enough early　　4. early enough

---

「まだ何とも言えない」ということは「言うことに向かっては、時期が<u>早過ぎて不合格</u>」ということで、**too** の出番です。

It's too early  to  say  if he will make a full recovery.
状況は早過ぎて不合格　言う　彼が完全に回復するだろうかどうか *
何することに向かうには 早過ぎて失格?

---

**693** We ran to the station (　　　) miss the last train.

（私たちは駅まで走ったが、結局終電を逃してしまった。）

Ⓐ <u>1. only to</u>　　2. to　　　3. go to　　　4. what to

---

　only to は「**（努力）only to（失敗）**」という構文で使い、「<u>結局（失敗）してしまう</u>」ということを意味します。ここでは we ran to the station が「努力」、miss the last train が「失敗」です。

---

to を「たどり着く」という意味の「→」だと考えると、only to は「そこにしかたどり着かない」という意味になります。「（努力）only to（失敗）」という構文で「頑張ったけど、失敗にしかたどり着かない」という意味が表されます。

---

**694** I'll try <u>in order</u> not to let it happen again.
Ⓐ-①　　　②　　　③　　④

（再びこういうことが起きないよう努めます。）

---

① in order を削除します。

ここでは、以下の2つを理解する必要があります。

> ① 不定詞の名詞的用法の判別の仕方
> ② in order to 不定詞（〜するために）は副詞的用法であり、名詞句の位置には使えない

### ①　不定詞の名詞的用法の判別の仕方

不定詞のかたまり、つまり不定詞句を代名詞 it で置き換えても意味が通るなら、それは**名詞的用法**です。

I'll try <u>not to let it happen again</u>. → I'll try <u>it</u>.

一方で**副詞的用法**は副詞の一種なので、名詞の来る位置（ここでは目的語の位置）には来ることができません。in order to は副詞的用法です。

### ② in order to 不定詞は副詞的用法

副詞は主に動詞の様子を説明するのがその仕事です。修飾語なので主語や目的語など名詞の位置には来ません。

**例文** We won't tell her the truth, in order not to upset her.

主語　　動詞　目的語　目的語

　　　　　　何のために tell しないのかを説明する副詞句

「動揺させないためにも私たちは彼女に真実を伝えるつもりはない。」

in order not to upset her を it で置き換えても自然な英文にならない（We won't tell her the truth, it.）ことでわかる通り、この不定詞句は名詞句ではありません。

　このように in order to は副詞句をつくるので、本問題のような名詞句の位置には使えないのです。したがって名詞的用法の否定の不定詞、not to を使います。

---

**695** He moved slowly as so not to wake his wife

　　　　①　　　　　　Ⓐ②　　③　　　　④

（彼は妻を起こさないようゆっくりと動いた。）

---

②as so を so as にします。

「**so as not to 不定詞**」は、一般的に「～しないように」と目的を表すように訳されますが、実際には「そう (so) すれば、イコール (as)、～することに向かわない (not to) でしょ」と直訳できる表現で、「目的」というよりは「結果としてこうなるよね。だから～します。」ということを表す表現です。

　so は日本語の「そう」に似て「そう」「そのように」「それくらい」という意味を持つ言葉であり、as は語源的に all so（全くそう）が縮まってできた、「イコール」を根っこの意味に持つ言葉です。

選択肢を並べ替えて適切な文をつくれ。

**696** ( big, to, enough, hold, the house, was ) a family of three.

**697** ( never too, learn, it, to, is, something, late ) new.

**698** She did a lot of research about it ( realize, she, to, that, only ) was wrong.

**699** We need to ( to, climate, order, work together, fight, in ) change.

**700** They closed ( seen, the, to, so, curtains, as, be, not ).

解答 ──────────

**696** The house was big enough to hold a family of three.
（その家は3人家族で住むには十分な大きさだった。）

**697** It is never too late to learn something new.
（何か新しいことを学ぶのに、遅過ぎるということは決してない。）

**698** She did a lot of research about it only to realize that she was wrong.
（彼女はそれについてずいぶん調べたが、結局のところ自分の間違いを実感するだけであった。）

**699** We need to work together in order to fight climate change.
（我々は気候変動と戦うために、力を合わせる必要がある。）

**700** They closed the curtains so as not to be seen.
（彼らは見られないようにカーテンを閉めた。）

解説 ──────────

696. ここでの hold の直訳は「抱える→支える」。

698. do research about ～で「～について調べる」。research は不可算名詞。

# Q 701 ~ 705

最も適切な選択肢を選べ。

**701** (　　　) impossible for him to cancel the meeting.

    1. It is

    2. He is

    3. There is

    4. This is

**702**「彼がこの問題を解決するのは難しい。」

    (　　　) to solve this problem.

    1. He is difficult

    2. It is difficult for him

    3. There is difficult for him

    4. This is difficult

**703**「彼は付き合いにくい奴だ。」　　(　　　) get along with.

    1. It is difficult for him to

    2. He is difficult to

    3. There is difficult for him to

    4. This is difficult for him to

**704** We always remember him. He is hard to (　　　).

    1. forgotten

    2. forget it

    3. forget

    4. forgettable

下線部の中で不自然なものを１つ指摘せよ。

**705**「John は喜ばせにくい男だ。」　I think John is tough to be pleased.
                         ①　　　　②　③　　　　④

# tough構文

701 (　　　) impossible for him to cancel the meeting.

（彼がそのミーティングをキャンセルすることは不可能だ。）

Ⓐ 1. It is    2. He is    3. There is    4. This is

---

この文で ◯ It is impossible for him to cancel the meeting. とは言えても、

✕ He is impossible to cancel the meeting. とは言えないのはなぜでしょう。

それは is impossible の部分に秘密があります。

　ここで「不可能」なのは「彼がミーティングをキャンセルする」という「状況」です。it はただの「形式的な主語」ではなく、きちんと意味があります。その意味は「状況」であり、そしてこの it の中身（いわゆる真主語）は for him to cancel the meeting の部分です。

　一方 he is impossible と言ってしまうと、He is nice.（彼はいいやつだ。）とか、He is arrogant.（彼は傲慢だ。）のように「彼は『不可能という性格』だ」という響きが出てしまい、不自然です。impossible は人の性格ではありません。（『英文法鬼』 Must 40）

**702**「彼がこの問題を解決するのは難しい。」

(　　　) to solve this problem.
1. He is difficult  　　　Ⓐ 2. It is difficult for him
3. There is difficult for him　　　4. This is difficult

　この問題でも difficult なのは「彼がこの問題を解決する」という「状況」であり、「彼」自体が「難しい」わけではありません。ですから he is difficult とするのではなく、「状況」を表す it を主語にして、it is difficult としないといけません。

　そこに「彼」を入れて「彼がこの問題を解決するのは難しい」としたいなら、to solve の意味上の主語として for him を入れ、It is difficult <u>for him</u> to solve this problem. とします。

**703**「彼は付き合いにくい奴だ。」

(　　　) get along with.
1. It is difficult for him to　　　Ⓐ 2. He is difficult to
3. There is difficult for him to　　　4. This is difficult for him to

　**702** と同じく〜 is difficult の形なのに、この問題の主語は he です。なぜなのでしょうか。

　このような構文を tough 構文と呼びます。この構文の形の上での特徴と、意味の上での特徴の2つを見ていきましょう。（『英文法鬼』 Must 41）

> 形式上のポイント **不定詞の目的語にあたる言葉が文の主語になる**
> 意味上のポイント **「しやすさ」「しにくさ」を表すための構文**

まずは tough 構文の形式上のポイントからです。get along with him で「彼とうまくやっていく」ですが、正解の文では with で文が終わっていて、主語は he です。このように、tough 構文の形の上での最大の特徴は、本来不定詞句の目的語にあたる言葉が文の主語になることです。

It is difficult to get along with　him　.

He　is difficult to get along with.

He is difficult to get along with.

そして結果的に、along with の後ろは何もない状態になります。問題文はこの形になっていますね。

次に tough 構文の意味の特徴を見ましょう。

この構文は人や物の、「やりにくさ」「やりやすさ」を表すための構文です。本問では tough 構文を使うことによって「彼」の「付き合いやすさ」「付き合いにくさ」の話をしています。

例えば **701** や **702** にある、He is impossible to cancel the meeting. や、He is difficult to solve the problem. が不自然であるのは以下の理由からです。

① tough 構文では形式的には不定詞句の目的語である the meeting や the problem があってはならないから

② tough 構文とは違って、意味の上ではこれらの文が「彼」という人間の「やりやすさ・やりにくさ」を表している文だとは言えないから

「彼」の性質・性格を指して、「彼は付き合いにくい人間だ」とは言えても、「彼はそのミーティングをキャンセルしにくい人間だ」とか「彼はその問題を解決しにくい人間だ」というのは不自然です。

ちなみに「彼って、いつも付き合いにくい奴だよね」ということを表す He is difficult to get along with. に比べて、「状況」を意味する仮主語 it を使った It is difficult to get along with him. で

It is difficult to get along with.

は「今回の状況では、彼とはうまくやっていくのは難しい」という「今回の状況の話」を表すことができます。

---

**704** We always remember him. He is hard to (　　　).

（私たちはいつでも彼のことを覚えている。彼は忘れ難い人間だ。）

1. forgotten　　2. forget it　　Ⓐ **3. forget**　　4. forgettable

---

　まず to ＋動詞原形になるので選択肢 2 か 3 が残ります。そして tough 構文として不定詞句の forget の本来の目的語である him が主語 he になっているので、選択肢 3 のように forget の後ろには何も来ません。

---

**705**「John は喜ばせにくい男だ。」

I think John is tough to be pleased.
　①　　　　②　　③　　Ⓐ④

---

④ be pleased を please にします。

**tough 構文の不定詞句は受動態にならない**

think の後は tough 構文で、tough 構文は不定詞句の目的語が主語になる構文です。

It is tough to please John. → John is tough to please.

このように、必ず不定詞句の目的語が欠けた文になります。

　しかし to be pleased という受動態にはもともと目的語がないので、「目的語が欠けた」tough 構文をつくることができません。よって、tough 構文の不定詞句に受動態は使いません。

選択肢を並べ替えて適切な文をつくれ。ただし余分な選択肢がある場合、それは削除せよ。

**706** ( too, to, is, this fridge, get, large, it ) into the kitchen. 　1選択肢余分

**707** ( for, to, I am, convenient, me, it, visit, is ) her tomorrow. 　1選択肢余分

**708** Many of us ( the situation, handle, thought, difficult, would be, to ).

**709** ( necessary, buy it, before, it is, to ) the party.

**710** Such ( is, to, difficult, satisfy, a desire ).

---

**解答** ─────

**706** This fridge is too large to get into the kitchen.
（この冷蔵庫は大き過ぎて台所に入らない。）

**707** It is convenient for me to visit her tomorrow.
（彼女のもとを明日訪ねるのが私には都合がいい。）

**708** Many of us thought the situation would be difficult to handle.
（我々の多くは、その状況は対応が難しいだろうと考えた。）

**709** It is necessary to buy it before the party.
（パーティの前にそれを買う必要がある。）

**710** Such a desire is difficult to satisfy.
（そのような欲求を満足させるのは難しい。）

---

**解説** ─────

706. 仮にこれが It is too large for this fridge to get into the kitchen. だと「この冷蔵庫が台所に入るという"状況"が大き過ぎる。」ということになってしまう。

707. convenient は日本語の「私は都合がいい」とは違い、「S が V するという状況」が「都合が良い」ということなので、「人」ではなく「仮主語 it」が主語になる。

709. necessary は need と違い、「S が V するという状況」が「必要だ」ということなので、「人」ではなく「仮主語 it」が主語になる。

## Q 711 ~ 715

最も適切な選択肢を選べ。

**711**「何が起きるかはまだわからない。」

It's (　　　) what will happen.

1. yet to be seen

2. enough to see

3. too yet to see

4. going to see

**712** The President is (　　　) visit China next month.

1. likely

2. being

3. to

4. with

**713**「どうすれば良いかなんて、私にわかるわけがないでしょ。」

How should I know (　　　)?

1. to do

2. doing it

3. for me to do

4. what to do

下線部の中で不自然なものを1つ指摘せよ。

**714**「これが私と何の関わりがあると言うのですか？」

What <u>does</u> <u>this</u> <u>have</u> <u>to do</u> me?
　　　① 　② 　③ 　④

**715** This will be <u>one of the</u> main <u>issues</u> <u>to be</u> <u>discussing</u> at the G20 summit.
　　　　　　① 　　　　② 　③ 　④

# その他の不定詞の表現

▶be to 不定詞、疑問詞＋to 不定詞など

**711**「何が起きるかはまだわからない。」

It's (　　　) what will happen.

Ⓐ 1. yet to be seen　　　2. enough to see

3. too yet to see　　　4. going to see

---

「**be yet to 不定詞**」の直訳は「まだ（yet）これから～することへ向かう (to) 状態にある（be）」ですから、「<u>まだ～していない</u>」ということを表します。

be 動詞は「～という状態で存在している」を根っこの意味に持ち、yet というのは「未達成・未到達」を意味する副詞です。今回は主語が「状況」を意味する it で、it の詳しい中身（真主語）は what will happen です。

「状況」（何が起きるか）は人に「見られる」立場なので選択肢2、3、4のような see ではなく be seen になります。

**712** The President is (　　) visit China next month.

（大統領は来月中国を訪れる予定だ。）

 1. likely   2. being   Ⓐ **3. to**    4. with

「be to 不定詞」と呼ばれる表現には5つの用法がありますが（『英文法鬼』 Must 38）、根っこは「〜するということに向かっている（to do）状態にある（be）」ということであり、最も基本的な用法が「確定した予定」と呼ばれるものです。

　本問の直訳は「大統領は来月中国を訪れるということに向かっている（to visit）状態にある（is）。」であり、この表現は新聞の見出しにも好まれる、少し堅い、書き言葉的な表現です。

now   next month

　ちなみに選択肢1の likely なら「**be likely to 不定詞〜**（おそらく〜することになる）」で to が必要です。

**713**「どうすれば良いかなんて、私にわかるわけがないでしょ。」

How should I know (　　)?

 1. to do     2. doing it

 3. for me to do  Ⓐ **4. what to do**

「**疑問詞＋to 不定詞**」で「（疑問詞）すべき」です。what to do なら「何をすべき」、where to go なら「どこへ行くべき」、when to start なら「いつ始めるべき」、how to do it なら「それをどうすべき＝それのやり方」などです。

これらは全て it と置き換えても文の意味が通るので、**名詞的用法**です。主語や目的語の位置、特に目的語の位置に好んで使われます。本問では know の目的語に what to do が使われています。

少し変わったところでは whether to do というのもあり、「～すべきかどうか」という意味を出します。whether は wh（疑問）+ either（どちらか一方）という語源でわかる通り、一種の疑問詞の性質を持っており、「やるかやらないかのどちらにするか、疑問に思っている・決めていない」というのが根っこの意味です。

例文 You should think twice before deciding <u>whether to buy</u> it.
「それを買うかどうか決める前に、よく考えるべきだ。」

---

**714**「これが私と何の関わりがあると言うのですか？」

What does this have to do me?
　①　②　③　Ⓐ④

---

④ do me を do with me とします。

Ⓐ **have to do with** Ⓑ で「A は B と関係がある」という意味ですが、これだけだと「しなければいけない」の have to と混乱しやすくなるので、元々の形から解説します。

Ⓐ have a lot to do with Ⓑ（A は B と大いに関係がある）や Ⓐ have nothing/little to do with Ⓑ（A は B とは全く・ほとんど関係がない）などが、より基本的な形です。中学校で不定詞を初めて習う時に、以下のような例文を見たことがあると思います。

例文 I have <u>a lot of things</u> to do tonight.
「今夜はやることがたくさんあるのです。」

直前の a lot of things という名詞句の内容（どんな「たくさんのこと」なのか）を説明する形容詞の働きを to do が行っています。

この応用として、例えば I have a lot to do with the accident. の直訳は「私はその事故と共にやるべきことがたくさんある」となり、つまり、「関わりがたくさんある」ということになるわけです。

逆に I have nothing to do with the accident. なら「その事故と共にやるべきことは全くない」＝「その事故には全く関わりがない」という意味になります。

こうした「関係の大きさの量」を表すのが a lot や nothing、little などですが、その「量」を述べることなく、単純に「関係がある」ということだけを言うのが「have to do with 〜」です。「しなければならない」の have to との区別は do with の有無、特に with の有無に注目すれば良いでしょう。

**715** This will be one of the main issues to be discussing at the G20 summit.
　　　　　　①　　　　　　　②　　③ Ⓐ④

（これは G20 サミットで話し合われることになる主な議題の１つです。）

④ discussing を discussed とします。

「**議題＋ to be discussed**」で「話し合われることになる議題」で、「議題」のところには topic, issue, question などが来ます。「議題」は人によって「話し合われる」立場なので、be discussed となります。不定詞の持つ「これから〜することに向かう」感覚がよく出ている表現です。

ちなみに to be discussing の形でよく使われるのは not the time or place to be discussing Ⓐ で、会議で無関係な話題を持ち出した相手に対し、「Aを話し合う時でも場面でもない」と注意するような場合に使います。be discussing となっているのは「あなたは今、無関係な話題の議論をしている最中にあるけれど……」という意図を込めています（復習問題を参照）。

選択肢を並べ替えて適切な文をつくれ。

**716** ( yet, the, come, is, best, to ).

**717** ( never, see, she, her, to, was ) mother again.

**718** We ( go, must, where, decide, to ) first.

**719** ( with, have, I, to, nothing, do ) this.

**720** I'm sorry but this is not the time or ( political, be, place, to, discussing, your ) views.

解答 ——————

**716** The best is yet to come.
（お楽しみはこれからだ。）

**717** She was never to see her mother again.
「彼女は二度と母親に会うことはなかったのであった。」

**718** We must decide where to go first.
「まずはどこへ行くべきかを決めないといけない。」

**719** I have nothing to do with this.
「私はこの事とは全く無関係です。」

**720** I'm sorry but this is not the time or place to be discussing your political views.
「悪いけど、あなたの政治的考えを話し合っている時でもなければ場合でもないのです。」

解説 ——————

716. be yet to come の直訳は「まだこれから来る状態にある」。
717. be to 不定詞の用法の1つ、「運命」。過去形で使われ、never を伴い「決して向かわないという状態にあった」という直訳を生む。

## Column　動名詞と名詞の間にある違い

動名詞というのは「動詞を名詞化」したものですが、完全な名詞というわけではなく、動詞の性質も残しています。例えば、名詞は何かに動作の力をぶつけるわけではないので目的語をとることができませんが、他動詞の動名詞は目的語をとります。

**動名詞の "reading"**

例 I like **reading** books. 「私の趣味は読書です。」

reading という動名詞の目的語

しかし、ややこしいことに、〜 ing の形が動名詞ではなく「名詞」として使われる場合もあります。名詞は目的語をとることができませんから、「意味上の目的語」は前置詞を使って繋がれます。また、名詞として使われているので、動名詞の場合とは違い、〜 ing の前に冠詞がつくこともあります。

例 a close **reading** of the report 「報告書の精査」
（形容詞 close は「近い」＝「目を近づけて読む」＝「詳しい」。a は「1回・ひと通り」の行為を意味する。ここでの reading は「読むことによって情報を分析すること」。）

修飾語の品詞も異なります。動名詞は動詞の仲間として扱われるので、修飾語は副詞です。

**動名詞**

例 You will understand why this accident happened by **watching** it <u>carefully</u>.

動名詞　　　副詞

「それを注意深く観察することで、なぜこの事故が起きたのかを理解するでしょう。」

一方で、名詞としての〜 ing は形容詞で修飾されます。

**名詞**

It takes <u>careful</u> **watching** to figure this out.　　「これを理解するには注意深い
形容詞　　　名詞　　　　　　　　　　　　　観察が必要です。」

動名詞を使うよりも名詞を使う方が響きは堅くなります。我々英語のノンネイティブが仕事などで英語の文書をつくる場合、私は動名詞を使うことをお勧めしています。名詞を使うほど前置詞や冠詞などのミスが増える可能性は高まり、なおかつ無駄に堅い文書になる可能性があります。また、堅い文というのは抽象的過ぎて論旨が見えにくくなることもあります。ノンネイティブはあくまで「わかりやすさ」「明確さ」を心がけるべきだと私は思います。

英文法の鬼1000問

第 **10** 章

分詞の形容詞用法と分詞構文

# Q 721 ~ 725

最も適切な選択肢を選べ。

**721** He was reading (　　　).

1. a written in English book

2. written in English a book

3. an English book written in

4. a book written in English

**722**「電話で話をしているあの女の人のことを、私は言っているんだよ。」

I am talking about the woman (　　　) the phone.

1. talking on

2. to talk on

3. talks on

4. talk on

**723**「彼女には眠るための快適なベッドが必要だ。」

She needs a comfortable bed (　　　).

1. sleeping

2. to sleep

3. sleeping in

4. to sleep in

下線部の中で不自然なものを1つ指摘せよ。

**724** This is one of the <u>most common</u> pieces of <u>given advice</u> to new students.
　　　　　　①　　　　　　②　　　　　　③　　　　　④

**725** Most <u>of the students</u> are <u>busy</u> to <u>work</u> <u>on</u> the project.
　　　　①　　　　　②　　③　④

# 分詞の形容詞的用法

## ▶ 軽い情報は先、重い情報は後

現在分詞と過去分詞で名詞の様子を説明することができます。

例えば a <u>running</u> man（走っている男の人）なら running という現在分詞が man という名詞の様子を説明しています。名詞の様子を説明するのが形容詞の働きなので、分詞を使って名詞の様子を説明することを「**分詞の形容詞的用法**」と呼びます。

名詞が「する」立場なら**現在分詞**を使い、「される」立場なら**過去分詞**を使います。そして分詞1語で名詞を修飾（＝名詞の様子を説明）している場合は「分詞＋名詞」という語順になります。

┌ a <u>barking</u> dog（吠えている犬）　→犬は「吠える」立場
└ a <u>spoken</u> language（話し言葉）　→言語は「話される」立場

Bow!
a barking
dog

ただし自動詞の過去分詞は「完了（すでにしてしまっている）」の意味で使われる場合が多いです。

┌ a <u>broken</u> window　（壊れた窓）
└ a <u>closed</u> door　（閉まっているドア）

「分詞＋α」の2語以上のかたまりで名詞が修飾される場合、そのかたまりは**名詞の後ろ**に来ます。英語の語順の二大原則の1つである「**軽い情報は前、重い情報は後**」に従い、2語以上の重い情報になると、短くて軽い情報である名詞の後ろに回るわけです。

┌ the dog <u>barking in front of my house</u>
│　（私の家の前で吠えている犬）
└ a language <u>spoken in the southern part of India</u>
　（インド南部で話される言語の1つ）

the dog

Bow!
barking in front of
my house

語順は、「普通の進行形」「普通の受動態」の文から be 動詞を抜いた形だと考えると良いです。

The dog ~~is~~ barking in front of my house.
→ the dog <u>barking in front of my house</u>
A language ~~is~~ spoken in the southern part of India.
→ a language <u>spoken in the southern part of India</u>

---

**721** He was reading (　　　).

（彼は英語で書かれた本を読んでいるところだ。）

1. a written in English book　　　2. written in English a book

3. an English book written in　　Ⓐ<u>4. a book written in English</u>

---

短く軽い情報である「本」が先、長く重い情報である「英語で書かれた」が後に来ます。語順の考え方は、以下の通りです。

A book ~~is~~ written in English. → a book <u>written in English</u>

---

**722**「電話で話をしているあの女の人のことを、私は言っているんだよ。」

I am talking about the woman (　　　) the phone.

Ⓐ<u>1. talking on</u>　　2. to talk on　　　3. talks on　　　4. talk on

---

the woman は「（電話で）話す」立場なので、現在分詞 talking を使い修飾します。〜 ing を使うことで「話している最中の（女性）」というふうに、「動作の最中」のイメージが出ます。

前置詞（本問では about）の後ろには

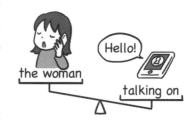

Hello!

the woman　　talking on

「主語＋動詞〜」は来ないので動詞である選択肢3、4は不可です。また、**723**で説明するように、名詞の直後につく形容詞的用法のto不定詞は、「用途」を表します。the woman <u>to talk on the phone</u> とすると、その意味は「電話で話をするための、その女性」となります。

---

**723**「彼女には眠るための快適なベッドが必要だ。」
　She needs a comfortable bed (　　　　).
　　1. sleeping　　2. to sleep　　3. sleeping in　　Ⓐ**4. to sleep in**

「to＋動詞原形」は「〜することに向かう」という基本イメージを持ちます。不定詞の形容詞的用法は「**名詞＋to＋動詞原形〜**」の形で、「〜することに向かう、名詞」という、「**用途**」の意味で使われます。a comfortable bed <u>to sleep in</u> なら「（人が）その中で眠ることに向かう、快適なベッド」＝「眠るための、快適なベッド」です。

　名詞の用途を説明する不定詞の情報は、長く重くなることが普通なので、名詞の後ろに不定詞のかたまりが来ます。in ですが、sleep in a comfortable bed とは言えても sleep a comfortable bed とは言えないので、必要です。

　一方、現在分詞は「動作の最中」という意味が根っこなので、もし選択肢3の a comfortable bed <u>sleeping in</u> だと「（何かの）中で眠っている最中の快適なベッド」という風に、ベッドが寝ていることになってしまいます。

**724** This is <u>one of</u> the <u>most common</u> <u>pieces of</u> <u>given advice</u> to new students.
　　　　①　　　　　②　　　　　　③　　　Ⓐ④

（これは新入生に与えられる、最もよくあるアドバイスの１つだ。）

④ given advice を advice given にします。

語順ですが、One of the most common pieces of advice ~~is~~ given to new students. から is を抜いたものとして考えましょう。

**725** Most of the students are busy to work on the project.
　　　①　　　　　　　②　　Ⓐ③　　④

（その学生たちのほとんどは、そのプロジェクトに取り組むのに忙しい。）

③ to work を working にします。ここでの〜 ing は形容詞的用法ではありませんが、頻出表現なので取り上げました。

work on Ａ で「Ａに取り組む」です。Ａの上にのしかかって、あるいはしがみついて作業をしているイメージの表現です。

be busy 〜 ing で「〜するのに忙しい」です。元々は be busy in 〜 ing で、busy の後ろにあった in が省略されて〜 ing が残っている、というのが歴史的な成り立ちですが、「〜をしている最中（〜 ing）だから、忙しい」という感覚から、in 抜きで、現在分詞が副詞的に使われるようになったと私は考えています。

busy to 不定詞だと「これから〜するので今忙しい」、つまり「まだやっていないのに今忙しい」という意味になり、不自然です。

選択肢を並べ替えて適切な文をつくれ。

726 I love her books. All of them ( are, the money, well worth ) spent.

727 ( face, for, those, work, looking ) more competition today.

728 I need to have ( my, more, to, with, time, spend ) children.

729 ( to, the name, given, the baby ) was Rachel.

730 ( more, feel, speaking, I, comfortable ) in English.

## 解答

726 I love her books. All of them are well worth the money spent.
(私は彼女の本が好きだ。全ての作品がお金を払うだけの十分な価値がある。)

727 Those looking for work face more competition today.
(求職中の人々は今日、より厳しい競争にさらされている。)

728 I need to have more time to spend with my children.
(私は子どもと過ごす時間をもっと持つ必要がある。)

729 The name given to the baby was Rachel.
(その赤ん坊に与えられた名前は Rachel であった。)

730 I feel more comfortable speaking in English.
(英語で話している時の方が楽です。)

## 解説

726.「be worth＋名詞」で「〜の価値がある」。the money spent で「支払われるお金」。このように過去分詞 spent 1 語でも名詞の後ろに回ることがある。詳しくは章末コラムに。

727.「those 〜 ing」や「those who ＋動詞」など、「those ＋形容詞のかたまり」の those は「人々」を意味することが多い。face は動詞で「〜に直面する」。

728. time to spend with 〜「〜と過ごすための時間」。不定詞の形容詞的用法なので用途を表す。

730. be busy 〜 ing と同様、「話している最中に楽だと感じる」のが feel comfortable 〜 ing。

 **731 ~ 735**

最も適切な選択肢を選べ。

**731**「私を見て、彼は逃げた。」

（　　　　）, he ran away.

1. To see me

2. Seeing me

3. He saw me

4. Seen me

**732**「トムに押されて、メアリーは倒れた。」

（　　　　）Tom, Mary fell down.

1. Pushing

2. Pushed

3. To push

4. Pushed by

**733**「天気が良かったので、私たちは公園に行った。」

（　　　　）sunny, we went to the park.

1. It being

2. Being

3. It was

4. It is

下線部の中で不自然なものを１つ指摘せよ。

**734** Leaving my smartphone in his office the day before, I had to go there
　　　　①　　　　　　　　　　　②　　　　　③　　　　　　　　④
again after work.

**735** Having raised in the UK, Kate speaks with a British accent.
　　　　　　①　　　　　　　　　②　　　　③　　④

# 分詞構文の基本

## ▶「～して、それで」で考える

分詞構文を貫く大原則は以下の２つです（『英文法鬼』 Must 28）。

> ①「言わなくてもわかることは言わない」
> ②「２回同じことは言わない」

以下の３つの文を見てください。

| | | |
|---|---|---|
| When he saw me, he ran away. | 「彼が私を見た時、彼は逃げた。」 | 時 |
| Because he saw me, he ran away. | 「彼は私を見かけたので、彼は逃げた。」 | 理由 |
| If he sees me, he will run away. | 「彼が私を見たら、彼は逃げるだろう。」 | 条件 |

①の「言わなくてもわかることは言わない」から見てみましょう。

上記の３つの文を見ると、「時」、「理由」、「条件」のいずれであろうが、「私を見て」という共通の言い方で言い換えることができます。つまり、「私を見て、彼は逃げた」は「見た時に逃げた」とも「見たので逃げた」とも解釈できます。また、「私を見たら逃げるだろう」も「私を見て逃げるだろう」と言い換えることができます。

ということは、when や because や if という接続詞は、なくても何とか意味がわかるということになります。

②の「２回同じことは言わない」ですが、「彼」を２回繰り返すのは「うざったい」です。どちらかを削っても意味は十分わかります。したがって、脇役の情報である副詞節の he を削ります。

| |
|---|
| ~~When he~~ saw me, he ran away. |
| ~~Because he~~ saw me, he ran away. |
| ~~If he~~ sees me, he will run away. |

次に、「見て」にするために saw や sees といった動詞を seeing にします。
～ ing の根っこの意味は「動作の最中」なので、「私を目にしている最中に、彼は逃げた」＝「私を見て、彼は逃げた」です。これで Seeing me, he ran away.（私を見て、彼は逃げた。）あるいは、Seeing me, he will run away.（私を見て、彼は逃げるだろう。）という分詞構文の出来上がりです。

　つくり方の基本は **①接続詞を消す ②前後同じ主語なら副詞節の主語を消す ③動詞を～ ing にする** です。

---

**731**「私を見て、彼は逃げた。」

　　(　　　　), he ran away.
　　1. To see me　Ⓐ**2. Seeing me**　　　3. He saw me　　　4. Seen me

---

　ここでは、なぜ to see me と he saw me がおかしいのかを説明します。主節（he ran away）の前（問題での空欄の位置）は、ran away という動詞の様子を説明する副詞の位置です（『英文法鬼』 **Must** 27）。Seeing me は ran away した**原因**を説明する副詞の働きをしています。

　このように、分詞構文というのは「**分詞の副詞的用法**」と言えるものです。

　この位置に入る**不定詞**は副詞的用法で、主節の動作の「**目的**」を意味します。つまり to see me だと「私に会うために（彼は逃げた）」となるので問題の日本語文の意味に沿いません。

he ran
to
see me

　次に、he saw me ですが、節と節は、接続詞を使って結びつけることが普通で、そのために when、because、if などの接続詞があります。接続詞なしにカンマだけで節同士をつなげるのは一般的ではありません。

「トムに押されて、メアリーは倒れた。」

( 　　 ) Tom, Mary fell down.
　1. Pushing　　　2. Pushed　　　　3. To push　　　Ⓐ 4. Pushed by

　分詞構文の受動態では **being を省略**します。原則①の「**言わなくてもわか
ることは言わない**」が働いています。be 動詞はそれ自体大した意味がなく、
省略してもわかる、というわけです。

　つくり方は、~~Because she~~ was pushed by Tom, …

　　　　　　　　→ ~~Being~~ pushed by Tom, … となります。

733「天気が良かったので、私たちは公園に行った。」

( 　　 ) sunny, we went to the park.
Ⓐ 1. It being　　　2. Being　　　3. It was　　　　　4. It is

　②「**2回同じことは言わない**」という原則は、裏を返せば「**異なる言葉な
ら省略せず、残す**」ということでもあります。

　sunny はお天気の話ですから、主語は it で、主節の主語 we とは異なる言
葉ですから残します（「**独立分詞構文**」と呼ばれます）。

　つくり方は、~~Because~~ it was sunny, …

　　　　　　　→ It being sunny, …です。

**734** Leaving my smartphone in his office the day before, I had to go there
Ⓐ①　　　　　　　　　　　　②　　　　　　　③　　　　　　　　　④

again after work.

（前日に彼の事務所に自分のスマートフォンを置き忘れたので、仕事の後、そこへ
再び行かなければならなかった。）

① Leaving を Having left にします。

　〜ing 自体には現在・過去を表す機能はなく、普通なら主節の動詞（ここ
では had to go）と同時に起きた出来事と解釈されます。

　しかし、主節の動詞よりも1つ前の時点で起きた出来事なら「**having ＋
過去分詞**」にして「すでにやり終わった後の状態を持っていて」ということ
を表します。この形を**完了分詞構文**と呼びます。

**735** Having raised in the UK, Kate speaks with a British accent.
Ⓐ①　　　　　　　　　　　　　　②　　　　③　　　④

（イギリス育ちなので、Kate はイギリス訛りで話す。）

① raised を been raised にします。

　完了分詞構文が受動態の場合、be 動詞は省略せず、「**having been ＋過去
分詞**」にします。

　「 親 raise 子ども 」で「親が子どもを育てる」です。親が子どもを上の段
階へ「引き上げる」イメージです。分詞構文に省略されている主語は Kate
で、「育てられる」立場です。

raise

469

# Q 736 ～ 740

選択肢を並べ替えて適切な文をつくれ。

**736** ( make, laugh, trying, her, to ), I kept telling jokes.

**737** ( being, far, poor, from ), Mr. Tamada is the owner of two companies.

**738** ( approaching, the, hearing, footsteps ) the door, I tried desperately not to make any noise.

**739** ( from, years, having, university, two, graduated ) ago, I work in Australia now.

**740** ( forced to, in the, been, same place, stay, having ) for a long time, most of the refugees were exhausted.

## 解答

**736** Trying to make her laugh, I kept telling jokes.
（彼女を笑わせようとして、私は冗談を言い続けた。）

**737** Far from being poor, Mr. Tamada is the owner of two companies.
（貧しいどころか、Tamada 氏は 2 つの会社のオーナーである。）

**738** Hearing the footsteps approaching the door, I tried desperately not to make any noise.
（ドアへとその足音が近づいて来るのを聞いて、私は必死で音を立てないようにした。）

**739** Having graduated from university two years ago, I work in Australia now.
（2 年前に大学を卒業して、私は今オーストラリアで働いている。）

**740** Having been forced to stay in the same place for a long time, most of the refugees were exhausted.
（同じ場所に長期間留まることを強制されて、難民のほとんどは疲れ切っていた。）

## 解説

737. far from A で「A とは程遠い」。Being far from being poor の先頭の being が省略された形。「be 動詞＋形容詞」が分詞構文になる場合、being が省略され、形容詞が文頭に立つことがよくある。

740. be forced to do ～;「することを強いられる」。

## Q 741 ~ 745

最も適切な選択肢を選べ。

**741** Having grown up in India, (　　　　) from other people around me.

    1. her way of thinking is different

    2. she is different

    3. her opinion is different

    4. how she reacts to it is different

**742** Jack, (　　　), remained silent.

    1. didn't know what to say

    2. didn't knowing what to say

    3. knowing not what to say

    4. not knowing what to say

**743** (　　　) no other choice, we did as the man said.

    1. There being

    2. It being

    3. Being there

    4. Being it

下線部の中で不自然なものを１つ指摘せよ。

**744** Jim <u>suddenly</u> stopped <u>talking</u>, with his eyes <u>fixing</u> on <u>her face</u>.
           ①　　　　　　　　　②　　　　　　　　　③　　　　　　④

**745** With <u>my</u> voice <u>shaken</u>, I <u>said</u>, "<u>Where</u> is Judy?"
       ①　　　　②　　　　③　　　④

# 分詞構文の応用

## ▶ 隠れた主語を考える

　文法問題で分詞構文が取り上げられる時はほとんどの場合、分詞構文の中で省略された主語が主節の主語と一致しているかどうかが問われます。

　単に問題の傾向として捉えるだけでなく、英語学習者が実際に分詞構文を使う時に頻発するミスなので好んで問題にされるのだ、と理解して問題に取り組んでいただければと思います。

---

**741** Having grown up in India, (　　　　) from other people around me.

（インドで育ったので、彼女は私の周りにいる他の人たちとは違う。）

1. her way of thinking is different　　Ⓐ 2. she is different

3. her opinion is different　　　　4. how she reacts to it is different

---

　having grown up in India の、省略された主語が何かを考えることが問題を解く鍵です。

　主節の主語と分詞構文の主語が一致しているから省略されています。

　Ⓐ **grow up**（A が大人になる）の主語は人間が来るのが普通です。したがって主節の主語は人でないといけません。

　ちなみに選択肢の 4 の主語は she ではなく how she reacts to it（彼女のそれに対する反応の仕方）です。

**742** Jack, (　　　), remained silent.

（何を言えば良いのかわからず、Jack は黙ったままでいた。）

1. didn't know what to say　　　　2. didn't knowing what to say

3. knowing not what to say　　Ⓐ 4. not knowing what to say

　分詞構文はかたまりの先頭に not を置いて否定を表します。

　現在分詞は「動作の最中」を、過去分詞は「されている状態」を表し、どちらも「現在・過去」という動作の発生時間は表しません。そのため don't/doesn't（現在）、didn't（過去）のような時間を表す形をとるわけにはいかないので、裸の not です。

　そして、否定語は重要な情報ですから、英語の語順の二大原則の1つ、「言いたいことから先に言う」に従って、not はかたまりの先頭に来ます。よって選択肢3は不可です。

**743** (　　　) no other choice, we did as the man said.

（他に選択肢はなく、私たちはその男の言う通りにやった。）

Ⓐ 1. There being　2. It being　　3. Being there　　4. Being it

　分詞構文を使わなければ Because there was no other choice, we did as the man said. です。副詞節の（形式上の）主語は there であり、主節の主語は we というふうに前後の主語が異なるので、there を残して分詞構文をつくります。

仮に選択肢 2 を接続詞つきの副詞節にすると、Because it was no other choice（それは一切他の選択肢ではなかったので）というふうに不自然です。また、「よくわからないけれど分詞構文だから多分〜 ing で始まると思うから」という理由で選択肢 3、4 に飛びついたりしないようにしましょう。

---

**744** Jim suddenly stopped talking, with his eyes fixing on her face.
　　　　 ①　　　　　　　 ②　　　　　　　　 Ⓐ③　　　　　 ④

（Jim は彼女の顔を凝視して、急に話すのをやめた。）

---

③ fixing を fixed にします。

　文末に「**with ＋名詞＋分詞〜**」の形で「**付帯状況**」（〜しながら）を表す場合がよくあります。

　with は「一緒にいる」ということですから「ある状況と一緒にいる＝ある状況を伴って」ということです。その後の語順ですが、進行形や受動態などの、be 動詞を使う普通の文から be 動詞を抜いた形が来ます。ここでは His eyes were fixed on her face. から were を抜いた形です。

　fix という動詞の構文は A fix B on C 「A が B を C の上に固定する」で、

He fixed his eyes on her face.
A　　　 B　　　　 C

→ His eyes were fixed on her face.
　　 B　　　　　　　　 C

と考えると良いでしょう。

　with を使わず文末に付帯状況を表す分詞構文が来る場合もありますが、その場合は分詞構文の主語は、主節の主語と一致していて省略されているというのが普通です。

**例文** She turned her back to me, <u>saying, "You'd better think twice."</u>

「よく考えた方がいいわよ。」と言って彼女は私に背を向けた。

　この saying の省略された主語は主節の主語である she です。**with を使っ**<u>た**文末の付帯状況**は主節の主語と異なる言葉が主語となる時に使う</u>、と考えると区別がしやすくなります。

---

**745** With <u>my voice</u> <u>shaken</u>, I said, "Where is Judy?"
　　　　①　　　Ⓐ②　　　③　　　④

　（声を振るわせて、私は「Judy はどこだ？」と言った。）

---

　② shaken を shaking にします。

　ここでのポイントは shake の動きが「私が意識して声を震わせた」という他動詞の動きなのか、それとも「私の声が勝手に震えた」という自動詞の動きなのか、ということです。

　当然、自然な文脈なら後者の「勝手に震えた」ということになるはずです。

　I shook my voice.（私は（故意に）自分の声を震わせた。）

　→ My voice was shaken (by me). は前者の他動詞の動きになり、これを with の付帯状況で使った問題文の with my voice shaken は不自然です。

　My voice was shaking. なら後者の「私の声はひとりでに震えていた」という自動詞の動きになり、こちらを with の付帯状況にすると with my voice shaking となります。

選択肢を並べ替えて適切な文をつくれ。

746 ( a, had, drinks, having, few ), I couldn't follow his explanation.

747 Not ( to, others, aware, of, be, wanting ) her sadness, she tried to put on a happy face.

748 ( Sunday, it, being ), we saw many children playing in the park.

749 The man ( me, his arms, was, at, folded, looking, with ) across his chest.

750 ( on, with, sitting, his, he, elbows, was ) the table.

---

**解答**

746 Having had a few drinks, I couldn't follow his explanation.
（少しお酒を飲んでいたので、私は彼の説明をうまく理解できなかった。）

747 Not wanting others to be aware of her sadness, she tried to put on a happy face.
（他人に自分の悲しみを悟られたくなくて、彼女は努めて明るく振る舞った。）

748 It being Sunday, we saw many children playing in the park.
（日曜だったので、私たちは多くの子どもたちが公園で遊んでいるのを目にした。）

749 The man was looking at me with his arms folded across his chest.
（その男は胸の前で腕を組んで私を見ていた。）

750 He was sitting with his elbows on the table.
（彼はテーブルに肘をついて座っていた。）

---

**解説**

747. want 人 to 不定詞で「人に～してもらいたい」。be aware of A で「A に気づいている」。aware の -war は「警告」の warning と同源。「警戒の意識を向けていく」イメージを根底に持つ。

750. with の後の語順は「普通の文から be 動詞を抜いたもの」なので、ここでは His elbows were on the table. から were を抜いたものが with の後についていると考える。

| Column | 後置修飾のもう1つの意味 |
|---|---|

本章では分詞の形容詞的用法の語順について「分詞1語の場合は『分詞＋名詞』、分詞＋αで2語以上の場合は『名詞＋[分詞＋α]』」だと説明しましたが、p.464復習問題 **726** の spent のように、分詞1語でも名詞の後ろに回る場合があります。ここで何が起きているのか、ボリンジャーという言語学者の説明をもとに、お話をしていきます。

結論から言うと、ボリンジャーは「形容詞＋名詞」の場合、形容詞は「（その名詞の）**特徴づけ**」を行い、「名詞＋形容詞」の場合、形容詞は「（その名詞）の**一時的な様子**」を説明すると、述べています。

彼の挙げた例文を見ると、The visible stars were Aldebaran and Sirius.（目に見える星は、アルデバランとシリウスだった。）の the visible stars は、光度が高く、「普段人間の目で見ることができる」という「恒常的な」特徴を表します。

一方で The stars visible were Aldebaran and Sirius. は同じく「目に見える星は、アルデバランとシリウスだった。」と訳せるものの、意味的には「その時見ることができた星は」という「一時的な話」となります。

ただし、これは厳密なルールというよりは、おおまかな傾向のようなものだと私は感じています。分詞の形容詞的用法の語順でもこれが完全に当てはまるのか、と言えば、そうではないように思える場合もたくさんあります。しかし、その「例外」にもそれなりの理由はあるようです *。

英語学習において分詞の形容詞用法の語順を考える場合、本章で述べた通り「分詞1語の場合は前、分詞＋αの2語以上の場合は後ろ」という考え方を基本にして良いのですが、実際の英文の中には「形容詞的用法の分詞が1語なのに名詞の後に来ている」場合があります。その時には「一時的状況」を表しているのだな、と考えてみてください。復習問題 **726** の money spent は「（いつも支払うお金ではなく）その時に支払ったお金」ということです。

　* 上級者向けですが、このあたりのことは「現代英文法講義」（安藤貞雄著：開拓社）p232 ～ 235、p483 ～ 484 に詳しく書かれています。

　参考文献：Dwight Bolinger, "Adjectives in English: attribution and predication," Lingua 18, North Holland, 1967

英文法の鬼1000問

第 11 章

関係詞：
情報を膨らませたり、絞ったり

# 751 ~ 755

最も適切な選択肢を選べ。

**751** Anyone (　　　) wants to be successful should read this book.

    1. whose

    2. whom

    3. which

    4. who

**752** The man (　　　) yesterday was wearing sunglasses.

    1. I saw

    2. I saw whom

    3. who I saw

    4. which I saw

**753** A man (　　) I didn't catch introduced himself to me.

    1. whose

    2. whose name

    3. the name of whose

    4. his name

下線部の中で不自然なものを１つ指摘せよ。

**754**「喫煙が免疫系を弱体化させることを示す多くの研究がある。」

There are <u>a lot of</u> studies <u>which</u> <u>shows</u> that smoking <u>weakens</u>
        ①　　　　　　　　②　　③　　　　　　　　　　④
the immune system.

**755**「うちの会社にはより多くの英語を話せる人が必要だ。」

Our <u>company</u> <u>needs</u> <u>more people</u> <u>speaking</u> English.
    ①　　　　②　　　　③　　　　④

# 関係代名詞の基本

## ▶ who/whom/whose/which、接触節

　**関係代名詞**というのは「名詞の詳しい様子を説明し、情報を絞る」表現方法の１つです。例文を見てください。

**例文** I know <u>a woman</u> = [who speaks four languages fluently].
　　　　　名詞　　　　　　どんな女性なのかの詳しい説明

「私は、４か国語を流暢に話せる女性を知っている。」

a woman who speaks four languages fluently

　この文では a woman が説明を必要とする名詞です。例えば I know a woman.（私はある女性と知り合いだ。）だけでは情報が少な過ぎてどんな女性なのか、よくわかりません。そこで後ろに … who speaks four languages fluently をつけることで情報を絞り、どんな女性なのかを明確にしています。

　上の文の a woman のような、「詳しい説明を必要とする、情報の足りない名詞」のことを**先行詞**と呼びます。その後についている who は関係代名詞と呼ばれ、who speaks four languages fluently というかたまりが関係代名詞節と呼ばれます。

---

**751** Anyone (　　　) wants to be successful should read this book.

（成功したい人なら誰でもこの本を読むべきだ。）

　　1. whose　　　2. whom　　　3. which　　　Ⓐ 4. who

> anyone = [who wants to be successful] 「成功したい人なら誰でも」
> 　誰でも　　　どんな「誰でも」なのかの説明

　anyone は「誰でも」ということですが、どんな人なら「誰でも」なのかを説明するのが直後にある関係代名詞を使った「主語＋動詞〜」のかたまり、関係代名詞節です。

　先行詞が人か、人以外かによって使う関係代名詞が異なります。「人」を指す関係代名詞は who（主格）、whom（目的格）、whose（所有格）の３種類です（he – him – his に形が似ていますね）。ここでは先行詞 anyone は人で、wants の前という、主語の位置に関係代名詞を使うので、who を使います。him wants

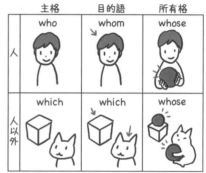

とか his wants とは言わず、he wants と言うのと同様、whom wants や whose wants ではなく who wants と言うわけです。

---

**752** The man (　　　　) yesterday was wearing sunglasses.

（私が昨日見たその男はサングラスをかけていた。）

Ⓐ 1. I saw　　2. I saw whom　　3. who I saw　　4. which I saw

the man は人なので、who, whom, whose のうちのどれかを使います。

> the man ＋ I saw him yesterday
> 　　　　　（どんな男の人なのかの説明）

　the man を指しているのは him という代名詞ですから、これを関係代名詞に変えます。その際、関係代名詞は必ず節の先頭に来ます。なぜなら、関係代名詞節の中で主役となる言葉は関係代名詞で、英語の語順の大原則である、「言いたいことから先に言う」というルールが働くからです。

I saw him yesterday → I saw whom yesterday → whom I saw yesterday

出来上がった関係代名詞節を先行詞にくっつけ、the man の中身を説明します。

the man = [whom I saw yesterday]　「私が昨日見たその男」

これで一応完成なのですが、実際には目的格の関係代名詞は省略されるのが普通です。特に whom という言葉は英語話者の耳にはとても堅く響き、日常会話ではほぼ使いません (Longman Grammar of Spoken and Written English によると、8割以上の確率で目的格の関係代名詞は省略されます)。これは whom だけでなく、人以外が先行詞の場合に使う which でも、砕けた表現で使う that でも同じで、しかも書き言葉、話し言葉を問いません。こうした「名詞＋主語＋動詞〜」の形を**「接触節」**と呼びます。関係代名詞なしに直接、先行詞とその後の「主語＋動詞」が接しているからですね。

本問では、whom の省略された the man I saw yesterday が正解です。

---

**753** A man (　　) I didn't catch introduced himself to me.

（とある男が私に自己紹介をしてきたが、その男の名前はよく聞こえなかった。）

1. whose　　　　　　　Ⓐ **2. whose name**

3. the name of whose　　4. his name

---

whose は所有格の関係代名詞です。my、his などといった所有格の代名詞が my bag、his camera など必ず名詞とともに使われるのと同様、whose の後ろにも必ず名詞が来ます。

a man + I didn't catch his name
　　　（どんな男なのかの説明）

先行詞を指している his を関係代名詞 whose に変え、I didn't catch whose name とします。関係代名詞を節の先頭に出すのですが、whose の場合、後ろの名詞も合わせて1つの意味のかたまりなので whose name ごと先頭に出し、whose name I didn't catch とします。

**754**「喫煙が免疫系を弱体化させることを示す多くの研究がある。」

There are a lot of studies which shows that smoking weakens
　　　　　　　①　　　　　　　②　Ⓐ③　　　　　　　　④

the immune system.

③ shows を show にします。

「人以外」の先行詞を指す関係代名詞は which（主格）、which（目的格）、whose（所有格）です（it – it – its に形が似ていますね）。

a lot of studies ＋ They show that ～ the immune system
　　　　　　　　　　（どんな研究なのかの説明）

a lot of studies という「人以外」で複数形の名詞を指す they が、「人以外」で「主格」の関係代名詞 which に変わります。あくまで which は studies という複数形の名詞を指しているので、動詞も shows ではなく、show です。

**755**「うちの会社にはより多くの英語を話せる人が必要だ。」

Our company needs more people speaking English.
　　①　　②　　　③　　　Ⓐ④

④ speaking を who speak にします。

～ ing が名詞を修飾する場合、「動作をしている最中の」という意味が出ます。

例文 The man = [standing in front of my car] tried to take a picture of me.

「私の車の前に立っていた男が、私の写真を撮ろうとした。」

逆に言えば、～ ing では「いつもそうだ」という「習慣」や「能力」の話はできません。そういう時には**関係代名詞節**が使われます。ちなみに speak English で「日常的に英語を話す＝英語が話せる」という意味ですので、can speak とする必要はありません。

復 習 問 題

# Q 756 ~ 760

選択肢を並べ替えて適切な文をつくれ。

**756** ( abroad, who, those, live ) can vote on the Internet.

**757** I think the first ( was, movie, saw, I ) "Superman".

**758** The number of wealthy parents ( attend, whose, is, public school, children) increasing.

**759** A lot of ( in, which, the illustrations, are ) this book are stolen.

**760** Our company will employ ( who, a variety, more people, speak ) of languages.

---

解答 ————

**756** Those who live abroad can vote on the Internet.
（海外に住んでいる人たちはネットで投票できる。）

**757** I think the first movie I saw was "Superman".
（私が初めて見た映画は「スーパーマン」だったと思う。）

**758** The number of wealthy parents whose children attend public school is increasing.
（子どもを公立学校に通わせる裕福な親の数は増えつつある。）

**759** A lot of the illustrations which are in this book are stolen.
（この本にある多くのイラストが盗用されたものだ。）

**760** Our company will employ more people who speak a variety of languages.
（我が社はさまざまな言語を話せる人々をもっと雇うことになるでしょう。）

---

解説 ————

756. those who の those は「人々」。「海外に / 海外で」を意味する abroad や overseas は in などの前置詞を必要としない副詞。

759. ここでの stolen は「盗品の」「盗用されている」を意味する形容詞。

# Q 761 ~ 765

最も適切な選択肢を選べ。

**761** The car (　　　) has not been found yet.

    1. what hit Tom

    2. which hit Tom

    3. who hit Tom

    4. whose hit Tom

**762** 「彼が言ったことは本当だ。」

    (　　　) is true.

    1. That he said

    2. What he said

    3. He said

    4. Whom he said

**763** 「彼がそう言ったというのは本当だ。」

    (　　　) is true.

    1. That he said so

    2. What he said

    3. That he said

    4. Which he said


下線部の中で不自然なものを1つ指摘せよ。

**764** <u>Spreading</u> hate is <u>a large</u> part <u>of that</u> they <u>do</u>.
       ①        ②       ③     ④

**765** 「50年前には普通だと思えたことが、今は全く普通ではない。」
    <u>That</u> <u>seemed</u> <u>normal</u> 50 years ago is far from <u>normal</u> now.
     ①    ②    ③                   ④

# 関係代名詞what

## ▶ what の基本的な使い方

### ●――なぜ what には先行詞がないのか

　what は疑問詞として使えば <u>What is this?</u>（これは何？）のように「もの」の名前を尋ねたり、<u>What happened?</u>（何が起きたの？）のように「出来事」の内容を尋ねます。

　一方で what は関係代名詞として使うと、<u>what he bought</u>（彼が買ったもの）のように「もの」という意味と、<u>what he did</u>（彼がやったこと）のように「出来事」の意味を表します。

　what は疑問詞としても、関係代名詞としても、結局「もの」「こと」を扱う言葉です。英語では「もの」「こと」を thing という単語で表しますが、what は意味の上で thing を内蔵していると言えます。ですから「things which = what」と考えることができます。つまり、<u>先行詞 things</u> を内蔵しているわけなので、what には先行詞は不要です。

---

**761** The car (　　　) has not been found yet.

　（Tom をはねた車はまだ見つかっていない。）

　1. what hit Tom　　　　　Ⓐ <u>2. which hit Tom</u>

　3. who hit Tom　　　　　4. whose hit Tom

---

　the car という先行詞があるので what は使えません。

　ここで、「もの」を表す関係代名詞に which と what の2種類がなぜあるのかを考えてみましょう。実は、具体的な話をする時には what よりも「先行詞 + which」の方が向いています。

以下の 2 つの文を比べてください。

The watch (which) you bought yesterday is cool.

目的格の関係詞なので which は省略されるのが普通

「君が昨日買った時計はかっこいい。」

the watch you bought

What you bought yesterday is cool.

「君が昨日買った物はかっこいい。」

what you bought

what の場合、ずいぶんと漠然とした言い方になることがわかります。

世の中のあらゆる「物」「出来事」を抽象化すると things となります。意味の上で things を内蔵した関係代名詞 what は必然的に漠然とした意味を持ちます。

---

**762** 「彼が言ったことは本当だ。」

(　　) is true.

1. That he said　　　Ⓐ 2. What he said

3. He said　　　　　4. Whom he said

---

**763** 「彼がそう言ったというのは本当だ。」

(　　) is true.

Ⓐ 1. That he said so　　2. What he said

3. That he said　　　　4. Which he said

---

**762** と **763** を比較することで関係代名詞 what の特徴をさらに深掘りしてみましょう。

以下の文を比べてみてください。what は関係代名詞で、that は名詞節をつくる接続詞です。

┌─ <u>What</u> he said is true.　「彼が言ったことは本当だ。」
└─ <u>That</u> he said so is true.　「彼がそう言ったというのは本当だ。」

**①意味の上での違い**

　what の文では「言った内容」が本当だ、と言っています。一方で that の文では「言うという行為をしたこと」が本当だと言っています。

**②形の上での特徴**

　what の関係代名詞節では、<u>what の節の中の主語と目的語のどちらかが必ず欠けます</u>。ここでは said の目的語が what となり前に来ています。ですから意味の上も「言った内容」の話をしています。

What  he said 　　　 is true.　　　「彼の言ったことは本当だ。」
「言った」内容が what に

　一方、接続詞の that ですが、<u>主語も目的語も欠けていない節</u>をつなぎます。ここでは he said so（彼はそう言った）という節をつないでいます。

what he said

that he said

That | he said so | is true.

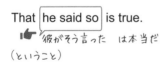

彼がそう言った　は本当だ
（ということ）

　that は「あれ・それ」と指を差すのが根っこの意味です。ここでは日本語に訳せば「ということ」を意味する指示機能を発揮します。he said so という行為全体を指差しているので、「言うという行為をしたこと」を意味します。

　＊実際には that 節を主語にするのは非常に堅い文で、It is true that he said so. が普通です。しかし、書き言葉で出て来ることもあるので、紹介しました。

**764** Spreading hate is a large part of that they do.
　　　　　　①　　　　　　②　　　　Ⓐ③　　　④

（彼らのやることと言えば、憎しみを撒き散らすのがその大半だ。）

③ of that を of what にします。

they do の後ろに目的語がないので、接続詞の that は使えません。また、接続詞 that は前置詞の後ろに来ることもありません。さらに、of と that の間には先行詞らしき名詞がありませんので、先行詞のいらない what を使います。

**765** 「50 年前には普通だと思えたことが、今は全く普通ではない。」
　　　That seemed normal 50 years ago is far from normal now.
　　Ⓐ①　　　②　　　③　　　　　　　　　　　　　　④

① That を What にします。

what seemed normal 50 years ago で「50 年前には普通に思えたこと」です。That seemed normal 50 years ago.（それは 50 年前には普通に思えた。）だけで完全な文であるため、そのままでは is far from normal now とうまく接続できません。

# 766 ~ 770

選択肢を並べ替えて適切な文をつくれ。

766 There are so many ( take, we, things, have, which, to ) care of.

767 Is that ( going, we, what, are ) to do from now on?

768 ( you, come, that, couldn't ) was a pity.

769 This is a large part ( this plan, what, of, work, makes ).

770 We are trying to ( right, what, and, do, seems ) necessary.

## 解答

766 There are so many things which we have to take care of.
（私たちが処理しないといけないことはたくさんある。）

767 Is that what we are going to do from now on?
（それがこれから先、私たちがやっていくことなの？）

768 That you couldn't come was a pity.
（あなたが来ることができなかったのは残念だった。）

769 This is a large part of what makes this plan work.
（これがこの計画がうまく行っている理由の大部分だ。）

770 We are trying to do what seems right and necessary.
（私たちは正しいと思えること、必要とされていると思えることをやろうとしている。）

## 解説

766. things which と what はいつでも交換可能なわけではなく、例えば「形容詞＋ things which」は自然だが、「形容詞＋ what」は不自然な場合が多い。so many what we have to …は不自然。

769. what makes this plan work の直訳は「この計画を（うまく）作動させているもの」。

## 771 ~ 775

最も適切な選択肢を選べ。

**771**「彼は昔の彼ではない。」　He is not (　　　).

1. what he used to be

2. whose he used to be

3. what he is

4. what was he

**772** In the late 1980's, (　　　) "the bubble economy" encouraged many people to come to Japan from abroad.

1. who knows them

2. why is known them

3. what is to call

4. what is known as

**773**「女性にとっての加齢は、スーパーマンにとってのクリプトナイト（注：スーパーマンの弱点となる石のこと）みたいなものよ。」

Ageing is (　　) kryptonite is to Superman.

1. women what

2. to women

3. to women what

4. what

下線部の中で不自然なものを１つ指摘せよ。

**774** I don't want to lose the people who have made me what am I.
　　　　　　　　　①　　　　　　　②　　　　　　　　③　④

**775** Little hair what he had on his head was rather gray than brown.
　　　　①　　　　　②　　　　　　③　　　　④

# 関係代名詞whatを使った表現

> **771**「彼は昔の彼ではない。」
>
> He is not (     ).
>
> Ⓐ 1. what he used to be　　　2. whose he used to be
>
> 　 3. what he is　　　　　　　3. what was he

what S used to be で「昔の S」です。

what の代わりに who を入れても間違いではなく、よく使われます。とはいえ、what もよく使われるわけで、「人」の話なのになぜ what なのでしょうか。

例えば What is he to you?（彼はあなたの何？）という言い方があります。人の「名前」というより、「中身」を尋ねる what の使い方ですね。what S used to be は「過去のその人の中身」を表すのだと考えるとよいでしょう。what S used to be の代わりに what S was/were としてもかまいません。

what he used be

now

**772** In the late 1980's, (　　　　) "the bubble economy" encouraged many people to come to Japan from abroad.

（1980 年代の終わり、いわゆる「バブル経済」のせいで、多くの人が海外から日本へ来ようとした。）

1. who knows them
2. why is known them
3. what is to call
Ⓐ 4. what is known as

**what is known as** A で「A として知られる＝いわゆる A」です。「as ＋名詞」はほとんどの場合「A として」と訳されます。what is called A「A と呼ばれるもの＝いわゆる A」もよく使われます。

**773**「女性にとっての加齢は、スーパーマンにとってのクリプトナイトみたいなものよ。」

Ageing is (　　) kryptonite is to Superman.　（雑誌 New Statesman より）

1. women what
2. to women
Ⓐ 3. to women what
4. what

A **is to** B **what** C **is to** D で「B にとっての A は D にとっての C のようなものだ」です。

**be** 動詞は「～という状態で存在している」が根っこの意味ですので、A is to B の直訳は「A が B に対する状態で存在している」＝「A の B に対する関係」という意味で使われています。

**ageing\* is to women** の直訳は「加齢の女性に対する関係」で、そこから「女性にとっての加齢」と訳されます。

---

※　ageing は一般的には aging と綴られることも多いのですが、引用した原文に基づいた綴りにしています。

たとえ（＝～のようなものだ）として使われるのは what C is to D の方です。関係代名詞節は基本的に直前にある名詞の様子を詳しく説明するためのものです。たとえというのは一種の説明ですから、what のついている what C is to D が「たとえ話」になります。

一般的な文法構造を無視した解説者泣かせの慣用表現ですが、それでも実際によく使われます。

---

**774** I don't want to lose the people who have made me what am I.
　　　　　　① 　　　　　　② 　　　　　　③ Ⓐ④

（今の私を形作ってくれた全ての人たちを失うなんて、とてもできないのよ。）

---

④ am I を I am にします。

「what + S + be 動詞の現在形」で「S の現在の状態」です。what I am なら「今の私」です。what am I だと疑問文の語順になってしまいます。what は **771** で述べたように「人の中身・立場」を表し、be 動詞の現在形は「現在～という状態で存在している」ということを表します。

make [O=C]（O=C の形をつくる）という構文を使い、have made [me = what I am]（私を、現在の私が存在している状態に形作ってきた）としています。

---

**775** Little hair what he had on his head was rather gray than brown.
　　Ⓐ① 　　　　　　② 　　　　　　③ 　　　　　④

（彼の頭に残っていたわずかな髪は、茶色というよりは灰色だった。）

---

① Little hair what を What little hair とします。

「what little ( 名詞 )+ S have」で「S が持っているわずかばかりの（名詞）」、あるいは「S が持っている、なけなしの（名詞）」です。

　　一般の問題集や参考書などで出て来るのは what little money I have（私が持っているなけなしのお金）あたりでしょう。

**例文** I gave the poor boy what little money I had.
　　　「私はその貧しい男の子に、自分の持っているなけなしのお金を与えた。」

　　what は「あるだけのもの全て」という感覚で使われることがあります。安藤貞雄先生の名著『現代英文法講義』(開拓社) には以下の例文が出ています（下線は筆者による）。

**例文** I will do what I can.　「私にできることは何でもします。」
　　　→直訳は「できることをする」だが、文脈的に「できることを何でもする」という意味で解釈されることが普通。

**例文** Give me what there is.　「あるだけのもの全部ください。」
　　　→直訳は「存在するものをください」だが、文脈的に「あるもの全部をください」という意味で解釈されることが普通。

　「what ＋名詞＋主語＋動詞」の例もあります（下線は筆者による）。

**例文** Show me what books you have.　「君が持っているどんな本でも見せてくれ。」

　　ここに「little ＋不可算名詞」や「few ＋可算名詞」が加わると「ほとんどないと言っていいのだけど、それ全部」という強調が生まれます。これが what little hair he had（わずかばかり残された彼の髪の毛）とか what little money he had（彼が持っていたなけなしのお金）という表現につながっていきます。

選択肢を並べ替えて適切な文をつくれ。

**776** The world is ( used, longer, it, what, no ) to be.

**777** This is ( is, the "McGurk, called, what ) effect".

**778** Taoism is ( Chinese people, to, to, what, is, Shinto ) Japanese people.

**779** I owe a debt of gratitude to Mr. Chen. He ( what, me, am, made, I ) today.

**780** They fought over ( little, was, what, water ) left.

---

**解答** ───────

**776** The world is no longer what it used to be.
（世界はもはや、昔の世界と同じではない。）

**777** This is what is called the "McGurk effect".
（これがいわゆる「マガーク効果」と呼ばれるものだ。）

**778** Taoism is to Chinese people what Shinto is to Japanese people.
（中国人にとっての道教は、日本人にとっての神道のようなものだ。）

**779** I owe a debt of gratitude to Mr. Chen. He made me what I am today.
（私は Chen 氏にとても感謝している。彼のおかげで今の私がいる。）

**780** They fought over what little water was left.
（彼らは残されたわずかな水をめぐって争った。）

**解説** ───────

779.「owe a debt of gratitude to 人」の直訳は「人に対して感謝の負債を負っている」。「大きな恩義、借りがある」ということ。

780. fight over A で「A を巡って争う」（この over のイメージについては『英文法鬼』 Must 85）。what の語順は、what was left（残されたもの）の what のうしろに little water がついたもの、と考えると良い。

 **781 ~ 785**

最も適切な選択肢を選べ。

**781** My mother (　　　) in Kagoshima, visited her hometown last month.

    1. who was born and grew up

    2. , who was born and grew up

    3. she was born and grew up

    4. , that was born and grew up

**782** Haruki Murakami (　　　) came out just three days ago, held a press conference in Tokyo.

    1. , whose latest book

    2. , who latest book

    3. whose latest book

    4. who latest book

**783** The idea, (　　　) simple and beautiful, turned out to be wrong.

    1. which I thought was

    2. which I thought it was

    3. which I thought were

    4. which I thought they were

下線部の中で不自然なものを１つ指摘せよ。

**784** The man <u>whom</u> I <u>thought</u> was <u>my mentor</u> <u>lied</u> to me.
    ①　　　　②　　　　　③　　　　④

**785** The girl who <u>I had</u> <u>thought</u> <u>of her</u> as a friend turned out <u>to be an enemy</u>.
    ①　　　　②　　　　③　　　　　　④

# ワンランク上の関係代名詞

▶ **非制限用法・連鎖節**

**781** My mother (　　　) in Kagoshima, visited her hometown last month.

（鹿児島生まれで鹿児島育ちの私の母は、先月故郷を訪れた。）

1. who was born and grew up  Ⓐ 2. , who was born and grew up

3. she was born and grew up  4. , that was born and grew up

　関係詞節が先行詞を修飾するのには2通りのやり方があります（『英文法鬼』**Must** 73）。

　1つは**制限用法**と呼ばれるものです。名詞の情報を関係詞節が「絞って」あげることで、情報を明確にするという用法です。

**例文** Yesterday, I met a woman <u>who was born and grew up in Kagoshima</u>.

「昨日私は、鹿児島生まれで鹿児島育ちという女性に出会った。」

　ここでは、世の中に無数にいる「女性」と呼ばれる種類の存在から、「生まれも育ちも鹿児島」という条件に合う女性だけを「絞る」ことになります。

　これが制限用法と呼ばれるもので、カンマのない、普通の関係詞節で表されます。

　これとは別に、「ただ名詞に情報を付け加えるだけ」というやり方があります。

これは修飾される名詞、つまり先行詞に大きな特徴があります。

例えば、「生まれも育ちも鹿児島である私の母」と言う時、それはこの世に無数にいる「私の母たち」の中から「生まれも育ちも鹿児島」という条件に合う「私の母」だけを限定して取り出してるのかと言えば、もちろんそうではありませんね。

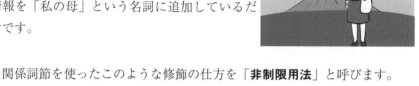

「私の母は１人しかいない」という前提のもと、その母が持つ「生まれも育ちも鹿児島」という情報を「私の母」という名詞に追加しているだけです。

関係詞節を使ったこのような修飾の仕方を「**非制限用法**」と呼びます。「私の母」のように、先行詞が「その名詞は他にない・１つしかない」場合、非制限用法になります。

非制限用法の形式で注意すべき点は２つです。

> ①関係詞節をカンマで区切る
> ②関係代名詞 that を使わない

したがってここでは選択肢２が正解です。

**782** Haruki Murakami (　　　　　) came out just three days ago, held a press conference in Tokyo.

（３日前に最新作を出したばかりの村上春樹氏が、東京で記者会見を開いた。）

Ⓐ 1. , whose latest book　　　　　2. , who latest book

3. whose latest book　　　　　4. who latest book

固有名詞が先行詞である場合、非制限用法を使うのが普通です。

「世の中に無数にいる、『村上春樹』と呼ばれる種類の生き物の中から情報

を絞って、どの『村上春樹』なのかを明確にする」ことが不自然だからです。さらにこの問題では「村上春樹氏の（書いた）本」ですから、所有格の whose を使います。

---

**783** The idea, (　　　　) simple and beautiful, turned out to be wrong.

（私がシンプルで美しいと思っていたそのアイディアは、結局間違いであった。）

Ⓐ1. which I thought was　　　　2. which I thought it was

3. which I thought were　　　　4. which I thought they were

---

この構造は、以下のようになっています。

> the idea + I thought <u>it</u> was simple and beautiful
> （どんなアイディアなのかの説明）

the idea を指している代名詞 it は was の前にある「主語」であり、これが「人以外」で「主格」である関係代名詞 which に変わります。関係代名詞は節の先頭に出ますので、以下の形となります。

> <u>which</u> I thought　　　was simple and beautiful

このような動詞の目的語（ここでは thought の目的語）にあたる名詞節（ここでは it was simple and beautiful）の主語（ここでは it）が関係代名詞になり、節の先頭に出て来るものを「**連鎖節**」、あるいは「連鎖関係代名詞節」などと呼びます。

784 The man <u>whom</u> I thought was <u>my mentor</u> lied to me.
　　Ⓐ①　　　　②　　　　　③　　　　④

（私を導いてくれる人だと思っていたその男は、私に嘘をついたのだ。）

① whom を who にします。

783 と同じ要領で、先行詞 the man を指す I thought <u>he</u> was my mentor の he が関係代名詞 who に変わります。

学習者の中には「thought の後ろに来る言葉＝目的語＝ whom を使うはず」と考えてしまう人がとても多く、注意が必要です。

785 The girl who I had <u>thought of her</u> as a friend turned out to be an enemy.
　　　　①　　　　Ⓐ②　　　　　　③　　　　　　　④

（友達だと私が思っていたその女の子は、結局敵だった。）

② thought of her の her を削除します。

この文では先行詞 the girl を指す her が関係代名詞 who になっています。

her は目的語なので、「文法通り」に考えれば本来 who ではなく whom になるはずなのですが、現代英語では whom はあまり使われなくなり、代わりに who を使う人が増えています。したがって使用の実情を考えればこの who の使用は間違いとはいえません。ただし、英語のネイティブ間でもここを whom にするか who にするかでは、よく論争になるようです。

 **786 〜 790**

選択肢を並べ替えて適切な文をつくれ。一部の選択肢にカンマが含まれていることに注意せよ。

**786** ( began, in, Tokyo Tower, , operating, which ) 1958, is modeled after the Eiffel Tower in Paris.

**787** ( the former, who, of, is, Bill Clinton, , president ) the United States, made a speech at the ceremony.

**788** She wants me to take her to a French restaurant, ( very, which, know is, I ) expensive.

**789** I went to ( was, I, who, the best, a lawyer, believed ) in town.

**790** He pulled out ( thought, I, what, was, a gun ) from his pocket.

---

**解答**

**786** Tokyo Tower, which began operating in 1958, is modeled after the Eiffel Tower in Paris.
（1958 年に営業を開始した東京タワーは、パリのエッフェル塔をモデルにしている。）

**787** Bill Clinton, who is the former president of the United States, made a speech at the ceremony.
（元米国大統領であるビル・クリントン氏がセレモニーでスピーチを行った。）

**788** She wants me to take her to a French restaurant, which I know is very expensive.
（彼女は私にとあるフレンチレストランに連れて行って欲しいと思っているが、そのレストランがとても高級だということを私は知っている。）

**789** I went to a lawyer who I believed was the best in town.
（私は自分が街で一番と信じる弁護士の元へ行った。）

**790** He pulled out what I thought was a gun from his pocket.
（彼はポケットから、私が銃ではないかと思ったものを取り出した。）

---

**解説**

788. which I know is very expensive の語順は I know it is very expensive の it が which になったもの。

789. who I believed was the best in town の語順は I believed he was the best in town の主語 he が主格の関係代名詞 who になったもの。

502

## 791 ～ 795

最も適切な選択肢を選べ。

**791** He told me that he was a car salesperson (　　　) was a lie.

　　1. who

　　2. , who

　　3. , which

　　4. which

**792** She turned down the invitation to the party at the White House, (　　　).

　　1. who I found surprised

　　2. which I found it surprising

　　3. which I found surprising

　　4. which I found surprised

**793**「Jim にはよくあることだが、予定の時刻になっても現れなかった。」

(　　　) is often the case with Jim, he didn't show up at the scheduled time.

　　1. As

　　2. How

　　3. When

　　4. That

**794**「我が子を愛さぬ者などいない。」There is no one (　　　) their own children.

　　1. but loves

　　2. but doesn't love

　　3. who loves

　　4. that loves

下線部の中で不自然なものを１つ指摘せよ。

**795**「私たちが実際わかっていることは、この話が見た目よりも複雑だということだ。」

What we <u>do know</u> is <u>that</u> there is more to this story than <u>the eye meets</u>.

　　①　　　　②　　　　③　　　　　　　　　　　　　　　　　④

# 特殊な関係代名詞

## ▶ 擬似関係代名詞など

**791** He told me that he was a car salesperson (　　) was a lie.

（彼は私に自分のことを車のセールスマンだと言ったが、それは嘘だった。）

1. who　　　　　2. , who　　　Ⓐ 3. , which　　　　4. which

　制限用法の which なら直前の名詞（a car sales person）しか指せません
が、「, which」は直前の節全体（he was a car salesperson）を指すことがで
きます。これを **which の特別用法** と呼びます。

　（　　）was a lie に注目してください。

　（　　）was a lie の場合、意味的に「（　　）= a lie」ですから、空欄に入る
関係代名詞は「嘘」の内容を指しているはずです。嘘の内容は「a car sales
person」ではなく、「he was a car sales person」なので、空欄に入るのは
「which の特別用法」、つまり「, which」です。

**792** She turned down the invitation to the party at the White House, (　　　).

（彼女はそのホワイトハウスでのパーティへの招待を断ったが、それが私には意外だった。）

1. who I found surprised　　　2. which I found it surprising

Ⓐ 3. which I found surprising　　　4. which I found surprised

which の特別用法、find の第5文型、「させる系」動詞の分詞の形の判断など、この問題を解くには複数の知識が必要です。

まず「意外に思った」内容は「彼女がホワイトハウスでのパーティへの招待を断った」ということです。つまり関係詞は she 〜 the White House までの節全体を指しているので、**which の特別用法**だとわかります。

次に I found it surprising の it が「意外に思った内容」で、これが which に変わって節の先頭に出ているため it は消えなければいけないので、選択肢2は不可です。

最後に surprise の分詞ですが、驚きの原因が主役の場合は surprising、驚く人が主役の場合は surprised です。I found it surprising の it が変化した which は「驚きの原因」を指すので選択肢3が正解です。

**793** 「Jim にはよくあることだが、予定の時刻になっても現れなかった。」

(　　　) is often the case with Jim, he didn't show up at the scheduled time.

Ⓐ 1. As　　　2. How　　　3. When　　　4. That

**as is often the case with Ａ**で「Ａにはよくあることだが」です。

私は初めてこのフレーズを目にした時、「なぜ as と is の間に主語がないのだろう？」と不思議に思いました。

また遅刻…？

試しにこの as を先ほどやった「特別用法の which」に替えて、しかも which 節を文末に置いてみましょう。

> Jim didn't show up at the scheduled time, which is often the case with him.
> （ジムは予定の時刻になっても現れなかったが、それは彼にはよくあることだ。）

このように、as は which の特別用法とほぼ同じことをやっていることがわかります。which は直前の節全体の内容を指していますから、「彼にはよくあること」の具体的な内容は主節全体で述べられていることになります。

as、but、than などを関係代名詞と同じやり方で使う用法を「**擬似関係代名詞**」と呼びます。as は語源的に「all + so（まったくそう）」が縮まってできたもので、根っこの意味は「イコール」です。そこから「～のように」という意味が派生します。as is often the case with Ａ の直訳は「Ａにはよくあてはまるように」です。

---

**794** 「我が子を愛さぬ者などいない。」

There is no one (　　　) their own children.
Ⓐ 1. but loves　　2. but doesn't love　　3. who loves　　4. that loves

---

この but も擬似関係代名詞です。no one を先行詞とし、but の後ろに動詞が来ます。つまり who と同じ使い方です。

問題は、but 以下の部分になぜ否定の意味が出るのか、です。

but の語源は「by + out」の複合語で、「外にある＝**はずす**」という根っこの意味を持ちます。

話の流れをはずせば「しかし」になり、「外

にはずす」ので、「〜以外」という意味も出ます。擬似関係代名詞の but は
「who の機能＋**除外**の意味」です。つまり問題文の直訳は「我が子を愛する
人を除いてしまったら、誰も存在しなくなる」です。

　擬似関係代名詞 but は受験問題以外ではお目にかかれなくなった死語に近
い古風な表現です。しかし、but の持つ「除外」の特性がよく現れていて
but の他の用法を理解するのに役立つので、取り上げました。

---

**795**「私たちが実際わかっていることは、この話が見た目よりも複雑だとい
　　うことだ。」

What we do know is that there is more to this story than the eye meets.
　①　　　　　②　　　　　③　　　　　　　　　　　　　　　Ⓐ▶④

---

④ the eye meets を meets the eye にします。

　than は主格の擬似関係代名詞で、「which の機能＋**〜より**の意味」です。
先行詞は this story です。

　than を which に替えて以下のように考えるとわかりやすいでしょう。

　　this story + it meets the eye

　　　→ this story which meets the eye

　　　　（目と出会うこの話＝この話が目に映った印象）

　There is more to Ａ than meets the eye. はよく使われるフレーズで「A に
対しては、見た目よりも多くのものがある」が直訳です。ちなみに下線③の
that は「主語 is that S + V 〜」（主語はSがVするということだ）という、補語
を導く接続詞の that です。

# Q 796 ~ 800

選択肢を並べ替えて適切な文をつくれ。

**796** My dad hugged me in front of people, ( a, not, which, common thing, was ) to do in Japan then.

**797** He said he had started his own business, ( was, I, which, true, thought ).

**798** ( often the, with, as, case, me, is ), I couldn't focus on my work without breakfast this morning.

**799** ( no, has, is, but, there, rule ) an exception.

**800** ( this product, there, to, than, the eye, is, meets, more ).

## 解答

**796** My dad hugged me in front of people, which was not a common thing to do in Japan then.
（私の父は私を人前で抱きしめたが、それは当時の日本では見慣れない行動だった。）

**797** He said he had started his own business, which I thought was true.
（彼は自分の事業を始めたと言い、私はそれを本当だと思っていた。）

**798** As is often the case with me, I couldn't focus on my work without breakfast this morning.
（私にはよくあることだが、今朝は朝食抜きで、仕事に集中できなかった。）

**799** There is no rule but has an exception.
（例外のないルールはない。）

**800** There is more to this product than meets the eye.
（この製品を見た目で判断してはだめだよ。（＝見た目以上にいろいろある））

## 解説

797. 語順の考え方：I thought it was true の it が which になり、節の先頭に出たもの。

799. 直訳は「例外があることを除いてしまうと、ルールなど1つもなくなる」。

 **801 ~ 805**

最も適切な選択肢を選べ。

**801** I visited the city (　　　) my mother spent some years in her youth.
1. where
2. which
3. when
4. why

**802** This is the city (　　　) my mother visited several times in her youth.
1. where
2. which
3. when
4. why

**803**「これが私が子どもの頃よく泳いでいた、その川です。」

This is the river I often swam (　　　) when I was a kid.
1. where
2. which
3. in
4. by

下線部の中で不自然なものを１つ指摘せよ。

**804** This is the way how he originally started his business.
　　　①　　②　　　　　③　　　　　　④

**805** He knows the reason in which Andy left town.
　　　①　　　　　②　③　　　　④

# 関係代名詞と
# 関係副詞の違い

## ▶ 前置詞＋名詞 → 副詞

　関係副詞には where（場所）、when（時）、why（理由）、how（方法）の
4つがあります。関係代名詞と関係副詞の区別の仕方は、以下の通りです。

> ◎**関係詞節に先行詞を入れてみて、そのまま先行詞が入れば関係代名詞**
> **which**
> ◎**関係詞節に先行詞を入れようとして、「前置詞＋先行詞」にしないと**
> **入らないなら関係副詞**

**801** I visited the city (　　　　) my mother spent some years in her youth.

　　（私は、母が若い頃数年間を過ごしたその街を訪れた。）

　Ⓐ1. where　　　2. which　　　3. when　　　4. why

　先行詞 the city を my mother spent some years in her youth という関係詞
節の中に入れてみましょう。

My mother spent some years in the city in her youth.
　「母は若い頃、その街で数年を過ごした。」

　the city だけでは入ることができず、in ＋ the city と
なります。ですから**関係副詞**にしないといけません。

　先行詞が the city なので空欄には場所を表す関係副詞 where が入ります。

　ではなぜこういうことが起きるのでしょうか？

　それは「前置詞＋名詞 → 副詞」＊という仕組みが働いているからです。

中学校で「ここに・ここで」を表す here、あるいは「そこに・そこで」を表す there には、~~to here~~ や ~~in there~~ のように前置詞をつけてはいけないと習ったことを覚えている人も多いと思います。

なぜなら、以下のように副詞である here や there はすでに前置詞を内蔵している言葉だからです。

$$
here = \left[\begin{array}{l} \text{in this place} \\ \text{at this place} \\ \text{to this place} \end{array}\right. \qquad there = \left[\begin{array}{l} \text{in that place} \\ \text{at that place} \\ \text{to that place} \end{array}\right.
$$

これは関係代名詞と関係副詞の関係にもそのまま当てはまります。つまり「前置詞＋関係代名詞 → 関係副詞」です。

My mother spent some years <u>in the city</u> in her youth.
　　　　　　　　　　　　　in which
　　　　　　　　　　　　　　　where
where　my mother spent some years in her youth

**802** This is the city (　　　) my mother visited several times in her youth.
（これが、母が若い頃に数度訪れたことがある、その街です。）
1. where　　Ⓐ **2. which**　　3. when　　4. why

visit は他動詞で、前置詞なしに目的語をとります。
My mother visited <u>the city</u> several times in her youth. と言えるので、以下のようになります。

my mother visited <u>the city</u> several times in her youth
　　　　　　　　　　which
which　my mother visited several times in her youth

the city
visited several times

※「前置詞＋名詞」は副詞だけでなく、形容詞にもなります。例えば A girl with long hair came to me.（髪の長い女の子が私のところに来た。）では with long hair が a girl という名詞の様子を説明する形容詞の働きをしています。よって「前置詞＋名詞＝副詞」とはせず「→」としています。

**803**「これが私が子どもの頃よく泳いでいた、その川です。」

This is the river I often swam (　　　) when I was a kid.
　1. where　　　　2. which　　　Ⓐ3. in　　　　　4. by

---

swim は一般的には自動詞で、「川を泳ぐ」つもりで swim the river とは言いません *。「川の中で泳ぐ」という意味で swim <u>in</u> the river というのが普通です。先行詞 the river を説明する関係詞節の元の形を考えましょう。

I often swam <u>in the river</u> when I was a kid.
　　　　　　　　in　which

前置詞 in の後ろにあるのでこの which は**目的格の関係代名詞**です。前置詞を残して関係代名詞だけを節の先頭に持って来ることができます (in which ごと節の前に出すのは書き言葉的で若干かた苦しいと言われています)。

which　I often swam in　　　　when I was a kid

目的格の関係代名詞は省略されるのが一般的です (in which ごと節の前に出した場合は、which は省略できません)。

~~which~~ I often swam <u>in</u> when I was a kid

結果として swam の後ろに in が残ります。

---

**804** This is <u>the way</u> how he <u>originally</u> started <u>his business</u>.
　　　①Ⓐ②　　　　　　　③　　　　　　④

（もともと、彼はこんなふうに事業を開始しました。）

---

② the way を削除します。

---

※「～を泳いで制覇する」というような「泳ぐことによって海や川に影響力を与える（＝力をぶつける）」場合などは他動詞としても使えますが、特殊な文脈だと言えます。例：She swam the Kanmon Straits by herself.「彼女は関門海峡を独力で泳ぎ切った。」

how は「やり方」を表す関係副詞ですが、the way（やり方）と一緒に使えません。how か the way かどちらか一方のみで使います。つまり上の問題文は、This is how he 〜 . とも、This is the way he 〜 . とも言えます。

way は in と相性の良い言葉です。「やり方」というのは「そのコースから外れると目的が達成されない」という意味で「外れてはいけない枠」のイメージを持つから in と相性が良いわけです。したがって先行詞 the way の後に in which を使う、という言い方もよく見られます。the way と how は一緒に使えませんが、the way と in which は一緒に使えます。

He successfully started his business in the way.

in which

This is the way in which he originally stared his business.

---

**805** He knows the reason in which Andy left town.
　①　　　　　Ⓐ②　③　　　　　④

（彼は Andy が街を離れた理由を知っています。）

---

② in を for にします。

関係詞節のもとの形は以下の通りで、理由・目的を表す前置詞 for とともに the reason は使われます。

Andy left town for the reason.　　「Andy はそういう理由で街を離れた。」

for which

したがって、

He knows the reason for which Andy left town.

となります。この for which を関係副詞 why に置き換えて、He knows the reason why Andy left town. と言うこともできます。

選択肢を並べ替えて適切な文をつくれ。

**806** ( where, the city, grew, this, I, is ) up.

**807** This ( my, saw, in, is, the city, dream, I ).

**808** Is this the ( talking, painting, about, were, you ) yesterday?

**809** This is ( my, I, the way, life, live ).

**810** What is ( for, go, states, which, the reason ) to war?

解答 —————————

**806** This is the city where I grew up.
（これが私の育った街です。）

**807** This is the city I saw in my dream.
（これが、私が夢の中で見た、その街です。）

**808** Is this the painting you were talking about yesterday?
（これが、君が昨日話していたその絵かい？）

**809** This is the way I live my life.
（これが私の人生の生き方だ。）

**810** What is the reason for which states go to war?
（国家が戦争を始める理由というのは何であろうか。）

解説 —————————

807. と 808. では目的格の関係代名詞のため which は省略されている。

# Q 811〜815

最も適切な選択肢を選べ。

**811** The (　　　) we will be able to see him again.

    1. day when will come

    2. day will come when

    3. day when it will come

    4. day will come

**812** In 2011 (　　　) the big earthquake hit the Tohoku region, Takako was born in Sendai.

    1. when

    2. , when

    3. which

    4. , which

**813** 「払い戻しを受ける場合もあります。」There are cases (　　　) you get a refund.

    1. why

    2. how

    3. which

    4. where

**814** 「沖縄本島の北部には、亜熱帯のジャングルが見られる。」
The northern part of Okinawa Main Island is (　　　) semitropical jungle is found.

    1. that

    2. what

    3. where

    4. which

下線部の中で不自然なものを１つ指摘せよ。

**815** Last winter I <u>went to</u> <u>Taipei</u> <u>where</u> it wasn't <u>as</u> warm <u>as</u> I had expected.
              ①       ②              ③    ④

# 関係副詞によくある
# いくつかのパターン

▶ 省略や語順の変更

---

**811** The (　　　) we will be able to see him again.

（私たちが再び彼に会える日がやって来るだろう。）

1. day when will come     Ⓐ 2. <u>day will come when</u>

3. day when it will come     4. day will come

---

この文は The day will come.（その日は来るだろう。）という文に、the day の
詳しい内容を説明する We will be able to see him again on the day.（私たち
はその日また彼に会えるだろう。）をつけたものです。

We will be able to see him again <u>on the day</u>.

when we will be able to see him again

when は時を表す関係副詞で、本来の語順なら the day という先行詞の直
後に関係詞節がつき、以下の形になるはずです。

the day <u>when</u> we will be able to see him again

（私たちが再び彼に会えるであろう日）

しかし、関係副詞 when を使う文に非常によく見られるパターンとして、
次ページのように先行詞（the day）から関係詞節（when we 〜 him again）
が切り離されて、文末に回るというのがあります。

The day will come when we will be able to see him again.

　なぜこういう現象が起きるのかは簡単で、英語の２大語順原則のうちの１つ「軽い情報が先、重い情報は後」が発動しているからです。

　先に短く軽い情報である will come を言ってしまい、その後に長く重い説明の情報である when 以下を回して、聞き手の頭の中に入りやすいよう情報の構造を整理しているわけです。

**812** In 2011 (　　　　) the big earthquake hit the Tohoku region, Takako was born in Sendai.

（その大地震が東北地方を襲った 2011 年に、Takako は仙台で生まれた。）

1. when　　Ⓐ2. , when　　3. which　　4. , which

　関係副詞 when の非制限用法にならないといけないので選択肢２が正解です（非制限用法に関しては本書第 79 項を参照）。

　選択肢１は制限用法ですから、「他の 2011 年ではなく、東北地方を大地震が襲った 2011 年だ」という意味になり、不自然です。

　また which ですが、The big earthquake hit the Tohoku region in 2011. の in 2011 が in which → when になっているので which 単体で使うのは不可です。

**813**「払い戻しを受ける場合もあります。」

There are cases (　　　) you get a refund.
1. why　　　　2. how　　　　3. which　　　Ⓐ 4. where

　関係副詞 where は具体的な「場所」だけでなく、場所のイメージを持つ抽象的な名詞を先行詞にとることもあります。「場合」を意味する case がその代表的なものです。他には point（点）、circumstance（境遇）、situation（状況）などがあります。

例文 We have got to the point where the costs outweigh the benefits.
　　「我々は犠牲が利点を上回る段階にまで来てしまっている。」

　which を使う場合は You get a refund in that case.（その場合、あなたは払い戻しを受ける）の in that case が in which になるので、選択肢3のような which ではなく、in which にします。

**814**「沖縄本島の北部には、亜熱帯のジャングルが見られる。」

The northern part of Okinawa Main Island is (　　　) semitropical jungle is found.
1. that　　　　2. what　　　Ⓐ 3. where　　　4. which

　関係副詞は先行詞を省略する場合がよくあります。

　where の先行詞である the place や when の先行詞である the time、why の先行詞である the reason がそうです。理由は「どちらも同じ意味」だからです。例えば the place も where も

省略

the place ✕　where

どちらかで
十分

518

「場所」を意味していて、同じことを二度繰り返しているので、the place が省略されることがよくあります。

A is B 構文は意味の上で A = B の関係になります。

[The northern part of Okinawa Main Island] is [（　　　　　）…].
A: 場所　　　　　　　　　=　　　　B: 場所

したがって is の後ろの空欄には「場所」に関係ある言葉が来ると推察できるので、「亜熱帯のジャングルが見られる場所」（the place where semi-tropical jungle is found）となることが考えられます。the place where から the place を省略した結果、選択肢 3 が正解だとわかります。

関係代名詞の which や that は、ここでは先行詞がないので不可。

what の関係詞節の中は主語か目的語が必ず「欠ける」はずですが、欠けている部分がありません。目的語が主語の位置に来るのが受動態なので、受動態の文には目的語がないのが普通です。

---

**815** Last winter I went to Taipei where it wasn't as warm as I had expected.
　　　　① 　　Ⓐ② 　　　　　③ 　　　④

（昨年の冬、私は台北に行ったが、思ったよりも暖かくはなかった。）

---

② where の前にカンマをつけて、非制限用法にします。

本書第 79 項で説明した通り、固有名詞が先行詞の場合、関係詞は非制限用法にします。さもないと「世の中に無数にある台北という種類のもののうち、思ったよりも暖かくなかった台北であって、他の台北ではない」という意味になってしまいます。

選択肢を並べ替えて適切な文をつくれ。

**816** ( cancer, come, day, when, the, will ) is a curable disease.

**817** I stayed at the hotel three days ago, ( Mr. Taylor, met, when, I ).

**818** There ( your, where, efforts, cases, are ) don't pay off.

**819** The beach ( many, where, people, is, young ) have fun.

**820** We visited Vienna, ( many, we, where, enjoyed ) kinds of chocolate.

---

**解答** ─────────

**816** The day will come when cancer is a curable disease.
（ガンが根治可能な病気になる日がやって来るだろう。）

**817** I stayed at the hotel three days ago, when I met Mr. Taylor.
（私はそのホテルに3日前に滞在し、その時に Taylor 氏に出会った。）

**818** There are cases where your efforts don't pay off.
（努力が報われない場合もある。）

**819** The beach is where many young people have fun.
（ビーチというのは多くの若者が楽しむ場所だ。）

**820** We visited Vienna, where we enjoyed many kinds of chocolate.
（私たちはウィーンを訪れ、そこで多くの種類のチョコレートを楽しんだ。）

**解説** ─────────

819. この the beach は「the ＋単数形名詞」型の総称用法（本書第62項参照）。

# Q 821 ~ 825

最も適切な選択肢を選べ。

**821** I'll give this ticket to (　　　) wants it.

    1. whoever

    2. whomever

    3. whom

    4. which

**822** Whoever (　　　) the room last should turn off the air conditioner.

    1. leave

    2. leaves

    3. leaving

    4. to leave

**823**「どれでも欲しいものを取って良いですよ。」

    You can take (　　　) you want.

    1. whatever

    2. no matter what

    3. no matter which

    4. wherever

下線部の中で不自然なものを1つ指摘せよ。

**824**「私は、自分の家族を守るためなら何だってやる。」

    I'll do <u>anything</u> whatever <u>it</u> takes <u>to protect</u> my <u>family</u>.
           ①　　　　　　　　②　　　　③　　　　　　④

**825** <u>Whoever</u> is <u>successful</u> <u>have</u> been working hard to be <u>successful</u>.
      ①　　②　　　　　　③　　　　　　　　　　　④

# 複合関係詞

## ▶ ever と any の関係

　一見この項と無関係のように見えますが、実は根本的に重要な any と ever の共通点について理解しておきましょう。

　any は冠詞の a/an と同じ語源から生まれ、「どの１つをとってみても」という、「ランダムにひとつひとつ取り出して見比べてみる」感覚を持つ言葉です（『英文法鬼』 Must 66）。

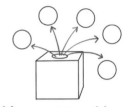

どの1つを
とってみても

**例文** You can choose <u>any pen you like</u>.

　「どれでも好きなペンを１本選んで良いですよ。」
→ランダムに1本1本見比べながら、どれか1本を選ぶ

　一方、「今まで」と訳されることが多い ever の正体は「どの時の１点をとってみても」です（『英文法鬼』 Must 15）。

**例文** Have you <u>ever been to Australia</u>?

　「これまでにオーストラリアに行ったことはありますか？」

　これは ever が「１歳の時でも３歳の時でも 10 歳の時でも、３年前でも昨日でも、どの時の一点でも良いのだけれど」ということを言っていて、これを端的に訳した日本語が「今まで」となっているわけです。

**例文** We are living in an <u>ever-changing society</u>.

　「我々は絶え間なく変わりゆく社会の中を生きている。」

　ここでは ever-changing が「どの時の一点をとって見ても変化している最

中・途中」ということを表しているので「絶え間なく変わりゆく」という和訳が出て来るわけです。ever ＝ any time という感覚です。

　このように「どの１つの『もの』でも良いのだけど」と言っているのが any で、「どの１つの『時点』でも良いのだけど」と言っているのが ever です。「もの」と「時」の違いはあれど、どちらも「どれでも良いのだけど、とランダムにひとつひとつ取り出して見比べてみる」感覚は共通していることがわかります。これがわかると以下の関係が理解できます。

anyone who = whoever

anyone who = whoever
anything which = whichever/whatever
any place where = wherever
any time when = whenever

　これを意識した上で、具体的な問題を通して複合関係詞（疑問詞 + ever）を見ていきましょう。

---

**821** I'll give this ticket to (　　　) wants it.

（誰でも欲しい人にこのチケットをあげます。）

Ⓐ▶ <u>1. whoever</u>　　2. whomever　　3. whom　　　　4. which

---

　この問題で注意すべきポイントは２つです。

**① to の後に、先行詞となる名詞がない**
**② to の後には『普通は』、目的格の名詞が来る**

　まず、①にあるように to の後に先行詞がないので選択肢３、４は不可です。

　一方で whoever = anyone who、whomever = anyone whom ということでわかる通り、whoever、whomever など「疑問詞 + ever」の複合関係詞は「any + 名詞」という先行詞を内蔵しているので、<u>先行詞は不要です</u>。

次に、②です。英語学習者の中には、「to という前置詞の後ろだから、目的格の whomever が来るはずだ」と考えてしまう人がいます。しかし、注目すべき点は「to の後ろ」ということではなく、「動詞 wants の前」だというところです。つまり、主語の位置に空欄があるので whoever が入ります。これは whoever を anyone who で書き換えると一層明瞭になります。

I'll give this ticket to <u>anyone who</u> wants it.
　　　　　　　　　　　　　whoever

**822** Whoever (　　　) the room last should turn off the air conditioner.

（誰であれ最後に部屋を出て行く人はエアコンを切るべきだ。）

1. leave　　Ⓐ **2. leaves**　　3. leaving　　4. to leave

whoever を anyone who に書き換えてみると下記のようになります。

Anyone who (　　　) the room last should turn off the air conditioner.

主格 who の後ろですから、空欄には動詞が入ります。選択肢 3、4 はそれだけでは動詞にならないので不可です。

anyone は「どの1人をとっても」という意味で三人称単数扱いなので、動詞は leaves になります。

**823**「どれでも欲しいものを取って良いですよ。」

You can take (　　　) you want.

Ⓐ <u>1. whatever</u>　　2. no matter what　　3. no matter which　　4. wherever

「疑問詞 + ever」は「**no matter ＋疑問詞**」によく書き換えられますが、両者には意味の違いが出て来る場合がありますので注意が必要です。

「疑問詞 + ever」がポジティブな意味（どれをやってもよい、いつやってもよい、など）と、ネガティブな意味（たとえ何をやろうと〜できない、い

つやろうと〜できない、など）の両方の意味を出すのに対し、「no matter+疑問詞」は一般的にネガティブな意味で使います。

　問題文はポジティブな意味の文なので、選択肢2や3ではなく1を使います。4のwhereverは関係副詞の一種なので、後ろには主語も目的語も欠けていない文が来ますが、問題文ではwantの目的語がwhateverになって節の先頭に来ています。

**824** 「私は、自分の家族を守るためなら何だってやる。」

I'll do anything whatever it takes to protect my family.
　　　Ⓐ①　　　　　　　②　　　　③　　　　④

① anything を削除します。

whatever は先行詞 anything を内蔵している言葉なので、先行詞不要です。

what it takes は what you need とほぼ同じ意味を持つ言葉で、「状況 (it) が取る (take) もの (what)」＝「ある状況を達成するのに必要なもの」という意味です。whatever it takes なら「必要なものは何でも」という意味です。

**825** Whoever is successful have been working hard to be successful.
　　　①　　②　　　　Ⓐ③　　　　　　　　　　④

（成功している人なら誰でも、これまでずっと成功するために努力してきている。）

③ have を has にします。

whoever is successful（成功している人なら誰でも）がこの文の主語で、その核は whoever です。whoever = anyone who ですから、「どの1人をとっても」という単数扱いで、動詞は have ではなく has になります。

　このように正誤問題では主語が長い時に動詞の一致が問われるパターンが出て来ますので注意しましょう。

Q 826 ~ 830

選択肢を並べ替えて適切な文をつくれ。

826 My father showed ( visited, to, our, the painting, whoever ) house.

827 ( was, told, that, you, whoever ) a liar.

828 You can ( looks, choose, useful, whatever ).

829 He will ( to, it, do, whatever, takes ) make you join his team.

830 ( that, said, whoever, be, must ) crazy.

解答 ━━━━━━

826 My father showed the painting to whoever visited our house.
（私の父は家を訪ねて来た人になら誰にでもその絵を見せた。）

827 Whoever told you that was a liar.
（誰であれ君にそれを言った奴は嘘つきだ。）

828 You can choose whatever looks useful.
（どれでも、役に立ちそうに見えるものを選んだらいいよ。）

829 He will do whatever it takes to make you join his team.
（彼は君を自分のチームに入れるためなら何でもするだろう。）

830 Whoever said that must be crazy.
（誰であろうとそんなことを言った人は頭がおかしいに違いない。）

解説 ━━━━━━

826.「show 物 to 人」という構文
827. 主語は whoever told you that。動詞は was。

# 831 ~ 835

最も適切な選択肢を選べ。

**831** (　　　) happens to me, that is what I deserve.

　　1. Whoever

　　2. Whatever

　　3. Wherever

　　4. Whenever

**832** (　　　) much I love you, I will not commit crime for you.

　　1. Whoever

　　2. Whatever

　　3. However

　　4. Whenever

**833** Take your passport with you (　　　) you go.

　　1. wherever

　　2. whatever

　　3. what

　　4. whoever

下線部の中で不自然なものを１つ指摘せよ。

**834**「君が何と言おうと、私は君を行かせたりしない。」

　　No <u>matter you</u> say, <u>I</u> <u>won't</u> let you <u>go</u>.
　　　　①　　　　　②　③　　　　④

**835**「いかに一生懸命働こうとも、何をしようとも、この会社では君は昇進
　　しないだろう。」

　　<u>Whatever</u> hard you work and <u>whatever</u> <u>you</u> <u>do</u>, you won't get <u>promoted</u>
　　　①　　　　　　　　　　　　②　　　③　　　　　　　　　④
　　in this company.

# 疑問詞+everを使った副詞節

## ▶「〜であっても」という譲歩のフレーズ

「疑問詞+ever」は、関係詞としてだけではなく、**接続詞**としても使われます。全体として**譲歩**を表す副詞節をつくります。

譲歩というのは「たしかに〜だけど」とか、「たとえ〜であろうと」という風に「<u>いったん一歩下がって、そこから反撃</u>」という言い方をすることです。

#### 副詞節

副詞節についてですが、副詞は動詞の様子を説明するもので、副詞節というのは主節の動詞の詳しい説明を行う節（S + V 〜のかたまり）です。

**例文** If it is sunny tomorrow, we'll play baseball.

「明日晴れたら、野球をしよう。」
→主節の動詞 play がどういう条件で成立するのかを説明

**例文** When he comes back, tell him what to do tomorrow.

「彼が戻って来たら、明日やるべきことを彼に伝えてください。」
→主節の動詞 tell がどういう時に行われるのかを説明

**831** (　　　　) happens to me, that is what I deserve.

（私に何が起きようと、それは当然の報いだ。）

    1. Whoever     Ⓐ **2. Whatever**     3. Wherever     4. Whenever

    deserve は「値する・ふさわしい」という意味の動詞で、what I deserve なら「私にふさわしいこと」です。良い意味でも悪い意味でも使います。

    that は直前の副詞節全体を指します。

    空欄は動詞 happens の直前ですから主語の位置で、名詞が来ないといけません。選択肢 3、4 はいずれも副詞なので不可です。happen は「（こと）が起きる」ですから、主語は「人」ではなく「こと」が来ないといけないので whatever が正解です。

**832** (　　　　) much I love you, I will not commit crime for you.

（私がいくらあなたを愛していようと、あなたのために犯罪を犯すつもりはありません。）

    1. Whoever     2. Whatever     Ⓐ **3. However**     4. Whenever

    how much や how many のように、「**疑問詞＋形容詞 / 副詞**」という形をとれる疑問詞は how しかありません。

    how much は「どれくらいの量なのか」を尋ねる表現ですが、これを however much とすると「どれだけの量であろうが」という譲歩の表現になります。

あなたのことは好き…

だからってやらんわ！

**833** Take your passport with you (　　) you go.

（どこへ行くにもパスポートを持って行きなさい。）

Ⓐ▶ <u>1. wherever</u>　　2. whatever　　3. what　　4. whoever

wherever は「どこであろうと」を意味し、to any place where や in any place where などと言い換えられる言葉です。

what や whatever、whoever は名詞なので、直後の関係詞節の<u>主語か目的語として機能していない</u>といけませんが、you は主語、go は自動詞で目的語は不要なので、ここでは使えません。（⑳ whatever you do なら do の目的語が whatever、whoever comes なら comes の主語が whoever。）

**834**「君が何と言おうと、私は君を行かせたりしない。」

No <u>matter</u> <u>you</u> say, I <u>won't</u> let you go.
Ⓐ▶①　　　　　②　③　　　④

① no matter と you の間に what を入れ、no matter what you say, …とします。

「**no matter ＋疑問詞**」は「疑問詞 + ever」とほぼ同じ意味を持つ言葉です。no はゼロ、matter は「問題」なので no matter で「問題ない・関係ない・どうでもよい」という意味を出しています。

英語学習者がよくやるミスは <u>no matter</u> の後ろに疑問詞をつけ忘れるというものです。例えば no matter what で「何であろうと関係ない」、no matter when で「いつであろうと関係ない」、no matter who で「誰であろうと関係ない」というように、疑問詞がないと意味が完全には成立しません。

835「いかに一生懸命働こうとも、何をしようとも、この会社では君は昇進
しないだろう。」

Whatever hard you work and whatever you do, you won't get promoted
ⒶⒶ①                                   ②           ③                        ④

in this company.

① Whatever を However にします。

832 で説明した通り、疑問詞の直後に形容詞・副詞（ここでは hard）を
つけられるのは how だけです。

下線②の whatever は直後の you do の目的語を表す複合関係代名詞です。

# 836 ~ 840

選択肢を並べ替えて適切な文をつくれ。ただし余分な選択肢がある場合、それは削除せよ。

**836** ( happens, happen, whatever ), don't open this door.　1選択肢余分

**837** ( costs, much, however, it ), we won't give up.

**838** Good ( wherever, to, you, you, luck ) are.

**839** ( you, matter, think, no, what ), Dave is a good man.

**840** ( takes, long, however, it ), we'll find the cure for the disease.

---

**解答**

**836** Whatever happens, don't open this door.
（何が起きてもこのドアを開けるな。）

**837** However much it costs, we won't give up.
（どれだけ犠牲が出ようと、私たちはあきらめるつもりはない。）

**838** Good luck to you wherever you are.
（君がどこにいようとも、幸運を祈っている。）

**839** No matter what you think, Dave is a good man.
（あなたがどう思おうと、Dave は良い人だよ。）

**840** However long it takes, we'll find the cure for the disease.
（どれだけ時間がかかろうと、我々はその病気の治療法を見つけるつもりだ。）

**解説**

836 whatever は ever により「どんな1つのことが」という意味が出るので単数名詞扱い。

# 841 ~ 845

最も適切な選択肢を選べ。

**841**「昨日私が会ったのは山本さんです。」

It was Mr. Yamamoto (　　　　) I met yesterday.

1. that

2. when

3. to whom

4. what

**842** (　　　　) two weeks ago that I wrote the letter.

1. When it was

2. When it is

3. It was

4. During

**843** It was you (　　　　) told me to do that, wasn't it?

1. whoever

2. then

3. who

4. which

下線部の中で不自然なものを１つ指摘せよ。

**844**「あなたが会議で会ったのは誰ですか？」

Who <u>did it</u> <u>that</u> you <u>saw</u> <u>at the</u> meeting?
　　　①　　②　　　③　　④

**845** It <u>was</u> <u>in Hiroshima</u> <u>that</u> I visited half <u>a year ago</u>.
　　①　　②　　　　③　　　　　　　④

# 強調構文

## ▶ 仕組みがわかれば超簡単

英語の語順の2大原則は「言いたいことから先に言う」と「軽い情報が先、重い情報は後」ですが、**「言いたいことから先に言う」**が発動しているのがこの強調構文です。

つくり方は簡単で、「言いたいこと」を it is と that の間に置き、文の残りは that の後ろに回します。

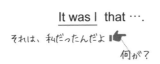

例文 I played tennis with Tom yesterday.
　　　①　　　　②　　　③　　　　④

①～④のそれぞれを強調してみましょう。この文は過去が舞台の文なので it was 〜 that の形にします。

①「I」を強調したいならば、it was と that の間に置きます。

It was I that ….
それは、私だったんだよ 👉
　　　　　何が？

残りの文を that の後ろに回します。that は説明すべき、残りの情報を指してくれます。

It was I that played tennis with Tom yesterday
それは、私だったんだよ 👉　　　昨日 Tom とテニスをした
　　　　　何が？

（昨日 Tom とテニスをしたのは私でした。）

このやり方で残りの②～④を強調構文にすると、以下の通りになります。

② It was tennis that I played with Tom yesterday.

（昨日私が Tom としたのはテニスでした。）

③ It was with Tom that I played tennis yesterday.

（昨日私がテニスをしたのは Tom とでした。）

④ It was yesterday that I played tennis with Tom.

（私が Tom とテニスをしたのは昨日のことでした。）

それではこの知識をもとに、各問題を解説します。

**841** 「昨日私が会ったのは山本さんです。」

It was Mr. Yamamoto (　　　) I met yesterday.

Ⓐ 1. that　　　2. when　　　3. to whom　　　4. what

I met Mr. Yamamoto yesterday. が強調構文になり、Mr. Yamamoto が強調されているのだと気がつけば、that が入るのが自然だとわかります。

**842** (　　　) two weeks ago that I wrote the letter.

（私がその手紙を書いたのは2週間前のことでした。）

1. When it was　　　　　2. When it is

Ⓐ 3. It was　　　　　4. During

I wrote the letter two weeks ago. が強調構文になり、two weeks ago が強調されているのだと気がつけば、It was が入るのが自然だとわかります。

**843** It was you (　　　) told me to do that, wasn't it?

（そうするように私に言ったのはあなたでしょう？）

    1. whoever    2. then    Ⓐ 3. who    4. which

 

    強調構文では、人（本文では you）を強調する時には that の代わりに who を使うこともよくあります。ものを強調する時に which を使う例は非常にまれです。

    一般的には強調構文で使われるのは that か who か、と覚えておくと良いでしょう。

 

**844**「あなたが会議で会ったのは誰ですか？」

Who <u>did</u> it <u>that</u> you <u>saw</u> at the meeting?

  Ⓐ①    ②    ③    ④

 

    ① did を was にします。

    強調するのが疑問詞の時、強調構文の語順は現在形なら必ず「**疑問詞 is it that ～ ?**」、過去形なら必ず「疑問詞 was it that ～ ?」となります。

    なぜそうなるのかを見てみましょう。

**例文** It was James <u>that</u> you saw at the meeting.

    （あなたが会議で会ったのは James でした。）

 

    強調構文で疑問文や否定文にする時に語順を変更するのは that より前の部分だけです。上の例文なら、it was James の部分だけです。

    「それは James でした」を「それは誰だったのですか？」に変えるだけですから、who was it という語順になり、Who was it that you saw at the meeting? になります。これが今回の問題の正解です。

もう１つ例を見てみましょう。

**例文** It was at the meeting <u>that</u> you saw James.

（あなたが James に会ったのは会議でのことでした。）

it was at the meeting の「at the meeting」がわからないとすると、疑問文の形は where was it になりますから、強調構文は Where was it that you saw James? となります。

このように、強調構文で強調される部分が疑問詞になると、必ず語順は**「疑問詞 is/was it that ～ ?」**となります。

**845** It was <u>in Hiroshima</u> that <u>I visited</u> half <u>a year ago</u>.
　　 ①　　Ⓐ②　　　　③　　　　④

（私が半年前に訪れたのは広島でした。）

② in Hiroshima の in を削除します。

普通の文に戻して考えてみると、visit は他動詞で、「visit ＋場所」となり、I visited Hiroshima half a year ago. となります。Hiroshima の前に in は不要です。

そして Hiroshima を it was と that の間に入れて、It was Hiroshima that I visited half a year ago. となります。

このように、自分のつくる強調構文が正しいかどうかチェックする時は、いったん元の文に直して考えてみる癖をつけておくと良いです。慣れてくれば、いちいちこういうことを考えなくてもつくれるようになりますが、私も時々頭の中で英文を作ろうとして「おや？」と違和感を覚えた時にはこの方法でチェックしています。

選択肢を並べ替えて適切な文をつくれ。

846 ( Mr. Kissinger, was, that I, asked, it ) the question.

847 It ( she, was, was, when, twelve ) that she had the surgery.

848 ( who, was, he, me, it, taught ) how to tackle the problem.

849 ( they, is, that, how, it ) refuse our proposal?

850 ( we, Kyoto, was, in, that, it ) visited the temple.

**解答**

846 It was Mr. Kissinger that I asked the question.
（私がその質問をした相手は Kissinger 氏でした。）

847 It was when she was twelve that she had the surgery.
（彼女がその手術を受けたのは、12 歳の時でした。）

848 It was he who taught me how to tackle the problem.
（その問題の対処の仕方を私に教えてくれたのは彼でした。）

849 How is it that they refuse our proposal?
（彼らが私たちの提案を断るなんていったいどういうことだ？）

850 It was in Kyoto that we visited the temple.
（私たちがそのお寺を訪れたのは京都でのことです。）

**解説**

846. 「ask 人 a question」の第 4 文型で「人に質問をする」。

849. how is it that 〜? で「〜とはいったいどういうことだ？」。強調構文を使って「それ（＝ that 以下）はどのようにして？」というのを強調している。

# 851 ~ 855

最も適切な選択肢を選べ。

**851** (　　　) he likes it or not doesn't matter to me.
1. If
2. Whether
3. Until
4. And

**852** (　　　) listen to you.
1. Whether you are right or wrong wouldn't
2. Whether you are right or wrong, they wouldn't
3. If you are right or wrong, they wouldn't
4. If you are right or wrong wouldn't

**853** (　　　) arrive?
1. Do you think when will he
2. Do you think when he will
3. When do you think will he
4. When do you think he will

**854**「彼がいつ日本を出発するか知っていますか？」

(　　　) he will leave Japan?
1. When do you know　　　　2. When did you know
3. Do you know when　　　　4. Did you know when

**855**「彼がアメリカへ帰国するということを、あなたはいつ知ったのですか？」

(　　　) he's going to return to the US?
1. Did you know when　　　　2. When did you know
3. When do you know　　　　4. Do you know when

# 名詞節と副詞節

## ▶ if と whether と間接疑問文

名詞節と間接疑問文について説明しておきます。

### 名詞節

「節」というのは文の中に組み込まれた小さな「S + V ～」のかたまりのことで、これが名詞の役割をしていたら、**名詞節**です。

簡単な見分け方としては、その節全体が it で置き換えても文意が通るかどうかというのがあります。

例えば、I know that it's hard to believe.（それが信じ難いっていうことはわかるよ。）なら that it's hard to believe という節を it に置き換えて I know it. としても自然です。代名詞 it と同じ位置にあるということは名詞と同じ働きをしているので、that it's hard to believe は名詞節です。

### 間接疑問文

文の中に組み込まれた小さな疑問文を**間接疑問文**と呼びます。

I know who you are.（君が誰かはわかっている。）なら、know の目的語の部分に Who are you? という疑問文が組み込まれています。語順は肯定文と同じになることに注意しましょう。

下線部を it で置き換えても I know it. で文意が通るので、**間接疑問文は名詞節になる**ことがわかります。

who や what といった疑問詞のつく疑問文は、疑問詞が一種の接着剤となって主節（ここでは I know）と間接疑問文をくっつけてくれますが、疑問詞のない疑問文は if・whether（～かどうか）を使って主節と接続します。

I don't know + Will he come? なら I don't know if / whether he will come.（彼が来るかどうかはわからない。）です。

---

**851** (　　　) he likes it or not doesn't matter to me.

（彼がそれを好きかどうかは、私にはどうでも良い。）

1. If　　　　Ⓐ 2. Whether　　　　3. Until　　　　4. And

---

本問の文の構造は下記のとおりで、間接疑問文 whether he likes it or not は主語となっています。

[Whether he likes it or not]　doesn't matter to me.
　　　　主語　　　　　　　　　動詞

**間接疑問文は名詞節になる**ので主語に使えるわけです。

ちなみに、主語の位置では whether を使い、if は使いません。until は副詞節に使う接続詞で、主語や目的語の位置（＝名詞節の位置）には使えません。

---

**852** (　　　) listen to you.

（あなたが正しかろうと間違っていようと、彼らはあなたに耳を貸さないだろう。）

1. Whether you are right or wrong wouldn't

Ⓐ 2. Whether you are right or wrong, they wouldn't

3. If you are right or wrong, they wouldn't

4. If you are right or wrong wouldn't

---

動詞 listen は「人」の動作なので、主語には「人」が来ないといけません。選択肢 2 や 4 のように they を listen の主語にします。主節（they wouldn't

listen to you) の外側に出ている whether 節や if 節は副詞節です（「副詞の位置」
に関しては『英文法鬼』 Must 27）。

　副詞節では whether は「（たとえ）A であろうと、B であろうと」、if は
「もし～すれば」という意味になりますので、whether が文意として自然で
す。if だと「もしあなたが正しいか、あるいは間違っていたら、彼らはあな
たに耳を貸さないだろう。」となり、不自然です。

353 (　　　) arrive?
　　（いつ彼は到着すると思いますか？）
　　1. Do you think when will he
　　2. Do you think when he will
　　3. When do you think will he
Ⓐ 4. When do you think he will

　この文は do you think + when will he arrive? です。これが合成される時、
間接疑問文では語順が肯定文の語順になるので when he will arrive になり文
に組み込まれるのですが、さらに when が文頭に移動して、下記のようにな
ります。

When　do you think　　　he will arrive?

　when の移動がなぜ起きるのかと言えば、英語の語順の２大原則のうちの
１つ、「**言いたいことから先に言う**」が発動するからです。以下の文と比べ
てください。

Do you know when he will arrive?　「彼がいつ来るか知っていますか。」

　この文で尋ねたいことは「いつ」ではなく、「知っているかどうか」です。
その証拠に「はい、知っています。」「いえ、知りません。」と返答すること

が可能です。ですから do you know が文頭にあります。

　しかし、「彼がいつ到着すると思いますか？」と尋ねられて、「はい、思います。」「いえ、思いません。」と答えるのは不自然です。「7時だと思います。」のように、「いつ」なのかを答えるのが自然です。

　つまり、When do you think he will arrive? では、一番尋ねたいことは do you think ではなく when なので、when が文頭に出て来ているのです。

---

**854**「彼がいつ日本を出発するか知っていますか？」

（　　　）he will leave Japan?

1. When do you know
2. When did you know
Ⓐ **3. Do you know when**
4. Did you know when

---

「知っていますか？」に対して「はい知っています」「いえ知りません」と返答できるので、一番尋ねたいのは when ではなく do you know です。ですから do you know が文頭に出る選択肢3が正解です。

　did you know だと「知っていましたか」となり、日本語文と合わなくなります。

---

**855**「彼がアメリカへ帰国するということを、あなたはいつ知ったのですか？」

（　　　）he's going to return to the US?

1. Did you know when
Ⓐ **2. When did you know**
3. When do you know
4. Do you know when

---

「いつ知ったのですか」に対し「はい知っています」「いえ知りません」は不自然です。尋ねたいのは did you know ではなく when です。

　when が文頭にある選択肢は2と3ですが、日本語文は「いつ知った」と過去形なので選択肢2を選びます。

## Q 856 ~ 860

選択肢を並べ替えて適切な文をつくれ。

856 I'm not ( the show, sure, will, start, whether ) on time.

857 ( or, he, not, whether, comes ), we're going to start the meeting.

858 ( think, do, happen, will, what, you ) next?

859 Do ( he, how, you, got, know ) the job?

860 ( she, you, did, know, how ) is married?

### 解答

856 I'm not sure whether the show will start on time.
（ショーが定刻通り始まるかどうか、わからない。）

857 Whether he comes or not, we're going to start the meeting.
（彼が来る、来ないにかかわらず、我々は会議を始めよう。）

858 What do you think will happen next?
（次に何が起きると思いますか？）

859 Do you know how he got the job?
（彼がどうやってその仕事を手に入れたか知っていますか？）

860 How did you know she is married?
（彼女が結婚しているってどうやって知ったんですか？）

### 解説

856. be動詞＋ sure の後ろは目的語の来る位置ではないが、名詞節を目的語のように置くことが可能。おそらく I'm sure that ～が I believe that ～のような感覚で捉えられるためだと考えられる。

858. do you think ＋ what will happen next で、what が文頭に出たもの。

# Q 861 ～ 865

最も適切な選択肢を選べ。

**861**「James はきっと成功すると思う。」

I (　　　) that James will succeed.

1. doubt

2. don't doubt

3. don't believe

4. don't suspect

**862**「彼が来るかどうか、疑わしい。」

I doubt (　　　) he will come.

1. unless 　　　　　　 2. if

3. when 　　　　　　 4. while

**863**「彼は来ないんじゃないかと思う。」

I (　　　) he won't come.

1. doubt 　　　　　　 2. suspect

3. wonder 　　　　　　 4. remind

**864**「彼は来るかしら。」

I (　　　) he will come.

1. doubt that 　　　　　　 2. wonder that

3. wonder if 　　　　　　 4. remind of

下線部の中で不自然なものを1つ指摘せよ。

**865**「なんでまた彼はあんなことをしたんだろう。」

I wonder <u>he</u> <u>did</u> <u>something</u> <u>like that</u>.
　　　　① 　②　　 ③ 　　　 ④

# doubt, suspect, wonder

## ▶似た意味の動詞の違いを知る

　似たような意味を持ち英語学習者を悩ませる言葉に、「疑う」を意味する doubt と suspect があります。また、「〜かしら」という日本語訳だけでは本質を掴みにくい wonder という動詞を苦手としている英語学習者もいらっしゃいます。本項ではこれらの言葉の意味の違いを明確にしていきます。

---

**861**「James はきっと成功すると思う。」

I (　　　　) that James will succeed.

　1. doubt　　Ⓐ2. don't doubt　　3. don't believe　　4. don't suspect

---

　どちらも「疑う」と訳されることがある doubt と suspect ですが、doubt は例えば、「彼は犯人とは違うのでは？」というふうに「おそらく違うのでは？」と疑う否定的な意味を持ち、一方で suspect は例えば、「彼が犯人なのでは？」というふうに「（特に悪いことに関して）おそらくそうなのでは？」と疑う肯定的な意味を持ちます。

　この問題では「James が成功する」かどうかということに関し、「そうなる」と考えているので don't doubt（否定＋否定＝肯定）が使われています。「疑いなくそうなると思う」ということです。

862「彼が来るかどうか、疑わしい。」

I doubt (　　　) he will come.
　1. unless　　Ⓐ2. if　　　　3. when　　　　4. while

doubt の後ろに来る接続詞は that だけでなく、if あるいは whether の場合もよくあります。「～かどうかを疑っている」ことを表します。

if は「疑い」の意味を語源的に持ち、「二股の分かれ道」の前で心が揺れることを表します。

①目の前に「A の道と B の道」が伸びていて、「分かれ道だ。どうしよう。もし A に行けば……もし B に行けば……」ということから、「**もし**」という意味が出ます。副詞節で使います。
②「正解と間違いの分かれ道」を目の前に眺めながら「合っているのかどうか」と迷う気持ちから「**～かどうか**」という意味が出ます。名詞節で使います。

doubt if S + V ～のように、目的語の働きをする節（名詞節）では if は「もし」ではなく、必ず「～かどうか」という意味になります。

whether は、疑問を意味する wh- に、「2 つのうちのどちらか一方」を意味する either がついてできたものです。

① 名詞節なら「どちらの一方かしら？」という気持ちから「**～かどうか**」という意味になります。
② 副詞節なら「どちらの一方であろうと」という感覚から「**A であろうが B であろうが**」という意味になります。

本問では he will come が doubt の目的語の名詞節と考えられること、そして日本語文が「かどうか疑わしい」となっていることから、doubt の後の空欄の中には名詞節をつくる whether か if のどちらかが入ります。

よって選択肢 2 が正解です。

---

**863**「彼は来ないんじゃないかと思う。」

I (　　) he won't come.

　　1. doubt　　Ⓐ 2. suspect　　3. wonder　　4. remind

---

「おそらくそうなのでは？」と考えることが suspect です。特に悪い結果を予想する時に使います。

　ここで doubt を使ってしまうと「彼が来ないとは、私には思えない」という意味になってしまいます。

　remind は「思い出させる」という意味で、「原因 remind 人 that S + V ～」（原因が人に S が V するということを思い出させる）、あるいは「原因 remind 人 of ～」（原因が人に～を思い出させる）というふうに「思い出させる原因」が主語に来るので、本問の文意に合いません。

　wonder に関しては次の問題で解説します。

---

**864**「彼は来るかしら。」

I (　　) he will come.

　　1. doubt that　　2. wonder that　　Ⓐ 3. wonder if　　4. remind of

---

　wonder は「自分で自分に質問する」という感覚を根っこに持ちます。「彼は来るかしら。」なら、彼が来るのかどうかを自分で自分に問うているという感じです。

　質問するのですから、wonder の目的語には間
接疑問文が来るのが一般的です。選択肢 3 の if で
導かれる名詞節は、疑問詞を使わない yes/no 疑
問文を埋め込んだ間接疑問文です。

> I wonder + Will he come? → I wonder if he will come.

　選択肢 2 の that 節は間接疑問文ではないので、wonder の目的語には相応
しくありません。選択肢 1 だと「彼は来ないと思う」という意味になり、
選択肢 4 では of という前置詞の後に「主語＋動詞〜」は来ることができま
せん。

---

**865**「なんでまた彼はあんなことをしたんだろう。」

I wonder he did something like that.
　　　Ⓐ① ②　　③　　④

---

　① he を why he にします。
　wonder の後ろには間接疑問文が来ることが一般的であることと、問題文
の日本語で「何でまた」というふうに理由を問うていることから、

> I wonder + Why did he do something like that?

の組み合わせで文ができていると考えられます。

選択肢を並べ替えて適切な文をつくれ。

866 ( that, you, he, doubt, do ) will help you?

867 ( if, the new, I, policy, doubt ) will work.

868 ( suspect, is, I, that, it ) a bad idea.

869 I ( will accept, if, wonder, our, they ) proposal.

870 I ( he, say, what, wonder, will ).

**解答**

866 Do you doubt that he will help you?
（彼が君を助けないと思うのかい？）

867 I doubt if the new policy will work.
（その新政策がうまく機能するかどうかは疑問だ。）

868 I suspect that it is a bad idea.
（それはよくないアイディアではないでしょうか。）

869 I wonder if they will accept our proposal.
（彼らは私たちの提案を受け入れてくれるだろうか。）

870 I wonder what he will say.
（彼は何て言うだろうなぁ。）

**解説**

866. 直訳は「彼が君を助けるであろうことを、君は疑うのか？」

# 「句」と「節」・情報量に反比例する「使いやすさ」

関係代名詞節は名詞の様子を説明する形容詞節です。分詞の形容詞用法や、不定詞の形容詞用法も名詞の様子を説明するのですが、こちらは節ではなく、句です。

句と節にはそれぞれに長所と短所があります。

関係代名詞節といった形容詞節や because 節などの副詞節は「時間」を説明することができます。それはいつものことなのか（現在形）、過去に起きたことなのか、これから起きることなのか、など「主語＋動詞」の動詞を使って説明できます。

一方で、分詞の形容詞用法（形容詞句）や分詞構文（副詞句）の〜 ing や過去分詞では「している最中」「された状態」を表すだけで、時間を表すことはできません。不定詞の形容詞用法や副詞用法も動詞の原形ですから、時間を表すことはできません。また、節には主語があるので、「誰・何」がそれを行なっているのかを自由に話すことができます。基本的に主節の主語と一致する句の意味上の主語よりも、自由度が高いわけです。

このように節の方が情報量は多いわけですが、その分「使いにくい」ということも起きます。人間の記憶容量には限界があるからです。一度に消化できる情報には限界がある以上、長く複雑な文は会話には向いていません。

一方書き言葉はゆっくり読んだり、後で見返すこともできるので、より長く複雑な情報を持つ傾向があります。あくまで傾向ですが、関係代名詞を使う文はくだけた会話になるほど少なくなりますし、主格の who や which を使うものよりは、目的格の関係代名詞を省略した接触節の方が気軽に使われるようです。文法書では「改まった表現」と紹介されることも多い分詞構文は副詞句ですが、実は会話では気軽に使われています。文末に分詞構文をつけて「〜して、で、〜して」というふうに情報の追加用によく使われます。これも副詞節よりも少ない情報量であることがなせる技です。

節と句は同じ意味を表すこともできますが、情報量の差で使い分けが発生することがよくあるのです（『英文法鬼』 Must 76）。

# 英文法の鬼1000問

## 第12章

## 比較：2つの「同じ形」を意識する

# 871 ~ 875

最も適切な選択肢を選べ。

**871** He has (　　) I do.

1. many books as

2. books as many as

3. as many books as

4. many as books as

**872**「彼よりも、私の方が Kathy のことを愛している。」

I love Kathy more than (　　).

1. Kathy does

2. he does

3. love him

4. his does

下線部の中で不自然なものを1つ指摘せよ。

**873** In the 1960s, Japan's economy <u>was growing</u> <u>more fast</u> <u>than</u> <u>before</u>.
　　　　　　　　　　　　　　　　　　①　　　　②　　　③　　　④

**874** The population <u>of</u> India is <u>almost</u> ten times <u>as large as</u> <u>Japan</u>.
　　　　　　　　　①　　　　　②　　　　　　　③　　　　④

**875** We arrived <u>there</u> <u>earlier</u> today <u>than</u> we <u>were</u> yesterday.
　　　　　　　①　　　②　　　　　③　　　④

# 比較の基本

## ▶ 比べるもの同士は文法的に同じ形

　比較の文をつくる上で最も重要な点は、「比べる情報と比べられる情報」が文法的に同じ形になるということです。このせいで、as 〜 as 構文の2回目の as や比較級の than の後に省略や代名詞、代動詞が発生します。「同じ形」への意識が理解促進の鍵です。

---

**871** He has (　　　) I do.

（彼は私と同じくらいの数の本を持っている。）

1. many books as
2. books as many as

Ⓐ 3. as many books as

4. many as books as

---

　as 〜 as 構文では、as many as（同じくらい多くの）などのように「as ＋形容詞 ＋ as」という形を仕組みも考えずに丸暗記した結果、うまく使いこなせないままでいる学習者が見られます。

　比較を使わないシンプルな文を出発点に、順を追って比較の文へと膨らませていく癖をつければ、割と楽に比較の文をつくれるようになります。

まず元になるシンプルな文を考えます。

> He has many books.　（彼は多くの本を持っている）

↓

「様子を表す言葉」、つまり形容詞か副詞の前に「同じくらい〜」を意味する1回目の as をつけます。ここでは many の前ですね。

> He has as many books.　（彼は同じくらいの数の本を持っている）

（as 〜 as 構文での many や old などは「多いなぁ」「歳をとっているなぁ」という「評価・判断」というよりは、中立的な「数」「年齢」という感覚で使われるのが普通です。）

↓

　文末に「何と同じくらいなのか」という基準を表す「2回目の as」をつけます。「2回目の as」はあくまで「文末」につけます。反射的に as many as、つまり「as 形容詞 as」としないようにしましょう。

　例えば He is tall. なら He is as tall as … となりますが、これは tall という形容詞が文末にあるからです。He has many books. が元の文である場合、文末の books の後に2回目の as が来ます。

> He has as many books as … （彼は……と同じくらいの数の本を持っている）

↓

　2回目の as の後ろに基準の内容を置きます。比べる情報と比べられる情報は文法的に同じ形をとります。

　He has many books. と比べるのに、単に I とか me などと考えず、I have many books. という形を想定します。これを2回目の as の後ろに置きます。

> He has as many books as I have many books.

↓

　最後に、重複する部分を削除し、繰り返される動詞を**代動詞**にします。

> He has as many books as I do ~~many books~~.

　2回目の as の後ろは I だけでも間違いではないのですが、I do としてあげた方が、何と何を比べているのかがわかりやすくなる、と英語話者は考えます。

he has many books　as　as　I have

872 「彼よりも、私の方が Kathy のことを愛している。」

I love Kathy more than (　　　).
　　1. Kathy does　　Ⓐ 2. he does　　3. love him　　4. his does

　本問題では日本語文から 「私が Kathy をたくさん愛している」（I love Kathy much.）を「彼が Kathy をたくさん愛している」（He loves Kathy much.）と比べていることがわかります ※。順を追って組み立てていくと、下記のようになります。

　元の文を作って、 I love Kathy <u>much</u>.

much

I love

he loves

than

　　　　　　　　　↓
　much を比較級にして、I love Kathy <u>more</u>.
　　　　　　　　　↓
　文末に基準を表す than をつけて、 I love Kathy more <u>than</u> …
　　　　　　　　　↓
　基準になる内容を置いて、I love Kathy more than <u>he loves Kathy much</u>.
　　　　　　　　　↓
　重複部分を削除し、loves を代動詞として、
　　　I love Kathy more than he <u>does</u> ~~Kathy much~~.

873 In the 1960s, Japan's economy was growing more fast than before.
　　　　　　　　　　　　　　　　　　　①　　Ⓐ②　　③　　④

　（1960 年代、日本の経済は以前よりも急速に成長しつつあった。）

② more fast を faster にします。

　fast の比較級は faster です。このように、比較級の活用の中でうっかり忘れてしまったり間違ったまま覚えてしまっているものがあり、学習者のそうしたミスが目立つ結果、問題でもよく問われます。

---

※普通、肯定文では much は単体ではなく、very much や so much、as much などほかの副詞と組み合わせて使いますが、ここでは説明の便宜上、単体で much を使っています。

**874** The population of India is almost ten times as large as Japan.
① ② ③ Ⓐ④

（インドの人口は日本の人口のおよそ 10 倍です。）

④ Japan を the population of Japan、あるいは that of Japan にします。

比べる情報同士の形は文法的に同じにしないといけません。この場合、日本語とは違い、英語ではより厳密になります。the population of India と比較しているのは Japan ではなく、the population of Japan です。比較する名詞が重複する場合、それを指す代名詞は一般的に that が使われます。したがって、the population は that で指されるのが普通です。

インドの人口　日本

インドの人口　日本の人口

**875** We arrived there earlier today than we were yesterday.
① ② ③ Ⓐ④

（私たちはそこに、昨日到着した時よりも早く到着した。）

④ were を did にします。

ここで比較しているのは「今日到着した時刻」と「昨日到着した時刻」、つまり We arrived there early today. と We arrived there early yesterday. で、両者のうち、今日到着した時刻の方が早いと言っているわけです。したがって、

We arrived there earlier today than we arrived ~~there early~~ yesterday.
　　　　　　　　　　　　　　　　　did

上記のように、than の後ろにある動詞は一般動詞の arrived で、それを代動詞で受けるなら、were ではなく did にならないといけません。ここでも、比べる情報同士は文法的に同じ形にするということが問われています。

# Q 876 ~ 880

選択肢を並べ替えて適切な文をつくれ。

**876** There are ( many, my hospital, patients, in, in, as, as ) your hospital.

**877** In general, ( than, in, in, warmer, it's, May ) April.

**878** ( healthier, looks, she, before, than).

**879** My father receives ( than, a higher, I do, salary ).

**880** I have to ( earlier tomorrow, up, than, did, get, morning, I ) this morning.

---

**解答**

**876** There are as many patients in my hospital as in your hospital.
（私の病院にはあなたの病院と同じくらい患者がいる。）

**877** In general, it's warmer in May than in April.
（一般的に、4月よりも5月の方が暖かい。）

**878** She looks healthier than before.
（彼女は以前より健康そうに見える。）

**879** My father receives a higher salary than I do.
（私の父は私よりも多くの給料をもらっている。）

**880** I have to get up earlier tomorrow morning than I did this morning.
（私は明日の朝は今朝よりも早く起きないといけない。）

---

**解説**

876. There are many patients in my hospital. と There are many patients in your hospital. を比べている。There are as many patients in my hospital as ~~there are many patients~~ in your hospital.

877. It's warm in May. と It's warm in April. を比べている。In general, it's warmer in May than ~~it's warm~~ in April.

878. healthier を more healthy としてしまう学習者が散見されるので注意。

879. I do の do は receive の代動詞。

880. I did this morning の did は got up を表す代動詞。

# 881 ~ 890

最も適切な選択肢を選べ。

881 He has ( ) I do.

    1. as twice as many books

    2. twice as many books as

    3. twice many books as

    4. half many books as

882 This house is ( ) as that one.

    1. two thirds as large

    2. two third as large

    3. two thirds larger

    4. as two third large

883 Jane is ( ) than I.

    1. older two years

    2. two older years

    3. two years old

    4. two years older

下線部の中で不自然なものを1つ指摘せよ。

884 His house is double the as size of my house.
        ①   ②     ③    ④

885 How much times the volume of water does the tank hold?
      ①        ②     ③   ④

# いろいろな倍数表現と
# その語順

## ▶ 数式と同じ語順

---

**881** He has (　　　) I do.

（彼は私の倍の数の本を持っている。）

1. as twice as many books　　　Ⓐ 2. twice as many books as

3. twice many books as　　　　4. half many books as

---

倍数表現とよばれるものです。

『英文法の鬼100則』 Must 91 に書いた通り、文字式などに代表される一部の数式は英語の語順と同じであり、特に掛け算に関しては、a × b = ab となるように、「横並びにする」ことで表されます。例えば「30分」を表す half an hour は「1/2 × 1時間」の並び方でできています。

これと同じように「2 × [同じくらい多くの数の本]」は twice × [as many books] という語順で表されます。as ～ as の構文の、1つ目の as の直前に倍数をつけます。

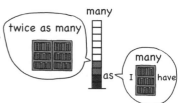

---

**882** This house is (　　　) as that one.

（この家はあの家の3分の2の大きさだ。）

Ⓐ 1. two thirds as large　　　2. two third as large

3. two thirds larger　　　　　4. as two third large

---

　分数の「3分の2」を 2/3 と記すことがあるように、数式では「分子が先、分母が後」の並び方です。英語では分子を基数（one, two, three, four など）の形にして先に言い、分母を序数（first, second, third など）の形にして後で言います。分子が1の場合は one の代わりに a が使われるのが普通です（a third = 1/3、a fifth = 1/5 など）。1/2 と 1/4 は特殊でそれぞれ a half、a quarter と呼びます。

　分数の表現で注意すべきなのは、分子の数が2以上（例えば 2/3 とか、3/4 など）の場合、分母を複数形にするということです。本問のように 2/3 の場合、two thirds というふうに分母の third が複数形になります。

　空欄の後ろに as があるので、比較級の選択肢 3 は使えません。

$$\frac{2}{3} = \tfrac{2}{3} = \text{two thirds}$$

---

**883** Jane is (　　　) than I.

（Jane は私より2歳年上だ。）

1. older two years　　　　　　2. two older years

3. two years old　　　　Ⓐ 4. two years older

---

　これは倍数表現ではありませんが、比較級において差を表す表現の一種です。

　倍数表現と同じように、比較級の形容詞や副詞の直前に具体的な差の量を表す表現（ここでは two years）をつけます。Jane is older than I by two years. とも言えますが、こちらのほうは少し堅い印象を与えます。

**884** His house is <u>double the as size of</u> my house.
　　　　　　　　① 　　② 　　Ⓐ-③ 　　　　④

（彼の家は私の家の倍の大きさだ。）

③ as を削除し、the as size を the size にします。

**double the size of** ～で「～の倍のサイズ・規模」です。

double が「2×」の意味を出しています。double the size なら「2 × the size」です。the size の the は「他のサイズではなくて、私の家のサイズの話だよ」という限定を表しています。

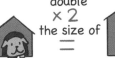

double
× 2
the size of
＝

本文では名詞 size の直前の as を削除するのが正解ですが、それはなぜかというと as ～ as 構文の1回目の as は副詞だからです。as ～ as 構文では as tall（同じくらい背が高い）とか as early（同じくらい早く）のように、副詞の働きをする1回目の as が形容詞や副詞の程度（同じくらい～）を表しています。副詞は動詞の様子や形容詞・副詞の程度を説明する言葉で、わずかな例外を除いて名詞を修飾したりはしませんから、<u>この1回目の as は名詞の前にはつきません</u>。ですから size や number などの前につけるのは不自然なのです。仮に無理矢理つけたら the as size は「同じくらいのサイズ」ではなく「同じくらいにサイズ」という変な感じになります。

ちなみにこの double は、動詞として使われる場合もあるので混同しないようにしましょう。

**例文** The company has doubled the size of its facility.
「その会社は設備の規模を倍にしている。」
→ has doubled が動詞、the size of its facility が目的語。

倍数表現の場合の double は、「S + be 動詞 + double the size of ～」（S は ～の倍のサイズだ）というように be 動詞の後に使われるパターンがよく見られます。

**885** How <u>much</u> times <u>the volume</u> of <u>water</u> does <u>the tank</u> hold?
　Ⓐ①　　　　　　　②　　　③　　　④

（そのタンクは何倍多くの量の水を保持することができるのですか。）

① much を many にします。

time には「期間」の意味（不可算名詞）と「回数」の意味（可算名詞）がありますが、times は「回数」および「倍数」を表す言葉で、複数形になっていることでわかる通り、可算名詞です。much は量の多さを、many は数の多さを表す言葉なので、times と一緒に使うのは many となり、how many times で「何倍」という疑問を表します。

文内に water があるので深く考えずに how much だと考える学習者が散見されます。注意しましょう。

また疑問文で、語順がややこしいので解説します。肯定文にすると、こんな感じです。

The tank holds <u>three times the volume of water</u>.
　　　＝ 3 × the volume of water ＝「3倍の水量」

「そのタンクは3倍多くの水の量を保持することができます。」

疑問文にすると、

Does the tank hold <u>three times the volume of water</u>?

上記の下線部の three times the volume of water が how many times the volume of water となり、疑問詞は「一番尋ねたいこと」なので「**言いたいことから先に言う**」という英語の語順原則により、かたまりごと文頭に出ます。

<u>How many times the volume of water</u> does the tank hold?

## 886 ~ 890

選択肢を並べ替えて適切な文をつくれ。

**886** ( as, as, much, twice, she, makes, money, I ) do.

**887** He ( a, as, as, money, third, much, makes ) you do.

**888** This building ( 10, is, than, taller, meters ) that one.

**889** The bear I ( the, was, size, double, saw ) of the man.

**890** How ( the room, many, larger, is, times )?

### 解答

**886** She makes twice as much money as I do.
（彼女は私の2倍お金を稼ぐ。）

**887** He makes a third as much money as you do.
（彼の稼ぎはあなたの3分の1だ。）

**888** This building is 10 meters taller than that one.
（このビルはあのビルより 10 メートル高い。）

**889** The bear I saw was double the size of the man.
（私が見たクマはその男の2倍の大きさだった。）

**890** How many times larger is the room?
（その部屋は何倍大きいのですか。）

### 解説

886. She makes much money. をスタートにして考えると良い。

890. 通常の疑問文の語順なら、例えば Is the room three times larger?（その部屋は3倍大きいのですか？）。この three times larger が how many times larger となり文頭に出ている。

## 891 ～ 895

最も適切な選択肢を選べ。

891 He is not so much clever (　　　) intelligent.

    1. with

    2. as

    3. in

    4. to

892 「彼は相変わらず多忙だよ。」　　He is as busy as (　　　).

    1. ever

    2. even

    3. every

    4. each

893 Are they attending the meeting, too?

    = Are they attending the meeting (　　　)?

    1. as much

    2. as always

    3. as such

    4. as well

下線部の中で不自然なものを1つ指摘せよ。

894 「彼は、さよならすら言わずに立ち去った。」

    He left without so many as saying goodbye.

      ①　　　　　　②　　　③　　④

895 「これは、私が取り組むどの問題にも負けず劣らず重要なのだ。」

    This is as important as some issues I work on.

      ①　　②　　　　③　　　　④

# as 〜 as構文を使った表現 その1

▶「同じ」から出るさまざまな意味

---

**891** He is not so much clever (　　　) intelligent.

（彼は知恵が回るというよりは、知性豊かな人だ。）

1. with　　　Ⓐ **2. as**　　　3. in　　　4. to

---

**not so much Ａ as Ｂ** で「ＡというよりはＢである」です。

このベースになるのが not so 〜 as 構文で、not as 〜 as と同じ意味を出します（『英熟語鬼』 Must 86）。not as 〜 as 構文に比べると、若干フォーマルな響きがあります。

**例文** The bed is <u>not as comfortable</u> as my own.

　　　　同じくらい快適というわけではない

= The bed is <u>not so comfortable</u> as my own.

　　　　そんなに快適というわけではない

「そのベッドは私自身のものと比べると、それほど快適なわけではない。」

not so 〜 as 構文は否定文で使う構文で、so は日本語の「そ（う）」と似た意味を持ち、「そう、それくらい、そういうわけで、そんなに」という意味を出します。

not so much Ａ as Ｂ は、not so 〜 as 構文の応用構文です。

主なパターンは3つで、ＡおよびＢが①どちらも名詞の場合、②形容詞の場合、③Ｂが節（S + V 〜）になる場合です。比較の原則である「比べるもの同

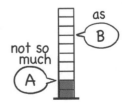

士は文法的に同じ形になる」という性質に注目しながら見てください。（「A ＜ B」は「A が B より程度が少ない」ことを表します）

① He is a lawyer. < He is a private detective.

→ He is not so much a lawyer as ~~he is~~ a private detective.

　直訳「（彼が）私立探偵であることと比べると、彼はそう多くは弁護士ではない。」
　　→「彼は弁護士というよりは私立探偵だ。」

② He is clever. < He is intelligent.

→ He is not so much clever as ~~he is~~ intelligent.

　直訳；「（彼が）知性豊かだということと比べると、
　　　　彼はそう多くは知恵が回らない。」
　　→「彼は知恵が回るというよりは、知性豊かな人だ。」

③ It is wrong. < It is incomplete.

→ It is not so much wrong as it is incomplete.

　　直訳；「それが不完全だということと比べると、それはそう多くは間違いではない。」
　　　→「それは間違いというよりは不完全なのだ。」

　　（このように as の後ろの it is が省略されない場合もあります。）

---

**892**「彼は相変わらず多忙だよ。」

He is as busy as (　　　).

Ⓐ 1. ever　　　　　2. even　　　　　3. every　　　　　4. each

---

**as ～ as ever** で「相変わらず～だ」です。

ever は「どの時の一点をとってみても」が根っこの意味で、He is as busy as ever. なら直訳は、「どの時の一点（の彼）と比べてみても、彼は同じくらい忙しい」ですから、「どの時とも同じくらい忙しい＝相変わらず忙しい」です。

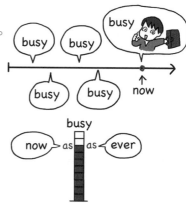

**893** Are they attending the meeting, too?

= Are they attending the meeting (　　　)?

（彼らもまた会議に出ているのですか？）

1. as much　　　2. as always　　　3. as such　　　Ⓐ 4. as well

as well で「～もまた」「さらに」です。

well の根っこの意味は「基準を満たしている」で、「上手く、上手に」という意味が出ます。as well なら「同じくらい、基準を満たしている」です。そこから「同じレベルで」という意味になり、「同じようなものがついて来る・追加される」→「同様に」となります。（『英熟語鬼』 Must 87）

**894**「彼はさよならすら言わずに立ち去った。」

He left without so many as saying goodbye.

　①　　　　Ⓐ②　③　④

② so many を so much にします。

**「否定語＋ so much as ～」で「～すらなしに・～すらしないで」です。**

我々には常識的な行動、つまり「普通これくらいのことはするよね・できるよね」というものがあります。その「常識的なことをしなかった」ことへの驚きを表す表現です。

without so much で「それくらいの量なしに」、as ～で「～を基準として」です。as の後ろには「やって当たり前の常識」の内容が来ます。本問での「常識の内容」は「出て行く時にはさよならを言う」です。

He left  <u>without</u>  so much  <u>as</u> saying goodbye.

彼は立ち去った　　　それくらいの量　　さよならを言う（常識）
　　　　何なしに立ち去った？　何と同じくらいの量？

　without so much の場合、後ろに来るのは名詞か動名詞です。

　so much as という修飾語を指で隠せばわかる通り、前置詞 without の後ろには名詞か動名詞が来るからです。本問なら本来の形が without saying goodbye で、そこに強調の意味で so much as が加わった表現なのだと考えましょう。

　ほかには can't so much as 動詞原形というパターンもあります（復習問題参照）。so much as を指で隠せばわかる通り、can't という助動詞の後なので動詞の原形が来ます。

---

**895** 「これは、私が取り組むどの問題にも負けず劣らず重要なのだ。」
This is as <u>important</u> as <u>some issues</u> I work on.
　　　　①　　②　　　　③　　Ⓐ④

④ some issues を any issue にします。

「**as ～ as any ＋単数形名詞**」で「<u>どの（単数形名詞）にも負けず劣らず</u><u>～だ</u>」です。

　any ＋単数形名詞は「どの1つの～をとって見ても」ということなので（『英文法鬼』 Must 66）、as important as any issue なら「どの1つの問題と比べても同じくらい重要」という直訳になります。「どの1つと比べても同じくらい重要」ということは、「どの1つと比べても、重要度で（たとえ勝ってはいないにしても）、決して劣ってはいない」ということになります。（『英熟語鬼』 Must 87）

# Q 896 ~ 900

選択肢を並べ替えて適切な文をつくれ。

896 He ( so, a comedian, an, much, not, as, is ) actor.

897 ( is, as, as, she, ever, beautiful ).

898 George ( is, and smart, as, nice-looking ) well.

899 He was so sick ( say, so, that, couldn't, much, he, as ) a word.

900 He ( as, as, other, is, good, any ) boxer.

**解答**

896 He is not so much a comedian as an actor.
（彼はコメディアンというよりは、俳優だ。）

897 She is as beautiful as ever.
（彼女は相変わらず美しい。）

898 George is nice-looking and smart as well.
（George はイケメンな上に、頭も切れる。）

899 He was so sick that he couldn't so much as say a word.
（彼は体調がとても悪くて、たった一言しゃべることすらできなかった。）

900 He is as good as any other boxer.
（彼は他のどのボクサーにも負けず劣らず良い。）

**解説**

899. couldn't so much as の後ろには動詞原形が来ることに注意。

# 901 ~ 905

最も適切な選択肢を選べ。

**901**「ダメ元で、彼にそのことを尋ねてみるのもアリかも。」

We (　　) ask him about it.

1. must as well

2. will as well

3. should as well

4. might as well

**902**「好きなだけここにいればいい。」

You can stay here (　　) you like.

1. as far as

2. as long as

3. as tall as

4. as deep as

**903** He is the best chef in this town, (　　) I know.

1. as far as

2. as long as

3. as sure as

4. as good as

下線部の中で不自然なものを1つ指摘せよ。

**904**「その計画が失敗するとまで言うつもりはない。」

I won't go as far to say the project will fail.
　　①　②　　③　　　　　④

**905** The world is not as a wonderful place as it was.
　　　①　　②　　③　　　　④

# as ～ as構文を使った表現 その２

▶「やらないよりはまし」という意味の「した方がよい」

901 「ダメ元で、彼にそのことを尋ねてみるのもアリかも。」

We (　　) ask him about it.

　1. must as well　　2. will as well　　3. should as well　Ⓐ 4. might as well

「**might as well ＋動詞原形**」で「<u>～した方がまし</u>」です。

「やらないよりは、やった方がまだまし」という、<u>ひどく消極的な意味</u>で使われていることに注意してください。

　この熟語は as ～ as 構文を利用したものであり、文末に as not が省略されています。つまり、本来は We might as well ask him about it <u>as not</u>. となっているわけです。日本語でも例えば「帰らなきゃ」と言う場合には「帰らなきゃ<s>いけない</s>」という省略が隠れているわけですが、この表現もそうです。

　この文の直訳は「しないことを基準にすれば（as not）、同じくらいのレベルで

尋ねる意味
ask / not ask
as / as
まぁ一応
聞いてみるか

（as well）彼にそれを尋ねるかもしれない」となり、要するに「彼にそれを尋ねても尋ねなくても同じレベルだ」という感覚があることがわかります
（as well に関しては前項参照）。

　そこから「やってもやらなくても変わらないけれど、まあやった方が良いかもね」という感覚で使われる表現です。

**902**「好きなだけここにいればいい。」

You can stay here (　　　) you like.

   1. as far as　　Ⓐ<u>2. as long as</u>　　3. as tall as　　　4. as deep as

as ～ as の慣用表現で混同しやすいものに as long as と as far as があります。どちらもよく「～の限り」と訳されるのが混同の原因です。結論から言うと、両者の違いの鍵は、<u>long が「時間の長さ」</u>、<u>far が「距離の長さ」</u>を表すということです。本問の as long as you like は「あなたが好むのと同じ長さの時間」というのが直訳で、「滞在の時間」の話をしている本問にとって適切なわけです。

もともと時間表現であったこの **as long as** は、そこから発展して、時間に関係ない、<u>純粋な「条件」</u>の意味でも使われるようになっています。

**例文** Any book will do, <u>as long as it is written in English</u>.

   「英語で書かれているならどんな本でも良いです。」

**903** He is the best chef in this town, (　　　) I know.

   （彼は私が知る限りこの街で一番のシェフだ。）

   Ⓐ<u>1. as far as</u>　　2. as long as　　　3. as sure as　　　4. as good as

as far as は「距離の長さ・遠さ」を表すわけですが、ここでは「知識の範囲」という意味で使っています。

「知識」という抽象的な概念を、英語話者が平原のように広がる空間に例えて理解していることがわかります。知っている限り「遠くまで」自分の知識を検索した結果、彼が街一番のシェフだ、と判断していることを表しています。

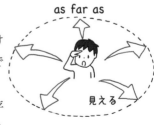

as far as

見える

**904**「その計画が失敗するとまで言うつもりはない。」

I won't go as far to say the project will fail.
　①　②　Ⓐ③　　　　　　　④

③ to を as to にします。

「**go as far as to 動詞原形〜**」で、「〜さえする」「〜するところまで行ってしまう」という「行為のエスカレート」を表します。

go as far

そんなことするとこまで行っちゃうの？

直訳は「〜することを基準とすると（as to 動詞原形）、それと同じくらい遠くへ行ってしまう（go as far）」ということです。far が「エスカレート」を表す表現には他に You have gone too far.（あなた、やり過ぎだよ。）があります。

**905** The world is not as a wonderful place as it was.
　　①　　②　　Ⓐ③　　　　　④

（世界は昔ほど素晴らしい場所ではなくなっている。）

③ a wonderful を wonderful a とします。

「**a 形容詞＋名詞**」のかたまりが as、too、so などの副詞の後につく時、語順が「**形容詞 a 名詞**」になります（『英熟語鬼』 Must 89）。

as、too、so は副詞です。

副詞の主な役割は動詞の様子を説明することですが、もう１つの役割は、形容詞や副詞の程度を説明することです。例えば This desk is very old. の副詞 very は形容詞 old が「どれくらい古いのか」、つまり形容詞 old の程度を説明しています。as、too、so はこの very と同じような働きをする言葉です。

一方で、副詞は名詞の修飾（＝様子の説明）はしません。

本問の a wonderful place は名詞 place を核とする名詞句ですが、このかたまりに副詞 as はつくことができない、つまり ✕ as a wonderful place とはできないのです。

そこで、「同じくらい」を意味する副詞 as に形容詞 wonderful の程度を説明（＝「同じくらい素晴らしい」）させるために、a wonderful place から wonderful だけを「引っこ抜いて」、as の直後に従えます。

as wonderful a　　　　place

これは so や too といった副詞でもよく起きます。

so ＋ a large number of people
→ so large a number of people　　　「とても多くの数の人々」

too ＋ a big problem
→ too big a problem　　　「あまりにも大き過ぎる問題」

選択肢を並べ替えて適切な文をつくれ。

906 He won't come. ( as, go, well, home, might, you ).

907 You can play ( you, as, video games, long, study, as ) hard.

908 The forest stretched ( eye, as, the, far, could, see, as ).

909 My father ( that, far, to, went, as, say, as ) I would fail.

910 Bob ( as, person, not, a, nice, is ) as he used to be.

**解答**

906 He won't come. You might as well go home.
（彼は来ないよ。君も家に帰った方がいいんじゃないか。）

907 You can play video games as long as you study hard.
（一生懸命勉強するならゲームをやってもいいわよ。）

908 The forest stretched as far as the eye could see.
（見渡す限り森が広がっていた。）

909 My father went as far as to say that I would fail.
（父は私が失敗するだろうとさえ言った。）

910 Bob is not as nice a person as he used to be.
（Bob は昔ほど良い人ではない。）

**解説**

907. as long as が「期間」から純粋に「条件」の意味に派生した例。

908. as far as the eye can see「見渡す限り」。過去形なら could を使う。

910. a nice person の nice が as と直接くっついて a の前に出ている。

## Q 911〜915

最も適切な選択肢を選べ。

**911**「携帯電話を所有する人の数は、早くも 1995 年には 1 万人に達した。」

The number of people owning cellphones reached 10,000 (　　　) 1995.

 1. as early as

 2. so early that

 3. which is early in

 4. earlier than

**912**「彼は私よりもずいぶん背が高い。」

He is (　　　) taller than I am.

 1. very

 2. the very

 3. many

 4. much

**913**「彼女は Kate よりも、はるかに頭が良い。」

She is (　　　) than Kate.

 1. very smarter

 2. much smart

 3. far smarter

 4. too smart

下線部の中で不自然なものを 1 つ指摘せよ。

**914** I <u>have</u> <u>much</u> more books <u>than</u> he <u>does</u>.
   ①  ②    ③   ④

**915** That's <u>the</u> <u>funniest</u> joke I've <u>already</u> <u>heard</u>.
    ①  ②   ③   ④

Must

# 92

 英文法
の
鬼100則

 英熟語
の
鬼100則 87
90
100

# 比較の強調その1

▶ 比較級の強調に very ではなく much や far が使われるのはなぜ？

> **911** 「携帯電話を所有する人の数は、早くも 1995 年には 1 万人に達した。」
> The number of people owning cellphones reached 10,000 (　　　) 1995.
> Ⓐ 1. as early as　2. so early that　　3. which is early in　4. earlier than

「**as ～ as ＋数字**」で「～」の部分を強調する表現です。本問のように「as early as 時間」なら early を強調して「早くも（時間）には」という意味になります。

「同じ」を意味する as ～ as 構文がなぜ強調に使われるかといえば、「富士山と同じくらい標高が高い」「チーターと同じくらい足が速い」「ダイヤモンドと同じくらい高価」というように、「基準」にすごいものを持って来ることで「それと同じくらいすごい」と言えるからです。

本問では「なんと 1995 年と同じくらい早い時期なんだよ。その頃でもうこんなだよ。」と強調しています。as early as ~~in~~ 1995 のように時間を表す前置詞を使わないことがポイントです。

**912** 「彼は私よりもずいぶん背が高い。」

He is (　　　) taller than I am.

　　1. very　　　　　2. the very　　　　　3. many　　　Ⓐ 4. much

　比較級の形容詞や副詞を強調する時には very は使わず、much や far など を使います。

　そもそも**比較**とは両者の差を見比べるということです。したがって、比較 の強調をするということは、比べてみた両者の間の「差の量や距離」がすご くあるということを意味します。そこで量の多さを意味する much や距離の 多さを意味する far が強調に使われます。

　一方 very の語源は「真実」を意味するラテン語の verus です。ここから verify（証明する）、裁判での verdict（評決＝これが「真実だ」と決めること）など が派生しています。very も本来は「とても」というよりは「まさに」とい う感覚の言葉で、例えば the very best なら「まさにベスト」ということで すし、very tall なら「とても背が高い」と訳せますがその感覚は「まさに・ 本当に背が高い」という感じです。このように「真実」を根っことする very ですので much や far のように「比較した両者の差の大きさ」を強調す るのには向いていないのです。

913 「彼女は Kate よりも、はるかに頭が良い。」
　　She is (　　　) than Kate.
　　　1. very smarter　　2. much smart　　Ⓐ 3. far smarter　　4. too smart

　　than があるので比較級の選択肢の 1 か 3 が残ります。比較級の強調には very は使わないので 3 が正解です。

　　比較級の強調には far もよく使われます。「比べた両者の差」を量として捉えるなら much、距離として捉えるなら far です。本問のような場合は、どちらを使ってもかまいません。

差の量がmuch

身長の差は1個、2個とは数えられない。水と同じく「単位」でしか数えられないので「不可算」の世界。

far

自分よりもはるか先を行っているなあという感覚。

914 I have much more books than he does.
　　① Ⓐ②　　　　　　③　　　④

（私は彼よりもずっと多くの本を持っています。）

　② much を many にします。

　912 の much taller のように「背の高さ」や「体重」などは、不可算名詞です。日本語でも「身長が 163 センチ」とは言えても「163 個」とは言えません。「体重が 60 キロ」とは言えても「60 個」とは言えません。長さや重さなど、「単位でしか表せないもの」は数で

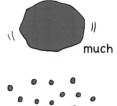

much

many

はなく量の世界で、不可算名詞です。したがってその差の「多さ」は「数が多い」many ではなく「量が多い」much で強調されます。

　一方で本問のように「持っている本の数の差」を比べる場合、その差は「〜個・〜冊」と数えられる名詞の世界です。したがってその差の「数」の多さを強調する時は much ではなく many で強調します。

**915** That's the funniest joke I've already heard.
　　　　① 　　②　　　　　　　③　Ⓐ④

　　（そいつは私がこれまで聞いた中で一番面白いジョークだ。）

　④ already を ever にします。

　最上級を強調する時の定番表現です。「**最上級＋現在完了＋ever 〜**」で「今まで〜した中で一番〜だ」です。

　the funniest joke と I've の間には関係代名詞 that があるのですが、省略するのが普通です。ever は「どの時の一点をとってみても」が根っこの意味で、現在完了と一緒に使うことで「生まれてから今現在の時点にいたるまでの、どの時の一点で聞いたジョークと比べても、それが一番面白い」ということです。

　さらにシンプルな型として、最上級の後に ever だけをつけ、That's the funniest joke ever. とするやり方もよく使われます。

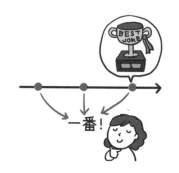

# 916 ~ 920

選択肢を並べ替えて適切な文をつくれ。

**916** ( as, as, 20,000 dollars, makes, much, he ) a month.

**917** (much, than, is, my, bigger, dog ) this one.

**918** There are a ( far, children, number, greater, of ) living in this town than 10 years ago.

**919** I ( many, questions, than, have, more ) answers after hearing what he said.

**920** ( the best, ever, this, I've, movie, is ) seen.

---

**解答**

**916** He makes as much as 20,000 dollars a month.
（彼は月に2万ドルも稼ぐ。）

**917** My dog is much bigger than this one.
（私の犬はこの犬よりもずっと大きい。）

**918** There are a far greater number of children living in this town than 10 years ago.
（10年前よりも、はるかに多くの数の子どもたちがこの街に住んでいる。）

**919** I have many more questions than answers after hearing what he said.
（彼の言ったことを聞いて以降、答えよりもずっと多くの疑問が私の中にある。）

**920** This is the best movie I've ever seen.
（これは私が見た中で最高の映画だ。）

---

**解説**

918. a great number of Ａ で「非常に多くの数の A」

919. many more questions than answers は一種の慣用表現で、「説明に納得していない」時に使う表現。

# 921 ~ 925

最も適切な選択肢を選べ。

**921**「私たちは彼らよりもはるかによく状況を理解している。」

We have a (　　　) better understanding of what's going on than they do.

1. very

2. ways

3. always

4. way

**922**「政府に支援されたスパイ活動のせいで、脅威は一層高まっている。」

The threat is (　　　) higher with government sponsored espionage.

1. event

2. every

3. even

4. else

**923** Technology is making our world (　　　).

1. smaller and smaller

2. smaller and smallest

3. small and smaller

4. smallest and smallest

下線部の中で不自然なものを1つ指摘せよ。

**924** Education is very the best investment we can make.
　　　　　　　　①　　②　　　　③　　　　④

**925** This product is the by far most popular.
　　　　①　②　③　　④

Must
93

英文法
の
鬼100則

英熟語
の
鬼100則
90
91
100

# 比較の強調その2

## ▶最上級に使われる比較の強調

**921**「私たちは彼らよりもはるかによく状況を理解している。」

We have a (　　) better understanding of what's going on than they do.

1. very　　　　2. ways　　　　3. always　　　Ⓐ 4. way

「**way＋比較級**」で「はるかに～」という強調を表します。口語表現によく使われます。

　ここでの way は「やり方」を意味する way とは別物で、away（離れている）の a が脱落して使われるようになったものです。そのため「（比較する両者が）離れている」＝「差がずいぶんある」という意味を出し、比較級を強調する far と同じ感覚を持ちます（『英熟語鬼』 Must 90）。

　ですから far と同様、日本語に訳すと「はるかに」という感覚を持ちます。

**922**「政府に支援されたスパイ活動のせいで、脅威は一層高まっている。」

The threat is (　　) higher with government sponsored espionage.

 1. event   2. every   Ⓐ3. even   4. else

「**even ＋比較級**」で「より一層（比較級）」という強調を表します。

even は「平ら」が語源で「差がない」ことを表し、日本語にも「even な関係（＝対等な関係）」などという言い方で輸入されています。

even には「～さえ」という意味があることは学習者の間でもお馴染みですが、これは「違うレベルにいると思っていたのに、実は自分と差がなかった（例：あいつでさえ、できている）。同じ舞台に立っていることに驚きを感じる。」という感覚が元になっていると考えられます。

「**even ＋比較級**」にも「驚き」の感覚があり、「そこからさらに一歩（比較級）程度が高くなる」という感覚で使われます。

**923** Technology is making our world (　　).

（科学技術は世界をますます小さくしている。）

 Ⓐ1. smaller and smaller   2. smaller and smallest

 3. small and smaller   4. smallest and smallest

「**比較級 and 比較級**」で「ますます～」です。

and の根っこの意味は「足し算」ですから、2回重ねることで文字通り比較級を強調していることになります。

ちなみに and や or、but などは「**等位接続詞**」と呼ばれ、左右に文法的に同じ形を結ぶのが原則です。その観点から見ても、選択肢2や3のように左右が異なる形を and が結ぶことはありません。

**924** Education is very the best investment we can make.
① ④-② ③ ④

（教育は我々にできる、まさに最高の投資だ。）

② very the best を the very best にします。

「**the very 最上級**」で「まさに一番〜な」です。前項で説明した通り、very は「まさに」という感覚を根っこに持っています。

最上級の強調には very の他に、by far や much が使われますが、この2つは1位と2位の間の「距離の差が大きい」「量の差が大きい」という感覚です。一方 very は「まさにこれこそが1番。他にはない！」という感覚が出ています。

学習者にとって間違いやすいのは語順で（だからテストにもよく出ます）、by far と much は the 最上級の前に置いて「by far the 最上級」「much the 最上級」となりますが、very は the の後に置いて「the very 最上級」とします。

**925** This product is the by far most popular.
　　　　① 　② Ⓐ③ 　　④

（この製品はぶっちぎりの一番人気です。）

③ the by far を by far the とします。

by far は比較級にも最上級にも使われる強調表現です。

比較級の時は、比較級の後ろに置かれ、This product is better by far.（この製品の方がはるかに良い。）となります。ただの far の場合は比較級の前につけ、This product is far better. とするのが普通です。

そして最上級に使う場合は「**by far the ＋最上級**」とすることが一般的です。ただし、最上級の後につけて、This product is the most popular by far. としても間違いではありません。

# Q 926～930

選択肢を並べ替えて適切な文をつくれ。

**926** The ( way, than, you, situation, worse, is ) think.

**927** This ( an, impact, greater, will, even, on, have ) the upcoming election.

**928** Social media is ( a bigger, part, playing, and, in, bigger ) our lives.

**929** NRC's Steve Perez ( the, for, has, latest, very ) us. Steve, good morning.

**930** Television news ( the, influential, is still, by, most, far ) news medium.

---

**解答**

**926** The situation is way worse than you think.
（状況はあなたが思っているよりはるかに悪い。）

**927** This will have an even greater impact on the upcoming election.
（これは次の選挙にさらに大きな影響を与えることになるだろう。）

**928** Social media is playing a bigger and bigger part in our lives.
（SNS は我々の生活の中でますます大きな役割を占めている。）

**929** NRC's Steve Perez has the very latest for us. Steve, good morning.
（NRC の Steve Perez から最新の情報を伝えてもらいましょう。おはようございます、Steve。）

**930** Television news is still by far the most influential news medium.
（テレビのニュースは未だずば抜けて最も影響力のあるニュース媒体だ。）

**解説**

927.「have a 形容詞 impact on Ａ」で「Aに～な影響を与える」。日本語で「与える」と訳すが英語では have を使うことに注意。また、「影響」は上からのしかかる圧力のイメージを持つので前置詞は on を使う。

928.「play a 形容詞 part in ～」で「～で（形容詞）な役割を演じる」。

929. ニュースの司会者が現場の記者と中継を繋ぐ時の定番のセリフ。直訳は「我々のためにまさに最新（の情報）を持っている」

 **931 ~ 935**

最も適切な選択肢を選べ。

**931** Kate is (　　　).

    1. the oldest than him

    2. the older than the two

    3. the oldest of the two

    4. the older of the two

**932** 「時に私は感情に飲み込まれてしまう。」

    Sometimes my emotions get (　　　) me.

    1. the good to

    2. the better than

    3. the better of

    4. the best by

**933** The more I talked with him, (　　　) in him.

    1. the more interested I became

    2. the more I became interested

    3. I became more the interested

    4. I the more became interested

下線部の中で不自然なものを1つ指摘せよ。

**934** Focus <u>on what</u> you <u>can</u> do to make <u>a change</u> for <u>a better</u>.
          ①        ②            ③      ④

**935** 「それまで家族を持たずに生きてきた分、なおのこと彼女は家族を大切にした。」

    She valued family <u>none</u> the <u>more</u> for having lived <u>without</u> it.
                            ①        ②        ③           ④

# the＋比較級

▶比較級に the がつくと何が起きる？

---

931 Kate is (　　　).

(Kate は２人のうちの、年上の方です。)

1. the oldest than him　　　　2. the older than the two

3. the oldest of the two　　　Ⓐ▶4. the older of the two

---

「**the ＋比較級 of the two**」で「２つのうちのより～な方」です。ここでは２つのポイントにフォーカスして説明します。

●──① なぜ比較級に the がつくことがあるのか

そもそも、なぜ最上級に the がつくのでしょうか。

例えば He is the tallest of the three.（彼は３人のうちで一番背が高い。）なら、「他の人じゃなく、彼が１番背が高いんだよ」と指定して取り出す意味で tallest の前に the がつきます。

「the ＋比較級」も同じで、「２人のうちの、背の高い方の人だよ。低い方じゃないからね。」と指定して区別する意味で、He is the taller of the two.（彼は２人のうちの背の高い方だ。）と言います。

the tallest

of

the three

the taller

of

the two

●──② なぜ「２つのうちの」なのか。「３つ以上」ならどうなる？

　日本語でもそうですが、「３人のうちのより背の高い方」とは言えません。「３人のうちの一番背が高い人」となります。３人以上だと必然的に最上級となるわけです。

　また逆に、「２人のうちで一番背が高い人」とも言いません。２人なら「より背が高い方」となります。比較級なら必然的に「２つ・２人」のうち、となるわけです。

　以上のことから、「the 比較級 ～ of the two」は、言わば**最上級の「２つ・２人版」**だとわかります。

　普通の比較級の文との違いですが、Kate is older than he is. (Kate は彼より年上だ。) が、「Kate と彼ではどちらが年上なの？」という文に対応するのに対し、Kate is the older of the two. (Kate は２人のうちの、年上の方です) なら「２人のうちの、どちらが Kate なの？」という文に対応しています。

　選択肢１は最上級の文に、比較級で使うはずの than があるので不可。選択肢２は older の前の the が不要。選択肢３は of the two なのに最上級を使っているので不可。

---

**932** 「時に私は感情に飲み込まれてしまう。」

Sometimes my emotions get (　　　) me.

　　1. the good to　　2. the better than　　Ⓐ 3. the better of　　4. the best by

---

　「原因 get the better of 人」で、「（原因）が人の心を支配する」です。

　本問なら直訳は「時々、自分の感情が私のうちの the better な方を手に入れてしまうことがある。」で、**the better** は「２つあるうちのより良い方」＝「心の中の２つの側面のうち、より優勢な方」ということです。よって「（原因）が心を支配する」という意味が出ます。

　「**the 比較級**」は常に「２つあるうちのより～な方を指定する」イメージが

あり、ここでは心が「天使 vs 悪魔」の二面に分かれて葛藤するイメージです。

---

933 The more I talked with him, (　　　　) in him.

（彼と話せば話すほど、私は彼に興味が出て来た。）

Ⓐ <u>1. the more interested I became</u>　　2. the more I became interested

3. I became more the interested　　4. I the more became interested

---

「**the 比較級　S + V ～ , the 比較級 S + V ～**」は「～すればするほど、ますます～する」という意味です。

まずは倒置する前の形から考えてみましょう。

I talked with him <u>the more</u> なら「『普通に彼と話す』のと『より多く彼と話す』の2つのうち、『より多く彼と話す』の方を選ぶ」であり、I became <u>the more interested</u> in him なら「『普通に彼に興味を持つ』と『より多く彼に興味を持つ』の2つのうち、『より多く彼に興味を持つ』ことを選ぶ」です。

その上で「the ＋比較級」の部分を倒置して強調するので「～すればするほど、ますます～になる」となります。

本問で注意すべきは、後半の節です。多くの英語学習者が機械的に the more だけを先頭に出し、<u>the more</u> I became <u>interested</u> in him としてしまいます。しかし本来、形容詞 interested が比較級に変化したものなので、more interested ごと先頭に出し、<u>the more interested</u> I became in him とします。

**934** Focus <u>on what</u> you <u>can</u> do to make <u>a change</u> for <u>a better</u>.
　　　　①　　　　②　　　　　　　③　　　　Ⓐ④

（好転させるために、自分のできることに集中しなさい。）

④ a better を the better とします。

**a change for the better** で「好転」という名詞句です。直訳は「普通の事態と、より良い事態の2つのうちの、より良い方の事態のための、1回の変化」です。a change for the worse なら「悪化」です。

**935**「それまで家族を持たずに生きてきた分、なおのこと彼女は家族を大切にした。」

She <u>valued</u> family <u>none</u> the more for having lived <u>without</u> it.
　　①　　　　Ⓐ②　　　　③　　　　　　　　④

② none を all にします。

「**all the more for ＋理由**」で「（〜という理由）だからこそ、なお一層」です。

本問なら、the more は「普通に家族を大切にする（value）のと、より家族を大切にするという2つのうち、より家族を大切にする方」を意味し、all（全く）はそれを強調します。合わせて「なお一層家族を大切にする」という意味になります。

# Q 936 ~ 940

選択肢を並べ替えて適切な文をつくれ。

**936** If you are not sure which to take, ( of, larger, choose, two, the, the ).

**937** Don't let ( of, get, your emotions, the, you, better ).

**938** The more money you make, ( you, taxes, must, the, pay, more ).

**939** Since I changed my diet, I no longer suffer from allergies. It's definitely ( the, a, for, change, better ).

**940** The situation is bad, so it is ( more, all, for, important, the ) us to stay calm.

**解答** ─────────────

**936** If you are not sure which to take, choose the larger of the two.
（どちらを選べば良いかわからないなら、2つのうちの大きい方を選びなさい。）

**937** Don't let your emotions get the better of you.
（自分の感情に飲み込まれないようにしなさい。）

**938** The more money you make, the more taxes you must pay.
（お金を稼げば稼ぐほど、たくさん税金を払わなくてはならない。）

**939** Since I changed my diet, I no longer suffer from allergies. It's definitely a change for the better.
（食生活を変えてから、私はアレルギーがなくなっている。間違いなく好転だと言える。）

**940** The situation is bad, so it is all the more important for us to stay calm.
（状況は良くない。だから私たちが平静を保つことが、なおさら重要だ。）

**解説** ─────────────

937.「let Ａ 動詞原形〜」で「Ａに〜させる」。直訳は「あなたの感情に、あなたのより優勢な方を取らせないようにしなさい。」

938. more money、および more taxes で1つの意味のまとまりなので、more だけを文頭に倒置するのではなく、これらをまとめて倒置すること。

940. all the more ＋形容詞で「なおさら（形容詞）」

# Q 941 ~ 945

最も適切な選択肢を選べ。

**941** This bike cost only ten thousand yen.

= This bike cost (　　　) ten thousand yen.

1. not more than

2. a little more than

3. no more than

4. no less than

**942** Bags like this cost as much as ten thousand yen.

=Bags like this cost (　　　) ten thousand yen.

1. not more than

2. a little more than

3. no more than

4. no less than

**943** You are just a big bad bully.

= You are (　　　) a big bad bully.

1. no better than

2. no worse than

3. a little better than

4. much better than

下線部の中で不自然なものを1つ指摘せよ。

**944**「その小さな本はスマートフォンほどの大きさしかなかった。」
The <u>small</u> book was <u>a little</u> bigger <u>than</u> <u>a smartphone</u>.
　　　　　①　　　　　　　②　　　　③　　　　④

**945**「一番年上の子でも、まだ12歳といったところだった。」
The <u>oldest</u> boy <u>was</u> no <u>younger</u> <u>than</u> twelve.
　　　　①　　　　②　　　　③　　　④

# no＋比較級

## ▶no と not との違い

941 This bike cost only ten thousand yen.

= This bike cost (　　　　) ten thousand yen.

（この自転車はたったの1万円しかしなかった。）

1. not more than

2. a little more than

Ⓐ 3. no more than

4. no less than

### ●──not は「事実の話」、no は「数量的な話」

　似たような否定語に見える not と no。「no は not が強調されたもの」と習った方もいるかもしれません。しかし、not は「事実ではない」という意味を表し（例 She is <u>not</u> a student.「彼女は学生ではない。」）、no は「ゼロ」という、数量的な意味を持つ言葉です（例 I have <u>no</u> money.「私は1円も持っていない。」）。

「no＋比較級 than」において、no は「ゼロ」、比較級は「思い込み」、than は「基準点（±0)」を意味します。

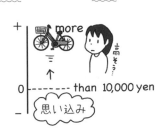

　<u>no more than</u> ten thousand yen なら「1万円」を基準にして、それよりももっと多くかかるかなと思っていた（more：思い込み）自転車が、実際はそんなことは全くなく（no）、1万円だった、ということを意味しています。

　「1万円以上」というプラス方向への思い込みが、no によって「ゼロ化」され、±0地点であ

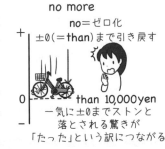

る「1万円」へと引き戻される感覚が「たったの1万円」という「意外な気持ち」を生み出します。

これが not more than ten thousand yen だと「1万円を超える事実はない」という直訳になり、「かかったとしても1万円であり、それ以上はいかない」、つまり「せいぜい1万円」（= at most）という意味になります。（『英熟語鬼』第94項参照）

---

**942** Bags like this cost as much as ten thousand yen.

= Bags like this cost (　　　) ten thousand yen.

（こういったカバンが1万円もするんだ。）

   1. not more than         2. a little more than

   3. no more than        Ⓐ 4. no less than

---

「**as ～ as ＋数字**」は「～」の部分を強調する表現です（本書第89項参照）。ここでは much（多さ）を強調していることになるので「1万円も」という意味です。

一方で no less than ten thousand yen は less という「思い込み」により「きっと1万円はしないだろう。もっと安いだろう。」という思い込みが no により「1万円」に引き戻され、「1万円しないと思っていたのに、実は1万円だった」という「意外性」を表し、「1万円もした」となります。

これが not less than ten thousand yen だと、not のせいで「1万円を下回るという事実はない」となり、「少なくとも1万円はする」（= at least）という意味になります。

**943** You are just a big bad bully.

= You are (　　　) a big bad bully.

（君はひどいいじめ野郎も同然だよ。）

Ⓐ▷1. no better than　　　　　2. no worse than

3. a little better than　　　　4. much better than

「ひどいいじめ野郎 * よりはマシかと思いきや（better than a big bad bully)」という思い込みが、no によりゼロ化されて than a big bad bully の位置まで引き戻され、「ひどいいじめ野郎と同じレベル」になることを意味する結果、「ひどいいじめ野郎も同然だ」という意味になります。

　no ＋比較級の意味の要は「思い込みが裏切られて、『基準点』の位置まで引き戻される」という心理的感覚です。ですから「驚き・意外」の感覚が常にひそんでいます。

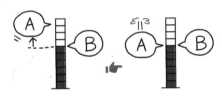

**944**「その小さな本はスマートフォンほどの大きさしかなかった。」

The small book was a little bigger than a smartphone.
　　　　　①　　　　　Ⓐ▷②　　　　③　　　　④

　② a little を no か little にします。

　日本語文には「スマートフォンほどの大きさしかなかった」とありますので、「本ならば、普通はスマートフォンよりも大きいだろう」という思い込みが「実はそうではなく、本当にスマートフォンくらいの大きさだった」というふうに「裏切られて」いくことを意味していることになります。

---

※ bully は子どもだけでなく、いじめをする大人も指す言葉ですが、日本語には「いじめっ子」はあっても「いじめ大人」という言い方がないので、ここでは便宜上「いじめ野郎」と訳しています。

ですから no bigger than a smartphone という形にします。

a little と little の違いにも注意が必要です。

**a little** だと「（量が）少しある」、**little** だと「（量が）ほとんどない」という意味になります。これは a が「存在」を意味しているからです（『英文法鬼』 Must 64）。a little bigger だと「少し大きい」、little bigger だと「ほとんど大きいということはない」という意味になりますから、little bigger なら no bigger に近い意味、つまり「もっと大きいだろうと思っていたら、実はほとんど大きいということはない・ほとんど大きさが変わらない」になります。

---

**945**「一番年上の子でも、まだ 12 歳といったところだった。」

The <u>oldest</u> boy <u>was</u> no <u>younger</u> than twelve.
　　　①　　　　②　　Ⓐ③　　　④

---

③ younger を older にします。

問題文にある「まだ 12 歳」というのは「本来なら 12 歳よりももっと年上であることが普通であるところなのに、実際にはたった 12 歳だった」ということを意味しているので、「思い込み」を表す比較級に older を使うのが適切だということになります。

# 946 ~ 950

選択肢を並べ替えて適切な文をつくれ。

946 Thomas has been in Japan ( no, months, than, for, three, more ) but speaks Japanese fluently.

947 Your daily commute ( hours, no, than, is, three, less ).

948 Some people see immigrants ( criminals, no, as, better, than ).

949 The house ( a, bigger, was, than, garage, no ).

950 ( than, no, was, twenty, he, older ) at that time.

## 解答

946 Thomas has been in Japan for no more than three months but speaks Japanese fluently.
（Thomas は日本に住んでたった3か月で日本語を流暢に話す。）

947 Your daily commute is no less than three hours.
（君は通勤に3時間もかかる。）

948 Some people see immigrants as no better than criminals.
（移民のことを犯罪者同様に見る人たちもいる。）

949 The house was no bigger than a garage.
（その家はガレージほどの大きさしかなかった。）

950 He was no older than twenty at that time.
（彼はその時まだ20歳でしかなかった。）

## 解説

948. see A as B で「A を B と見なす」。

# Q 951 ~ 955

最も適切な選択肢を選べ。

**951**「馬が魚でないのと同様、クジラもまた魚ではない。」

A whale is (　　　) than a horse is.

1. no a more fish　　　　　　　　2. no fish more

3. no more a fish　　　　　　　　4. nothing more a fish

**952**「君と同様、僕だって天才なんかじゃないさ。」

I am (　　　).

1. no more a genius than you are

2. no more genius than you are

3. no less a genius than you are

4. no less genius than you are

**953** You are (　　　) than I am.

1. no a terrorist

2. not a terrorist

3. no more a terrorist any more

4. not a terrorist any more

下線部の中で不自然なものを1つ指摘せよ。

**954**「善良なる陪審員の皆様、私が弁護人を務める Jim Henry は、あなた方と同様、決して人殺しなどではありません。」

Good people of the jury, <u>my client</u> Jim Henry is <u>no more</u> a murderer <u>than</u>
　　　　　　　　　　　　　①　　　　　　　　　　　　②　　　　　　　③
you <u>are not</u>.
　　④

**955**「知的財産権というのは他の私有財産権に劣らず重要である。」

Intellectual property <u>rights</u> are <u>no more</u> important <u>than</u> other <u>forms</u> of
　　　　　　　　　　　①　　　　②　　　　　　　　③　　　　　④
private property.

# 「クジラの構文」を
# 本当の意味で理解する

## ▶no more A than B、no less A than B の世界

「クジラの構文」（**no more A than B**）の詳しい解説は『英熟語の鬼100
則』 Must 96 で行っていますが、そこでも述べている通り、これも「no 比較
級 than」の一種に過ぎません。

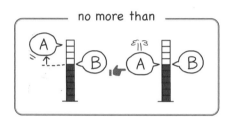

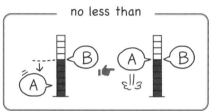

---

**951**「馬が魚でないのと同様、クジラもまた魚ではない。」

A whale is (　　　) than a horse is.

1. no a more fish　　　　　　2. no fish more

Ⓐ 3. no more a fish　　　　　4. nothing more a fish

---

　この例文のおかげで no more A than B は「クジラの構文」という通称が
ついています。この構文を理解するには「no ＋比較級」の知識に加えても
う1つ、以下のポイントを知っておかないといけません。

> **no more A than B では B の部分は「非常識」を意味する**

ここで必ずやって欲しいのは **B の部分**の「復元」です。
a horse is の後ろには何が省略されているでしょうか？

a whale is a fish（クジラは魚である）と比較されているので、a horse is の後ろに省略されているのは、繰り返される a fish です。a horse is a fish（馬は魚である）は明らかに「非常識」ですね。no more A than B という構文は「誰にでもわかるこのありえない話と比べてみて……」ということを言いたい文なのです。

❶

さて次に no ＋比較級の知識に基づき、文の全体を考えてみましょう。

than 〜 は「基準」、つまり「±0」でした。ここでは「馬は魚だという、ありえない話」です。more a fish の more は「思い込み」でしたね。つまり a whale is more a fish なら「クジラはもっと魚寄りじゃない？」という思い込みです。

❷

次にここに「ゼロ化」を意味する no を加えて考えてみましょう。「馬は魚だという話に比べたら、さすがにクジラはもっと魚側の生き物でしょ？」という思い込みが no によって「±0」の位置、つまり than a horse is a fish のレベルに引き戻され、「実はその思い込みって、馬を魚だと言うのと同じくらい馬鹿馬鹿しい話なんですよ。」という意味が現れます。

❸

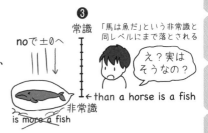

この例文の定番訳は「馬が魚でないのと同様、クジラも魚ではない」ですが、「クジラを魚と呼ぶのは、馬を魚と呼ぶのと同じくらいおかしな話だ」という方が、原文の感覚に沿っていると私は考えています。

**952**「君と同様、僕だって天才なんかじゃないさ。」

I am (　　　).

Ⓐ1. no more a genius than you are　2. no more genius than you are

   3. no less a genius than you are　  4. no less genius than you are

　日本語の「天才」は形容詞的な響きがありますが、英語の genius は名詞であり、しかも人物の評価としての「天才」を意味する時の genius は可算名詞（＝１人の天才）なので、冠詞の a が必要です。したがって選択肢２と４は不可です。

　I am a genius と比較しているので、you are の後にも a genius が省略されています。問題の日本語文から、「君は天才じゃない」という前提があることがわかるので、than の後ろの you are a genius は「非常識・実際とは違う話」となり、no more Ⓐ than Ⓑ の、B の部分に当たることがわかります。no less Ⓐ than Ⓑ の、B の部分には「常識・実際にそうである話」がきます。これに関しては**955**で詳しく説明します。

**953** You are (　　　) than I am.

（私と同様、君だってテロリストじゃないんだ。）

  1. no a terrorist　          2.not a terrorist

  3. no more a terrorist any more　Ⓐ4. not a terrorist any more

　no more Ⓐ than Ⓑ の書き換えで **not** Ⓐ **any more than** Ⓑ というのがよく出て来ます。語順は「普通の否定文」＋ any more than Ⓑ です。

　ここでは you are not a terrorist というのが「普通の否定文」です。

省略

You are not a terrorist any more  than  I am <s>(a terrorist)</s>.

あなたは少しも多くテロリストではない　／　私がテロリストだ（というありえない話）

どんな基準と比べると？

「私がテロリストだという馬鹿馬鹿しい話と同じくらいあなたもテロリストではない」というのが直訳に近いです。

---

**954**「善良なる陪審員の皆様、私が弁護人を務める Jim Henry は、あなた方と同様、決して人殺しなどではありません。」

Good people of the jury, my client Jim Henry is no more a murderer than you are not.
　　　　　　　　　　　　①　　　　　　　　②　　　　　　③
Ⓐ④

④ are not を are にします。

下線④の後に murderers が省略されていることを考えると、「陪審員たちは人殺しだ」という非常識を表すのに、not は不要です。

---

**955**「知的財産権というのは他の私有財産権に劣らず重要である。」

Intellectual property rights are no more important than other forms of private property.
　　　　　　　　　①　　　Ⓐ②　　　　　　③　　　　④

② no more を no less にします。

**no less Ⓐ than Ⓑ**で、「B に負けず劣らず A」です。ポイントは B の部分に「常識・事実・わかり切っていること」が来ることです。ここでは other forms of private property (are important)（他の形式の私有財産権が重要だ）が「常識」にあたります。

この「わかり切っている、私有財産権の重要性」に比べたら「知的財産権」が重要性で劣る（less important）かと思いきや、実際には全然そんなことはなく（no）、同じレベルで重要だという意味です。

# 956 ~ 960

選択肢を並べ替えて適切な文をつくれ。

**956** A whale ( not, more, than, is, any, a fish ) a horse is.

**957** I ( not, am, any, a, more, than, genius ) you are.

**958** I am ( a terrorist, than, more, you, no ) are.

**959** I'm just a human. I'm (a, you, than, no, wizard, more ) are.

**960** JayZ, ( no, wife, a celebrity, who, less, than, was, his ), Beyoncé , also showed up at the party.

---

解答 ————

**956** A whale is not a fish any more than a horse is.
（馬が魚でないのと同様、クジラも魚などではない。）

**957** I am not a genius any more than you are.
（君と同様、僕だって天才なんかじゃないさ。）

**958** I am no more a terrorist than you are.
（あなたと同様、私だってテロリストなんかじゃないんだ。）

**959** I'm just a human. I'm no more a wizard than you are.
（僕はただの人間だよ。君同様、魔法使いじゃない。）

**960** JayZ, who was no less a celebrity than his wife, Beyoncé , also showed up at the party.
（妻である Beyoncé に負けず劣らずの有名人である JayZ もまた、パーティに現れた。）

 **961 ~ 965**

最も適切な選択肢を選べ。

**961** Our health is the most important thing.

　= (　　　) important than our health.

　　1. Nothing is

　　2. Nothing is more

　　3. Anything isn't

　　4. Anything isn't more

**962** He thinks he is (　　　) to me.

　　1. better

　　2. smarter

　　3. superior

　　4. cleverer

**963** Mt. Fuji is (　　　) at this point.

　　1. highest

　　2. the highest

　　3. the most high

　　4. more higher

下線部の中で不自然なものを1つ指摘せよ。

**964** She is the happiest when dancing.
　　　①　②　　③　　　　　④

**965** Some people think the Internet is making society less safer.
　　　　　　　　①　　　　　　　　　②　　　③　　　④

# その他の比較表現

## ▶「the がつかない最上級」とはどういうことなのか

> **961** Our health is the most important thing.
> = (　　　) important than our health.
> （私たちの健康ほど大切なものはない。）
>
> 1. Nothing is　　　　　　　Ⓐ 2. Nothing is more
> 3. Anything isn't　　　　　4. Anything isn't more

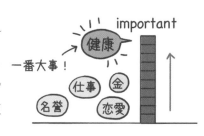

　最上級を使わずに、比較級の表現を使って最上級の意味を表すパターンがよくあります。物や事の話をする場合、nothing を主語にして「**nothing is "比較級の形容詞" than "物・事"**」という形をとります。便利なのでフレーズをまるごと覚えて口からすぐ出るようにすることをお勧めします。また、as ～ as 構文を使って同様の意味を出すこともできます（復習問題参照）。

　選択肢 3 と 4 ですが、anything や anybody、あるいは「any ＋名詞」を主語にする否定文は不自然とされます。

✕ Anything isn't more important than our health.

　例えば上の英文では、否定語 not が anything よりも後に来ています。英語の語順の 2 大原則は「言いたいことから先に言う」「軽い情報が先、重い情報が後」ですが、「否定語」というのは、それがあるのとないのとで 180 度意味が変わってしまう重要な情報です。したがって同じ意味を表せるなら、できるだけ前に否定語を持って来る言い方をするのが原則です。

例 ✗ I think it's <u>not</u> true. → ◯ I <u>don't</u> think it's true.

本問でも anything を主語とする否定文ではなく、nothing を主語にします。

---

**962** He thinks he is (    ) to me.

（彼は自分のことを私よりも優れていると思っている。）

  1. better     2. smarter     Ⓐ▶3. <u>superior</u>     4. cleverer

---

空欄直後が than ではなく to になっていることに注目しましょう。

いわゆる「ラテン比較級」と呼ばれる superior（より優れている）、inferior（劣っている、それほど良くない）、major（より重要・深刻、より大きい）、minor（それほど重要・深刻ではない、より小さい）、se-nior（階級・地位が上）、junior（階級・地位が下）といった語尾が -or で終わる形容詞は、<u>than</u> の代わりに to を用います。この to は「〜に対して（より……である）」という意味で比較対象を指す「→」の役割を果たしています。選択肢 3 以外の比較級はすべて than とともに使います。

better than I
smarter thanI
clever than I
⇩
sperior to me

こうした言葉はそれ自体が比較級の意味を持つので、more をつけて more superior や more inferior と言わないよう注意しましょう。

---

**963** Mt. Fuji is (    ) at this point.

（富士山はこの地点が一番高い。）

  Ⓐ▶1. <u>highest</u>     2. the highest     3. the most high     4. more higher

---

最上級は普通 the を伴いますが、「<u>主語を他のものと比べていない時</u>」に

は the を使いません。

まず、そもそも最上級に the がつくのはなぜなのかを考えましょう。

ほかの山
じゃないよ、
富士山だよ

例えば Mt. Fuji is the highest mountain in Japan.（富士山は日本で一番高い山だ。）なら、主語である Mr. Fuji を日本の他の山と比べていることになります。この時、「他の山ではなく、富士山こそが一番高い」と言うために <u>the</u> highest となります。

Mt. Fuji is the highest.

次に本問の Mt. Fuji is <u>highest</u> at this point.（富士山はこの地点が一番高い）を考えてみましょう。この文

highest at this point

では、主語の富士山は他のどの山とも比べられていません。したがって「他の山ではなく、富士山こそが」という感覚、つまり、富士山を日本の他の山から切り離して特定する感覚はなくなり、最上級 highest に the はつかないのです。

---

**964** She is <u>the</u> happiest when dancing.
　① ②　　③　　　　④

（彼女は踊っている時が一番幸せだ。）

②the を削除します。

これも主語である she を他の誰かと比べているわけではありません。

例えば、She is <u>the</u> happiest person I've ever met.（彼女は私がこれまで会った中で最も幸せそうな人だ。）なら、主語の she を他の人間と比較していることになり、最上級 happiest に the は必要になりますが、本問では彼女がどういう時に一番幸せなのかという話であり、他人とは比較していません。

happiest

　つまり、彼女を他の人から切り離して特定する感覚がなくなるので、**the** のつかない happiest となります。

　ちなみに when dancing ですが、she is が省略されていると考えられます。

She is happiest when ~~she is~~ dancing.
　主節　　　　　　　副詞節

　when や while、if といった接続詞の後は原則として「主語＋動詞〜」、つまり節が来ます。しかし、接続詞がつくる副詞節が進行形や受動態など「主語＋ be 動詞〜」の節であり、なおかつ主節の主語との副詞節の主語が一致する場合（今回の場合は she）、副詞節の主語と be 動詞の省略がよく行われます。「2度繰り返されているので主語は省略され、be 動詞はなくても意味がわかるので省略」という、分詞構文と同じ仕組みの省略です。実際この形は一種の分詞構文とも考えられています。

965 Some people <u>think</u> the Internet <u>is making</u> <u>society</u> <u>less safer</u>.
　　　　①　　　　　　　②　　　③　Ⓐ④

（インターネットのせいで社会が安全ではなくなってきていると考える人たちもいる。）

④ less safer を less safe とします。

　less は「より少ない」「〜と比べてあまり……ではない」ということを表す、いわゆる「劣勢比較」と呼ばれるものです。本来語尾に -er をつけて比較級にする形容詞や副詞も、less と共に使う時は必ず原級にします。

　日本語に訳す時には「より少なく〜」という形にとらわれず、「あまり〜ない」「比較的〜ない」という否定文にするとうまくいきます。

復 習 問 題

# Q 966~970

選択肢を並べ替えて適切な文をつくれ。

**966** ( is, our, important, nothing, health, as, as ).

**967** ( to, sometimes feel, I, inferior ) Kim.

**968** ( at, the lake, this, is, deepest ) point.

**969** I'm ( when, are, happiest, you ) happy.

**970** Many people feel that ( less, than, they, they, rich, are ) used to be.

---

解答 ————————

**966** Nothing is as important as our health.
（自分の健康ほど大切なものはない。）

**967** I sometimes feel inferior to Kim.
（時々自分は Kim より劣っていると感じることがある。）

**968** The lake is deepest at this point.
（湖はこの地点が最も深い。）

**969** I'm happiest when you are happy.
（私はあなたが嬉しい時が一番嬉しい。）

**970** Many people feel that they are less rich than they used to be.
（多くの人が以前よりも貧しいと感じている。）

## Column　長文の比較は「対立関係」で読む

英語の文章を読むときには目の前の1文だけを読めてもだめで、前後の文とのつながりから出て来る意味、つまり文脈を通した意味を理解できないといけません。

その関係は大まかに言って「イコール関係」と「対立関係」の2つです。長文を読む時には情報の整理が大事ですが、頭の中に「イコールの箱」と「対立の箱」の2つを用意して、出て来る情報を振り分けるとストレスなく情報処理ができます。

例えば典型的なイコール関係は「テーマ（抽象）＝具体」です。
「最近物忘れがひどいんです」がテーマなら、その内容を説明する「あれ？何しにこの部屋に来たんだっけ、なんてことがしょっちゅうあるんです。」が具体で、両者はイコール関係です。

典型的な対立関係には「しかし」などでつながる逆接などがありますが、実は比較も一種の対立関係です。「私は兄よりも背が高い」と言うとき、「私 vs 兄」で比較が行われているのです。

対立関係の内容理解で大事なのは「何と何が対立しているか」だけではなく、「共通の土俵」はどこなのか、を把握しておくことです。
上記の例文なら「背の高さ」が共通の土俵で、「私と兄」が対立するものです。相撲のように、一つの土俵の上でお互いが比べ合い、競い合います。例えば「私の背の高さ」と「兄のゲームのうまさ」を比較できないことでわかるように、違う土俵に立ってしまうと比較したり、対比させることができなくなるので、この把握は文章理解にとって大事です。

さて、第88項で、比較の文をつくるときには「比べる情報と比べられる情報は文法的に同じ形になる」と述べました。なぜこんなことが起きるかもうおわかりでしょう。「文法的に同じ形」は「共通の土俵」の役割をしているのです。文法と読解は一見関係がなさそうで、実はこのように連続体をなしています。合理的な文法は合理的に意味をつくり、合理的な文脈をつくることにつながります。

# 英文法の鬼1000問

## 第 13 章

## 否定：何を否定し、
## どこまで否定するのか

# 971～975

最も適切な選択肢を選べ。

**971**「誰もがその問題を解決できるわけではない。」

Not (　　　) can solve the problem.

 1. who

 2. every

 3. everyone

 4. everything

**972**「彼の両親が2人ともやって来るわけではない。どちらか1人だけだ。」

(　　　) of his parents will not come. Only one of them will.

 1. Both      2. Neither

 3. Either      4. All

**973**「2人の候補者のうちのどちらに投票したの？」「どちらにも投票しなかったよ。」

"Which of the two candidates did you vote for?" " (　　　) of them."

 1. Both      2. Neither

 3. Either      4. None

**974**「彼はいつも時間通りにはやって来ない。」

He (　　　) up on time.

 1. always doesn't show

 2. never shows up

 3. never show up

 4. doesn't always show

下線部の中で不自然なものを1つ指摘せよ。

**975**「ここ数年、彼は全くテレビを見ていない。」

For the past few years, he has never watched TV all.
  ① ②    ③     ④

# 部分否定と全部否定

## ▶部分否定＝「not＋100％を表す言葉」

（本項の詳しい内容は全て『英文法鬼』 Must 69 を参照のこと。）

---

**971**「誰もがその問題を解決できるわけではない。」

Not (      ) can solve the problem.

1. who      2. every      Ⓐ 3. everyone      4. everything

---

「**not＋100％を表す言葉**」が部分否定です。

例えば not always（いつも〜というわけではない）、not necessarily（必ずしも〜というわけではない）、not everyone（皆が〜というわけではない）などです。

こうした部分否定のイメージは、「100％という袋に not という針が小さな穴を開け、そこから少しずつ中身が漏れ出している」というものです

（『英文法鬼』 Must 69）。

本文では主語の位置に「100％」を表す言葉が入りますが、選択肢2のevery はそれだけでは形容詞で、主語にはなれません。また、日本語文から主語は「もの」ではなく「人」なので、選択肢4は不可です。

**972**「彼の両親が２人ともやって来るわけではない。どちらか１人だけだ。」

（　　　） of his parents will not come. Only one of them will.

Ⓐ 1. Both　　　　2. Neither　　　　3. Either　　　　4. All

both は「all の２つ版」です。

both は「２つのうちの両方とも『全部』」で、all は「３つ以上のもの全部」です。

all の否定文が「すべてが～というわけではない」という部分否定になるのと同様、both の否定文も「両方ともが～というわけではない」という部分否定に『<u>なることがあります</u>』。わざわざカッコで強調したのは全部否定（両方とも～ない）として解釈される時も多々あるからです。

したがって、前後の文脈が大事になってきます。その文だけではどちらにも解釈できるので、その周りにもう一文、解釈をはっきりさせるための文が置かれることがよくあります。ここでは後続の Only one of them will. がそれです。

選択肢３の either は「２つのうちのどちらか一方」で、否定文 **not + either** だと「どちらの一方を見ても not」＝「どちらもない」という全否定になります。

選択肢２の neither は否定語なので本問のような not を使った文では使いません。一部の口語や方言を除いて、標準的な英語では「二重否定」はしないのが普通です。

**973**「2人の候補者のうちのどちらに投票したの？」
「どちらにも投票しなかったよ。」
"Which of the two candidates did you vote for?" " (　　　) of them."
1. Both　　Ⓐ 2. Neither　　3. Either　　4. None

　本問の日本語文は否定文ですから、空欄には**否定語**である neither か none のどちらかが入ります。
　none は「3つ以上のもののうちの、どれもない」ということを表しますが、neither は「2つあるうちの、どちらを見ても not」という not + either から来ているので、こちらが正解です。
　none of them だと「候補者が3人以上いて、そのうちの誰にも投票しなかった」という意味になります。

**974**「彼はいつも時間通りにはやって来ない。」
He (　　　) up on time.
1. always doesn't show　　Ⓐ 2. never shows up
3. never show up　　4. doesn't always show

　全否定表現の問題です。
　日本語の「いつも〜しない」につられて選択肢1のように always doesn't としてはいけません。always は通常否定語の後に置きますし、選択肢4の doesn't always のようにしても、その意味は「いつも〜するというわけではない」という**部分否定**です。never は、「どの時の一点を取ってみても」という根っこの意味を持つ ever に not がついたもので、「どの時の一点をとってみても〜しない」という全否定表現です。

　don't や doesn't、didn't の文とは違い、never の文では動詞は原形にならない、ということに注意が必要です。don't や doesn't、didn't が時制や人称の表現を担当しているので、一緒に使う動詞は原形で良いですが、never はそれをしないので、動詞で時制や人称を表さないといけません。したがって選択肢 3 は不可です。

**975** 「ここ数年、彼は全くテレビを見ていない。」

For the past few years, he has never watched TV all.
　　　① ②　　　　　　③　　　　　Ⓐ④

　④ all を at all にします。

　**not 〜 at all** で「全く〜ない」という全否定です。
「all + not なのになぜ全否定なのか？」と混乱する学習者もいると思います。全否定の秘密は at にあります。at の根っこの意味は「移動する最中の一点」です。このため、「目盛上を動く一点」として、速度や温度などは at で表されます。目の前に「0% 〜 100%」の目盛りがあると想像してください。not at all は「not が all（100%）の点にいる」ということを表します。ですから「全く〜ない」という意味を表します。

# Q 976 ~ 980

選択肢を並べ替えて適切な文をつくれ。

**976** I don't ( think, you, wrong, are necessarily ).

**977** I don't think that (attend, James, will both, the meeting, and Anna ).

**978** Neither he ( aware, Fletcher, of, nor, was ) the problem.

**979** ( me, fails, amaze, never, to, she ).

**980** ( at, is, surprising, not, this ) all.

## 解答

**976** I don't think you are necessarily wrong.
（あなたが必ずしも間違っているとは私は思わない。）

**977** I don't think that James and Anna will both attend the meeting.
（James と Anna の両方ともが会議に出席するとは私は思わない。）

**978** Neither he nor Fletcher was aware of the problem.
（彼も Fletcher もその問題には気づいていなかった。）

**979** She never fails to amaze me.
（彼女にはいつも驚かされる。）

**980** This is not surprising at all.
（これは全く驚くに値しない。）

## 解説

978. neither Ⓐ nor Ⓑ で「ⒶもⒷもどちらも〜ない」という全否定。

979. 「fail to 動詞原形〜」は「（動詞）し損ねる」。「never fail to 動詞原形〜」で「〜し損ねることが絶対にない→必ず〜する」。

980. 「be 動詞＋ not 〜 at all 形容詞」で、「まったく（形容詞）ではない」。

# 981 ~ 985

最も適切な選択肢を選べ。

**981** Never ( ) such a man.

　　1. I have seen

　　2. I haven't seen

　　3. have I seen

　　4. I don't see

**982**「Becky は君に反対だし、私もそうだ。」

　　Becky doesn't agree with you and ( ).

　　1. neither do me

　　2. neither do I

　　3. neither me

　　4. I don't, too

**983**「私の父は以前ここに来たことがあるし、私の母もそうだ。」

　　My father has been here before, and ( ).

　　1. so my mother

　　2. so do my mother

　　3. so has my mother

　　4. my mother has so

**984** Not only ( ) his money; he also lost his trust in people.

　　1. does he lost

　　2. he did lost

　　3. did he lost

　　4. did he lose

下線部の中で不自然なものを１つ指摘せよ。

**985** Not until <u>was I</u> seventeen <u>did I</u> know <u>why</u> my parents <u>had divorced</u>.
　　　　　　①　　　　　　　②　　　　　③　　　　　　　④

# 否定の倒置をマスター

---

**▶ 疑問文の語順の謎を解く**

（本項の詳しい内容は、『英文法鬼』 Must 88 を参照のこと）

---

**981** Never (　　　) such a man.

（そんな男、一度だって見たことはありません。）

　1. I have seen　　2. I haven't seen　　Ⓐ 3. have I seen　　4. I don't see

---

### 疑問文の語順の正体

　疑問文の語順は本来、「疑問」を表すためにあるのではなく、「動詞を強調」するためのものです（『英文法鬼』 Must 2）。英語の語順の2大原則のうちの1つ、「言いたいことから先に言う」が発動しています。

　例えば This is a pen. の疑問文が Is this a pen? になるのは、「is」が一番言いたいことだからです。「これはペンなのかどうか」を疑問に思う時、心のスポットライトは「This "is" a pen. なのか、それとも This "is not" a pen. なのか？」というところに当たります。ですから is が「一番言いたいこと」となり文頭に出て来ます。

　この「疑問文の語順」は疑問文のみならず、動詞を強調する時によく使われます。典型的には「否定の倒置」がそれです。

　本問の元の文は I have never seen such a man. ですが、この never（一度もない）を強調したいなら、まずは never が文頭に出て来ます。

Never I have ⬚ seen such a man.

　そしてこの never が have seen という動詞を否定していることを考えると、never と一緒に have seen も強調されなければいけません。この時、動詞を強調するために使われるのが、いわゆる「疑問文の語順」、つまり「動詞強調のための語順」です。

Never have I ⬚ seen such a man.

982　「Becky は君に反対だし、私もそうだ。」
　Becky doesn't agree with you and (　　　).
　　1. neither do me Ⓐ2. neither do I 3. neither me 　　4. I don't, too

　直前に出て来た「<u>否定の情報</u>」に対して、「<u>～もまたそうではない</u>」という意味を表す時、「**neither ＋疑問文の語順＋省略**」が使われます。

　まず neither ですが、前項で説明した通り、not + either = neither で「<u>どちらの一方を見ても not</u>」という意味になり「<u>2つとも not</u>」という全部否定を表します。「neither ＋疑問文の語順＋省略」の構文では「前に述べたあの情報も否定だし、後ろに述べているこの情報もまた否定だ」ということを表しています。

　neither という否定の言葉が文頭に出て来ることで、neither によって否定される動詞を強調するための疑問文の語順が続きます。

Becky doesn't agree with you and <u>neither do I</u> ~~agree with you~~.
　　　　　　　　　　　　　　　繰り返しの部分は省略

623

**983**「私の父は以前ここに来たことがあるし、私の母もそうだ。」

My father has been here before, and (　　　).

 1. so my mother      2. so do my mother

 Ⓐ 3. so has my mother     4. my mother has so

　直前に出て来た「**肯定の情報**」に対して、「～もまたそうだ」という意味を表す時、「**so ＋疑問文の語順＋省略**」が使われます。

　これは否定の倒置ではありませんが、so は直前の情報を指し、「今言ったその動作は、こちらも同じなんだよ」という動詞の強調を行うことで、後ろに疑問文の語順が続くことになります。

My father <u>has been here before</u>, and **so** …

「ここに来たことがある」という「それ」は……

      ↓           繰り返しは省略

My father has been here before, and **so** has my mother ~~been here before~~.

「同じ動作をしている」と強調されることで疑問文の語順に

**984** Not only (　　　) his money; he also lost his trust in people.

（彼はお金を損しただけでなく、信頼も失った。）

 1. does he lost   2. he did lost   3. did he lost    Ⓐ 4. did he lose

　**not only** Ⓐ **, but also** Ⓑ で「ⒶだけでなくⒷもまた」という構文です（本問では接続詞 but の代わりに、接続詞の働きを持つ「；」を使っています）。**not only** を文頭に出す「否定の倒置」のパターンがよくあります。本問の元の文は下記の通りです。

He did <u>not only</u> lose his money; he also lost his trust in people.

　　not only が強調されて文頭に出ると、not only が否定する動詞も一緒に強調されるので、疑問文の語順が後ろに続き、Not only <u>did</u> he lose his money, …となります。

　　選択肢 1 と 3 は疑問文語順なのに動詞が原形になっておらず、さらに選択肢 1 は後半の節と時制がずれていて、不自然です。

---

**985** Not until <u>was I</u> seventeen <u>did I</u> know <u>why</u> my parents <u>had</u> divorced.
Ⓐ ①　　　　　　②　　　　③　　　　　　　④

（私は 17 歳になって初めて、両親が離婚した理由を知った。）

---

① was I を I was にします。

　　これは not until を強調して文頭に出した構文で、特徴は、not until の節ではなく、<u>後半に出て来る節が疑問文語順になる</u>というものです。なぜなのか、元の文を見てみましょう。

I did <u>not</u> know why my parents had divorced <u>until I was seventeen</u>.

（私は 17 歳になるまでなぜ両親が離婚したのか知らなかった。）

　　おわかりいただけるでしょうか。実は、強調されて文頭に出て来ているのは、I did not know の not と、それから、until だけではなく、until I was seventeen という節全体なのです。

not　until I was seventeen + I did　　know why my parents had divorced

　　すると、疑問文の語順が発生するのは当然ながら I did know …の部分だということがわかります。

選択肢を並べ替えて適切な文をつくれ。

**986** Little ( that, I, dream, did ) my son would become the prime minister of Japan.

**987** I don't think it's a good idea ( does, and, James, neither ).

**988** If they can do it, ( you, so, can).

**989** Not ( he, famous, only, did, become ), but he also made a lot of money.

**990** Not until ( did, went, I, I, know, outside ) it was snowing.

## 解答

**986** Little did I dream that my son would become the prime minister of Japan.
（自分の子どもが日本の総理大臣になろうとは、ほとんど夢にも思わなかった。）

**987** I don't think it's a good idea and neither does James.
（私はそれを良い考えだとは思っていないし、James もそう思っている。）

**988** If they can do it, so can you.
（彼らにできるのなら、君にだってできるよ。）

**989** Not only did he become famous, but he also made a lot of money.
（彼は有名になっただけではなく、お金もたくさん稼いだ。）

**990** Not until I went outside did I know it was snowing.
（外に出るまで、雪が降っているとはわからなかった。）

## 解説

986. little ＋疑問文語順で「～することはほとんどない」。

990. 倒置なしの文だと I did not know it was snowing until I went outside. で、not ＋ until I went outside が強調されて文頭に出て来ている。

# 991 ~ 995

最も適切な選択肢を選べ。

**991**「冷蔵庫にコーラがないかと探したが、1本も残ってはいなかった。」

I looked for some coke in the fridge, but there was (　　) left.

 1. nothing      2. none

 3. no        4. some

**992**「私だけではない。かなり多くの人がその新製品に失望している。」

It's not just me. (　　) people are disappointed in the new product.

 1. Quite a few      2. So much

 3. A few        4. Quite a little

**993**「2つの銀河が混じり合う時、全くないわけではないにしろ、実際に星々が衝突することはほとんどない。」

Very few, (　　), stars actually collide when two galaxies merge.

 1. if ever       2. if not

 3. if only       4. if any

**994**「私が困っている時に、彼らが助けてくれるということはほとんどないと言ってよかった。」

They rarely, (　　), help me when I am in difficulty.

 1. if ever       2. if not

 3. if only       4. if any

下線部の中で不自然なものを1つ指摘せよ。

**995** I looked into the kitchen, but it was empty, and anybody wasn't in the
   ①         ②      ③
dining room either.
   ④

# その他の否定表現

## ▶ 否定語とその品詞

> **991**「冷蔵庫にコーラがないかと探したが、１本も残ってはいなかった。」
> I looked for some coke in the fridge, but there was (　　) left.
> 　　1. nothing　　Ⓐ **2. none**　　3. no　　4. some

「１本も残ってはいなかった」とあるので**否定語**が答えにならないといけません。空欄は there is 構文の意味上の主語の位置、つまり名詞が入る位置なので、形容詞の no も使えません。no は例えば no water のように名詞と組み合わせて使います。

　本問の焦点は nothing と none の違いです。

　どちらも「１つもない」ということを意味しますが、違いがあります。

　none というのはある特定のものが「１つもない・少しもない」ことを意味します。ここでは「コーラが」少しもないわけで、他の物の有無は話題にしていません。よって none が正解です。

　nothing ですが、「あらゆる種類の物が何１つない」ということを意味します。つまり There was nothing in the fridge. と言えば、冷蔵庫の中にはコーラだけでなく、他の物も何もない、つまり「空っぽ」だということです。

**992**「私だけではない。かなり多くの人がその新製品に失望している。」

It's not just me. (　　　　) people are disappointed in the new product.

Ⓐ 1. Quite a few　　2. So much　　　3. A few　　　4. Quite a little

　日本語文から「かなり多くの」に該当する選択肢を選びます。空欄直後は people ですから、不可算を意味する much や little は使えません。

　a few だと「少数の」「数少ない」という意味ですが、quite a few だと「かなり多くの」という意味になります。不思議な感じがしますが、この quite（まったく）は a few の、「a」の部分を強調していると考えられます。

　a は「適当に取り出したとある1つ」という意味から、「取り出してそこに存在している」という意味があります（『英文法鬼』 Must 64）。

　例えば I saw a cat in your garden.（君の庭で猫を1匹見かけた。）と言えば、頭の中の「話の舞台」上に何か1匹の猫が取り出されて、「存在」します。このような a のイメージのせいで、「ほとんどない」という意味の few が、a few なら「少し『ある』」という存在の意味を出します。quite a few の quite がこの a を強調することで、「かなり多くの」という意味が出ると考えられます。

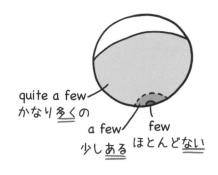

quite a few
かなり多くの

a few
少しある

few
ほとんどない

**993**「2つの銀河が混じり合う時、全くないわけではないにしろ、実際に星々が衝突することはほとんどない。」

Very few, (　　　), stars actually collide when two galaxies merge.

  1. if ever      2. if not       3. if only       Ⓐ 4. if any

　few や little といった「ほとんどない」という形容詞の後に挿入句として「, if any,」をつけることで「少しは存在することもあるかもしれないが、それでもほぼないに等しい」という意味になります。

　ここでの any は「数量のランダム」、つまり「1つでも、2つでも、いくつの数でも良いのだけど」「10グラムでも30グラムでもいくらの量でも良いのだけれど」という意味で使われています（『英文法鬼』 Must 66）。

　few や little で「ほとんどない」と断言してしまうのと比べると、後ろに ,if any, を挿入することで「（いくらでも良いのだけど）『ある』という場合が仮にあるにしても」という意味が加わり、「全く無いとは言わないが」というソフトな言い方になります。

630

**994**「私が困っている時に、彼らが助けてくれるということはほとんどない と言ってよかった。」

They rarely, (　　　), help me when I am in difficulty.
Ⓐ 1. if ever　　　2. if not　　　3. if only　　　4. if any

**993** のような「物の個数や量」ではなく、「動作の回数」に関して、「行われる場合が仮にあるにしても、それでもほとんど無いと言って構わない回数だ」ということを表す場合、「rarely / seldom , if ever, 」という形が使われます。

rarely と seldom は「動作の発生回数がほとんどない」ことを意味しますが、seldom はやや固く響き、rarely の方がより多く使われます。

ever は第38項「be 動詞の現在完了と ever」で述べた通り「どの時の一点を取ってみても」というのが根っこの意味であり、if ever は「仮にどこかの時の一点で行われることがあるにしても」という意味です。

**995** I looked into the kitchen, but it <u>was empty</u>, and <u>anybody wasn't</u> in the
　　　　①　　　　　　　　　　　　　②　　　　　　　Ⓐ③

dining room <u>either</u>.
　　　　④

（キッチンを覗いてみたが、空っぽだった。ダイニングルームにも誰もいなかった。）

③ anybody wasn't を nobody was、あるいは no one was にします。

本書第97項 **961** で説明した通り、anybody を主語にする否定文は不自然で、否定語である nobody、あるいは no one を主語にします。

# Q 996 ~ 1000

選択肢を並べ替えて適切な文をつくれ。

**996** I opened the fridge, ( was, but, nothing, there ) inside.

**997** ( a, years, was, quite, ago, it, that, few ) I saw her for the last time.

**998** ( few,, if, earthquakes, there, any,, are ) in this country.

**999** Some ( friends, rarely,, my, ever,, of, if, watch ) TV.

**1000** ( was, doubted, nobody, it ) true.

## 解答

**996** I opened the fridge, but there was nothing inside.
（私は冷蔵庫を開けたが中には何もなかった。）

**997** It was quite a few years ago that I saw her for the last time.
（私が彼女を最後に見たのはもう何年も前のことでした。）

**998** There are few, if any, earthquakes in this country.
（この国ではほとんど地震がないと言って良い。）

**999** Some of my friends rarely, if ever, watch TV.
（私の友人の中にはほとんどテレビを見ないと言ってよい人たちがいる。）

**1000** Nobody doubted it was true.
（それが真実であることを疑うものは誰もいなかった。）

## 解説

997. I saw her for the last time quite a few years ago. を強調構文にしたもの（本書第85項参照）。

あとがきと謝辞


　鬼の１０００問ノックに最後までお付き合いいただき、ありがとうございました。いかがでしょうか。理解は深まりましたでしょうか。文法の底に流れる原理はつかめたでしょうか。


　科目によらず、学習というのは教わった後の自主学習の質と時間が大事で、どんなに素晴らしい講義でもただ受けただけでは力がつきません。それを自身で深めていく自主学習のお供に問題集は欠かせないものですが、全てとは言わずとも、一般的な問題集というのは、手取り足取りというレベルで考えると解説の量と質が不足しているものが多く、本当に１人でできる教材というのはあまりないように思います。

　私が大学受験英語の講師時代、「問題集を繰り返しやったので、正解を覚えてしまっている。でもなぜその解答になるのかはよくわからない。」と言う生徒を山ほど見てきました。現実的な話、生徒につきっきりで、問題集のわからないところをひとりひとりに１から 10 まで教えていくのは不可能です。自主学習の教材は問題の質もさることながら、解説の質が重要なのだとずっと感じてきました。

　ですからこの問題集は長い間探し求めてきた解決策を自分で作ってしまった、というものです。８万部以上のヒットを記録している拙著『英文法の鬼100 則』のわかりやすさはそのままに、関係代名詞や比較、冠詞などの内容をさらに充実させ、受動態の「他動性の高さ」の問題など認知言語学の知見も応用しました。


　『英文法の鬼 100 則』と『英熟語の鬼 100 則』、そしてこの『英文法の鬼1000 問』は三位一体、英語で言えば the Trinity です。明日香出版社様には企画制作・編集・出版・販売と何から何まで力を尽くしていただき、おかげ

で自身最高の書籍たちを世に送り出すことができました。心より感謝を申し上げます。

そして明日香出版社編集部の藤田知子さんとの出会いと、その後のチームワークが私の人生を変え、仕事を支え続けています。実は『英文法の鬼100則』の構成は藤田さんの助言により、ある変更が行われたのですが、今考えるとあの「変更」がなければあの本はここまで売れなかったと思っています。プロの凄さですね。藤田さん、これからもよろしくお願いいたします。

イラストは今回も末吉さんに描いていただきました。『英文法鬼』『英熟語鬼』そしてこの『鬼1000問』と、回を重ねるごとにこちらが膝を打つような、「そう、それが言いたい」というイラストに仕上がってきています。ありがとうございます。

英語母語話者による本書英文のチェックは、ご縁あって Stephen Boyd 先生にお願いすることができました。日本で最も優れた連語辞典の1つである「新編英和活用大辞典」（研究社）の編集者の御1人であり、高い英語の見識をお持ちです。厳しい御指摘だけでなく、たくさんの助け舟も出していただき、本当に勉強になりました。感謝を申し上げます。

いつも笑顔を絶やさず明るく私を支え続けてくれる妻。私の生きる意味です。彼女との幸せな毎日があるからこそ、こうして本を世に送り出すことができます。英語教育界の陰の功労者ですね（おおげさ）。トモちゃん、ありがとう。

そして読者の皆様、皆様のおかげで私は本を書き続けることができています。心より、本当に心より感謝申し上げます。

2022年2月　時吉秀弥

第1章
第2章
第3章
第4章
第5章
第6章
第7章
第8章
第9章
第10章
第11章
第12章
第13章

[著者]

**時吉秀弥**（ときよし・ひでや）

兵庫県出身。
神戸市外国語大学外国語学部英米語学科卒。米国ルイジアナ州チューレン大学にて国際政治を学ぶ。落語家の弟子、ラジオパーソナリティなどのユニークな経歴を持ち、予備校では20年以上にわたり大学受験生を教える。
東京言語研究所にて池上嘉彦東京大学名誉教授、西村義樹東京大学准教授（当時。現教授）、尾上圭介東京大学教授（当時。現名誉教授）、上野善道東京大学名誉教授らのもとで認知言語学、日本語文法、音声学などを学び、2010年、同所で理論言語学賞を受賞。

現在(株)スタディーハッカーでコンテンツ戦略企画部シニアリサーチャーを務めつつ、同社制作のYouTubeチャンネル「時吉秀弥のイングリッシュカンパニーch」にて英語学習法や英文法の解説を発信。
著書に『英文法の鬼100則』『英熟語の鬼100則』（明日香出版社）『英文法の極意』（アスク出版）など。

**英文法の鬼1000問**

---

2022年　3月　30日　初版発行
2023年　3月　7日　第13刷発行

---

著　　　者　　時吉秀弥
発　行　者　　石野栄一
発　行　所　　明日香出版社
　　　　　　　〒112-0005　東京都文京区水道2-11-5
　　　　　　　電話　03-5395-7650（代表）
　　　　　　　https://www.asuka-g.co.jp

印刷・製本　　株式会社フクイン

---

©Hideya Tokiyoshi 2022 Printed in Japan　ISBN978-4-7569-2203-8

2020 年 英文法書売上 No.1!
**「目からウロコ」「高校生の頃にこの本が出ていたら、人生変わっていた」**と多くの支持を得ています！

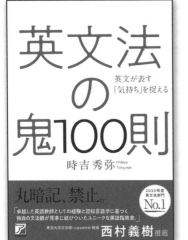

ピンク

ISBN978-4-7569-2059-1

A5 並製　440 ページ

2019 年 11 月発行

本体価格 1800 円 + 税

英語を学ぶ人が知っていると役立つ英文法の知識を**「認知言語学」**を下敷きに 100 項まとめました。
「どうしてここは ing を使うのかな」
「ここは for かな、to だっけ」
「これは過去形で語るといい案件かな」
英文法のルールを丸暗記するだけの詰め込み勉強だと、いつまで経っても英語が「使えません」。

**「どういう気持ちからこう話すのか」**が体感できると英語で実際に話し、書く力が飛躍的に伸びます。

この本では、「なぜ」そうなるのかを認知言語学的に解説しているので、英語の気持ちと型が理解でき、相手にしっかり伝わる英語を使えるようになります。著者のわかりやすい解説に加え、洗練されたカバーや本文のデザイン、理解を助けるイラスト等も高評価。

**受験英語から脱皮して**
**「どう話すか」ではなく**
**「何を話すか」を身につけましょう！**

文法書の新定番が、ここにできました‼

# 必読！シリーズ本

青

英熟語の鬼100則
認知言語学で「気持ち」を捉える
時吉秀弥 Hideya Tokiyoshi
「なぜ?」と理屈で理解したい人に最適
ネイティブ感覚が把握できる
イラスト理解で定着する
「考えすぎずに、すぐ理解できる。時吉さんの教え方が絶妙だ!」
パックンマックン パトリック・ハーラン 推薦

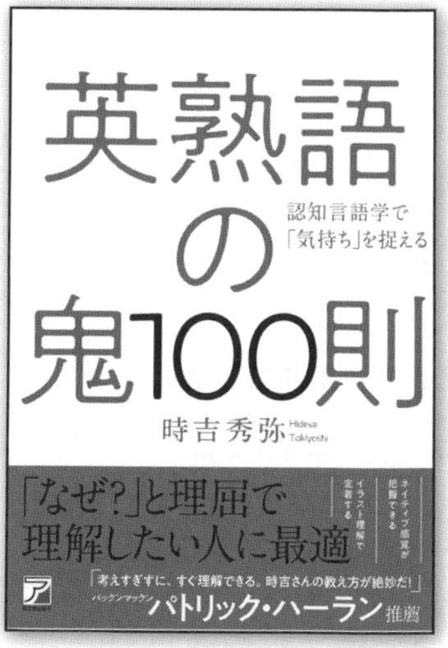

ISBN978-4-7569-2118-5

A5 並製　440 ページ

2020 年 11 月発行

本体価格 1900 円 + 税

『熟語になると、この単語がこんな意味を持つのはなぜ？』

**謎が解ければ、見えてくる！記憶できる！**

全部知ってるはずの、簡単な単語なのに
予想外の意味が出る「**熟語**」や「**構文**」。

それぞれの構造を読み解き、
単語や、その組み合わせにより
表される＜気持ち＞を理解できれば
なるほど、ストンと肚に落ちます。

たとえば「クジラの構文」。
クジラ？馬？こんなもんどこで使うんだ？と思いつつ力業でパターンを覚えませんでしたか？
それが…no more の＜気持ち＞がわかれば、
みるみるクリアになり使いこなせます。

もちろん、『英文法の鬼 100 則』で学んだ
文法知識と連動させると、その理解はさらに深く、
吸収はさらに加速される仕組みになっています。

**つらい暗記はもう終わり。**
**認知言語学を下敷きに、気持ちから英語を学ぶ、**
**わかる喜びをあなたにも。**

# 必読！シリーズ本

大人気『英語の鬼 100 則』シリーズ第 5 弾！

文法ができても、英単語をたくさん覚えても、
そして「話すための瞬間的な英作文」まではできる
ようになっても、
**「論理的な英文エッセイ（小論文）を書く」**
**「説得力のある展開をする」**
スキルはまた別物です。

今回は、資格試験やレポート等のために
英語を「書く」ことを必要とされる方々のために、
前半は**正しく論旨を伝えられる 1 文**を書けるよう、
100 の構文を指導。
後半では実際にエッセイを書き進める過程を見せつ
つ、論理的な文章の構築の仕方を教えます。

試験頻出の 25 題の考え方とサンプル英文も掲載して
いるので、試験対策にも最適です。

**「なぜこう書くといいのか」**がわかる
**「サンプル英文がまとまっていて秀逸」**な
ライティングの自学自習ができる本として
多くの支持を得ています。

ゴールド

プラススリーポイント代表
高橋 響
Hibiki Takahashi

ISBN978-4-7569-2059-1

A5 並製　440 ページ

2019 年 11 月発行

本体価格 1800 円 + 税